사회복지행정론

Social Welfare Administration

최칠성 · 전재현 · 오단이 · 전우일

KNOWLEDGE COMMUNITY 공동체

우리나라의 비영리조직은 매우 다양한 형태로 변화하여 왔습니다. 비영리조직의 영역은 종합사회복지관을 비롯하여 노인복지관, 장애인복지관 등의 사회복지시설과 사회적기업, 사회적협동조합, 마을기업, 자활기업 등의 사회적경제 영역 등으로 점차 확대되고 있습니다. 이러한 다양한 환경의 변화와 함께 다양한 조직의 출현은 비영리조직의 운영에 전문적인 행정에 대한 필요성을 더욱 증가시키고 있습니다.

행정은 비영리조직 운영에 핵심적인 사항입니다. 비영리조직이 추구하는 목적을 달성하기 위해 조직을 효율적으로 관리하고, 조직이 효과적으로 업무를 수행하도록 복잡하고 다양한 환경 등을 통제하고 조정해야 합니다. 특히 사회복지조직은 이용자들의 다양하고 복잡한 욕구를 충족해야 하며, 자원확보를 위한 경쟁심화, 사회적 책임에 대한 압력 증가 등 환경변화에 적절하게 대응해야 합니다. 그러나 기존의 사회복지행정은 행정에 필요한 이론 및 실천에 대한 다양한 내용을 포괄적으로 다루지 못하는 측면이 있습니다.

이 책의 저자들은 사회복지행정에 대한 최신 경향과 다양한 이론과 실천사례가 필요함을 절실하게 느끼게 되어 교재의 집필을 결정하였습니다. 이 책은 비영리조직의 행정에 필요한 기초적인 이론 및 실무를 알기 쉽도록 집필하였습니다. 특히 저자들이 그동안 대학에서 사회복지행정을 강의하고, 다양한 비영리조직에서 체험한 경험을 바탕으로 사회복지행정에 대한 기본 지식과 다양한 사례를 쉽게 이해하고 적용할 수 있도록 하였습니다. 따라서 이 책은 사회복지조직뿐만 아니라 다양한 비영리조직에서 행정을 처음 접하는 학생이나 현장에서 실천하고 계시는 비영리조직의 활동가들에게 매우 유용하도록 구성되었습니다.

이 책은 총 2부로 구성되어 있습니다. 제1부는 사회복지행정에 대한 전반적인 이해를 위해 사회복지행정의 개념과 특성, 사회복지 행정이론, 전달체계를 중심으로 구성하였습니다. 그리고 제2부는 사회복지조직의 운영에 대한 이론 및 실천 사례로 사회복지조직의 미션관리, 조직구조와 조직문화, 인적자원관리, 사회복지조직의 마케팅, 사회복지 재정관리, 사회복지 정보관리체계, 사회복지 프로그램 기획 및 관리, 성과관리 및 평가, 의사소통, 사회복지조직의 혁신, 사회복지행정의 협력 거버넌스에 대한 핵심개념을 다양한 사례와 실천방법과 함께 기술하고 있습니다.

마지막으로 편찬을 위해 적극적으로 지원해 주신 도서출판 공동체 가족 여러분께 감사 인사를 드립니다. 아울러 원고의 수정과 교정을 담당한 출판사 편집부 직원들과 주위에 많은 격려를 보내주신 분들에게 고마운 마음을 표합니다.

2024년 2월

저자 일동

PART 2 사회복지조직의 운영

01 PART 사회복지행정의 이해

CHAPTER 01

사회복지행정의 개념과 특성

사회복지행정은 사회복지(social welfare)와 행정(administration)의 합성어로 사회복지행정론에서는 사회복지 전달체계, 사회복지조직의 운영 및 관리에 관한 내용을 학습한다. 최근에는 비영리조직인 사회복지조직 운영에 있어 경영적 측면이 중요해지고 있다. 특히 사회복지현장에서 노인복지서비스 제공기관이나 어린이집의 경우는 사회복지행정을 넘어 사회복지경영으로도 논의되고 있다. 따라서 본 저서에서는 기존의 사회복지행정론에 기반하여 기술하되 사회복지경영론에서 다루는 내용을 일부 다루어 내용을 풍성하게 할 것이다.

행정이라는 단어와 경영이라는 단어는 우리가 흔히 들어본 단어이며 일상생활에서도 많이 사용한다. 그럼에도 불구하고 우리는 행정과 경영의 뜻을 정확히 구분 지어 이야기하지 못하는 경우가 종종 있다.

행정(行政, public administration)은 행정부(중앙정부 및 지방자치단체)에서 하는 일, 즉 '정부가 하는 일'이라고 행정학에서 가장 쉽고 좁게 설명한다. Easton(1953)은 시스템모형을 통해 행정을 정의하였는데, 정부가 국민의 요구(demand)와 지지(support)로 이루어진 투입(input)을 통해 정부 안에서 전환과정을 거쳐 정책으로 산출(output)하는 것으로 행정을 정의한다. 이때 정부 내부에서는 인사, 조직, 재무, 정보체계 등의 부문별 시스템이 동원되어 대국민서비스를 위한 행정 활동이 발생한다. 따라서 행정의 범위는 투입에 대응한 정부 안에서의 전환과정과 산출된 정책으로 이루어지는 정부의 업무처리 과정이라 할 수 있다. 하지만 행정을 넓게 본다면 정부의 전통적인 행정주체 외 공공기관도 포함된 공공부문에서 실행하는 업무처리 과정을 의미한다. 이러한 정의는 대다수 행정의 주체가 누구인가에 따른다.

1980년대 이후 신공공관리론과 함께 기존 정부 이외의 다양한 주체의 등장으로 전통적인 주체에 따른 구분을 넘어 활동 내용과 성격에 초점을 맞춘 행정을 정의하려는 시도가 나타나 최근에는 공공서비스를 제공하는 데 필요한 제반 활동과 다양한 생산자 및 공급자에 관해 정의되고 있다. 이로 인해 행정과 경영의 관계는 더욱 가까워졌다고 할 수 있다. 이러한 이유로는 행정이 공익이라는 관점(국민에 대한 가치)에서 경영이 사익이라는 관점(고객에 대한 영리를 다루고 있다는 가치)[1] 그리고 권력작용을 제외한다면 조직, 인사, 재무라는 본연의 임무는 동일하기 때문이다(권기헌, 2018).

행정과 경영의 유사점과 차이점을 살펴보면 다음과 같다. 행정과 경영의 유사점은 첫째, 행정이나 경영 모두 실현하고자 하는 목표의 성격은 다르지만 목표를 달성하기 위한 수단이라는 점과 행정은 국민에게, 경영은 고객에게 봉사한다는 점이다. 둘째, 둘 다 관료제의 성격을 갖고 있으며, 셋째, 행정과 경영 모두가 목표달성을 위한 협동적 집단행동이 이루어지고, 넷째, 목표달성 과정에서 효율성을 강조하므로 목표달성을 위해 조직, 통제, 조정(통합)하는 방법 등 적용되는 관리기술이 동일하다. 마지막으로 행정은 경영에 비해 권력성 측면이 강하게 나타나지만 최근 행정학에서 강조되는 성과관리, 지식관리, 혁신관리 등 관리적 요소들을 가지므로 조직관리적 성격이 강해 행정과 경영은 유사성을 지닌다(권기헌, 2018).

반면에 행정과 경영의 차이점은 크게 세 가지로 볼 수 있다. 첫째, 행정은 공익을 추구하지만, 경영은 사익(영리)을 목표로 한다. 즉, 목표(공익성)가 다르다. 둘째, 권력성으로, 행정은 전 국민을 대상으로 하여 권력을 내포하고 있어 남용될 소지가 크므로 시민권의 옹호를 주요 정치이념으로 한 민주국가에서는 법과 같은 제도적 장치를 통해 세밀한 규정을 적용받는다. 마지막은 형평성으로, 민주국가의 행정은 고도의 합법성을 요청하여 법 앞에 평등을 요청하나 경영은 이러한 원칙의 적용을 받지 않는다. 경영은 시장에서의 가격원리에 의한 경쟁의 개념이 강조되지만, 행정은 공공서비스의 공평한 배분이라는 관점에서 형평성이 매우 중요하다(권기헌, 2018).

1 윤우곤(1998)은 행정을 공행정과 사행정으로 구분하여 비영리적인 공공서비스 조직은 공행정의 영역으로, 영리를 목적으로 하면 사행정으로 구분하였는데, 오늘날 사회복지현장에서 이를 구분하기가 매우 어려운 것이 현실이다.

1. 사회복지행정의 개념

사회복지행정에 대한 정의는 그 사회가 가지고 있는 가치, 지식발전 수준, 이념 등을 반영하여 규정되며(Sarri, 1987), 대체로 공공복지와 관련된 행정, 사회서비스와 관련된 행정, 일반행정, 사회복지조직의 행정(경영관리), 프로그램 개발 및 평가 등의 분야들이 혼합된 영역이다. 또한 사회복지행정은 사회복지와 행정의 합성어로 학자마다 다양하게 개념적 정의를 내리고 있으며, 우리가 정의하는 사회복지나 행정의 개념들이 시대에 따라 내용이나 범위가 변하므로 사회복지행정을 한마디로 정의내리는 것은 어렵다.

일반적으로 행정은 목적달성을 위한 고도의 합리성을 수반하는 인간의 집단적 협동행위로 좁은 의미로 행정부의 구조와 기능 및 공무원의 업무 활동 중심으로 이해하는 개념이다. 논란의 여지[2]가 있지만, 사회복지행정은 취약계층을 주요 서비스 대상으로 하여 서비스를 제공하는 혹은 실천하는 사회복지시설의 행정이라 볼 수 있다. 즉, 협의의 사회복지행정은 미시적 관점인 개별사회사업, 집단사회사업, 지역사회조직화사업이라는 실천적 맥락 속에서 개별 사회복지조직들이 조직의 실천목표를 쉽게 달성하기 위해 관리자에 의해 수행되는 상호의존적인 과업과 기능 및 관련 활동 등의 체계적인 개입과정을 의미한다(천정웅 외, 2015).

광의의 사회복지행정은 인간 생활의 사회관계 속에서 발생하는 사회문제에 대응하여 사회복지의 목표를 달성하기 위해서 사회복지정책의 형성 및 구체화를 위한 합리적 행동으로 정의할 수 있다. 따라서 공적이든 사적이든 사회복지조직 자체의 관리와 업무의 집행을 의미하며, 목표에 있어서 사람들의 사회적 기능을 향상시키는 것이며, 개입도 사회복지실천기술보다는 사회과학적 관리 과업에 더 많이 관련되어 있다. 협의의 관점인 고유한 사회사업 지식과 개인 및 집단행동뿐 아니라 사회복지행정의 영역에 오늘날 발전하는 사회과학 지식을 접목하고 있다(김형수 외, 2014; 천정웅 외, 2015).

2 지역사회 통합돌봄(일명 커뮤니티케어) 정책의 도입은 한국 사회 복지대상의 확대를 의미하기도 한다.

1) 학자에 따른 구분 정의

학자에 따라 사회복지행정은 다양하게 정의된다. Kidneigh(1950)는 사회복지행정이 사회복지정책을 서비스로 전환하는 과정으로 설명하고 있다. 즉, 사회복지정책을 구체적인 사회복지서비스로 전환하고 그 경험을 다시 정책수행에 반영하도록 하는 양방향의 과정 안에서 있는 것으로 정의하였다. 이러한 정의는 최초로 사회복지행정의 본질을 정의하였다는 데 의의가 있다.

Friedlander(1962)는 사회복지행정을 인간의 복지를 추구하기 위해 사회적 입법과정이나 민간에서의 자선이나 박애에 초점을 둔 서비스의 역동성을 높이는 것이라 주장했으며, Timuss(1974)의 경우 사회복지행정이 단순히 사회복지기관이나 시설에서 이루어지는 행정만이 아니라 다양한 사회(복지)서비스를 관리 · 운영하는 것으로 연구대상도 인적 조직과 기구, 서비스의 선택문제까지 다루어야 한다고 주장하였다(권육상 외, 2004).

Trecker(1971)는 지역사회가 요구하는 서비스와 사업을 제공할 목적으로 지역사회의 활용 가능한 모든 자원을 지역주민들이 사용할 수 있도록 상호 간에 연계시켜 주는 과정이라 주장하였으며, Patti(1983)는 사회복지행정은 사회복지정책을 사회복지서비스로 전환하는 데 필요한 사회복지조직의 총체적 활동으로 정의하였다. 한편 Dunham(1962)은 사회복지행정이 클라이언트가 서비스를 직접 제공받기 위해 필요한 행동을 서비스 기관이 지원해 줘서 좀 더 체계적이며, 쉽게 하는 과정으로 목표와 기능의 결정과 기록, 인사, 회계, 리더십 그리고 서비스 유지와 같은 일상적 운영에 이르기까지 범위를 넓게 정의하였다.

정리하자면, 사회복지행정의 개념적 정의는 '정책을 서비스로 전환하는 과정'과 '목표를 설정하여 달성해 나가는 과정'으로 구분되는 것으로 보이나, Gilbert와 Terrell(2002)의 말을 빌리자면 정책이 목표를 설정하기 때문에 정책을 서비스로 바꾸거나 목표를 설정하여 달성해 나가는 과정의 표현만 다르고 내용은 같다고 볼 수 있다(천정웅 외, 2015).

2) 행정을 중점으로 내린 정의

사회복지행정을 행정을 중심으로 정의 내리면, 협의의 사회복지행정과 광의의 사회복지행정으로 구분할 수 있다. 협의의 사회복지행정은 사회복지 관련 조직에서 이루어지는 행정행위를 의미한다면, 광의의 사회복지행정은 정책을 실천으로 전환하는 과정으로 본다.

좀 더 자세히 설명하자면, 협의의 사회복지행정은 조직의 목표 달성을 효과적으로 이루기 위해 관리자가 수행하는 과업 및 기능에 대한 체계적인 개입과정으로 볼 수 있다. 즉, 협의의 사회복지행정은 민간복지기관이나 공공기관의 인적·물적자원을 개발하고 관리하는 것이다. 따라서 Skidmore(1980)는 행정을 관리의 과정으로 보고 사회복지시설이나 기관에서 이루어지는 행정을 사회복지행정으로 정의하였다.

반면에 광의의 사회복지행정은 Patti(1983) 등과 같은 학자에 의해 정의되듯이 사회정책을 사회(복지)서비스로 전환시키기 위해 조직구성원 전체의 협동적이면서 조정적인 활동이 총체적으로 이루어지는 것으로, 정책을 서비스로 전환하는 과정으로 보고 있다. 이는 흔히 사회복지행정을 사회복지정책(거시)과 사회복지실천(미시)의 중간인 메조(mezzo)로 보는 관점으로 이해할 수 있다. 단순히 사회복지행정을 기술적인 측면과 프로그램 측면을 강조하는 학자도 있으나 사회복지조직 구조와 기능을 결정하는 것은 결국 정책이므로, 정책을 서비스로 전환하는 과정을 사회복지행정의 주요 기능으로 보는 시각에 대부분 학자들도 동의하고 있다(Au, 1980; Gates, 1980).

|그림 1-1| 메조의 개념으로 본 사회복지행정

한편 Spencer(1956)는 사회복지행정을 지역사회의 인적·물적자원을 확보하여 지역사회서비스 프로그램에 투입하는 과정으로, 자원의 확보와 활용은 이사회, 집

행부, 직원, 자원봉사자, 후원자들을 기관 활동에 적극적으로 참여시키는 것이라고 정의하였다.

2. 사회복지행정의 이념과 특성

1) 사회복지행정의 이념

행정의 기본 이념은 합법성, 능률성, 민주성, 효과성, 정치적 중립성, 사회적 형평성 등이 있다. 이 중 사회복지행정 분야에서 고려되어야 할 이념은 사회적 형평성, 사회복지행정 관리상 능률성과 민주성 그리고 복지정책 집행 및 사회복지행정 관리상의 효과성 등이라 할 수 있다(황진수 · 나종문, 2010).

한편 사회복지행정의 이념은 사회복지서비스 제공의 기준과 목표를 명확히 하기 위해 클라이언트의 욕구를 파악하고 그에 적합한 서비스를 전달함에 있어 효과성, 효율성, 공평성, 편의성(접근성)을 고려하여 사회복지행정이 지향하고자 하는 정신과 실천방향을 제시하고 있다. 또한 행정이념으로 인간적 가치의 존중, 공익, 자유, 평등과 같은 사회정의의 실천 등을 강조한다. 보통 행정에서 다루어지고 있는 이념이 수단적 가치를 추구하는 데 반해, 사회복지행정은 특유의 가치이념으로 인간의 존엄성과 사회정의의 실현 등이 목적가치로 존재한다(권육상 외, 2004).

(1) 사회적 형평성

사회적 형평성은 행정이 사회적 형평(equity)을 추구하는가에 대한 것으로 사회 질서의 가치관을 반영한다. 복지행정 체제의 환경에 대해 기본적으로 개인의 자유를 최대한 보장하고 소득재분배 정책 등을 통해 평등적 분배를 이루려는 복지이념이다.

신행정학(new public administration)은 사회적 형평성에 대한 이념에 적극적인 분배의 평등을 내포하고 있어 사회적, 경제적, 정치적 환경이 열악한 계층에 더 많은 서비스가 제공되어야 한다고 하였다.

(2) 효율성

국가복지의 확대는 복지국가에 있어 효율성을 강조하게 만들었다. 효율의 개념은 투입과 산출 간의 합리적인 비율을 의미한다. 최소 비용으로 최대 효과를 얻으려는 효율성은 사회복지행정 이념으로서 강조된다. 이는 전달체계의 공적·사적 조직이 유기적으로 결합되어 복지정책의 대상자에게 적절한 서비스가 능률적으로 제공되기를 요구하기 때문이다.

사회복지조직의 특성상 자원의 한계성과 관련되어 클라이언트의 욕구 충족에 있어 최소한의 자원으로 최대 효과를 거두는 데 효율성은 중요한 이념이다(권욱상 외, 2004).

(3) 민주성

민주성이 가지는 가치의 목표는 민주적 행정을 이루기 위한 정치 과정의 민주화이며, 모든 국민의 복지증진을 위해 국민의 의사가 행정과정에 반영되어 참여가 이루어져야 한다. 사회복지행정의 이념으로 이러한 목적이 모두 복지증진을 위한 정책 수행 과정에서 수용되어야 하기 때문에 민주성의 채택은 당연하다.

(4) 효과성

효과성은 목적과 수단을 반영한 상태에서 현실적인 산출이 어느 정도 달성되었는지를 의미하는 개념이다. 효과성이 목적적 개념이라면 앞서 설명한 효율성은 수단적 개념으로 이해할 수 있다.

사회복지행정에서도 효율성과 함께 효과성의 제고가 동시에 이루어지는 것이 가장 바람직하나 현실적으로 사회복지행정 조직 내의 인력, 재정 문제, 전달체계의 합리화와 효율화가 달성되고 또한 복지사업 목표의 극대화가 달성되기란 그리 쉽지 않다.

사회복지조직 관점에서 보면, 제공된 서비스가 클라이언트의 욕구와 문제해결에 있어 적절하고 효과적이었는지를 판단하는 이념이다(권욱상 외, 2004).

2) 사회복지행정의 가치

(1) 공익성

공익성(public)은 사회복지행정이 개인이나 특정 단체를 위해 존재하는 것이 아니라 모든 사람을 위한 공공선(common good)을 대상으로 존재한다는 존립근거를 제공한다. 따라서 공익성은 클라이언트에게 최고의 서비스를 제공하는 사회복지행정가들이 갖추어야 할 기본적인 가치이다.

(2) 공평성

공평성(equity)은 형평성이라고도 하는데 누구나 동등한 서비스를 받아야 한다는 가치로 동일한 욕구를 가진 대상자는 동일한 혜택을 받아야 한다는 것이다. 공평성은 수직적 공평성과 수평적 공평성으로 구분되는데, 수직적 공평성은 사람들이 인간의 존엄과 인격적인 면에서 동등하지만, 욕구, 노력, 공헌, 능력 등 다른 측면에서 차이가 나면 다르게 보상해야 한다는 가치인 반면에 수평적 공평성은 모든 인간은 동등하므로 동일한 처우와 보상이 이루어져야 한다는 가치이다.

(3) 합법성

합법성(legality)은 사회복지행정 과정과 절차에 있어 법률적으로 적합함을 의미한다. 법률에 따라 사회복지행정이 진행되어야 한다는 것은 법이 절차의 정당성을 가지고 판단되는 것과 마찬가지로 사회복지행정 절차의 정당성을 확보하고 클라이언트의 권리를 보장하기 위한 가치이다.

(4) 연대의식

연대의식(solidarity)은 사회구성원 간 또는 구성원과 사회 간의 상호의존을 지탱하는 의식으로 사회구성원으로서 공통적으로 가지는 소속의식을 의미한다. 사회적 불평등과 인간소외 현상 등 자본주의에서 나타나는 현상에서 연대의식이 작용되면 구성원들이 위험에 빠지게 되더라도 이를 해결하기 위한 협력을 하게 된다.

(5) 접근성

접근성(accessibility)은 편의성(convenience)이라고도 한다. 클라이언트가 서비스를 쉽게 이용할 수 있음을 의미하며, 접근성을 높이기 위해서는 기관의 위치나 교통수단 등 물리적인 요소뿐 아니라 서비스 비용 및 홍보 등도 요소로 고려되어야 한다.

3) 일반행정과 사회복지행정 특성

일반적으로 행정(administration)이라 함은 공공행정(public administration)을 생각한다. 공공행정은 정부조직에서 이루어지는 행정과정이지만 행정은 학교(교육행정), 병원(보건행정), 기업(기업행정 혹은 경영) 등 다양한 조직에서도 이루어진다. 사회복지조직에서도 행정이 이루어지고 이것을 사회복지행정이라고 부른다.

사회복지행정과 일반행정은 유사하다는 견해와 다르다는 견해가 존재한다. 먼저 유사하다는 견해에서 보면 어떤 조직에서도 행정의 기능은 고유하다는 전제를 두고 비록 개별 조직들은 각자 추구하는 목표, 구조, 기술 그리고 서비스 대상인 클라이언트의 유형에서 차이가 있지만, 조직 본래의 목표를 달성하기 위해서 기획, 예산편성 및 집행, 직원 배치 및 인사관리, 사업 및 서비스 평가 등 기본적인 행정기능은 공통적이라고 주장한다.

Trecker(1971)에 의하면, 행정은 계속적이며 역동적인 과정으로 공통의 목적과 목표를 달성하기 위한 활동으로 이루어지고, 인적·물적자원을 통해 공통의 목적과 목표를 달성하며, 이때 조정과 협동은 인적·물적자원을 활용하기 위한 수단이고, 행정 요소로 계획·기획·리더십이 필요하다는 것을 일반행정과 사회복지행정의 공통점으로 제시하였다. 또한 김형수 등(2014)은 다음과 같이 일반행정과 사회복지행정의 공통점을 주장하였다. 행정은 모두 기본적으로 당면한 문제의 해결 과정으로 조직 내 개인과 집단의 목표를 달성할 수 있도록 조직의 과정이 필요하며, 대안 선택에 있어서 가치판단뿐 아니라 정의적인 지식을 활용한다. 또한 행정은 인적·물적자원을 동원하고 조직화하는 기능을 가지며, 다수의 의지인 공공의지(public will)를 실행한다.

반면에 사회복지행정과 일반행정이 다르다는 견해는 사회복지조직의 독특성을 강조하고 사회복지 전문직의 성격을 부각시키는 경향을 보인다. 사회복지조직은 휴먼서비스 조직으로 삶의 과정, 사고유형, 행동 양식, 가치관 등에서 다양한 인간을 변화시키는 독특한 조직으로 일반행정의 원리와 방법을 그대로 적용하기는 어렵다고 주장한다. 특히 사회복지조직은 서비스 제공의 차원을 넘어 때로는 클라이언트의 이익을 대변 또는 옹호하는 역할을 수행한다는 점에서 일반행정의 원리와 다르다고 할 수 있다(천정웅 외, 2015; 황성철 외, 2020).

천정웅 등(2015)은 사회복지행정이 일반행정에 비해 투입과 산출이 명확하지 않고, 일반행정에 비해 환경적 요소에 영향을 크게 받는다고 하였다. 또한 사회복지행정은 수평적인 특성과 비공식적인 조직을 중요시하고, 양보다는 질 그리고 비영리성에 기초하며, 불완전성을 지니고 있고, 전문 사회복지사의 직무수행에 크게 의존하고 있으며, 사회복지행정의 출발은 인간 욕구의 변화에 따라 달라진다면서 이러한 사회복지 특수성 때문에 일반행정과는 다르다고 주장하였다.

Patti(1983)는 사회복지행정이 인간을 대상으로 하기 때문에 가치관이나 방법, 전달하는 내용 면에서 일반행정과 구별되어야 한다고 주장하면서 다음과 같이 차이점을 제시하였다(천정웅 외, 2015).

① 사회복지행정은 사회복지조직과 사회복지서비스의 특성 때문에 일반행정의 내용과 일치하지 않는다. 일반행정의 이론이 조직체에 공통적으로 적용될 수 있는 부분도 있지만 사회복지행정은 서비스의 양적인 면보다 질적인 면을 강조하기 때문에 독특한 하위체계를 가지므로 특수한 훈련과 교육이 필요하다.

② 사회복지행정은 사회복지사업을 실천하기 위한 가치관이나 방법에 영향을 받기 때문에 의사전달에 있어서 개인이나 집단과 사회복지행정가의 관계가 일반행정체계보다 상호교환적이고 비권리적이다.

③ 사회복지행정은 인간관계를 기본 원리로 한다. 따라서 사회복지행정의 이론과 실천에 있어서 개별사회사업에서 개별화의 관계를 통한 성장의 개념, 집단사회사업에서의 집단구성과 집단의 목표설정 및 집단통합 등의 방법론, 그

리고 지역사회조직에서의 계획과 시민참여, 위원회 구성 등이 기본 구성요소이다.

한편 Skidmore(1983)는 사회복지행정의 특성을 다음과 같이 설명하였다. 첫째, 사회복지행정은 국가의 이념이나 정책 방향에 따라 결정된다. 이러한 특성은 사회복지가 가지는 공공재적 성격에서 비롯된 것으로 국가의 이념에 따라 사회복지행정의 실천이 다르게 나타나는 것을 알 수 있다. 둘째, 사회복지행정은 사회적으로 인지된 욕구를 충족시키기 위해 동원 가능한 자원을 활용할 수 있도록 하는 방법을 통해 이루어진다. 셋째, 사회복지행정은 이윤추구나 권력을 목적으로 하는 것이 아니라 다양하고 복합적인 욕구 충족의 우선순위와 그 결정을 하는 일련의 절차로서 복지 수혜자, 지역주민의 권리, 공적인 책임, 전문인력 관리 등 넓은 영역을 포괄한다. 넷째, 사회복지행정은 사회정책에서 결정된 목표를 달성하기 위하여 실천수단과 방법, 그리고 선택, 사회복지급여 및 서비스를 준비하고 운영하는 과정으로 사회복지정책의 성격 및 내용과 밀접한 관련성을 가진다(권육상 외, 2004).

3. 사회복지행정의 영역

개별화되고 분업화된 사회복지 활동들이 전체 사회적 목표 추구에 기여할 수 있도록 조정하고 통제해야 할 필요성이 제기되어 어떻게 사회(복지)서비스를 제공할 것인지, 누구에게 어떤 서비스를 제공할 것인지, 조직의 효율성과 지도력(리더십)은 서비스와 어떤 관련이 있는지, 조직 운영과 프로그램 자원의 확보에 대한 계획은 무엇인지에 대한 구체적인 실천, 실행과정을 위한 사회복지행정이 관심을 가져야 할 영역이 필요하며 구체적인 활동은 넓고 높은 수준의 이론과 지식, 기술과 전문성이 필요하다.

앞서 사회복지행정이 사회복지 이념이나 정책(목적달성)을 실천적 서비스로 전환하는 과정이라고 정의했듯이, 사회복지행정은 사회적으로 부여된 임무를 실행 가능한 정책과 목표로 전환하고, 프로그램을 설계하고 실행하며, 자원확보와 할당, 조직 내부의 조직 간의 운영 및 관리, 인적관리, 조직 생산성을 위한 모니터링 · 평가 · 혁신, 지역사회교육 등 다양한 활동 과업들을 포함한다. 사회복지행정의 영역은 이처럼 포괄적인 조직관리로서 규정할 수 있으며 사회복지행정가의 영역도 경영자급, 중간관리자급, 담당자급 등으로 구분되어 기본적인 역할 분담이 선행되어야 한다(황진수 외, 2010).

사회복지행정 영역은 다양한 관점으로 구분될 수 있다. 일반적으로 조직의 위계에서 보면 행정의 영역은 크게 경영자급/ 제도적 영역, 관리자급/ 프로그램 영역, 그리고 슈퍼바이저급/ 기술적 영역 세 부분으로 구분될 수 있다. 경영자급/ 제도적 영역은 사회적으로 위임받은 업무들을 수행하는 작업 영역으로 다른 조직들과의 교환관계의 본질을 결정하는 기능 속에서 조직의 경계 잇기, 외부환경과의 관계, 자원 동원 등의 활동을 포함한다. 관리자급/ 프로그램 영역은 계획을 운영 가능한 실질적인 서비스로 변환하는 작업 영역으로 클라이언트와 조직의 기술적 하위단위들과 중재하는 역할을 주로 한다. 즉, 서비스의 조달과 할당, 구조디자인, 조직 단위 간의 조정, 인력지휘와 개발 등을 담당한다. 마지막으로 슈퍼바이저급/ 기술적 영역은 일선 업무자들과의 관계가 주된 작업 영역이며 표준화, 일상화, 장기적인 사정 및 평가, 컨설팅, 사례관리, 교육, 의뢰, 모니터링 등의 주요 활동들로 클라이언트에 대한 직접서비스 전달도 경우에 따라서는 이 영역의 행정관리 활동으로 포함되기도 한다(사회복지행정학회, 2014).

김지영 등(2006)에 따르면 첫째, 사회복지 구현방법을 기준으로 분류하면 사회복지의 실천체계를 인간 삶의 가장 기본적인 사항이라 할 수 있는 소득, 건강, 고용, 생활환경, 교육 등과 관련된 서비스체계로 분류할 수 있다. 좀 더 자세히 말하면 생활안정을 위한 경제보장 및 고용기회를 제공하며, 사회환경 및 주거, 건강증진 및 의료 등의 서비스를 제공하는 것이다. 둘째, 클라이언트를 기준으로 한 분류는 생활보호(취약계층)행정, 노인복지행정, 아동청소년복지행정, 장애인복지행정, 여성복지행정, 다문화(다문화가족 및 외국인노동자)복지행정 등으로 나눌 수 있다. 셋째, 행정과정을 기준으로 분류하면 의사결정 분야로서 사회복지행정 기획,

조직 분야로서 사회복지행정조직, 인적관리 분야로서 사회복지인사행정, 재정관리 분야로서 사회복지재무행정, 통계 분야로서 사회복지행정통계로 구분할 수 있다. 이는 일반행정에서 행정기획, 행정조직, 인사행정, 재무행정, 행정통계 등으로 구분하는 것과 유사하다(황진수 외, 2010).

사회복지행정의 영역은 시대의 변화에 따라 그 영역이 사회복지정책을 수립하고 집행하는 것을 포함하여 지역사회 조직 활동까지 확대되는 예도 있었으나, 사회복지조직관리를 중심으로 조직 내부의 영역과 함께 환경과의 관계를 주된 활동 영역으로 보는 견해가 일반적이다(황성철 외, 2020; Lewis et al., 2001). 이에 황성철 등(2020)은 행정의 영역을 미시적 조직관점으로 보고 다양한 사회복지행정 관련 활동과 요소를 수평적 영역으로, 사회복지조직구성원이 행정 활동 또는 관리 활동에 관여하는 범위의 수준을 중심으로 일어나는 것을 수직적 영역으로 그리고 사회복지조직 관리자가 행정 활동에서 필요한 관리기술의 유형에 따라 달라지는 관리기술 영역을 포함해 설명하였다.

1) 수평적 영역

사회복지행정은 사회복지조직을 중심으로 조직 외부의 환경에서 요구되는 정책적 요구를 조직목표에 수렴시켜 이러한 목표 달성을 위해서 조직구성원들이 프로그램을 기획하고 인력과 자원을 배치해 서비스를 클라이언트에게 제공하는 일련의 활동과정이다. 따라서 사회복지행정은 행정보다는 관리(management)의 의미에 무게를 두며 다양한 활동 영역은 크게 조직관리, 환경관리, 자원관리, 프로그램관리로 볼 수 있다.

조직관리는 사회복지조직의 유지와 발전을 위해서 주로 조직 내부 구조인 계층제와 팀제 형성을 비롯한 조직기술, 클라이언트, 문화, 리더십 등의 상호작용과 활동을 포함한다. 오늘날 모든 조직은 개방체계(open system)로 환경과 부단한 상호작용을 통해서 성장 발전할 수 있으므로 환경과 조직 간의 관계는 사회복지행정에 있어 중요하다. 사회복지조직은 외부환경, 특히 전달체계에 영향을 많이 받으므로 환경변화에 대한 관리가 중요하다. 또한 지역사회 내 다른 조직들과의 적절한 관계를 유지해야 하는 것도 환경관리에 속한다고 볼 수 있다. 자원관리는 인적자원과 물적자원관리로 구분된다. 인적자원관리의 핵심은 인사관리이기 때문에 사회복지조직 구성원인 직원을 채용하고 직무를 분석하고 성과를 평가하고 직원을 개발하는 관리활동이다. 물적자원관리는 조직의 관점에서 예산을 편성하고 집행하는 행정행위를 포함하여 프로그램과 서비스를 제공하는 데 필요한 재원을 동원하고 관리하는 활동을 말한다. 마지막으로 프로그램관리는 기획하고 수행하는 과정을 모니터하여 목표에 달성하는 정도를 평가하는 전 과정에 있어 과업과 활동을 체계적으로 관리하는 활동이다. 프로그램관리는 주로 중간관리자의 영역이라 볼 수 있다.

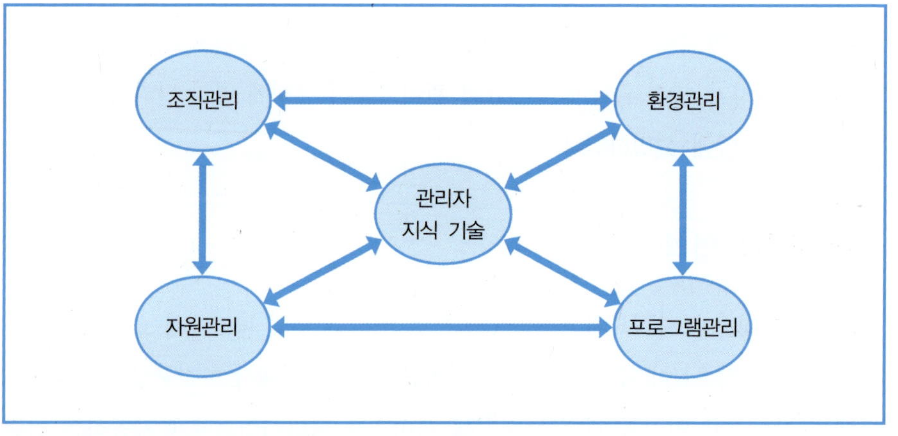

|그림 1-2| 사회복지행정의 수평적 영역

출처 : 황성철 외(2020). 사회복지행정론, p. 34.

2) 수직적 영역

사회복지행정의 영역은 관리자의 위계수준에 따라 활동 영역이 달라진다. 사회복지조직의 관리자는 최고관리자(경영자), 중간관리자, 일선관리자로 나누는 것이 일반적이며 이들이 각자 수행하는 관리활동과 영역은 상호 중첩되는 부분도 있지만, 확실히 구별되는 각자의 영역이 있다. 조직관리자의 활동 영역과 내용은 다음 〈표 1-1〉과 같이 정리할 수 있다.

〈표 1-1〉 사회복지행정의 수직적 영역

관리자 수준	활동 영역	활동내용
최고관리자	정책(policy) 환경관계	정부의 법령, 이사회 관련, 지역사회
중간관리자	관리(management) 조정·통제	인사 및 재무관리, 프로그램관리
일선관리자	서비스(service) 서비스 전달	클라이언트관리, 문서 및 기록관리

출처 : 황성철 외(2020). 사회복지행정론, p. 36.

3) 관리기술 영역

사회복지조직의 관리자는 관리자의 위계수준에 따라 관여하는 활동의 영역도 다르지만 관리 활동에 사용되는 기술유형이 따라 영역도 달라진다. Katz(1974)에 의하면 기능적 기술(technical skills)은 기관의 핵심 활동을 성취하는 데 필요한 기술로서 주로 상담, 사례관리, 프로그램 기획 및 점검 등 클라이언트에게 서비스를 제공하는 데 필요한 기술이다. 기능적 기술은 주로 일선관리자가 반드시 갖추어야 할 기술이며 최고관리자는 의사결정을 위해 최소한 요구되는 기술이다. 반면에 최고관리자는 개념적 기술이 크게 요구된다. 개념적 기술(conceptual skills)은 조직의 비전을 제시하고 문제 상황을 규정하고 해결하는 기술이다. 인간기술(human skills)은 사람을 다루는 기술로 조직 내에서 필요불가결한 기술이면서 모든 수준의 관리자에게 공통으로 요구되는 기술 영역이다.

4) 사회복지행정의 체계

사회복지행정의 영역을 이해하려면 사회복지행정을 광의로 정의하느냐 협의로 정의하느냐에 따라 달라지며, 그러기 위해서는 사회복지행정의 체계, 기능, 조직 등을 이해하여야 한다.

사회복지행정의 체계 또한 복지행정이론, 복지행정사상, 복지행정분야로 구성되어 이를 둘러싼 사회 전체의 환경들에 의해 구체적인 모습을 가진다. 사회복지행정의 역할을 인간이 사회생활을 영위하는 데 해결하기 어려운 문제나 충족되지 못한 욕구가 존재할 때 개인 생활에 개입하여 그 욕구를 해결하려는 시도로 본다면 사회복지행정은 사회정책과 법의 실현을 위해 형성되고 그러므로 추상적이고 물질적인 문제를 가진 복지대상자들에게 효과적이고 효율적인 서비스로 제공된다. 이러한 의미에서 사회복지행정은 사회복지정책, 법의 전달 기능을 지닌다는 뜻에서 전달체계(delivery system)라고도 한다(황진수 외, 2010).

사회복지행정의 기능은 사회복지조직에서 진행되는 과정이나 기술 등을 의미하며 일반행정과 마찬가지로 조직을 유지하는 기술에는 기획, 조직, 인사, 지시, 조정, 보고, 재정, 평가로 구분된다(김현진 외, 2017; 원석조, 2018; 천정웅 외, 2015).

기획이란 목표설정과 달성을 위한 과업 및 활동, 수행방법을 결정하는 것이다. 과업을 달성하는 방법은 목표에 따라 달라질 수 있으며, 사회복지행정가는 변화하는 목표에 맞추어 과업을 계획하고 방법과 기술을 결정한다.

조직은 특정한 목적을 추구하기 위해 조직구조를 설정하는 과정으로 직무작업을 할당하는 것이다. 즉, 업무 분담을 공식적인 구조로 만드는 일이다. 역할과 책임이 분명하지 않을 경우, 직원 간의 갈등이 초래되고 비효율적이고 비효과적인 조직이 된다.

인사는 직원을 고용하고 훈련, 활동 조건의 유지, 해고와 관련된다. 사회복지행정가는 인사를 책임질 뿐 아니라 교육, 훈련, 적절한 근무환경(열린 커뮤니케이션 네트워크 등)을 유지하는 것도 책임을 진다.

지시는 조직의 효과적인 목표달성을 위한 합리적인 결정, 능동적인 관심, 헌신적인 태도로 직원들이 이룬 업적을 칭찬하고 책임과 권한을 효과적으로 위임하며, 개인과 조직의 창의성을 고려하여 지시하는 리더가 되어야 한다.

조정은 사회복지조직 활동의 다양한 부분을 상호 관련시키는 기능으로 기관의 여러 부서 간 그리고 직원 간의 효과적인 의사소통을 유지하고 조정하는 것을 의미한다.

보고는 사회복지조직에 대한 상황을 이사회, 직원, 지역사회, 후원자 등에게 알려주는 과정으로 주요 활동은 기록, 감사, 조사연구 등이 있다.

재정은 사회복지조직의 운영에 필요한 재정을 계획적으로 동원하고 배분하고 효율적으로 사용하고 관리하는 과정이다. 사회복지조직은 회계규정에 따라 재정 운영에 대한 책임을 진다.

평가는 조직의 목표에 따른 활동 전반에 관한 결과를 사정(assessment)하는 과정이다. 사회복지조직은 프로그램이나 서비스에 대한 평가뿐 아니라 조직 자체(사회복지시설)에 대한 평가도 이루어진다.

4. 사회복지행정가의 역할과 실천과제

1) 사회복지행정가의 역할

사회복지행정가의 역할은 클라이언트에 직접적으로 영향을 주기 때문에 이들의 자질과 능력은 중요하다. 미국 사회사업가협회(NASW)에서는 성공적인 사회복지행정가는 미래에 대한 현실적 사고와 계획, 특정한 계획을 실현할 수 있게 접근하는 것, 실천에 있어 몇 가지 대안을 고려할 수 있는 능력, 결정에 따른 효과를 예측하고 평가할 수 있는 능력, 우선순위의 결정, 의사 결정력, 여러 가지 역할과 과업을 복합 · 동시적으로 할 수 있는 능력, 개인적 균형 상태의 유지, 관료체계와 조직이론을 잘 알고 있을 뿐만 아니라 이것을 사회복지조직의 목표 달성에 활용하는 것, 개인과 집단의 능력을 활용하고 때로는 그들이 한계를 설정함으로써 여러 사람이 생산적이고 효과적으로 업무수행을 가능하게 하는 능력, 권위와 권한을 구조에 맞게 활용하고 위임하는 것, 다른 사람들과 효과적으로 의사소통하는 능력 그리고 단호하게 행동을 하는 것 등의 기술과 특성이 있다고 하였다.

Skidmore(1990)는 아무리 우수한 행정가도 필요한 모든 일을 다 할 수 없으나 사회복지행정가가 자신에게 주어진 관리 행동을 많이 할수록 사회복지서비스는 효과적이고 효율적으로 제공되어 클라이언트에게는 더 나은 서비스가 제공된다며 17가지 관리 행동을 제시하였다.

(1) 수용(accepting)

사회복지행정가는 자신과 함께 일하는 클라이언트와 직원 및 관련된 전문가에 대해 그 차이를 인정하고 있는 그대로 수용한다. 사회복지행정가는 개개인의 장단점을 지닌 독특한 개인으로서 존중하여야 하며, 인간관계에서 나름대로 개성을 나타내는 개인적 차이를 인정하여야 한다. 그리고 조직의 틀 내에서 각 개인이 진정한 자신의 모습을 갖도록 지원하고 목표와 기준 그리고 지침 등을 설정하는 것을 지원해야 한다.

(2) 관심과 보호(caring)

사회복지행정가는 직원들이 기관에 소속감을 갖도록 관심을 가져야 할 뿐만 아니라 행동으로서 관심을 표현하는 것이 중요하다. 직원들을 인격적으로 대하고 신뢰해야 하며 직원의 실수나 직원 간의 역량 차이를 이해하고 정상을 참작해야 한다.

(3) 창의성(creating)

사회복지행정가는 변화에 민감하고 창의적이어야 한다. 복지정책의 변화와 시대적 흐름을 이해하여 조직의 서비스를 개선하는 혁신적 정책, 방법 및 절차를 개척하고 융통성도 필요하다. 새로운 혁신이 조직 또는 지역사회복지를 위해 중요하면 과감하게 실행해야 한다.

(4) 민주성

사회복지행정가는 직원 및 다른 사람들의 참여를 통해 조직이 현재보다 더 좋아진다는 믿음을 가지고 그들의 의견과 가치를 존중해야 한다. 이때 민주성이 우리가 흔히 민주주의에서 이야기하는 다수결의 원칙이 아니라 절차 혹은 과정의 민주성임을 알아야 한다. 집단과정을 존중하고 문제, 결정 또는 욕구를 다룰 수 있는 최상의 방법이 집단지성이라는 것을 이해해야 한다.

(5) 신뢰(trust)

사회복지행정가는 직원들을 신뢰하고 믿어야 한다. 직원들의 관점과 의견이 사회복지행정가와 다르더라도 공개적으로 비난하기보다는 신뢰한다는 것을 느끼게 함으로써 직원들이 존중하게 만들어야 한다.

(6) 인정(approving)

사회복지행정가는 직원들을 인정하고 칭찬하여 직원들의 사기를 진작시켜야 한다. 인정의 욕구는 모든 사람이 갖고 있고 칭찬은 고래도 춤추게 한다는 말을 가슴 깊게 품어야 한다.

(7) 개인적 균형과 조화(balancing)

사회복지행정가는 개인적인 문제가 조직이나 직원들, 그리고 클라이언트에 미치는 영향을 최소화하려고 노력해야 한다. 그러기 위해서는 일과 휴식을 균형 있게 생활해야 한다.

(8) 기획(planning)

사회복지행정가는 기획과정을 활용하는 데 능숙해야 한다. 서비스의 운영에 있어서 기획은 조직의 목표와 관련되어 있고 서비스 효과에 영향을 미치는 중요한 과정이다. 기획의 결여는 조직 및 서비스를 약화시키거나 파괴시킬 수 있다는 것을 알아야 한다.

(9) 조직화(organizating)

조직화란 의사소통이 원활할 수 있도록 수직·수평의 효과적인 권한을 배분하는 것을 의미하므로 사회복지행정가는 자신의 조직을 조직화할 능력을 가져야 한다. 사회복지조직은 효과적인 권한과 책임의 경계와 한계에 따라 움직이는 효율적인 구조이다.

(10) 우선순위 결정(prioritizing)

사회복지행정가는 의사결정에 있어 목표와 중요성 그리고 시급성을 비교하여 좀 더 효과적이고 가치적인 일에 우선순위를 결정하고 대안을 탐색해야 한다.

(11) 위임(delegating)

사회복지행정가는 때로는 권한을 위임해야 하며 이에 대한 책임도 뒤따른다는 것을 직원들에게 알려주어야 한다. 그러나 책임을 위임할 여지가 없는 경우 책임을 위임해서는 안 되고 책임을 직원들에게 떠맡겨도 안 된다.

(12) 지역사회 및 타 전문직과의 관계 유지

사회복지행정가는 지역사회와 다른 전문직 간의 효과적인 업무관계를 유지해야 한다. 특히 지역사회에서 활동할 때에는 관계가 중요하므로 지역사회 내 다른 조직(공공기관 포함) 혹은 다른 전문직과의 관계가 좋아야 한다. 특히 최근 들어 사회복지의 영역이 확대되므로 간호사, 사회적기업가, 더 나아가서는 전문가가 아닌 지역주민들과도 좋은 관계를 유지해야 한다.

(13) 의사결정(decision making)

사회복지행정가는 클라이언트와 조직 그리고 지역사회에 이익을 가져다줄 의사결정을 수행하기 위해 취해야 할 전반적인 과정과 개별적인 조치가 이해되어야 한다. 이를 위해 세밀하게 사항을 검토하고 주의 깊게 다른 대안도 검토하여 각 대안이 가지는 성과를 예상해서 제일 나은 선택을 해야 한다.

(14) 행동촉진 및 조장(facilitating)

사회복지행정가는 직원들이 원하고 나아갈 필요가 있는 방향을 나아갈 수 있도록 지원해야 하고 조장해야 한다.

(15) 의사소통(communication)

사회복지행정가는 잘 들을 필요가 있다. 의사소통의 기초는 듣는 것이므로 직원의 목소리에 귀를 기울여야 한다. 종종 비언어적 의사소통(표정, 자세, 감정, 움직임 등)이 말하는 것보다 더 중요하며 의미가 있다는 것을 이해해야 한다.

(16) 직원발전의 촉진

사회복지행정가는 직원들의 발전을 돕기 위해 노력해야 한다. 직원이 발전하면 클라이언트에게 더 좋은 서비스를 제공할 수 있고 조직에도 도움이 된다는 것을 인지해야 한다.

(17) 동기부여

사회복지행정가는 직원들이 자신의 능력을 활용하고 사회복지조직의 기능을 수행하는 데 있어 직원들에게 동기를 부여하고 그들이 가슴이 뛰게 만들 수 있어야 한다.

2) 사회복지행정가의 실천과제

사회복지행정가의 실천과제는 사회복지행정의 특수성을 고려하여 살펴보면, 도덕적 고민, 소외계층의 옹호, 가치와 목적의 구체화, 다양한 이해관계의 조정, 타 기관과의 협력, 조직성과의 측정치들에 관한 관심, 직원지지 및 역량 강화 과정 개발, 클라이언트 선택에 관한 관심, 프로그램에 대한 민주적 통제 등이 있다(Patti, 1983). 이러한 실천과제들에는 소외계층의 옹호라는 추상적인 수준의 것도 있지만 조직성과의 측정치에 관한 관심과 같은 구체적인 것도 있어 다소 이질적일 뿐만 아니라 각각이 상호 배타적이거나 체계적인 것도 아니다.

〈표 1-2〉 사회복지행정의 특수성과 실천과제

특수성	실천과제
지역사회의 욕구 충족	도덕적 고민, 소외계층의 옹호
사회적 기능	소외계층의 옹호, 가치와 목적의 구체화
지역사회 대변 이사회	다양한 이해관계의 조정
조직의 다양성	타 기관의 협력
내부운영과 지역사회 연결	다양한 이해관계의 조정
자원 사용에 관한 선택	도덕적 고민, 다양한 이해관계의 조정
자원의 최소 사용	조직성과의 측정치들에 대한 관심
사회복지 전문성 강조	직원 지지 및 역량 강화 과정의 개발
민주적 참여성	클라이언트 선택에 대한 관심, 프로그램에 민주적 통제

출처 : 한국복지행정학회(2014). 사회복지행정론, p. 30.

다만, 이러한 실천과제들을 통해 사회복지행정이 일반 행정과 구분되는 특수성은 무엇이고 그로 인해 사회복지행정에 요구되는 실천과업과 범위에 대해 알 수 있다. 〈표 1-2〉는 실천적 과제들을 사회복지행정의 특수성을 나타내는 일부 요소들과 연결한 것이다.

5. 사회복지행정의 역사

1) 한국 사회복지행정 역사

대다수 사회복지행정론 서적에서는 한국 사회복지행정의 역사를 연대기별로 기술하거나 전체적인 한국 사회복지역사를 기술하고 있다. 전술했듯이 최근 사회복지행정은 전달체계뿐 아니라 사회복지조직 운영에 있어 관리적 측면을 넘어서 경영적 측면이 강조되는 정서를 반영하여 제도적 측면에서의 한국 사회복지행정 역사, 실천현장 측면, 교육적 측면에서의 사회복지행정의 역사를 구분하여 기술하고자 한다. 그리고 마지막으로 최근 한국 사회복지행정과 관련된 이슈를 다룰 것이다.

논란의 여지가 있지만, 한국 사회복지행정 역사에 있어 공적 사회복지조직이 형성되어 사회복지행정을 실천할 수 있는 장(field)을 처음으로 마련한 시기는 1921년 조선총독부 내 사회과를 설치한 것부터로 보고 있다. 하지만 일제 강점기였던 이 시기부터 해방 전까지는 시혜성을 중심으로 한 활동에 국한되어 엄밀하게 공적인 사회복지조직이라 보기 어려우며, 이후 미군정과 대한민국 정부 수립 시기 동안에도 보건위생부(1946~1948), 사회부(1949~1955)와 보건복지부(1955년 2월)가 있었지만, 한국전쟁(1950. 6. 25)으로 인한 피난민, 전쟁 피해자에 대한 긴급구호 중심으로 이루어져 사회복지개념에서의 행정이라 보기 어렵다(최성재 · 남기민, 2017). 또한 사회복지행정론 교재에서 공적전달체계 개편과정의 흐름을 한국 사회복지행정의 역사로 기술하곤 한다. 본 교재에서는 전달체계가 따로 하나의 장(chapter)으로 구성되어 있고 행정이 공적 조직(예를 들어, 지방자치단체나 읍면동)에서의 사회복지행정 활동만이 아니라 민간 조직에서의 행정 그리고 경영까지 포함되므로 다음과 같이 구분지어 기술하고자 한다.

(1) 제도적 측면에서의 한국 사회복지행정 역사

한국에서 근대적 의미의 복지제도는 오랜 산업화 과정에서 형성했던 서구와는 달리 압축적으로 성장하였으며 사회복지행정도 같은 제도적 경로를 따라왔다. 한국 사회복지제도의 발달 과정을 크게 3세대로 구분하고 있다. 김영종(2012)은 사회서비스 공급체계의 구성요소에 대한 이념형(ideal type)적 분석을 통해 사회서비스의 발전단계를 생활시설 원조방식(1세대), 이용 서비스 원조방식(2세대), 바우처방식(3세대)으로 구분하고 있다. 김용득과 황인매(2013)의 경우는 사회서비스의 제공 내용과 방식을 기준으로, 한국전쟁 이후 외원 민간기관의 시대(1세대), 1980년대 이후의 민간 법인에 대한 정부 보조의 시대(2세대), 2000년대 중반 이후의 부분적 이용자 지원의 시대(3세대)로 구분하고 있다. 따라서 한국 사회복지행정의 역사는 사회서비스의 발전과 같은 경로로 행정의 토대를 형성하는 제1기, 행정 수요가 본격화되는 제2기, 현재 진행되는 제3기로 구분된다(김영종, 2018).

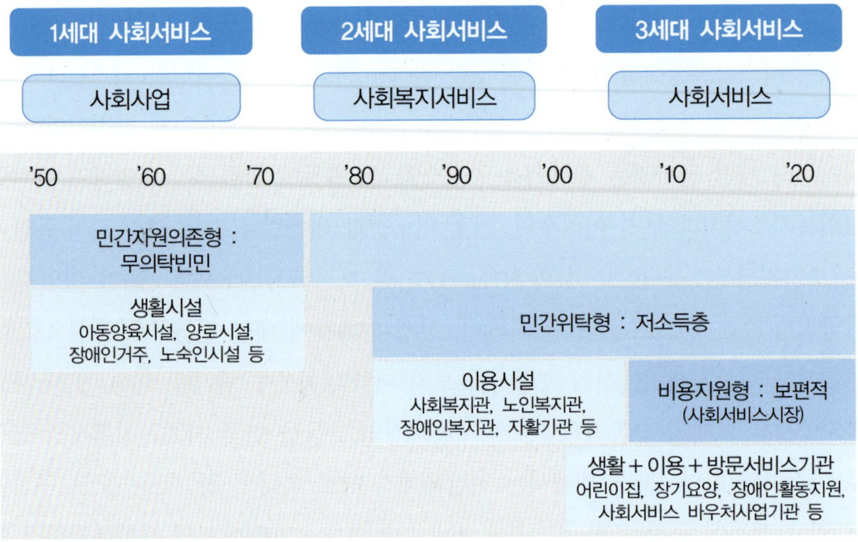

|그림 1-3| 한국 사회복지행정의 역사 구분

출처 : 양난주 외(2021) 재구성.

① 사회복지행정의 형성기(1950~1970년대)

사회서비스 발전에 있어 제1기는 시기적으로 한국 사회복지행정의 형성기인 1950~1970년대로 구분되며 이 시기의 사회서비스는 생활시설 원조방식으로 특징지어진다. 1세대 사회서비스의 주 공급방식은 사회복지법인이 설치한 수용시설에서 제공하는 수용(생활) 서비스에 대한 외원단체 혹은 정부가 운영비를 지원하는 방식을 취했으며(김영종, 2012), 해당 시기 정부의 주요 복지정책은 성장을 통한 국민의 탈빈곤이 주요 목표였기에, 경제성장을 통한 일자리 창출이 곧 복지였던 시기였다. 이에 따라 극빈층에 대한 빈곤구제를 위한 지원이 복지정책의 중심으로 이루었다(최병호, 2014).

또한 이 시기에는 노동의 초과수요로 도시에 유입된 농촌인구의 주거, 의료, 빈곤 등이 주요 사회문제로 드러났다. 좀 더 자세히 설명하면 1950년 한국전쟁을 통해 발생한 걸식 아동, 부랑인, 전쟁미망인, 모자가정 등 절대빈곤층에 대한 구호의 필요성과 이들의 생존에 대한 욕구가 주요 사회문제로 등장하였으나 전쟁 이후,

1960~1970년대 '선성장 후분배' 이데올로기를 앞세운 국가 개발 정책으로 인해 복지 공급이 억제됨에 따라, 사회서비스 공급에 필요한 재원을 대부분 외국의 원조에 의존하게 된다(오단이 외, 2022).

많은 사회복지행정론 교재에서 해방 이후 정부수립에서 1970년대까지를 한국 사회복지행정의 형성기로 기술하고 있으나 특이하게 허만형(2005)은 정부수립에서 1960년대와 1960 1970년대를 구분하여 행정이론의 현장보급기와 사회복지행정 도입기반 형성기로 설명하였다.

② 사회복지행정의 성장기(1980~1990년대)

1980년대에서 1990년대까지 한국은 고도의 경제성장으로 인한 계층 간 분배 갈등이 형성되기 시작한 시기였다. 이로 인해 복지정책에 대한 관심도가 급증하면서, 국민건강보험제도, 국민연금의 도입기반이 마련되는 등 복지지출이 급격하게 성장하기 시작하였다. 이 시기에는 민주화의 진전과 더불어 복지국가에 대한 활발한 논의가 전개되기 시작하였으며, 시 · 군 · 구 사회복지사무소의 확대 강화를 목적으로 하는 복지전달체계의 개편을 통해 사회복지 기반을 다지게 되었다(최병호, 2014). 따라서 사회복지행정은 1980년대 들어와서는 사회복지사를 비롯한 사회복지전문요원이 일선행정기관에 배치되어 전문행정으로서의 기능을 수행할 수 있는 제도적 장치가 마련되었다. 1990년대 들어와서 1980년대보다 더욱 괄목할 성장을 하는데, 사회복지전문요원이라는 별정직 공무원 시대를 청산하고 사회복지전담공무원의 직렬이 형성됨으로써 사회복지전문행정이 기틀을 잡게 되었다(허만형, 2005).

한편 이 시기의 사회서비스는 이용서비스 원조방식으로 특징지어지는데, 2세대 사회서비스 공급의 일반적인 방식은 정부가 투자해서 설치한 이용서비스 위주의 시설 및 프로그램을 민간에 위탁하고, 운영비를 지원하는 방식이다(김영종, 2012).

③ 사회복지행정의 전환기(2000년대~현재)

사회복지행정의 전환기는 사회서비스 3세대와 시기적으로 겹친다. 이 시기의 주요 복지정책은 사회복지가 곧 사회의 성장을 지원하는 사회투자인 '사회투자국가론'이라는 복지패러다임을 바탕으로 서비스 공급기관 간 경쟁을 통해 사회서비스 시장 활성화를 위한 4대 바우처 사업(노인돌봄종합서비스, 산모신생아 건강관리 지원서비스, 장애인활동지원서비스, 가사간병서비스)을 추진하기 시작하였다(최병호, 2014). 즉, 이 시기의 사회서비스는 바우처 방식으로 특징지을 수 있다. 물론 이 시기에도 기존의 1, 2세대 방식의 사회서비스 공급체계는 유지가 되면서 새로운 형태의 3세대 사회서비스 바우처 공급 방식이 도입되었다(김영종, 2012).

2000년은 사회복지행정에도 많은 변화가 있었다. 세계는 지식정보화 사회로 전환되는 과정에서 사회복지행정도 예외는 아니었다. 정부가 2000년부터 사회복지영역에서 디지털 전환 혹은 사회복지정보화 구축 등이 이루어져 사회복지행정 서비스가 디지털 방식으로 전환되었으며 지리적 공간에서 제공되는 행정서비스의 많은 부분이 변하였다. 따라서 이 시기에는 사회복지행정정보화 구축 시기로 볼 수 있다(허만형, 2005).

문재인 정부가 들어서면서 '모두가 누리는 포용적 복지국가(포용복지)'라는 복지레짐에 근거하여 국민의 기본생활을 보장하는 맞춤형 사회보장, 고령사회 대비, 건강하고 품위 있는 노후생활 보장, 건강보험 보장성 강화 및 예방중심 건강관리 지원, 의료공공성 확보 및 환자 중심 의료서비스 제공, 미래세대 투자를 통한 저출산 극복, 사회서비스 공공인프라 구축과 일자리 확충이 복지정책의 핵심 과업으로 설정되어(이재훈, 2021) 공적 복지를 강화하는 방식으로 사회복지행정이 변화하게 된다. 특히 주목할 부분은 지역중심의 복지정책이 공적 복지의 책임성과 더불어 주민자치형 공공서비스를 통해 읍면동에 간호직 1명과 복지직 3명을 배치한 찾아가는 보건복지팀(맞춤형 복지팀)을 실질적 운영이 가능하게 인력을 충원하였다는 점이다.

(2) 실천현장 측면에서의 한국 사회복지행정 역사

서구사회는 자선조직협회(COS)와 지역사회복지관(settlement) 등과 같은 사회복지기관이 사회복지학문의 등장 이전에 존재하였으며 이는 한국에서도 같은 양상을 보인다. 그러나 한국에서는 민간에 의한 사회사업을 시작한 사회복지기관에서 자원 및 서비스 관리와 같은 사회복지행정활동이 전개되었다고 예측되나 체계적으로 기관을 관리한 흔적은 찾아보기 어렵다. 1950년대 이후 자생적으로 설립된 민간구호기관과 시설보호기관도 주된 재원의 공급체인 외연기관(외국 원조기관)과의 관계를 중시하고 사회복지행정은 단지 구호물자에 대한 효율적인 관리에 초점을 두고 있었다. 따라서 초기 한국사회복지행정은 개별사회사업에서 분화되지도 않았으며 행정의 중요성에 대해서도 매우 낮은 인식을 보였다(황성철 · 정무성 · 강철희 · 최재성, 2015).

실천현장에서 사회복지행정이 본격적으로 전개된 시기는 1980년대부터이다. 한국은 급격한 경제성장으로 발생하는 사회문제를 해결하기 위해 각종 사회복지기관을 만들고 공공복지행정체계를 마련하기 시작하였다. 1980년대 말부터 국가공무원 임용에서 5급 사회직이 신설되어 사회복지행정에 대한 관심이 고조되었으며 1987년부터 공공부조업무를 담당하는 사회복지전문요원제도가 시행되면서 1990년대까지 6대 도시 동사무소에 324명이 배치되었으며, 연차적으로 전국 읍면동에 2,900여 명의 공무원이 생활보호업무와 사회복지서비스 업무를 담당하여 공공복지행정의 체계를 마련하였다(황성철 · 정무성 · 강철희 · 최재성, 2015).

한편 민간 사회복지시설 및 기관에서 사회복지행정이 주목받고 수요가 증가한 계기는 다음과 같다. 첫째, 민간복지재단이 사회복지사업에 대한 사업계획서를 엄격하게 심사하여 재정적 지원을 하기 시작한 것과 사회복지공동모금회의 탄생으로 사회복지 프로그램관리에 관한 중요성이 부각되면서이다. 이러한 변화는 사회복지기관의 프로그램 기획 및 수행에 있어 전문성을 향상시키는 계기가 되었다. 둘째, 사회복지시설 및 기관에 대한 평가제도의 도입으로 사회복지조직의 조직관리, 인사관리, 프로그램 관리, 재정관리 등 사회복지행정 전반에 대한 관심과 실천적 노력이 증가하였다. 마지막으로 사회복지시설 및 기관의 증가에 따른 지역사회 내에서 기관운영에 있어 경쟁적 분위기가 고조되면서 자원확보의 중요성이 강조되었다. 한정된 지역사회 내 자원을 놓고 사회복지조직 간의 경쟁은 기관을 운영함에 있어 더욱더 경영적 관점이 중요하게 되었다(황성철 · 정무성 · 강철희 · 최재성, 2015).

(3) 교육적 측면에서의 한국 사회복지행정 역사

교육적 측면의 한국 사회복지행정의 역사는 인재 육성에 초점을 두고 있다. 다시 말해 해방과 한국전쟁을 거치면서 황폐해진 국가 내에 발생하는 다양한 사회문제에 대응하기 위한 사회복지사 혹은 사회복지행정가 양성을 목적으로 했다. 이에 사회복지행정가 양성은 대학교와 같은 정규적인 교육제도뿐만 아니라 한국보건인력개발원(전신 중앙보건소, 1946년 설립)과 같은 기관을 통해 보건복지분야 공무원을 비롯하여 사회복지, 보건의료 등 보건복지분야의 사회복지행정가를 대상으로 교육을 제공하였다.

먼저 정규적인 교육제도 안에서 선도적 역할을 한 대학교들을 살펴보면, 1947년 기독교사회사업학과를 설치한 이화여자대학교와 1953년 사회사업학과를 설치한 강남대학교(전 중앙신학교) 그리고 서울대학교가 1959년 사회사업학과를 설치하였다. 그러나 해방과 한국전쟁 이후 1940~1950년대는 학부 수준의 사회복지(사회사업)교육 이루어졌으며, 사회복지행정이라는 교과목에 대한 기록은 명확하지 않다(최성재 · 남기민, 2017; 김영종, 2018).

기록에 남아 있는 한국 최초의 사회복지행정 과목은 1954년 미네소타대학교의 사회사업대학원장이었던 Kidneigh가 내한하여 미국식 사회사업 전문교육의 필요성을 역설하여 서울대학교 4학년 과정에 사회사업행정(social work administration)이 포함되어 있던 것을 참고하면 학부개설부터 사회사업행정이 개설되었음을 알 수 있다(최원규, 1991; 최성재 · 남기민, 2017).

1960년대는 7개 대학이 새로 사회사업학과를 개설하여 총 10개 대학교에서 사회사업교육이 본격적으로 이루어졌으며, 이때 신설된 학과에서는 대부분 사회복지행정이 교과목으로 채택되어 교육이 이루어졌다. 따라서 사회복지행정의 학문적 중요성은 1960년대부터 지금까지 인식되고 있다. 한편 급격한 산업화 · 도시화로 인한 사회문제가 분출하면서 1980년대 사회복지학과와 사회사업학과를 신설하는 대학은 급속도로 증가하였으며 30여 개의 모든 대학에서는 주요 전공과목으로 사회복지행정이 포함되었다. 사회복지행정이 실제로 중요성을 인정받고 이에 관한 연구 활동이 증가한 시기는 1990년대 이후부터이다. 이후 사회복지학과는 대다수 대학 혹은 대학교에 설치되는 등 꾸준한 증가세를 이루었을 뿐만 아니라 1999년 2월 한국사회복지행정학회 창립을 위한 발기인 대회를 개최한 이후 3월 27일 창립기념학술대회를 개최하였다(황성철 · 정무성 · 강철희 · 최재성, 2015). 사회복지행정과 관련된 전문학회가 탄생함으로써 사회복지행정에 있어 학문적 발전뿐 아니라 연구자들과 현장 전문가들 간의 소통이 이루어질 수 있는 장(場)이 만들어졌다는 것은 의미가 크다.

(4) 한국 사회복지행정 최근 이슈

역사적으로 한국의 사회복지행정은 실천영역에서 먼저 시작되었다. 학문적으로 사회복지행정은 1960년대부터 대학교육에서 비롯되었지만, 실천과 학문영역은 여전히 평행선을 이어 왔다. 1990년대부터 본격적으로 이루어진 실천과 학문의 연계는 사회복지행정에 관한 다양한 지식이 산출되었지만, 여전히 단편적인 지식의 나열 이상을 발견하기는 어렵다. 그럼에도 불구하고 사회복지행정이 한국 사회복지 조직의 변화에 영향을 미친 것은 부인할 수 없다.

한국 사회복지행정 이슈로는 공적인 부분과 사적인 부분(민간영역)으로 구분하여 기술하고자 한다. 먼저 공적 영역은 앞서 설명했듯이 문재인 정부 국정과제의 일환으로 주민자치형 공공서비스의 추진을 통해 국가복지 강화(행정의 책임성 강화)를 통한 공적 전달체계에서 많은 변화를 예고하였다. 그러나 지역 간의 편차(재정, 인프라 등)를 극복하지 못하고 모든 지방자치단체에서 완성하지는 못하였다. 좀 더 자세히 설명하면 읍면동 중심의 복지구현을 목표를 위해 찾아가는 보건복지팀(맞춤형 복지팀)과 복지행정팀을 편성하여 일선 읍면동에 복지직 및 간호직 공무원의 충원하는 것은 재정 자립도가 높은 지방자치단체는 가능하지만 재정 자립도가 낮은 지방자치단체의 경우 충원을 할 수는 구조였다.

한편 주민자치형 공공서비스는 지역사회 돌봄(지역사회 통합돌봄, 커뮤니티케어)과 함께 지역중심의 복지정책과 지역복지의 혁신의 의미를 가진다. 과거에는 지역(지방)의 사회복지직 공무원이나 사회복지업무를 하는 공무원은 중앙정부가 설계한 복지정책을 수행만 잘 하면 되었다. 그러나 최근에는 지역의 특성(인구나 복지인프라 등)을 반영한 지역복지를 기획하고 수행하는 역량이 필요하게 되었다.

적어도 한국사회에서 사회복지정책은 경로의존성이 강하여 보수나 진보정권이 집권하여도 큰 틀에서의 변화(예컨대, 중앙중심에서 지역중심의 복지로 전환)는 없을 것으로 판단되나 주민자치형 공공서비스와 같은 미완성의 정책이 어떻게 지속될지 지켜봐야 할 것이다.

다음으로 민간 영역에서는 크게 세 가지로 사회서비스 고도화 기조 속에서 다른 조직과 전통적인 사회복지법인 및 시설에 대한 형평성 논쟁, 사회복지법인에 부여되고 있는 과세, 그리고 마지막으로 사회복지종사자의 정년 연장이라는 키워드 중심으로 살펴보겠다.

첫째, 윤석열 정부의 집권은 국가중심 복지 기조에 있어 변화를 예고하였다. 대표적인 정책이 국정과제 44번 사회서비스 혁신을 통한 복지 · 돌봄서비스 고도화로 내용은 다음과 같다. 민간주도 사회서비스 혁신을 위해 다양한 공급 주체가 질 높은 서비스를 제공하고, 누구나 서비스를 이용할 수 있는 보편적 복지 · 돌봄체계로 기존 사회서비스를 혁신하는 것을 정책 목표로 하며, 수요 · 공급의 확대, 혁신기반 구축, (종사자) 처우 개선의 세 가지 주요 과제를 제시하고 있다. 2000년대 중반 이후 사회서비스 정책의 핵심은 보편적 사회서비스 수요 확대, 공급 시장 활성화를 통한 양질의 일자리 확충, 서비스 품질 제고였다. 윤석열 정부의 복지정책도 방향성이 크게 달라지지 않았다. 이는 지난 15년간의 사회서비스 정책이 나름의 일관성을 가지고 추진되었다는 점은 긍정적으로 평가할 수 있지만, 달리 말하면 그간 정책의 목적 달성이 쉽지 않았다는 것을 의미하기도 한다(강은나 외, 2023).

사회서비스 혁신을 위해 사회적경제나 영리기업까지 사회서비스영역에서 정책적 파트너로 두고 다양한 공급주체의 진입을 독려한다는 것은 그간 전통적인 사회복지영역에서 파트너였던 사회복지시설과 법인 입장에서는 형평성 문제를 제기할 수 있다. 예컨대 다양해진 사회서비스를 제공하기 위해 영리나 사회적기업의 경우, 이사회를 통해 의사결정이 되면 바로 사업을 추진할 수 있지만 사회복지법인의 경우, 지방자치단체의 허가를 받아야 하는 행정력의 소모가 존재한다. 즉, 사회복지법인은 정관에 명시된 사회복지사업 외의 사업을 추진하려면 정관변경이 필요하고 이는 지방자치단체의 허가 후 진행이 가능하다. 뿐만 아니라 보건과 복지의 융합이라는 시대적 상황에서 의료복지사회적협동조합의 경우 의료서비스와 복지서비스를 함께 제공하는 것이 가능하나 사회복지법인의 경우 의료나 보건과 관련된 사업은 할 수 없는 제도적 한계도 존재한다.

둘째, 비영리 공익법인에 대한 재산세 부과이다. 사회복지법인은 한국전쟁 이후 국가 재정과 행정 능력이 부족할 때 자생적으로 또는 외원기관의 지원을 받아 전쟁 고아, 빈민, 장애인을 위한 구제 등 사회복지사업을 수행하기 위해 시작됐다. 이후 1970년 사회복지사업법이 제정되고 1980년대 사회복지와 관련된 개별 법령인 장애인복지법, 노인복지법 등이 제정되었으나, '사회복지법인'에 의한 사회복지사업이 그 주축을 이루었다. 이러한 사회복지법인은 영리를 추구하는 것이 아니라 사회복지사업을 수행하는 비영리를 추구하기 위해 설립되었다. 다만, 사업복지사업법 제28조에 '법인은 목적 사업의 경비에 충당하기 위해 필요할 때에는 법인의 설립 목적 수행에 지장이 없는 범위에서 수익 사업을 할 수 있다'라고 명시되어 있으며, 이러한 수익사업에서 생긴 수익은 법인 또는 법인이 설치한 사회복지시설의 운영 외에는 사용할 수 없다(송근창, 2020). 따라서 그간 사회복지법인은 비영리법인으로 토지나 건물에 대한 재산세가 부과되지 않았으나 박근혜 정부 때 지방세특례제한법의 개정으로 2020년도부터 사회복지법인의 고유목적, 즉 사회복지에 사용되고 있는 건물 및 토지에 대한 재산세가 부과된 것이다. 지방세특례제한법 제22조(사회복지법인 등에 대한 감면)에서 사회복지법인 등이 사회복지사업에 직접 사용하기 위해 취득하는 부동산에 대해서는 취득세를 2022년 12월 31일까지 면제하도록 되어 있었으나, 동법 제177조의2(지방세 감면 특례의 제한)에서 이 법에 따른 취득세 또는 재산세 면제 규정에도 불구하고 100분의 85에 해당하는 감면율을 적용하고 있으며, 동법 제177조의2 제1항 제2호에서는 100분의 85에 해당하는 감면율 적용제외로 동법 제20조 제1호(무료 노인복지시설)에 대한 시설을 제한하고 있다. 또한 부칙(법률 제15295호, 2017. 12. 26) 제7조(지방세 면제 특례의 제한에 관한 적용례) 제2호에 따라 동법 제22조(사회복지법인 등에 대한 감면) 제1항, 제2항에 대해 2020년 1월 1일부터 적용했다. 이에 현행 법률에 따라 사회복지법인 등이 고유목적으로 사용하고 있는 건물 및 토지에 대해 2020년부터 재산세(건물세 : 7월, 토지세 : 9월)가 부과되고 있다(송근창, 2020). 사회복지목적 사업에 사용되는 토지와 건물에 세금을 부과한다는 것은 재산에 대한 소유권을 인정하는 것이다.

그럼에도 불구하고 사회복지법인은 다른 법인과 달리 기본재산에 대한 매도·증여·교환·임대·담보 제공·용도 변경 시 반드시 시도지사의 허가가 필요하며, 허가를 받지 아니한 기본재산 처분 및 차입의 경우 무효로 처리되고 있으며 특히 해산 법인의 잔여재산 처리에 있어서도 민법상에서는 타 유형의 법인이 해산할 경우 정관에 지정된 자에게 귀속되는 것과 달리 사회복지법인은 공익법인설립법 및 사회복지사업법에 의해 국가 또는 지방자치단체로 잔여재산이 귀속되고 있다는 점에서 재산세 부과에 대한 재검토가 필요하다(송근창, 2020).

마지막으로 사회복지시설장 및 종사자의 정년 연장과 관련된 이슈이다. 2017년 고령사회로 진입한 한국은 초고령사회로의 진입이 얼마 남지 않았다. 이에 민간기업에서 정년 연장에 대한 논의가 시작되고 있으며 사회복지영역에서도 최근 정년 연장에 대하여 보건복지부가 현장의 의견을 수렴하였다. 그간 사회복지영역에서 정부의 인건비 보조금 지급 상한 연령은 시설장 65세, 종사자 60세로 권고하고 있었다. 이를 시설장 70세, 종사자 65세로 정년을 늘리자는 안이었다. 그러나 다양한 이해관계자의 이견(異見)으로 불투명하게 되었다. 따라서 현재 한국의 사회복지행정은 다양한 이슈로 인해 변화의 시점인 것이 사실이다.

2) 미국 사회복지행정 역사

미국 사회복지행정의 역사는 학자들마다 중요한 사건을 중심으로 해석하는 방법에 따라 다양하게 구분하고 있다. 여기서는 미국의 사회복지행정의 역사를 4기로 나누어 형성기, 발전기, 확립기, 새로운 도약기로 구분하고자 한다.

(1) 형성기(인식기 : 19세기 말~1920년대)

이 시기는 사회복지행정의 태동기에 해당한다. 미국 사회는 남북전쟁 이후 급격한 사회변동을 겪는다. 특히 미국의 산업화 도시화에 따른 대규모 유럽 이민자들이 정착하게 된다. 이러한 도시화는 빈곤, 실업, 범죄, 위생 등 다양한 사회문제를 초래하였다. 미국은 영국식 사회복지제도를 받아들여 지방정부 중심의 소극적인 빈민구호사업을 시행하였고, 교회를 중심으로 별도의 민간 자선활동이 진행되었다. 이런 민간 중심의 복지사업의 확충 결과 자선조직협회(COS)라는 복지기관이 출현하였다.

1869년 영국 런던에서 시작된 COS(Charity Organization Societies)는 1877년 미국 동부 버팔로에서 처음으로 조직화하여 확산하였다. COS 기관의 설립과 운영이 사회복지행정에 주는 의미는 민간 복지기관의 효과성과 효율성을 지향하였다는 것이다. 이를 통하여 지역사회에 자선기관들의 사업을 조정하고 서비스의 중복과 누락을 방지하고자 하였으며, 수혜자 명단을 교환하고 사례회의를 통하여 빈민 문제를 해결하고자 하였다.

20세기에 들어 COS 기관을 중심으로 한 사회복지 행정가들은 지역공동모금회(Community Chest)와 지역사회복지기관 협의회(Council of Social Agencies)의 창설로 더욱 강화되었다. 이는 공동모금회를 통하여 일시에 모금하고 배분하는 방법을 통하여 재정문제에 효과적으로 대처하였다. 그리고 지역사회복지 협의회를 통하여 지역사회의 빈곤 문제와 사회복지 욕구를 공동 조사하여 지역사회문제에 대해 체계적으로 계획을 수립하여 대처하게 되었다.

1920년대에 COS 기관을 중심으로 하는 민간사회복조직의 행정에 많은 변화가 일어났다. 민간사회복지조직들은 전문적인 교육과 경험을 갖춘 사회복지 전문가를 채용하기 시작했고, 조직 운영에서도 행정기능과 이사회 기능의 분화가 일어나고, 행정가와 일상적인 서비스 제공 업무를 구분하는 행정의 분화가 발생하였다. 그러나 이 당시에는 사회복지행정의 전문적 규범과 가치 그리고 원리 등은 정립되지 못하였고, 사회복지행정에 대한 교육도 충분하게 인정받지 못하였다. 따라서 Patti(1983)는 이 시기를 사회복지행정이 명목적으로 인정되는 시기로 구분하고 있다.

이후 전국적인 학술대회인 Milford Conference에서 사회복지행정은 개별사회사업, 집단사회사업, 지역사회조직과 더불어 기본적인 실천 방법으로 인정되었지만, 구체적인 행정가의 역할과 기능에 대한 논의는 없었다. 그래서 Dunham(1939)은 이 시기의 사회복지행정이 개별사회사업에서 구별되지 않고 분리된 기능으로 생각되지 않았다고 주장했다.

(2) 발전기(1930년대~1960년대)

이 시기는 사회복지행정에 영향을 미치는 중요한 사건이 발생한다. 1930년대 초반에 대공황으로 인한 빈곤과 실업이 만연함에 따라 미국 정부는 사회보장제도를 강화하기 시작하였다. 사회복지행정은 정부의 공공정책과 연계하여 토대가 형성되는 시기로 사회사업 행정이 실천의 영역으로 형성된다.

이 시기에 정부는 1934년 다수의 실업자와 경제적 파탄자를 원조하기 위해 연방긴급구호청을 설립한다. 그리고 미국 정부는 1935년에 소비자와 노동자를 지원하기 위한 사회보장법(Social Security Act)을 제정하였다. 이 법은 노후연금, 실업수당 및 기타 사회복지 프로그램을 도입하여 경제적 어려움을 겪는 사람들을 지원하는 것으로 공공부조 기준의 확립과 주와 지방정부 차원에서 공적부조 제도를 창설하는 근거가 된다.

이를 위해 공공행정의 봉사자를 양성하고자 교과 과정을 개정하여 이수한 학생들이 연방긴급구호청 등에서 행정가로 활동하면서 공공복지행정이 시작된 시기로 볼 수 있다. 이러한 사회복지사에 대한 수요가 증가하면서 사회복지대학원뿐만 아니라 학부의 과정에서도 사회복지사가 배출되기 시작하고, 교육내용에서도 공공복지의 행정과 슈퍼비전에 관한 내용을 포함시키려고 노력한다.

1930년대 말에는 두 가지 형태의 사회복지행정가가 나타난다. 하나는 사회복지전문대학원에서 전문 자격을 갖춘 민간 사회복지기관의 행정가이다. 이들은 전문지식을 바탕으로 사회복지기관에서 인사관리, 이사회 구성 및 관리에 대한 업무를 수행하였다. 또 하나는 공공복지행정가로 일반 행정가 출신으로 대규모 관료제적 조직에서 법과 규정에 의해 시행되는 공공 복지 프로그램을 관리하면서 인사권과 재정권을 행사하는 관리자를 의미한다.

제2차 세계대전을 전후로 1950년대에는 일반행정의 이론과 기법을 토대로 사회복지행정을 체계화하려는 노력이 이루어졌다. 이러한 노력으로 사회복지행정은 일반행정과 구별되는 특성을 갖는 것으로 인간관계기술, 리더십, 직원의 동기부여 등을 포함한 민주적이고 참여적인 특성이 강조되는 개념으로 인정되었다.

1960년대 연방정보의 공공부조사업인 AFDC(Aid to Families with Dependent Children)의 수혜 범위가 대도시에서 농촌지역까지 확대되고, 사회사업가의 상담에도 비용이 지급하게 되어 행정가와 사회복지사의 인력 수요가 더욱 촉진된다. 한편 1960년대 미국 사회에는 흑인인권운동, 반전운동, 복지운동 등 각종 민주화 운동으로 인하여 다양한 사회기관의 출현과 정부 지원으로 지역사회정신보건원(community mental health centers)이 탄생하여 이러한 기관들에 관리와 운영에 필요한 전문적인 사회복지행정가의 필요성이 더욱 확대되었다.

이 시기에 사회복지행정의 교육과 연구에서 있어서도 사회복지행정의 중요성이 강조된다. 미국 사회복지교육제도의 연구를 통한 행정, 슈퍼비전, 조사와 같은 영역에서 더욱 큰 관심이 필요하며 이러한 과목을 교과 과정에 포함할 것을 주장한다(Hollis & Taylor, 1951). 또한 1952년 미국사회복지교육위원회(Council on Social Work Education)의 대학원교과과정 규정에 대학의 교과과정에 조직과 행정의 절차가 포함되어야 한다는 문구가 포함된다. 이후 1960년대 미국사회복지협의회(National Association on Social Workers)는 학자들과 실무자들이 사회복지행정과 조직에 관한 연구를 수행하게 하여 보고서를 발간한다. 이어 NASW는 1963년에 사회복지행정의 필요성을 인정하며 협회 내에 사회복지행정위원회를 설립한다.

미국의 사회복지행정의 발전단계는 행정을 독립된 하나의 영역으로 인정하며 전문적인 방법론이 대두되는 시기이다. 따라서 사회복지행정은 사회복지 실천의 보조적인 영역이 아닌 독립된 하나의 영역이라는 인식이 확립됨으로 다른 사회사업의 방법들과 동등한 위치를 확보하게 된다.

(3) 확립기(1970년대~1990년대)

1970년대에 미국은 1960년대 확대된 사회복지 프로그램들에 대한 효과성과 효율성이 강조되고, 사회적 책임이 강하게 대두되었다. 1960년대 후반 베트남 전쟁, 사회복지 지출의 증가, 경제 둔화, 복지수요 증가로 재정적 확충이 어려운 가운데 최소의 비용으로 최대의 효과를 낼 수 있는 프로그램 개발 및 실행이 요구되었다. 따라서 이 시기에 프로그램의 새로운 관리기법(PPBS, PERT 등)들이 도입되기 시작하였다.

1980년대에는 기존의 사회복지 프로그램이 확대에서 축소로 급격히 방향이 전환된다. 사회복지 프로그램에 대한 연방정부의 예산 감축과 민영화는 사회복지 프로그램의 확대에 대한 회의론을 증가시키고 효율성과 효과성을 더욱 강조하는 사회적 분위기를 초래했다. 이로 인하여 사회복지행정가는 사회복지학뿐만 아니라 프로그램 평가, 비용-효과분석, 자원동원 기술 등의 능력과 자질이 필요하였다.

1970년대 초반 사회복지행정가의 수요가 증가함에 따라 1975년 84개 사회복지 대학원들 중 19개 대학이 사회복지행정에 대한 교과과정을 운영하였고, 1977년에 35개 대학으로, 1991년에는 59개 대학 중에서 44개로 증가하였다.

이처럼 사회복지행정에 대한 교육이 확산되고 학문적 관심이 커지면서 1970년 중반에는 CSWE(Council on Social Work Education), NASW(National Association of Social Workers), NCSW(National Commission on the Status of Women) 등의 후원을 받은 다양한 협회에서 행정 실천에 대한 다양한 논문들이 발표되었다. 그리고 1976년에는 사회사업행정 최초의 저널인 「사회사업행정(Aministration in Social Work)」이 발간되었다. 이러한 전문 저널은 사회복지행정의 연구를 위한 실질적인 자료 제공뿐만 아니라 행정실천의 지식과 기술을 검증하고 다양한 이론 및 사례를 제공하는 역할을 했다.

1980년대 이후 시작된 사회복지서비스의 민영화와 상업화는 1990년대 미국 경제의 침체로 더욱 가속화하였다. 따라서 사회복지기관의 행정가들은 정부지원, 후원금, 이용료 등 자원획득을 위한 통로를 더욱 다면화해야 했다. 한편 사회복지 전달체계에서 있어서도 많은 민간 사회복지기관들이 생기면서 기관의 존립과 차별성을 위해 보다 전문적 지식을 가진 사회복지행정 전문가가 더욱 필요하게 되었다.

미국 사회복지행정의 확립기는 교과 과정의 개발 및 전문 학술지의 창간, 전문 사회복지행정가의 등장 등으로 사회복지행정에 대한 이론적 토대를 제공하였고, 사회복지행정이 학문적으로 발전할 수 있는 기반이 되었다.

(4) 새로운 도약기(1990년대 후반~현재)

1990년대에 미국 사회의 보수주의적인 성향은 사회복지서비스의 민영화와 상업화를 촉진하였다. 이는 사회복지서비스를 담당하던 공공조직의 퇴조와 민간부문에서 서비스 조달 및 제공까지 역할이 확대되었다. 아울러 공공과 민간의 역할이 모호해지면서 서비스 목적을 실현하기 위한 다양한 전달체계 통합의 필요성이 확산하였다. 또한 사회복지행정에 책임성이 강조되는 시기이기도 하다. 이러한 사회복지 환경에 변화에 복지행정의 현상 및 가치의 변화는 다음과 같다(황성철 외, 2015).

첫째, 재정관리와 마케팅이 강조되었다. 사회복지서비스의 민영화가 확산하면서 빈곤계층의 다양한 사회서비스 욕구가 증가함에 따라 복지 욕구를 충족하기 위한 재원 마련이 매우 중요한 과제가 되었다. 이를 위해 사회복지조직에서는 내부적인 비용절감과 함께 전략적인 프로그램 기획을 통한 공격적인 마케팅 및 홍보가 강화되었다.

둘째, 조직구조의 변화요구 및 리더십이 강조되었다. 사회복지조직은 초기 관료적 수직 조직의 모습이었지만, 환경 변화에 유연하게 대처하기 위한 수평조직으로 변화되었다. 또한 리더십은 성과에 의한 보상을 강조하는 거래적 리더십에서 외부지향적이고 새로운 도전을 중시하는 변혁적 리더십이 더욱 강조되고 있다.

셋째, 다양한 사회복지조직 연합의 형태가 등장했다. 사회복지서비스의 민영화로 인하여 영세한 민간 사회복지조직들은 대규모 조직에 흡수되거나 협력을 통한 공동사업으로 사회복지서비스를 제공하게 되었다. 이러한 과정에서 새로운 형태의 사회복지조직(제3섹터)이 출현하는 계기가 되었다.

넷째, 정보기술의 발전은 사회복지행정에 유의미한 영향을 미치고 있다. 2000년대 이후 미국은 행정정보화에 따른 복지행정정보 시스템의 개발 및 구축으로 행정정보체계의 관심이 커졌다. 따라서 사회복지조직의 행정가들은 조직을 효과적으로 운영하기 위해 정보체계를 통한 의사결정의 지원과 다양한 정보기술에 의존하게 되었다.

현재의 사회복지행정의 위상은 독립적인 학문의 영역으로 인식되어 다양한 행정의 기법들이 소개되며 연구되고 있다. 또한 사회복지행정가는 복지조직의 지속

가능성과 효과적이고 효율적인 조직 운영을 위해 고도의 행정 기술을 활용해야 한다. 한편 교육의 분야에서도 사회복지행정은 행정 전문가를 양성하기 위한 중요한 필수 과목으로 지정되었으며, 다양한 행정학회들의 활발한 학술 활동으로 지속해 발전하고 있다.

Chapter summary

사회복지행정은 공공복지와 관련된 행정, 사회서비스와 관련된 행정, 일반행정, 사회복지조직의 행정(경영관리), 프로그램 개발 및 평가 등의 분야들이 혼합된 영역이다. 협의의 사회복지행정은 미시적 관점인 개별사회사업, 집단사회사업, 지역사회조직화사업이라는 실천적 맥락 속에서 개별 사회복지조직들이 조직의 실천목표를 쉽게 달성하기 위해 관리자에 의해 수행되는 상호의존적인 과업과 기능 및 관련 활동 등의 체계적인 개입과정을 의미한다. 광의의 사회복지행정은 인간 생활의 사회관계 속에서 발생하는 사회문제에 대응하여 사회복지의 목표를 달성하기 위해서 사회복지정책의 형성 및 구체화를 위한 합리적 행동으로 정의할 수 있다.

사회복지행정의 이념은 일반행정의 이념에서 사회적 형평성, 사회복지행정 관리상 효율성, 효과성, 민주성 등이 고려되어야 할 뿐 아니라 공익성, 공평성, 합법성, 연대의식, 접근성 등의 가치를 담고 있어야 한다.

일반행정은 모두 기본적으로 당면한 문제의 해결 과정으로 조직 내 개인과 집단의 목표를 달성할 수 있도록 조직의 과정이 필요하며, 대안 선택에 있어서 가치판단뿐 아니라 정의적인 지식을 활용한다. 또한 행정은 인적 · 물적자원을 동원하고 조직화하는 기능을 가지며, 다수의 의지인 공공의지(public will)를 실행한다는 점은 사회복지행정과 유사하나 사회복지조직은 휴먼서비스 조직으로 삶의 과정, 사고유형, 행동양식, 가치관 등에서 다양한 인간을 변화시키는 독특한 조직으로 일반행정의 원리와 방법을 그대로 적용하기는 어렵다.

사회복지행정 영역을 이해하려면 사회복지행정의 체계, 기능, 조직 등을 이해해야 한다. 사회복지행정 체계는 복지행정이론, 복지행정사상, 복지행정분야로 구성되어 사회 전체의 환경들에 의해 구체적인 모습을 가진다. 사회복지행정의 기능은 일반행정과 마찬가지로 조직을 유지하는 기술에는 기획, 조직, 인사, 지시, 조정, 보고, 재정, 평가로 구분된다.

사회복지행정가는 수용, 관심과 보호, 창의성, 민주성, 신뢰, 인정, 개인적 균형과 조화, 조직화, 우선순위 결정, 위임, 지역사회 및 전문직과의 관계유지, 의사결정, 행동촉진 및 조장, 의사소통, 직원발전의 촉진, 동기부여 등의 역할을 해야 한다. 또한 사회복지행정가는 사회복지행정의 특수성을 고려하여 살펴보면, 도덕적 고민, 소외계층의 옹호, 가치와 목적의 구체화, 다양한 이해관계의 조정, 타 기관과의 협력, 조직성과의 측정치들에 관한 관심, 직원지지 및 역량 강화 과정 개발, 클라이언트 선택에 관한 관심, 프로그램에 대한 민주적 통제 등의 실천과제가 있다.

한국 사회복지행정의 역사는 사회서비스의 발전경로와 유사하며 각각의 시기는 시대별 특징을 가진다. 본 장에서는 제도적 측면, 실천 현장 측면, 그리고 교육적 측면에서 사회복지행정의 역사를 살펴보았다. 먼저 제도적 측면에서는 해방 이후부터 1970년대까지는 사회복지행정의 형성기로, 1980년부터 1990년대까지는 사회복지행정의 성장기로, 2000년대 이후를 사회복지행정의 전환기로 구분하였으나 실천현장과 교육적 측면의 시대적 구분이 어느 정도 일치한다고 볼 수 있다. 따라서 제도적 측면에서 한국사회복지행정의 성장기인 시기에 실천현장에서도 사회복지행정이 본격적으로 전개되었다. 그 이유는 이 시기에 한국사회가 급격한 경제성장으로 발생하는 사회문제를 대응하기 위해 각종 사회복지기관을 만들고 공공복지 행정체계를 마련하기 시작하였기 때문이다. 마지막으로 사회복지행정의 전환기는 크게 디지털 전환과 지역화로 특징지을 수 있을 것이다.

한편 미국의 사회복지행정의 역사는 형성기, 발전기, 확립기, 새로운 도약기로 나누어 설명할 수 있다. 형성기는 사회복지행정의 태동기로 개별사회사업, 집단사회사업, 지역사회조직과 더불어 기본적인 실천 방법으로 인정되었지만, 구체적인 행정의 역할과 기능에 대한 논의는 없었다. 발전기는 1930년대 대공황 이후 행정을 독립된 하나의 영역으로 인정하는 시기이다. 확립기는 1970년대 이후 사회복지 프로그램의 효과성과 효율성이 강조되면서 교과 과정의 개발 및 전문 학술지의 창간, 전문 사회복지행정가의 등장 등으로 사회복지행정의 이론적 토대가 형성되었다. 마지막으로 새로운 도약기는 1990년대 후반부터 미국 사회의 보수주의적인 성향을 토대로 사회복지에 민영화가 확산되면서 복지조직의 지속가능성과 조직 운영을 위한 고도의 행정기술이 요구되는 시대로 발전하였다.

Case study

사회복지행정을 협의로 정의하면, 공공기관이나 민간복지기관에서 이루어지는 행정적 의미를 가진다. 이는 오늘날 사회복지의 시장화(특히 장기요양제도)와 관련지어 본다면 경영적 측면이 강조되는 부분이기도 하다. 그뿐만 아니라 최근 한국에서 사회복지법인의 책임성을 강조하면서 과거 사회복지시설의 고용관계가 시설장에서 법인 이사장으로 변화되려는 움직임 속에서 비영리성을 강조하는 사회복지법인의 입장에서는 부담(예를 들어, 퇴직금 등)으로 작용한다.

따라서 사회복지법인의 수익사업에 대한 필요성이 대두되고 있다. 하지만 현실적으로 지방자치단체가 사회복지법인의 수익사업에 부정적 시각을 가지고 있는 현실에서는 사회복지법인의 운영에 있어 건물을 통한 임대사업이나 종교 혹은 기업을 기반한 사회복지법인을 제외하고는 자유롭지 못한 것도 사실이다.

과거에는 사회복지법인이 사업단을 통한 사회적기업 인증이 가능했다면 최근에는 사업단을 통한 사회적기업 인증은 불가능하며 사회복지법인 자체가 사회적기업으로 인증받는 것만이 가능해졌다. 따라서 이러한 시대적 흐름 속에서 우리는 단순히 사회복지조직의 행정 혹은 경영을 넘어선 사회적경제에 대한 학습이 필요해졌다.

토론주제

1. 사회복지조직에서 행정과 경영의 차이에 관해 토론하시오.
2. 일반행정과 사회복지행정의 차이에 관해 토론하시오.
3. 일반행정의 이념과 사회복지행정의 이념에 대해 사회복지 가치를 두고 논의하시오.
4. 사회복지행정의 특성에 대해 논의하시오.
5. 사회복지행정가의 역할 중 가장 중요한 역할이 무엇인지에 관해 토론하시오.
6. 우리나라 행정의 역사를 살펴보고 향후 사회복지행정의 발전방안을 토론하시오.

❙ 참고문헌 ❙

강은나 · 안수란 · 이상정 · 이한나(2023). 2023년 사회서비스 정책의 전망과 과제. 이달의 초점. 한국보건사회연구원.

권기헌(2018). **행정학강의 : 행정학 강의에 대한 논제와 해설**. 서울 : 박영사.

권육상 · 전대성 · 홍석자 · 서상범 · 조미영 · 홍진희(2004). **사회복지행정론**. 서울 : 유풍출판사.

김영종(2012). 한국 사회서비스 공급체계의 역사적 경로와 쟁점, 개선방향. **보건사회연구 32**(2), 41-76.

_____(2018). **사회복지행정론**. 서울 : 학지사

김지영 · 최용민(2006). **사회복지행정론**. 경기 : 21세기사.

김형수 · 이명호 · 허정철(2014). **사회복지행정론**. 경기 : 양서원.

송근창(2020), 사회복지법인 공공성 부정하는 재산세 부과 재검토해야. 복지타임즈.

오단이 · 김승연 · 박정연 · 유성민 · 박지형 · 정창윤 · 이은진 · 박지영(2022). 사회서비스 공급 혁신화 연구 : 시장분석을 통한 공급주체 다변화 및 규모화. 보건복지부 강남대학교 산학협력단.

원석조(2018). **사회복지행정론**. 경기 : 양서원.

윤우권(1998). 행정과 경영의 비교 연구 : 행정과 행정학의 미래. **한국행정학보**, **32**(4), 1-18.

이재훈(2021). 문재인 정부 주요 복지정책 평가. 민주노동연구원 이슈페이퍼 2021-06.

천정웅 · 김용환 · 김승돈(2015). **사회복지행정론**. 서울 : 신정.

최병호(2014). 우리나라 복지정책의 변천과 과제. **예산정책연구**, **3**(1), 89-129.

최성재 · 남기민(2017). **사회복지행정론**. 경기 : 나남.

허만형(2005). **사회복지행정론**. 서울 : 법문사.

황성철 · 정무성 · 강철희 · 최재성(2015). **사회복지행정론**. 경기 : 정민사.

______________________________(2020). **사회복지행정론**. 경기 : 정민사.

황진수 · 나종문(2010). **사회복지행정론**. 경기 : 양서원.

Au, C. F.(1994). The status of theory and knowledge development in social welfare administration. *Administration in Social Work, 18*, 27-58.

Dunham, A.(1939). *The administration of social agencies*. In Social work yearbook (Vol. 16). New York : Russell Sage Foundation.

Dunham, A.(1962). *Community Welfare Organization : Principle and Practice*. NY : Thomas Y. Croswell Company.

Easton, D.(1953). *The Political System : An Inquiry into the State of Political Science*. New York : Alfred A. Knopf.

Gates, B. L.(1980). *Social Program Administration : The Implementation of Social Policy*. Englewood Cliffs, N. J. : Prentice-Hall.

Gilbert, N., & Terrell, P.(2002). *Dimensions of Social Welfare Policy*(6th ed.). BO : Allyn & Bacon.

Hollis, E. V., & Taylor, A. L.(1951). *Social Work Education in the US*. New York : Columbia University Press.

Katz, R.(1974). Skills of an Effective Administrator. *Harvard Business Review*, *52*(5), 90-102.

Kindeigh, J. C.(1950). Social Work Administration–An Area of Social Work Practice?. *Social Work Journal, 31*.

Lewis, J. A., Lewis, M. D, Parkard, T., & Souflee, F. Jr.(2001). *Management of Human Service Programs*(3rd ed.). Balmont, CA : Brooks & Cole.

Patti, R. J.(1983). *Social Welfare Adminstration : Managing Social Programs in a Developmental Context*. Englewood Cliffs, NJ : Prentice-Hall.

Sarri, R.(1987). *Administration in Social Welfare. Encyclopedia of Social Work*(19th ed.). Washington DC : NASW Press.

Skidmore, R. A.(1995). *Social Work Adminstration : Dynamic Management and Human Relationships*(3rd ed.). Needham Heights, MA : Allyn & Bacon.

Titmuss, R. M.(1974). *Social Policy : An Introduction*. NY : Pantheon Press.

Trecker, H. B.(1971). *Social Work Administration : Principles and Practices*. NY : Association Press.

CHAPTER 02

사회복지 행정이론

“사회복지 행정이론은 무엇인가요?”라는 질문에 답하기는 생각만큼 쉽지 않다. 사회복지행정은 정책을 서비스로 전환하기 위해 수행되는 모든 총체적인 활동을 의미한다. 이러한 행정의 과정은 조직을 기본으로 하지 않고는 성립될 수 없다. 조직은 다수의 사람이 특정한 목적을 추구하기 위해 만든 모임을 말한다. 조직이 추구하는 목적에 따라 조직의 유형은 다양한 형태로 나타난다. 조직이 공공의 이익을 추구하면 공조직이 되고, 사적인 이익을 추구하면 사조직이 된다. 사회복지조직은 정부를 대신하여 사회복지서비스를 제공함으로써 공적인 가치를 실현하는 공조직의 성격을 가진다.

조직은 공동의 목표를 달성하기 위해 체계화된 조직구조로 되어있으며, 각 조직의 계층마다 조직구성원의 역할과 책임을 명시하고, 조직구성원의 상호작용을 통해 성과를 창출한다. 그리고 외부환경과의 일정한 경계가 있으며, 때로는 외부환경과 지속적인 관계를 맺는다.

사회복지행정에서 사회복지정책을 효과적이고 효율적으로 서비스를 전달하도록 하는 모든 과정에서 조직은 매우 핵심적인 역할을 수행한다. 따라서 사회복지행정을 이해하기 위해서는 조직에 대한 기본적인 이해가 필요하다. 조직을 이해하기 위해서는 다양한 조직의 현상이나 특징을 설명하는 조직이론에 대한 습득이 필요하다.

이 장에서는 사회복지조직을 전체적으로 이해하기 위해 조직을 보는 관점과 시각에 따른 조직이론의 분류를 살펴보고, 시대의 변화에 따라 고전이론, 신고전이론, 현대이론 및 기타 유용한 조직이론의 주요한 개념과 특징에 대하여 살펴보고자 한다. 또한 각각의 조직이론이 사회복지행정에 의미하는 시사점을 함께 알아보고자 한다.

1. 조직이론의 분류

조직이론은 조직을 보는 관점과 시각에 따라 여러 학자가 수많은 이론을 제시하고 있다. 그러나 어떠한 조직이론도 조직을 전체적으로 모두 설명하기는 어렵다. 그 이유는 조직 활동에 대한 초점을 내부적인 측면에 두는 것과 외부 환경과 지속적인 상호작용을 강조하는 것에 따라, 매우 다르게 설명될 수 있기 때문이다. 그리고 조직을 설명하는 이론의 체계는 조직의 목적과 수단에 따라 매우 다르게 설명될 수 있다.

사회복지행정에서 조직이론은 Hasenfeld(2010)의 『Human Services as Complex Organizations』에서 주장하는 이론의 분류를 대체로 받아들이고 있다. Hasenfeld는 사회복지조직의 운명결정력과 환경과의 관계를 통해 조직이론을 분류하여 설명하고 있다. 〈표 2-1〉은 Hasenfeld의 기준에 따른 조직이론에 대한 분류를 나타내고 있다.

〈표 2-1〉 사회복지 조직이론의 분류

<table>
<tr><th colspan="2" rowspan="2">구 분</th><th colspan="2">환경에 대한 관계</th></tr>
<tr><th>폐쇄적</th><th>개방적</th></tr>
<tr><td rowspan="3">조직의
운명결정력</td><td>주도적
(강함)</td><td>합리-합법적모델
(관료제, 과학적 관리론)</td><td>상황적합이론</td></tr>
<tr><td>적응적
(보통)</td><td>인간관계이론</td><td>정치경제이론, 사회자본이론</td></tr>
<tr><td>수동적
(약함)</td><td></td><td>조직군생태이론, 제도이론</td></tr>
</table>

먼저, 조직이 스스로 자신의 운명을 수동적 또는 능동적으로 결정할 수 있는가에 따라 주도적, 적응적, 수동적 조직으로 구분하였다. 그리고 다른 하나는 환경과 조직과의 관계에서 환경에 대하여 개방적으로 접근하는가, 폐쇄적으로 접근하는가에 따라 폐쇄이론과 개방이론으로 구분하여 설명하고 있다.

합리-합법적 모델인 관료제와 과학적 관리론은 환경에 대해서는 폐쇄적이지만, 목표 달성을 위해 조직 내부체계를 효율적으로 관리한다면 자신의 운명을 스스로 결정할 수 있는 관점에서 보고 있다. 한편 인간관계이론은 환경에 대하여서는 합리-합법 모델과 같이 폐쇄적이지만, 조직 내부 구성원의 결속력과 동기부여 등에 따라 목표 달성의 성패가 결정됨에 따라 조직의 운명은 조직이 어떻게 적응하는가에 따라 결정된다고 보았다.

환경에 대한 관계를 개방체계로 인식하는 이론은 상황적합이론, 정치경제이론, 사회자본이론, 조직군생태이론, 제도이론 등이 있다. 그러나 상황적합이론은 조직의 운명결정력이 매우 주도적이다. 이는 환경을 조직에 유리하게 변화시키거나 조직을 환경에 적합하게 변화시켜 적응함으로써 조직의 생명력을 능동적으로 창조하게 된다. 반면에 조직군생태이론과 제도이론은 환경에 대한 관계는 개방적이지만, 환경에 조직이 반응하지 못하고, 조직의 성패가 환경에 의해 결정된다는 관점을 가지고 있다.

조직이론 발전 과정은 기업 조직의 탄생 이전과 기업 조직의 탄생 이후로 구분된다. 기업 조직의 탄생 이전에는 고대시대에 신앙이나 친족을 기반하는 자조적 성격의 공동체로 고대 로마의 군대조직과 정치제도 등이 있었다. 그리고 중세시대 이후 봉건제도를 중심으로 다양한 조직들이 탄생하였다. 그 예로 장원제도, 교회조직, 길드조직 등이 있었다.

산업혁명 이후 공업사회로 전환되면서 대량생산, 대량소비, 대량유통, 규모의 경제, 분업, 노동 생산성 등이 강조되면서 다양한 조직의 형태들이 생겨났다. 그 예로 공장, 위원회, 본부조직, 프로젝트 팀, 연구소 조직, 연합조직 등 다양한 형태의 조직이 등장하였다. 한편 조직의 내부에도 다양한 기능 부서들이 등장하면서 각각의 기능과 역할을 구분하게 되었다.

고전이론인 관료제와 과학적 관리론은 대량 생산의 시기에 발생한 이론으로 조직을 커다란 기계와 같이 인식하고 조직 구성원을 일정한 기준과 규칙 아래에 합리적으로 관리하면 조직의 효율을 향상할 수 있다는 이론이다. 이러한 고전이론은 합리주의, 능률주의, 공식적인 조직구조, 폐쇄적인 관점의 특성이 있다.

다음으로 신고전이론인 인간관계이론은 고전이론이 인간을 기계화하고 있다는 비판과 함께 조직 내 구성원의 관계에 초점을 맞추고 있다. 그래서 조직 내에 사회적 능률을 강조하고 비공식적인 요인인 상사와의 관계, 소속감, 소규모 조직의 장려 등과 같은 특징을 가지고 있다. 이후 환경과의 관계를 중요시하는 개방체계이론으로 상황적합이론, 정치경제이론, 조직군생태이론, 제도이론 등이 등장하게 된다.

이 밖에도 주요한 조직에 대한 이론으로 총체적 품질관리, 학습조직이론, 체계이론, 사회자본이론 등이 있다.

〈표 2-2〉 이 책의 사회복지 조직이론의 구분

구 분	조직이론
고전이론	관료제 과학적 관리론
신고전이론	메이요(Mayo) 인간관계이론 맥그리거(McGregor) XY이론
현대이론	상황이론, 정치경제이론, 조직군생태이론, 제도이론
기타 조직이론	총체적 품질관리, 학습조직이론, 체계이론, 신공공관리론과 신공공서비스

사회복지행정 이론은 모든 사회복지조직의 활동에 이론적 기반과 근거로 작용하기에 각 이론과 특성을 이해하는 것은 매우 중요하다. 따라서 이 장에서는 〈표 2-2〉와 같이 조직이론에 대한 관점을 고전이론, 신고전이론, 현대이론, 기타 조직이론으로 구분하여 간략하게 살펴보면서 각 이론의 논점과 사회복지조직의 적용 시사점을 논의하고자 한다.

2. 고전이론

전통적인 고전이론에는 관료제이론과 과학적 관리론 등이 있다. 고전이론의 기본적인 가정은 조직을 구성하는 인간은 합리적인 규칙이나 경제적 보상으로 기계적으로 조작할 수 있다는 것이다. 그리고 고전이론은 조직의 개인 목표가 조직의 목표와 일치한다는 기본 가정을 가지고 있다.

1) 관료제이론

관료제이론(bureaucracy theory)은 Weber(1947)에 의해 확립된 이론이다. 관료제는 그의 논문 「관료제의 본질과 발달」에서 공공 행정과 정부, 기업의 다양한 형태를 설명하였다. 그는 처음으로 관료제를 연구하고 관료제라는 용어를 처음으로 사용하였다. 그래서 Weber를 현대 행정학의 뿌리로 보고 있다. 관료제란 일반적으로 계층적 조직구조를 가지고 합리적이고 합법적인 권한이 제도화된 조직형태를 말한다.

Weber는 조직체를 지배하는 권위의 종류에 대하여 전통적 권위, 카리스마적 권위, 합법적 권위로 구분하였다. 전통적 권위는 전통적으로 하급자가 상급자의 명령을 정당한 권위로 받아들이는 것이고, 카리스마적 권위는 상사의 비범한 특질과 자질에 의해 하급자가 상사의 명령을 수용하는 것을 말한다. 마지막으로 합법적 권위는 개인이 지닌 합법적인 지위에서 행사하는 명령은 당연한 것으로 인정되는 것을 말한다. 이러한 관료제는 다음과 같은 특징을 가진다.

① 권위의 위계구조를 가진다. 관료제는 일련의 책임과 권리를 갖는 권위의 위계로 인하여 상급자가 하급자를 합법적으로 통제하는 것이다. 이는 조직의 위계에 따라 책임과 권리의 정도가 구분되며, 위계구조의 상층으로 갈수록 많은 권한을 갖는 구조이다.

② 규칙과 규정을 가지고 있다. 관료제는 의도적으로 일관성 있게 마련된 규칙과 규정에 따라 직무의 배분과 인력의 배치가 이루어져서 조직활동에 통일성과 안정성을 보장한다.

③ 사적 감정 배제의 원칙이 있다. 관료제는 조직구성원의 사적 감정을 배제하고, 공식적인 원칙과 질서에 의한 합리적 의사결정을 중시한다. 이는 조직의 생산성 향상은 개인감정이 배제되고, 조직의 모든 활동이 합리적인 의사결정을 기준으로 결정될 때 확보될 수 있다는 것이다.

④ 분업과 전문화가 있다. 조직에 모든 구성원의 과업은 시간과 동작에 따라 분업화하여 전문성과 효율성을 추구한다. 분업과 전문화는 조직 구성원들의 업무를 동작에 따라서 분업하여 능률을 향상시키고, 이러한 분업화의 경향은 업무에 전문화를 촉진시켰다.

⑤ 경력지향성이 있다. 구성원의 전문적인 능력과 기술을 중시함에 따라 경력에 기반한 연공서열과 실적에 따라 승진하게 되고, 자신의 직업을 경력으로 생각한다.

⑥ 능률성을 강조한다. 조직에서 최대의 능률을 중시하듯이 합리적인 의사결정과 행정능률을 극대화하려고 한다. 따라서 조직의 최대목표는 투입되는 비용 대비 최대의 산출이다.

〈표 2-3〉 관료제의 특성에 따른 순기능과 역기능

관료제 특성	순기능	역기능
권위의 위계구조	엄격한 지시이행과 조정	의사소통의 저해
규칙과 규정	지속성과 통일성	경직성과 목표전치
사적 감정 배제	합리성 확보	직원의 사기저하
분업	전문성 강화	직무에 대한 권태
경력지향성	유인체계	연공과 업적 간의 갈등

출처 : Hoy & Miskel(2013), pp. 114-115.

Hoy와 Miskel(2013)은 관료제의 특성에 따라 순기능과 역기능을 〈표 2-3〉과 같이 정리하였다. 관료제의 권위의 위계질서는 엄격한 지시이행과 조정이 가능하지만, 하위 직원들과의 의사소통을 저해하는 역기능을 가지고 있다. 또한 규칙과 규정은 조직의 활동에 지속성과 통일성을 부여하지만, 경직성과 목표 전치로 직원들이 지나치게 규정과 규칙에 얽매어 적응능력을 상실하고 원래의 목표 달성이 어려워지는 경우가 발생한다. 그리고 관료제는 사적 감정을 배제함으로써 합리성 확보가 가능하나 직원들의 사기가 저하되며, 분업을 통한 전문화에 순기능이 있는 반면에 직무에 대한 권태의 역기능을 가지고 있다. 마지막으로 관료제의 경력지향성 특성은 직원들을 유인하는 체계로 작용하지만, 연공에 따른 승진으로 인해 업적과의 갈등이 발생할 수 있는 역기능이 존재한다.

이러한 관료제는 어느 정도 관료화되어 있는 사회복지조직이 일부 적용성이 인정된다. 대부분 사회복지조직은 위계적 조직구조로 되어있으며, 분업과 승진체계, 업무규정을 통한 규정과 규칙을 가지고 효과성과 효율성을 강조하는 관료제의 모습을 가지고 있다. 따라서 관료제이론은 사회복지조직의 내부의 체계적인 활동을 설명할 수 있다는 것에 유용한 이론으로 간주한다. 그러나 사회복지조직은 사회복지사의 전문가 집단으로 다양한 이해관계자와 외부환경과의 상호작용이 강조되는 조직이다. 따라서 사회복지조직에 관료제를 일방적으로 적용하기보다는 조직의 효과성과 효율성을 위해 조직 내부체계에 일부 반영하고 사회복지 전문가에게는 자율적인 의사결정과 통제를 통해 역기능을 최소화하는 것이 필요하다.

2) 과학적 관리론

Taylor[1](1911)가 창시한 과학적 관리론(scientific management theory)은 업무를 과학적으로 분석하여 이에 대한 지식을 업무에 적극적으로 적용하면 조직의 능률을 극대화할 수 있다고 보는 관점이다. 따라서 개개인의 업무의 형태와 소요시간을 산출하여 분업화된 개인의 업무에 적용하면 조직의 생산성을 향상할 수 있다는 것이다.

1 Taylor는 변호사가 되기 위해 20세에 하버드대학 법학과에 합격했으나, 시력 저하로 학업을 포기했다. 이후에 수력공사에서 근무를 시작하여 1878년 미드베일 철강회사에서 기계공과 기술자로 근무한다. 그리고 1989년 베들레헴(Bethlehem) 철강회사에서 근무하면서 노동자들의 태업과 파업을 목격하고 난 후 작업현장에 비능률적인 업무를 과학적 관리원칙을 활용하여 개선하게 된다.

테일러주의(Taylorism)

테일러주의는 시간과 동작 연구로 '집고 들고 걷고 구부리고 맞추는' 작업을 초시계로 측정해 반복 작업을 표준화하고 이를 바탕으로 작업 능력을 향상시켰다. 테일러식의 노동 분업과 과학적 관리는 포드의 컨베이어 벨트라는 기계적 생산시스템과 결합되면서 생산성에 크게 기여하였다.

출처 : 박인희(2007. 7. 10). 컨베이어 벨트 역사 속 빛과 그림자, 참여와 혁신 제37호. http://www.laborplus.co.kr/news/articleView.html?idxno=1468

이러한 과학적 관리론을 적용하기 위해서는 다음의 순차적인 네 가지 단계의 적용이 필요하다.

① 조직의 명확한 목표설정이 필요하다. 계량화된 목표는 조직의 명확한 산출물로 관리되고, 목표 달성에 대한 책임과 권한도 관리자에게 부여된다.

② 직무의 과학적 분석이 필요하다. 조직의 직원들이 수행하는 업무를 시간과 동작 연구를 통하여 개개인이 특정한 일을 처리하는 데 걸리는 시간과 동작을 분석하여 직원들의 생산량을 상향 조정하여 설정하고 평가한다.

③ 관리원칙 수립이 필요하다. 모든 업무는 직무분석에 기초하여 분업의 원칙이 적용되고 엄격한 통제의 관리원칙이 시행된다. 또한 직원의 선발과 배치도 과학적으로 이루어진다.

④ 경제적 보상을 한다. 개개인의 업무성과를 평가하여 성실히 수행한 사람과 그렇지 못한 사람을 구별하여 경제적 보상을 달리 한다.

이러한 과학적 관리론은 조직의 생산성 향상에 도움이 되나, 인간의 개성을 무시하고 인간을 기계의 부품처럼 취급한다는 비판을 받아왔다. 사회복지조직에서도 과학적 관리론은 조직의 목표설정, 업무의 체계적 분석을 통한 분업화, 직원 모집 및 배치 등에 유용한 이론이다. 그러나 사회복지조직의 업무는 서비스의 소멸성 등의 특성으로 인해 업무의 소요시간이나 동작을 표준화하기 어렵다. 또한 비영리조직에 종사하는 직원들은 경제적 보상뿐만 아니라 격려, 만족감과 같은 비물질적 보상도 중요하다는 점에서 적용에 한계가 있다.

3. 신고전이론

1) Mayo의 인간관계이론

인간관계이론(human relations theory)은 Mayo[2](1933)의 웨스턴일렉트릭(Westen Electric)의 호손(Hawthorne) 공장의 실험 연구에 의해 개발된 조직이론이다. Mayo는 원래 조명의 밝기와 같은 작업조건이 근로사의 생산성에 영향을 미치는가를 규명하기 위한 연구를 진행하였다. 그러나 연구결과 근로자의 생산성은 작업조건의 물리적 환경보다 동료 및 상사와의 관계 등 심리적 요인이 더 큰 영향을 미친다는 것을 발견하였다.

호손(Hawthorne) 실험을 통해 발견된 사항은 다음과 같다(최성재 · 남기민, 2006).

첫째, 조직의 직원은 비공식적 집단인 조직 내부의 사회적 관계에 상당한 영향을 받아서 구성원의 태도와 생산성에 영향을 미치는 사실을 발견하였다.

둘째, 조직의 개인의 생산성 향상은 근로조건과 환경이 아닌 동료와 상사와의 인간관계에 의해 결정된다.

셋째, 조직에서 개인은 경제적 동기보다는 비경제적인 동기인 심리적 욕구에 따라 행동한다.

이러한 인간관계이론은 조사연구 방법이 비과학적이고 실험결과를 충분한 객관적 자료로 뒷받침하지 못하였다. 그리고 환경적인 요인을 충분히 고려하지 못하고 비공식조직을 지나치게 강조하였다는 비판을 받았다.

2) McGregor의 X이론과 Y이론

Mayo의 인간관계이론은 1960년대 조직인간주의 학자들에 의해 새롭게 조명된다. 대표적으로 McGregor(1960)는 X이론과 Y이론을 제시하여 인간관계론을 주장

---

2 Elton Mayo(1880~1949)는 하버드대학교 심리학 교수로 호손 공장에서 테일러의 과학적 관리론에 따라 작업조건(조명, 소음 등)이 근로자의 생산성에 영향을 미치는 실험을 하였다. 그러나 예기치 않은 연구결과로 인간관계이론이 개발된다.

하였다. 그는 조직의 관리자가 종업원의 태도에 따라 관리방법을 달리해야 한다고 주장하였다.

〈표 2-4〉 X이론과 Y이론의 가정 비교

X이론	Y이론
1. 인간은 게으르고 일하기 싫어한다. 2. 인간은 책임지기 싫어하며 명령, 지시에 따르기를 원한다. 3. 인간은 새로운 도전을 싫어한다. 4. 인간은 이기적이며 비협력적이다.	1. 인간은 부지런하며 일을 싫어하지 않는다. 2. 인간은 일을 책임감 있게 하고 싶어 한다. 3. 인간은 조직의 목표에서 보람을 찾고 행동의 기쁨을 느낀다. 4. 인간은 창의성과 도전성을 지닌다. 5. 인간은 상호 협조적이다.

〈표 2-4〉와 같이 X이론은 사람은 원래 게으르고 나태하여 일하기를 싫어하고 조직의 문제해결에 창의적이지 못하기 때문에 조직을 효과적으로 관리하기 위해서는 엄격한 감독과 통제가 필요하다는 것이다. Y이론은 사람은 창의적이고 자발적으로 일을 자연스럽게 받아들이고 조직의 목표달성을 위해 자신을 통제한다. 그리고 조직문제 해결에 창의성을 가지고 있어 모든 영역에서 동기부여가 적용된다. 따라서 조직의 구성원에게 적절한 동기부여와 자율적인 조직운영을 통해 조직을 효과적으로 관리할 수 있다는 것이다.

이후에 X, Y이론은 조직의 구성원을 지나치게 단순화했다는 비판과 함께 Z이론으로 발전하게 된다. Lundstedt는 X이론은 권위주의적 관리이며, Y이론은 민주적 관리를 대변하는 것으로 규정하고, 자유방임형 관리 방식의 Z이론을 주장하였다. 또한 Lawless는 변화하는 환경 속에서 조직이 생존하기 위해 상황을 객관적으로 파악하고 이에 맞는 관리 전략을 수립하는 접근방법을 Z이론이라고 하였다. 이후 Ouchi(1981)는 일본식 경영과 미국식 경영을 비교하여 미국 속의 일본식 경영 방식을 지칭하는 Z이론을 주장하였다. 구체적으로 미국 속에서 운영되는 일본기업의 특징으로 종신고용제, 집단적 의사결정, 개인 책임주의, 느린 평가와 승진, 비공식적인 통제, 적절하게 전문화된 경력 등을 들 수 있었다(성영태, 2016).

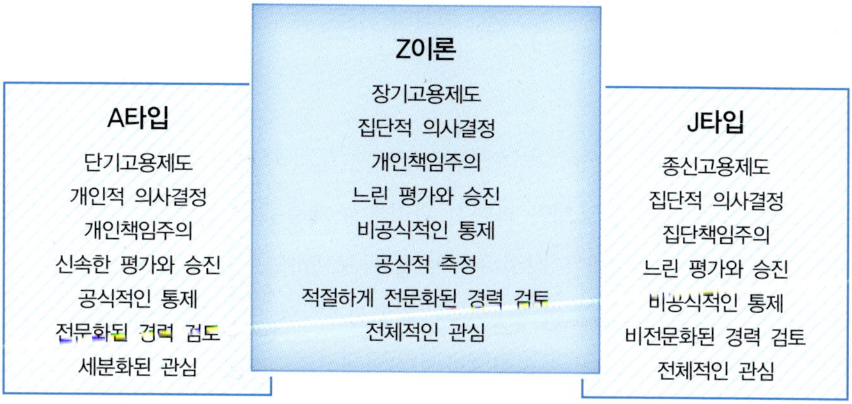

|그림 2-1| Ouchi의 Z이론

한편 우리나라 이면우 교수는 W이론(신바람 경영이론)을 통하여 인간관계이론의 입장을 지지하였다(이면우, 1992). 그는 우리의 전통적인 기술과 산업문화에 맞는 새로운 유형의 W이론이 필요하다고 주장하였다. 우리의 전통적인 신바람과 흥을 산업현장에 적용하여 현재의 문제를 획기적으로 돌파해 나가야 한다고 하였다. 그래서 직원들이 생계 때문에 직장에 가야겠다는 것이 아닌 자기 일에 재미와 신명을 느끼면서 일하도록 해야 한다고 하였다. 그리고 무조건 생산성만 강조하지 말고 신나게 일할 수 있는 분위기를 형성하는 것이 필요하다고 주장하였다. 그러나 이면우 박사의 W이론은 X, Y, Z이론을 염두에 두었지만 완벽한 이론체계를 갖춘 것이 아니라는 비판을 받았다.

인간관계이론은 사회복지조직의 활동이 직원과 클라이언트와의 관계 속에서 이루어지는 것으로 시사하는 바가 크다. 사회복지조직은 사회복지사의 전문성과 자율성을 인정하는 적절한 인사관리를 통하여 조직의 효과성을 극대화할 수 있을 것이다. 그러나 인간관계이론은 조직에 인간관계인 사회적 측면을 지나치게 강조하여 조직의 목표, 자원, 기술 등과 같은 것을 소홀히 다루는 경향으로 비판을 받았다. 또한 조직 내 갈등과 지배의 본질을 간과하며, 경제적 보상에 대한 동기부여 요인을 고려하지 못하였다.

4. 현대이론

1) 상황이론

고전적 조직이론인 관료제와 과학적 관리론은 계층구조, 분업화, 전문화, 경제적 보상 등을 통한 조직성과를 향상하는 방법을 모색하였으며, 인간관계이론은 조직 내 인간의 심리적 사회요소인 정보공유, 비공식조직의 인정 및 참여 등을 통한 조직화를 모색하였다. 고전적 조직이론과 인간관계이론은 모두가 조직 내부에 초점을 맞추어 조직구조와 인간의 특성을 활용한 최선의 조직관리방법을 모색하였다.

그러나 상황이론(contingency theory)은 조직의 구조는 고정되지 않고 조직의 상황에 따라 변화한다고 보는 개방체계의 관점을 가진다. 그래서 최선의 조직관리방법은 존재하지 않는다고 전제하고 있다. 특히 상황이론에서 조직관리는 조직이 처한 상황에 따라 결정되어야 함을 강조하고 있다. 다시 말하면 모든 조직은 생존 가능성을 높이기 위해 조직에 내·외부의 환경으로부터 요구에 적합한 구조변화가 필요하다는 것이다(Lawrence & Lorsch, 1967; Thomson, 1967).

조직은 환경, 기술, 크기의 상황에 직면해 있으며, 상황에 따라 조직구조의 집권화, 공식화의 정도를 다르게 적용하는 것이 효율적이다. 환경은 안정적인 형태와 지속해서 변화하는 형태가 존재하고, 기술은 복잡하고 전문화된 기술이 사용되거나 반복적이고 단순한 기술이 사용되는 것이 있다. 그리고 조직의 크기도 대규모 조직에서 소규모의 작은 조직으로 구분된다. 따라서 조직의 환경이 안정적이면 조직구조의 집권화 및 공식화의 정도를 높여야 효과적이나, 환경이 불안전할수록 효과적으로 환경에 신속하게 대응하기 위해 분권화를 높이고 공식화를 낮추는 것이 필요하다. 또한 조직의 상황이 복잡하고 전문적인 기술이면 분권화의 정도를 높이는 것이 효과적이고, 대규모 조직의 경우에는 공식화의 정도가 높아야 하나, 소규모 조직의 경우에는 공식화의 정도가 높으면 오히려 조직이 유연하지 못해 비효율적일 수 있다. 〈표 2-5〉는 조직이 직면한 환경, 기술, 크기에 따른 조직상황과 조직구조에 대한 변수를 보여준다.

〈표 2-5〉 조직상황과 조직구조의 변수

상황변수		조직구조변수
환경	안정적, 불확실성	공식화
기술	단순, 전문적/ 복잡	집권화 또는 분권화
크기	대규모, 소규모	복잡성

그러나 상황이론은 다양한 조직의 상황이 다양하고 수시로 변화하기 때문에 환경변수를 모두 고려하기 위해서는 이론의 구조가 복잡해지는 한계가 있다. 그리고 환경의 특성을 결정하는 요소들의 개념이 명확하지 못하다는 비판을 받고 있다.

사회복지조직은 상황이론을 적용하기 위해 자신 조직의 특성과 요구를 분명히 파악하고 이해할 필요가 있다. 사회복지조직이 클라이언트에게 단순한 서비스를 반복적으로 제공한다면 기계적인 조직구조로 운영해야 효율적이나, 반대로 클라이언트에게 전문적인 서비스를 제공하는 조직이라면 유영한 조직형태를 가지고 분권화의 정도를 높이는 것이 바람직할 것이다. 따라서 상황이론은 환경적인 변수의 중요성을 강조하고 있는 측면에서 사회복지조직 적용에 시사하는 바가 크다.

2) 정치경제이론

정치경제이론(political economy theory)은 상황이론과 같이 개방체계적 관점에서 조직과 환경과의 상호작용에 초점을 두고 있으나, 자원과 권력 관계를 중심으로 하는 환경과의 상호작용에 따라 조직의 성패가 결정된다고 강조하는 이론이다 (Wamsley & Zald, 1976).

정치경제이론은 조직의 생존과 발전을 위해 정치적 자원과 경제적 자원이 필수적임을 강조한다. 정치적 자원은 합법성과 권력으로 구성된다. 합법성은 조직의 설립기반과 모든 조직 활동의 근거가 되는 요소를 말하며, 권력은 조직의 목표 달성 및 생존을 위해 조직 내 권한과 영향력을 행사하는 요인과 관련된다. 그리고 경제적 자원은 생산과 서비스를 위한 자원으로 재원, 인적자원, 고객 확보 등을 말한다.

따라서 정치경제이론에서 조직을 둘러싼 과업환경에 중요성이 강조된다. 과업환경은 조직에 직접 영향을 미치는 환경으로 정부, 클라이언트, 제품 및 서비스 생산자, 경쟁자, 기부자, 서비스 전달체계 등을 말한다. 이러한 과업환경은 조직이 필요로 하는 중요한 자원(합법성, 고객, 인적자원 등)을 통제하고 있으며, 조직을 통하여 자신들의 목적을 실현하려는 이해관계를 형성하고 있다. 그러므로 과업환경의 다양한 요소들은 조직에 대해 힘과 영향력을 행사하고 있으나, 조직은 과업환경으로부터 필요한 자원을 반드시 확보해야 하므로 상호의존적인 관계를 맺고 있다.

정치경제이론을 단순하고 명료하게 설명하고 있는 이론이 자원의존이론이다. 자원의존이론은 조직이 과업수행에 필요한 자원을 내부적으로 조달할 수 없으므로 외부환경에 의존한다는 기본 전제를 가지고 있다. 자원의존이론은 조직과 환경 단위 간에 자원 교환이라는 형태로 나타난다. 따라서 조직이 특정 환경 요소에 의존하는 것과 비례하여 의존하는 환경 요소의 영향력도 커진다(Pfeffer & Salancik, 1978).

자원의존이론은 조직의 과업수행에 필요한 자원을 외부환경에 의존한다. 따라서 조직의 관리자는 완충과 연계 전략을 사용하여 자원을 효과적으로 관리해야 한다(Scott, 1998). 완충 전략은 외부환경으로부터 자원에 대한 혼란을 대비하여 조직 내부에 구조와 구성요소 등을 관리하는 방법이며, 연계 전략은 조직이 필요한 자원을 확보하기 위해 다른 조직 등의 외부환경 요소와 협력하거나 공조하는 전략을 말한다.

구체적으로 살펴보면 완충 전략에는 분류, 예측, 비축, 평준화의 전략이 있다. 분류는 외부로부터 유입되는 자원의 흐름에 문제가 발생하면 기존 자원과 새로 투입되는 자원을 분류하여 관리하는 방법으로 기존의 자원을 효율적으로 사용하는 것을 말한다. 예측은 조직의 투입과 산출을 예측하여 환경적 변화에 사전 대응하는 전략이다. 비축은 외부로부터 유입되는 주요 자원을 사전에 비축하여 긴급한 상황에 사용하는 전략이다. 마지막으로 평준화는 충격을 완화하는 방법으로 일부 조직이나 직원이 부담할 충격을 나누어 분담하게 하는 전략이다. 한편 연계 전략에는 협력, 대체자원개발, 프로그램의 다변화 전략이 있다. 협력은 충분한 수의 클라이언트를 확보하기 위해 다른 기관과 협력하여 클라이언트를 의뢰받는 방법이다. 대체자원개발은 외부로부터 조달되는 자원에 대체할 수 있는 자원을 개발하는 것이고, 프로그램 다변화는 새로운 클라이언트의 확보나 자원확보를 위해 사용되는 전략이다. 사회복지조직을 둘러싼 외부환경의 변화는 연계 전략을 통한 새로운 자원확보 전략이 매우 중요해지고 있다. 다만, 사회복지조직에서 클라이언트와 자원을 확보하는 데 있어 성공할 가능성이 큰 클라이언트만 선택하는 크리밍(creaming)과 같은 윤리적 문제는 신중하게 고려해야 한다.

정치경제이론은 외부환경에 의존도가 높은 사회복지조직을 설명하는 데 매우 유용하다. 특히 사회복지조직의 자원확보와 관련하여 외부환경 변화에 대한 구체적인 전략과 전술을 사용할 수 있다는 점에서도 시사하는 바가 매우 크다. 또한 이 이론은 클라이언트를 중요한 자원으로 보면서 동시에 조직에 영향을 미치는 이해관계자로 간주함에 따라, 클라이언트에 대한 처우에 중요한 시사점을 제공하고 있다. 다만, 사회복지조직은 자원에 의해서만 조직의 성패가 결정되는 것이 아니라, 그 조직이 추구하는 미션과 가치가 매우 중요하다는 점을 간과했다는 점에서 적용에 한계가 있다(황성철 외, 2020).

3) 조직군생태이론

조직군생태이론(population ecology theory)은 조직의 운명을 결정하는 것은 환경이라는 환경결정론적 관점의 이론이다. 조직군생태이론은 개별조직이 아니라 거시적 관점에서 조직군 혹은 집합체에 초점을 맞추고 있다. 조직의 생존과 소멸은 환경의 선택으로 유사한 조직들이 일정 기간에 생존하고, 일정 기간이 지나면 특정 형태의 조직은 소멸하지만, 다른 특정 형태의 조직들이 발전하는 것에 관심을 둔다(Hannan & Freeman, 1988).

우리나라 사회복지조직의 생존과 소멸을 조직군생태이론을 통해 살펴볼 수 있다. 1980년 이후 지역사회 중심의 재가복지정책에 따라 생활시설 중심의 수용시설이 재가복지정책으로 노인복지관, 재가복지센터 등 이용시설로 조직이 변경되었다. 또한 고아원은 한국전쟁 당시에 고아가 된 아이들을 양육하였지만, 일정 기간이 지난 후에 환경의 변화로 결손가정의 아동을 대상으로 하는 아동양육시설로 변경되어 대상 아이들에게 취업 훈련 및 자립 지원 서비스를 제공하고 있다. 그리고 조직군생태이론은 서울시를 비롯한 지방자치단체에서 사회적 요구의 증가에 따라 발달장애인에 대한 배움의 기회를 제공하고 지역사회에 비장애인과 함께 살아갈 수 있도록 지원해 주는 발달장애인 평생교육센터가 급속도로 확산하고 있는 현상을 잘 설명해 준다.

다만, 조직군생태이론은 조직의 생존과 발전에 지나치게 환경결정론적 태도를 보인다는 것과 이 이론에서 주장하는 환경의 개념이 모호하다는 비판을 받고 있다.

4) 제도이론

제도이론(institutional theory)도 조직군생태이론과 같이 환경과의 상호작용을 중요시하는 개방체계적 관점의 이론이다. 다만, 제도이론은 조직을 둘러싼 제도적 환경과 조직의 이념이나 신념체계를 통하여 조직의 생존을 더욱 정확히 이해할 수 있다고 강조한다. 따라서 조직의 위상, 정책, 프로그램, 절차는 제도적 환경에 의해 규정된다고 본다. 제도적 환경은 사회적 여론, 주요 이해관계자의 시각, 교육과정에서의 인정된 지식, 사회적 지위, 법률과 법원의 판결 등을 말한다(Meyer & Rowan, 1977). 한편 사회복지조직에서 제도적 환경은 사회적 규범과 가치체계, 정부의 법률, 정책, 여론 등을 들 수 있다.

조직은 생존을 위해 제도적 규칙을 받아들인다. 이러한 제도는 조직의 합법성을 제공하고 자원획득을 쉽게 한다. 조직이 제도적 규칙을 받아들이는 동형화의 과정은 세 가지로 정리된다(Walter Powell & Paul DiMaggio, 1991).

① 강요적 동형화(coercive isomorphism)

국가의 법, 규정 등 제재를 통해 제도적 규칙들을 강제적으로 수용하는 과정으로 나타난다.

② 모방적 동형화(mimetic isomorphism)

다른 조직이나 프로그램의 모범 사례를 모방하는 과정에서 조직 구성이나 의사결정 방식에 대한 규칙이나 관행을 받아들인다. 즉, 다른 조직의 성공사례를 벤치마킹하여 모방하는 과정에서 나타난다.

③ 규범적 동형화(normative isomorphism)

전문가 직업사회에서 전문화 과정을 통하여 나타나고, 전문직의 작업조건과 방법을 정의하며, 생산자들의 생산을 통제하고, 직업적 자율성을 취득하기 위한 인지적 기초와 정당화를 확립하기 위한 집합적 노력으로 자기들만의 네트워크로 정교화하는 과정으로 정의된다. 예를 들어, 의사들이 같은 윤리규정을 따르는 것이나, 사회복지조직이 국제 기준을 받아들인다면, 이에 수반되는 서비스 운영규칙들이 조직에 전이되는 것이다.

사회복지조직들은 정부의 새로운 정책의 영향력이 매우 클 때 제도화된 정부의 규칙을 받아들이고 합법성을 확보하려고 한다. 그리고 자원확보를 쉽게 하려고 조직의 구조와 인력을 변경하고 조직의 생존을 선택하게 된다. 이러한 제도이론은 사회복지조직이 국가의 법과 가치와 규범의 제도적 환경에 있는 가운데 사회복지조직의 존립 정당성을 확보하는 데 의미가 있지만, 조직의 유사성을 강조하여 다양성을 저해함에 따라 창의성과 조직의 효율성을 상실한다는 비판을 받고 있다.

5. 기타 조직이론

1) 총체적 품질관리

총체적 품질관리(TQM : Total Quality Management)는 조직이 산출하는 서비스의 질을 향상해 고객 만족을 달성하기 위한 통합적인 조직관리 방법이다(Martin, 1993). 총체적 품질관리는 1970년대 후반 일본기업들이 실시한 전사적 품질관리(TQC : Total Quality Control)에서 유래된 것으로 알려져 있는데, 1980년 초반 미국 기업에 적용된 경영 기법으로 최근에는 기업뿐만 아니라 정부 및 사회복지조직에도 응용할 수 있다(Crofton & Dale, 1996).

총체적 품질관리는 단순히 제품 및 서비스의 품질을 개선하는 것이 아니라 총체적으로 소비자의 만족을 극대화하기 위해 품질과 서비스를 향상하기 위한 혁신적인 조직관리 기법이다. 따라서 조직의 품질과 서비스를 개선하기 위해 고객 중심 관리가 요구되고, 전 조직구성원의 참여를 유도하는 체계가 필요함을 특징으로 한다.

Martin(1993)이 제시한 총체적 품질관리의 여섯 가지 구성요소는 다음과 같다.

① 조직의 1차 목표는 품질이다.

② 품질은 고객이 결정한다.

③ 조직이 추구하는 목표는 고객만족이고, 고객만족을 달성하기 위해 조직운영 개선이 필요하다.

④ 변이(variation)는 상품과 서비스 최종 산출물의 결함을 의미하고, 조직은 그 원인을 파악해 개선하고 불량 발생률을 감소시키기 위한 조직목표를 설정해야 한다.

⑤ 변화는 팀 구성 및 활동에 기반하여 지속적으로 이루어져야 한다.

⑥ 최고관리층의 헌신은 품질관리의 성공을 좌우한다. 따라서 조직 내 품질 문화의 조성, 구성원의 역량강화, 품질경영에 대한 장기적인 비전을 제시해야 한다.

또한 Swiss(1992)는 공공서비스에서 TQM의 일곱 가지 주요 원리를 다음과 같이 제시하였다.

① 서비스의 질은 궁극적으로 고객이 결정한다.

② 서비스의 질은 제공과정보다 서비스의 계획단계부터 고려해야 한다.

③ 서비스의 변이(variation) 가능성을 사전에 방지한다.

④ 고품질 서비스는 조직의 다양한 직원의 협력적 활동의 결과로 나타난다.

⑤ 투입과 과정에 대한 지속적인 개선 노력이 질적 우월성을 가져다준다.

⑥ 질적 개선은 직원들의 적극적 참여를 통해 이루어진다.

⑦ 전체 조직의 사명감이 투철해야 질적 개선이 이루어진다.

이러한 TQM의 기본 원리는 고객의 만족을 극대화하기 위해 조직의 경영철학과 이념을 반영하고 조직 전체 구성원이 서비스 품질 향상을 위해 적극적인 참여, 협력이 필요하고, 지속적인 학습조직 등의 조직문화를 추구하면서 효과적인 관리기법을 활용하는 것이 중요하다.

우리나라 사회복지조직에도 TQM 도입에 대한 필요성을 주장하는 학자들(박경일, 2000; 최재성, 1997; 홍석자, 2005)이 있지만, 사회복지서비스의 무형성 및 소멸성으로 서비스의 효과성과 질을 객관적으로 측정할 수 있는 척도가 부족하므로 TQM 도입에 따른 질적인 향상이 어렵다는 지적이 있다. 그러나 사회복지조직에서 서비스 질 개선을 위해 최고관리층의 서비스 품질경영에 대한 장기적인 비전이 필요하다. 그리고 전체 구성원들과 충분한 의사소통을 통한 적극적인 참여를 유도하고, 구성원의 역량 강화 및 클라이언트 중심 사고의 조직문화를 형성하는 것이 필요하다.

2) 학습조직이론

학습조직이론(learning organization theory)은 조직구성원의 역량을 강화하는 하나의 방안이다. 많은 조직은 학습을 통한 구성원의 역량 강화의 필요성을 인식하고 있지만, 현행 업무의 과중 및 대체자 부족 등으로 학습을 실제 실행하는 데 어려움을 가지고 있다. 또한 학습을 진행하더라도 개인 차원이나 부서 차원의 공유학습으로 문제해결에 접근하는 차원에 머무르고 있다. 따라서 학습조직이론은 개인적 학습을 공유하여 조직구성원의 학습을 쉽게 하여 개인 및 조직구성원의 역량을 강화하는 방법이다.

학습조직이론은 Peter Senge(1990)에 의해 처음으로 체계적으로 제시되었다. Senge(1990)는 학습조직이란 조직구성원이 진정으로 바라는 결과를 창조할 능력을 확장하고, 새롭게 확대된 사고패턴을 육성하며, 집단적 목표나 열망이 자유롭게 선정되고, 조직이 함께 학습하는 방법을 지속해서 탐구하는 조직이라고 정의했다. 그는 학습조직을 통하여 다음과 같이 다섯 가지 영역이 강화됨을 주장하고 있다.

① 체계적 사고(system thinking) : 조직구성원은 조직이 다양한 구성요소가 상호 연관되어 역동적인 관계를 통해 작용한다는 것을 인정하고, 조직 내에 마찰과 대립을 인정하고 서로 타협과 협력을 통해 조직목표 달성에 이바지할 수 있다는 관점을 획득한다.

② 개인적 통제감(personal mastery) : 조직구성원은 단순히 지식을 습득하여 업무능력을 개선하는 차원을 넘어, 개인적 비전을 명료화하고 창의적인 사고역량이 확대됨에 따라 개인의 배움과 성장을 추구함으로써 학습 과정에 헌신적으로 참여한다.

③ 정신적 모델(mental models) : 조직구성원의 사고의 틀을 의미한다. 조직구성원은 지속적인 학습 과정을 통하여 현재 상황과 미래의 비전에 대한 사고의 틀을 형성하고 최선의 해결책을 강구한다.

④ 공유된 비전(shared vision) : 학습조직에서는 조직구성원의 각기 다른 목표와 비전이 생산적인 학습 과정을 통하여 통합된다. 이렇게 통합된 공유된 비전은 다시 조직 학습의 에너지를 고양한다.

⑤ 팀 학습(team learning) : 팀제로 운영되는 학습조직은 조직의 다양한 문제를 해결하기 위해 자유롭게 의견을 교환하고, 집단적인 학습을 통해 팀 차원에서 문제를 해결하는 능력이 향상된다.

학습조직이론에 따른 학습 조직화는 상당한 노력과 시간이 요구되는 과정이다. 따라서 학습조직이 성공하기 위해서는 조직구성원들에게 지속해서 학습을 권장하는 조직문화를 조성하는 것이 필요하다. 조직에 학습 조직화가 성공하면 조직구성원들은 지속적인 학습 과정을 통하여 조직의 모든 업무 영역에서 혁신적이고 창의적인 사고를 통하여 당면하는 문제를 해결하는 역량이 강화된다.

Argyris(1999)는 단일순환학습(single-loop learning)과 이중순환학습(double-loop learning)으로 조직학습을 위한 과정과 방법을 제시하고 있다.

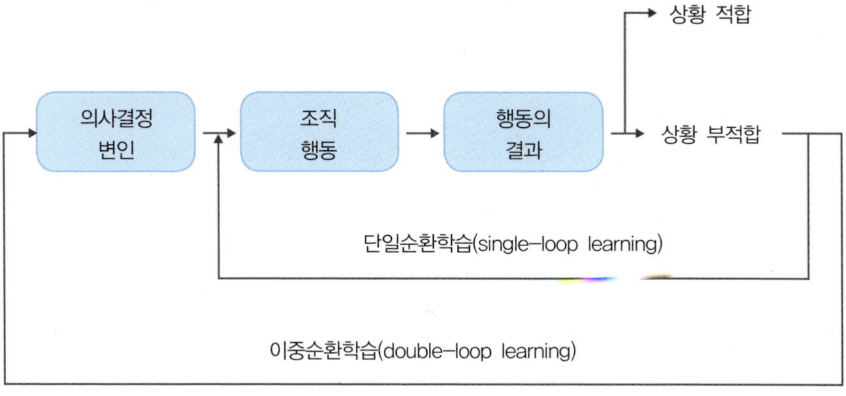

|그림 2-2| 단일순환학습과 이중순환학습

단일순환학습은 조직 활동의 부분적 개선에 초점을 맞춘다. 이는 조직의 부분적 기능개선에 대한 활동으로 조직구성원의 포괄적인 역량 강화에 한계가 있다. 그러나 이중순환학습은 조직의 활동을 포함하여 조직구조와 운영 방법까지 재검토하는 방식을 말한다. 따라서 조직구성원의 문제의식과 창의적 사고를 유인하고 조직의 혁신으로 발전할 수 있음에 따라 조직구성원들의 역량 강화에 더욱 효과적이다. |그림 2-2|와 같이 조직은 행동의 결과가 상황에 부적합할 때 조직운영의 기본 틀을 재구성하는 노력을 통하여 조직 학습이 조직구성원과 조직 자체에 긍정적인 영향을 미치도록 해야 한다. 이를 통하여 조직구성원들은 자신의 행동이 조직에 미치는 영향을 이해하고, 조직성과에 대한 책임과 의무감을 느끼게 된다. 또한 코치와 자문 등을 통해 도움을 주는 활동이 증가하고 창조적인 문제해결 방안을 제시하게 된다. 아울러 팀이나 조직은 제공하는 서비스의 질적 향상을 가져오게 되고, 새로운 서비스와 기술을 발전시킨다. 그리고 직원의 사기 진작과 효율적인 직무가 가능하게 된다.

사회복지조직은 만성적인 인력과 재원 부족에 직면하고 있어 학습조직을 구현하기에 어려움이 많다. 그러나 많은 선행연구가 말하듯이 학습을 강조하는 조직문화는 매우 중요하다. 특히 조직에서 구성원의 교육 훈련과 역량 강화의 활동이 조직성과에 매우 긍정적인 영향을 미친다는 사실을 인식해야 한다. 최근에 사회복지조직은 조직구성원들에게 다양한 학습 기회를 마련하여 역량을 강화하기 위하여 노력하고 있다.

3) 체계이론

체계이론(system theory)은 생물학자 Ludwig von Bertalanffy에 의해 처음으로 이론화되었다. 그는 살아있는 유기체의 구성 부분이 상호의존성을 갖는다는 원리를 이론에 적용하였다. 다음으로 Katz와 Kahn(1996)은 체계이론은 대상 체계의 구조, 관계, 상호의존성에 초점을 맞추고 있으며, 내부 구성들이 유기체와 같이 외부환경과 지속해서 상호작용한다는 개방체계적 성격이라고 주장하였다. 이들은 개방체계의 특성을 다음과 같이 설명한다.

첫째, 투입(input)은 조직이 생존을 위해 환경으로부터 유입되는 자원을 말한다. 사회복지조직에서도 자원, 클라이언트, 사회복지사 등이 투입된다.

둘째, 전환(throughput)은 환경으로부터 유입된 에너지를 내부과정을 통하여 처리하는 것을 말한다. 사회복지조직에서 클라이언트의 욕구를 충족시키기 위한 서비스 제공과정이다.

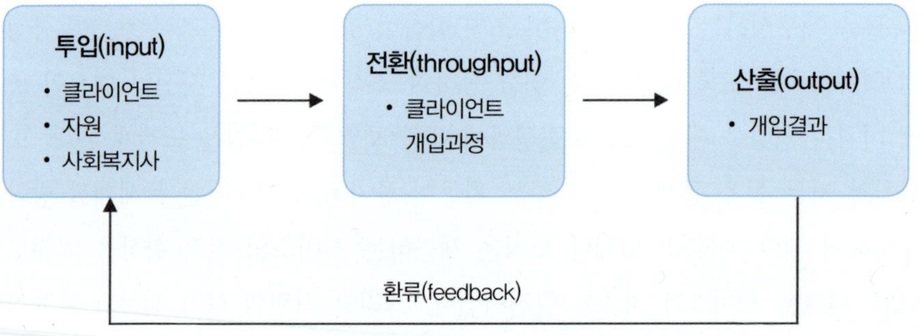

|그림 2-3| 체계의 요소와 과정

셋째, 산출(output)은 조직이 전환과정을 걸쳐 생산된 산출물이다. 즉, 서비스를 받아 변화된 클라이언트는 일상적인 환경으로 보낸다.

이렇게 체계의 요소와 과정은 개입의 결과를 토대로 다시 환경에서 투입을 얻어 산출과정을 반복하며 생존하게 된다. 체계이론을 바탕으로 조직을 하나의 체계로 가정하는 경우, 그 구성요소인 하위체계들이 일정한 임무를 수행한다. Neugeboren(1985)은 하위체계 각각의 요소들이 어떤 기능을 수행하는지를 설명한다.

① 생산하위체계 : 조직의 과업을 수행하면서 할당된 생산품(제품, 서비스)을 생산하는 과업을 수행한다. 사회복지조직에서는 생산하위체계를 통하여 클라이언트에게 재화와 서비스를 생산하며 제공하는 기능을 수행한다.

② 유지하위체계 : 조직의 지속성을 확보하고 안정상태로 유지하는 것이다. 이를 위해 조직 활동을 공식화하고, 새로운 구성원을 선발하며, 보상체계를 확립하고, 구성원의 역량을 강화하는 것이 필요하다. 사회복지조직에서 조직구성원 개개인의 목표가 조직의 목표에 통합될 수 있도록 해야 한다.

③ 경제하위체계 : 조직이 주위 환경에 영향을 미치는 체계이다. 사회복지조직은 생존을 위해 환경 속에 다른 조직과의 관계를 통해 후원이나 지지를 확보하거나 조직의 사명과 업적을 외부환경에 홍보하여 지역사회조직과 후원자에게 영향을 미치는 과업을 수행한다.

④ 적응하위체계 : 조직은 변화하는 환경에서 반응하여 조직 변화에 대한 필요성을 인식하고 최적의 대안을 찾아야 한다. 사회복지조직에서는 프로그램의 효과성, 효율성을 파악하고, 클라이언트의 욕구와 이해관계자의 욕구, 자원확보를 위한 전략의 과업을 수행해야 한다.

⑤ 관리하위체계 : 위의 네 가지 하위체계를 조정하고 통합하는 체계이다. 따라서 조직 계층 간에 갈등 해결과 조정, 적절한 업무환경의 제공, 자원을 증대시키고 필요한 경우 조직의 재구조화 및 재설계를 할 수 있는 과업을 수행해야 한다.

체계이론은 사회복지조직과 환경과의 관계를 설명하는 데 매우 유용한 이론이다. 사회복지행정은 제품과 서비스를 전달하는 과정에서 책임성을 가지고 한정된 자원으로 최대의 효율성과 효과성을 확보해야 한다. 체계이론은 사회복지조직의 효과성과 효율성의 중요성을 이해하게 하는 데 도움을 준다. 그리고 사회복지조직의 환경과의 관계가 매우 중요함을 강조한다. 조직을 둘러싼 다양한 과업환경에서 최대한 자원을 확보하고 그 자원을 투입–전환–산출의 과정을 통하여 서비스로 전환하는 관계를 이해하게 한다. 또한 사회복지조직의 다양한 체계에 대한 역할을 이해하게 하고 조직의 내적 욕구와 외부 욕구를 파악하여 그 욕구를 충족시키는 임무를 수행하게 한다. 그러나 체계이론은 조직 전체에 적용하기에는 한계가 있다. 그 이유는 이론적 관점이 너무 크고 변수가 너무 광범위하여 실증적 조사연구에 유용하지 못하다는 단점이 있기 때문이다.

4) 신공공관리론과 신공공서비스

신공공관리론(new public management theory)은 1980년대 미국의 레이건 정부와 영국 대처 정부 등의 신자유주의 정부가 등장하면서 작은 정부를 강조하기 위해 개발된 이론이다. 이 이론은 공공 행정은 될 수 있으면 낮은 비용으로 시민들에게 서비스 선택권을 제공하는 것임을 강조한다. 그래서 시민들은 고객으로 간주하고, 행정의 역할은 정책 대안들을 시장 선택으로 전환하여 효율화해야 한다고 주장한다(김영종, 2017).

신공공관리론에 주장하는 핵심적인 정부 조직의 개혁방안은 다음과 같다(김영종, 2017; Bryson, 1995).

① 시장주의 : 정부는 공적의도를 달성하기 위해 시장을 어떻게 사용할 것인지 창의적으로 고민해야 한다.

② 기업주의 : 돈을 버는 것이 칭찬받아야 한다.

③ 촉매주의 : 정부는 무엇이 이루어져야 할지를 결정하지만, 스스로 해서는 안 된다. 즉, 노를 젓기보다는 조정에 초점을 맞춘다.

④ 지역사회 : 지역사회가 소유하면서 참여를 통해 역량 강화된 프로그램들이 더욱 효과적이다.

⑤ 경쟁주의 : 사회서비스 공급에서 경쟁을 선호한다. 이것은 서비스의 질을 더욱 향상하고 저렴한 비용을 도출한다.

⑥ 사명지향 : 정부는 규정이 아닌 미션과 비전에 의해 움직인다.

⑦ 결과지향 : 자금 지원은 성과 측면에 근거해야 한다.

⑧ 고객지향 : 정부는 고객과 시민의 욕구를 충족시켜야 한다.

⑨ 예방화 : 문제를 치유하는 것보다 예방에 초점을 둔다.

⑩ 분권화 : 위계보다는 구성원의 참여와 팀워크가 강조된다.

신공공관리론은 행정 측면에서 결과적 성과에 초점을 맞추고 있다. 사회복지조직에서도 신공공관리론의 영향으로 민영화, 준시장화, 성과측정의 영향이 나타나고 있다. 사회복지조직은 신공공관리론에 입각하여 효율성을 확보하고, 민간에 의한 공급을 확대하여 이용자의 선택권을 강화하는 측면에서 의미가 있다. 그러나 사회복지조직은 무엇보다 성과측정이 어려운 조직이다. 그 이유는 서비스 결과를 수치화하기 어렵고, 성과를 측정할 객관적인 척도의 개발도 쉽지 않기 때문이다.

반면에 신공공서비스(new public service)는 신공공관리론과 반대의 관점을 취한다. 공공 행정은 정부 조직의 효율적 운영뿐만 아니라, 공적 가치인 공평성, 책임성, 시민적 권리 등을 보존해야 한다. 그리고 정부의 의사결정 활동에 시민참여가 비용이나 효율성보다 우선시되어야 한다고 강조한다(Janet & Robert, 2015). 따라서 신공공서비스의 시민참여와 임파워먼트는 사회적 신뢰를 증진하고, 사회자본[3]을 확충하는 데 기여할 수 있다고 강조한다. 사회복지조직은 단기적인 효율성을 주장하는 신공공관리론보다 신공공서비스의 접근에 더욱 부합한다. 이를 통하여 사회복지조직은 사회적 신뢰와 네트워크를 통하여 사회자본을 형성하고 공공가치를 추구하는 행정의 활동을 수행해야 한다.

3 미국의 정치학자인 Francis Fukuyama는 사회자본을 사회구성원들을 서로 신뢰하게 만들고, 새로운 집단과 연계하게 하는 인적자본의 구성요소라고 정의하고, 그 구성요소를 네트워크, 신뢰, 상호호혜성이라고 하였다.

Chapter summary

사회복지행정이론을 고전이론, 신고전이론, 현대이론, 기타이론으로 나누어 살펴보았다. 고전이론에서 관료제이론은 특성에 따른 순기능과 역기능을 정리하였다. 과학적 관리론은 인간을 기계화하는 비판을 받지만, 사회복지조직의 업무 분장 및 전문화에 시사점을 제공하고 있다. 신고전이론으로 인간관계이론과 X, Y이론을 살펴보고, Z이론을 통해 사회복지조직에 시사점을 탐색하였다. 현대이론은 환경과 조직과의 관계를 개방적 체계로 인식하고 있다. 이러한 관점에서 상황이론, 정치경제이론, 조직군생태이론, 제도이론에 대하여 기본 개념과 주요한 특징에 대하여 살펴보았다. 상황이론은 사회복지조직의 다양한 상황에 적합한 조직구조의 필요성을 시사하고, 정치경제이론의 자원의존이론은 사회복지조직의 환경의존성에 대한 설명을 제공하고, 조직군생태이론은 환경에 의해 사회복지조직의 생성과 소멸을 설명한다. 그리고 제도이론은 사회복지조직의 제도적 환경이 조직에 대한 영향력이 있음을 강조하고 있었다. 이 밖에도 사회복지행정에 영향을 주는 총체적 품질관리, 학습조직이론, 체계이론과 최근에 부각되는 신공공관리론과 신공공서비스 이론의 주요한 개념과 특징을 살펴봄으로써 사회복지조직에 적용점을 살펴보았다. 결과적으로 모든 이론이 사회복지행정의 기반과 근거를 제공하고 있음에 따라 각 이론적 특성과 한계에 대한 분명한 이해가 필요하다.

Case study

George Ritzer는 『The McDonaldization of Society』에서 맥도날드 햄버거 체인점이 세계적으로 팽창하는 이유를 과학적 관리론과 관료제의 원칙을 적용하였기 때문이라고 역설하고 있다. 우리나라에는 2017년 4월 한글 번역판이 출간되었다. 그는 맥도날드의 성장과 발전에 다음과 같은 원칙이 적용되었음을 강조한다.

- 효율성(efficiency) : 요즘 사람들은 짧은 시간에 간편한 식사를 선호한다. 햄버거는 1~2분 안에 해결할 수 있는 빠른 식사이고 혼자 먹기에 간편한 식사로 각광받게 되었다.
- 계산가능성(calculability) : 판매되는 제품과 제공되는 서비스는 양적인 측면을 강조한다. 즉, 많은 양을 신속하게 공급하는 것이 곧 좋은 것을 의미한다. 그래서 햄버거의 고기 무게와 빵의 크기는 동일하게 표준화하고 있다.

- 예측성(predictability) : 제품의 품질과 맛은 언제 어디서나 동일하다고 예측 가능하다. 또한 일하는 사람들은 예측 가능한 방식으로 행동한다.
- 통제성(control) : 햄버거를 만드는 것은 대부분 기계화되어 있으며, 종업원들이 일하는 방식을 표준화시키고 단순화시킴으로써 통제의 수준을 높인다.

Ritzer는 이러한 맥도날드의 경영원칙이 패키지 여행상품, 자격시험 등에 적용되어 성공을 거두고 있다고 주장한다. 맥도날드를 찾는 고객은 편리함, 간편함, 신속함, 안전함, 평등함 등을 집 가까운 곳에서부터 세계의 어느 외진 곳까지 거의 동일하게 느낄 수 있다. 맥도날드화가 추구하는 '합리성'은 맥도날드를 세계적 기업으로 키웠고 앞으로의 미래도 대단히 밝게 하겠지만, 고객의 입장에서는 저자가 말하는 대로 '불합리성'을 감수하도록 철저하게 강제한다.

출처 : George Ritzer(1993). The McDonaldization of Society. 김종덕 · 김보영 · 허남역 공역(2017). 서울 : 풀빛.

토론주제

1. 고전이론과 인간관계이론을 비교하여 설명해 보자.
2. 사회복지행정이론이 사회복지조직에 적용 가능한 점은 무엇이며, 그 한계는 무엇인지 생각해 보자.

❙ 참고문헌 ❙

김영종(2017). **사회복지행정론(제4판)**. 서울 : 학지사.

민 진(2018). **조직관리론(제6판)**. 서울 : 대영문화사.

박경일(2000). 사회복지서비스의 질적 향상을 위한 관리기법으로서 복지QC활동에 관한 사례연구. **한국사회복지학**, 40, 97-130.

성형태(2016). **행정학개론**. 서울 : 박영사.

이면우(1992). **신바람경영이론**. 서울 : 랜덤하우스코리아.

_____(1992). **W이론을 만들자**. 서울 : 지식산업사.

최성재 · 남기민(2006). **사회복지행정론**. 경기 : 나남.

최재성(1997). 총체적 품질경영기법(TQM)의 적용가능성에 관한 고찰 : 사회복지조직 관리 및 평가를 위한 새로운 패러다임. **연세사회복지연구**, 4, 233-258.

홍석자(2005). 노인요양시설에서의 TQM(총체적품질관리) 적용가능성에 대한 고찰. **21세기사회복지연구**, 2(1), 261-281.

황성철 · 정무성 · 강철희 · 최재성(2020). **사회복지행정론(제4판)**. 서울 : 정민사.

Argyris, C.(1999). *On Organizational Learning*(2nd ed.). Ames, IA : Blackwell Publishing Professional.

Bryson, J.(1995). *Strategic Planning for Public and Nonprofit Organizations : A Guide to Strengthening and Sustaining Organizational Achievement*. SF : Jossey-Bass.

Crofton, C. G., & Dale, B. G.(1996) The Difficulties Encountered in the Introduction of Total Quality Management : A Case Study Examination. *Quality Engineering, 8, 3*, 433-439.

DiMaggio, Paul J., & Walter W. Powell.(1991). Introduction. In Walter W. Powell & Paul J. DiMaggio(Eds.), *The New Institutionalism in Organizational Analysis*. Chicago : University of Chicago Press.

Fukuyama, F.(1999). *The Great Disruption : Human Nature and the Reconstitution of Social Order*. 한국경제신문 국제부 역(2001). **대붕괴 신질서**. 서울 : 한국경제신문.

Hannan, M., & Freeman, J.(1988). Density dependence and the growth of Organizational populations. In G. Carroll(Ed.), *Ecological Models of Organizations*. Cambridge. MA : Ballinger.

Hasenfeld, Y.(1992). *Human Services as Complex Organization*. Newbury Park, CA : Sage Publication.

__________(2010). *Human Services as Complex Organization*(2nd ed.). Thousand Oaks, CA : Sage Publication.

Hoy W. K., & Miskel C. G.(2013). *Educational Administration Theory Research and Practice*(9th ed.).

McGraw-Hill.

Janet, D., & Robert D.(2015). *The New Public Service : Serving, Not Steering*. NY : Routledge.

Katz, D., & Kahn, R. L.(1966). *The Social Psychology of Organization*. New York : Wiley.

______________________(1978). *The Social Psychology of Organization*(2nd ed.). New York : Wiley.

Lawrence, P. R., & Lorsch. J. W.(1967). *Organization and Environment : Managing Differentiation and Integration*. Boston : Harvard University Press.

Martin, L. L.(1993). *Total Quality Management in Human Service Organization*. SAGE Pub.

Mayo, E.(1933). *The Human Problems of an Industrial Civilization*. New York · The Macmillan Company.

McGregor, D.(1960). *The Human Side of Management*. NY : McGraw-Hill.

Meyer, J. W., & Rowan, B.(1977). Institutionalized Organizations : Formal Structure as Myth and Ceremony. *American Journal of Sociology, 83*(2), 340-363.

Neugeboren, B.(1985). *Organization, Policy, and Practice in the Human Services*. New York : Longman.

Ouchi, W. G.(1981). *Theory Z : How American business can meet the Japanese challenge Reading*. MA : Addison-Wesley.

Pfeffer, P., & Salancik, G. R.(1978). *The External Control of Organizations : A Resource Dependence Perspective*. New York : Harper & Row.

Scott. W. R.(1998). *Organization : Rational, Natural, and Open System*. Englewood Cliffs, NJ : Prentice-Hall.

Senge, P.(1990). *The Fifth Discipline*. London : Century Business.

Swiss, J. E.(1992). Adapting Total Quality Management(TQM) to Government. *Public Administration Review, 52*(4), 356-362.

Taylor, F. W.(1911). *The Principles of Scientific Management*. New York : Harper Bros.

Thompson, J. D.(1967). *Organizations in Action*. New York : McGrew-Hill.

Wamsley. G.,& Zald, M.(1976). *The Political Economy of Public Organizations*. Bloomington : Indiana University Press.

Weber, M.(1947). *The Theory of Social and Economic Organization*. In Talcott Parsons(Ed.), A. M. Henderson & Talcott Parson(trans.). New York : Free Pree.

_________(2015). *Weber's Rationalism and Modern Society*(pp. 73-127). In Tony Waters & Dagmar Waters(Eds.)(Trans.). New York : Palgrave MacMillan.

Worth, M. J.(2014). *Nonprofit Management : Principles and Practics*(3rd ed.). Thousand Oaks, CA : Sage.

CHAPTER 03

사회복지 전달체계

사회복지 전달체계는 사회복지 자원의 재화나 서비스가 공급자에게서 클라이언트(수요자)에게 전달되는 과정에 있는 다양한 조직 간 연결 관계를 의미한다. 사회복지 전달체계는 공공부조 전달체계, 사회보험 전달체계, 사회(복지)서비스 전달체계로 나눌 수 있다.

한국의 공공부조 전달체계는 행정안전부의 광역자치단체인 시도, 기초자치단체인 시군구를 통해서 전달되는 형태를 가지므로 주로 공공조직을 통해서 전달되고 있다. 사회보험 전달체계는 중앙부서(보건복지부와 고용노동부) 산하기관인 국민연금공단, 건강보험공단, 근로복지공단, 지방노동청을 통해서 국민에게 직접 급여와 서비스가 제공되고 있다. 마지막으로 사회(복지)서비스 전달체계는 시군구를 중심으로 이루어지고 있으나 실제 서비스 전달은 민간의 사회복지조직이 맡는 경우가 많으므로 공적조직(행정기관)과 사적조직(민간기관)[1]이 혼재된 전달체계로 볼 수 있다.

1. 전달체계의 개념과 구성요소

사회복지행정에서 전달체계는 복지정책에서 주어지는 여러 가지 재화나 서비스를 수급권자에게 전하는 체계를 의미한다. 좀 더 넓게는 사회(복지)서비스의 전달

1 민간조직에 대한 논란의 소지가 있다. 작금의 한국 복지서비스는 위탁방식 혹은 보조금을 통해 대다수 운영되기 때문에 순수 민간조직으로 볼 수 없어 공공(公共)으로 포함해야 한다는 주장과 1980년대 이전에 국가복지가 실현되기 어려운 시절에 자선사업가(개인재산)나 외연기관을 통한 민간 자원을 동원해서 복지서비스를 제공했던 기관에 대한 국가 귀속이라는 압박에 대한 논쟁 등 과거와 현재가 혼재되어 복잡하다.

자와 수요자의 범위를 넘어 집행체계와 서비스 전달을 기획 · 지시 · 지원 및 관리하는 행정체계까지 이해하기도 한다(황진수 · 나종문, 2010). 전통적인 행정학에서 공공서비스의 전달방식과 사회복지행정에서 사회(복지)서비스 전달체계와는 차이가 존재하나 여기서는 그동안 사회복지행정론 서적의 논의 수준으로 제한하여 살펴보자.

Gilbert와 Specht(1977)는 복지전달체계를 지역사회에서 사회복지 편익을 위해 소비자와 분배 간에 또는 배부자들 사이에 조직적으로 배분하는 체계로 정의하였으며 Friedlander와 Apte(1974)는 수혜자를 둘러싼 일체의 공적 혹은 사적 복지기관의 서비스 전달망으로 정의하였다. 조흥식(2008)은 사회복지 전달체계는 사회복지 관련 급여 및 서비스의 공급자와 수요자를 연결해 주는 조직적 체계로 담당 주체는 중앙정부, 지방자치단체, 중앙정부와 지방자치단체의 혼합체계, 정부(중앙정부 및 지방자치단체)와 민간조직 혼합체계, 민간조직 등이 있다고 주장하였다.

사회(복지)서비스 전달체계의 구성요소는 배분(allocation), 급여제공(provision), 전달(delivery), 재정(finance)의 네 가지이다. 배분은 사회복지 급여를 누구에게 제공해야 할 것인가에 대한 것으로 사회복지 급여를 소수에 국한할 것인가 아니면 전 국민에게 제공할 것인가 하는 문제가 중요하다. 이는 최근 한국의 재난지원금 논쟁을 살펴보면 이해하기 쉽다. 급여제공은 사회복지 대상자에게 무엇을 제공할 것인가, 어떤 종류의 급여를 제공할 것인가에 대한 것이다. 급여의 종류는 우리가 잘 알고 있듯이 현물급여로 할 것인지 현금급여를 할 것인지에 대한 부문이다. 전달은 어떤 방식으로 전달할 것인가에 대한 것으로 이때 권한의 소재, 업무수행자의 자격, 조직유형과 규모 등이 관건이다. 즉, 제공하는 주체와 수급권자 간의 조직체계를 의미하며 접근 용이성, 조직의 통합성, 연속성(지속가능성), 책임성 등이 중요하다. 마지막으로 재정은 어떤 재원을 활용하는가와 같은 재정조달방식으로 조세방식(일반세, 목적세 등), 보험방식, 기부금 등에서 무엇을 사용하는가 하는 문제이다.

2. 전달체계의 원칙

사회(복지)서비스 전달체계의 원칙은 전달을 효율적으로 하기 위해 여러 가지 원칙을 가지고 학자마다 다양하게 말한다. Gilbert와 Specht(1974)는 전달체계 원칙을 간결하게 통합성, 계획성, 접근 용이성, 책임성으로 제시하였다. 반면 Gates(1980)은 전문성, 적절성, 포괄성, 지속성, 통합성, 평등성, 책임성, 접근 용이성을 제시하였으며 한국의 최성재와 남기민(2015)도 이처럼 제시하였다(김현진 외, 2017). 이와 유사하게 한국의 성규탁(2003)은 접근 가능성, 지속성, 적합성, 포괄성, 통합성, 공평성, 비용의 적절성을 제시하였다. 여기에서는 대다수 한국 사회복지행정론에서 제시한 Gates의 여덟 가지 원칙을 중심으로 살펴본다.

1) 전문성(professionalization)의 원칙

사회복지 종사자는 전문성의 정도에 따라 전문가(professional), 준전문가(para-professional), 비전문가(non-professional)로 구분할 수 있다. 전문가는 자격요건이 객관적으로 인정된 사람이며, 자신의 전문적 업무에 대한 권위와 자율적 결정권 그리고 책임성을 지닌 사람을 말한다. 사회(복지)서비스의 제공은 반드시 전문가가 행하지 않아도 되는 부분이 있지만, 기관의 목표에 부합하는 서비스 혹은 핵심적인 업무는 전문가가 맡아야 한다는 데 이의를 제기하는 사람은 없을 것이다.

사회복지 영역에서 사회복지사, 요양보호사, 보육교사 등이 보편적 전문가로 인정받고 있으나 최근 들어 지역사회 통합돌봄(일명 커뮤니티 케어)과 같은 정책들이 실행되므로 사회복지 영역에서 사회복지사, 요양보호사뿐 아니라 의사, 간호사, 물리치료사, 작업치료사, 영양사 등 여러 분야의 전문가가 함께하고 있다.

2) 적절성(comprehensiveness)의 원칙

사회(복지)서비스가 제공되는 양과 질, 제공하는 기간 등은 클라이언트나 수요자의 욕구 충족(문제해결)과 서비스의 목표 달성에 충분해야 한다. 따라서 적정성의 원칙은 재정적 상황을 고려하지 못하면 제대로 수행하기 어려운 경우가 많고 그 수준을 유지하는 것도 현실적으로 어려울 수 있다. 따라서 서비스 전달체계를 구축하는 데 있어서 적절성의 원칙이 잘 반영될 수 있도록 서비스에 대한 기획 및 평가의 역할이 중요하다고 볼 수 있다.

3) 포괄성(inclusiveness)의 원칙

과거와 달리 클라이언트에게 발생하는 문제는 다양하다. 따라서 클라이언트의 욕구나 문제를 동시에 접근하고 순차적으로 해결하기 위해서 다양한 서비스를 포괄적으로 제공해야 한다. 포괄성의 원칙을 달성하기 위해서는 전문가가 여러 문제를 다루거나 각기 다른 전문가가 한 명의 문제를 다룰 수도 있고, 다양한 전문가들이 한 팀이 되어 문제를 동시에 해결할 수도 있다. 포괄성을 달성하는 방법으로 일반적 접근방법, 전문적인 접근방법, 집단적인 접근방법, 그리고 사례관리방법 등이 있다.

4) 지속성(continuity)의 원칙

클라이언트의 문제나 욕구를 해결하는 과정에서 필요한 서비스는 일정하게 계속해서 제공되어야 한다. 사회복지 속성상 단기간에 해결되는 문제도 있지만, 지속해서 서비스가 제공되어야 하는 문제도 있다. 따라서 전달체계의 지속성은 중요하다. 지속성의 원칙이 잘 이루어지기 위해서는 서비스 상호 간의 연계뿐 아니라 지역사회 내의 조직 간에 유기적인 연계가 잘 이루어져야 한다.[2]

하지만 한국에서의 사회(복지)서비스는 양에 있어서 절대적인 부족뿐 아니라 파편화되어 있는 서비스 전달체계로 인해 연계에 대한 문제가 존재한다. 최근 지역사회 통합돌봄은 서비스 대상의 확대뿐 아니라 서비스 양 그리고 분절된 서비스의 연계·조정 등의 목적을 가지고 실행되고 있다.

2 예컨대 직업훈련 프로그램의 경우 직업알선 프로그램과 연계되어야 소득증대라는 목표를 달성할 수 있다(김현진 외, 2017).

5) 통합성(unification)의 원칙

클라이언트의 문제는 대다수 복합적이고 상호 연관되어 있으므로 전달체계를 통해 서비스를 받게 될 때, 복잡하고 다양한 문제해결을 위해 각종 서비스가 체계적으로 제공되어야 한다. 통합성의 원칙이 실현되기 위해서는 다양한 서비스를 통합하여 관리할 수 있는 책임기관의 선정 또는 책임자(전문가)의 선정이나 복지계획 및 자원 배분 그리고 업무수행 시 관계기관과 관계자들 간의 협조, 조정이 원활하게 이루어질 수 있는 전달체계가 구축되어야 한다. 이는 서비스의 단편성과 비연속성 문제를 해결하기 위해 공급자 중심에서 수요자 중심으로의 전환을 의미한다.

다음 절에서 더 자세히 다루겠지만 주민생활지원서비스 개편 당시 사회복지 대상자에 대한 원스톱 서비스 제공, 사례관리 기능 강화, 인테이크의 단일화 등은 통합성을 강조한 것이다. 그런데도 통합성의 원칙이 제대로 구현되지 않는 문제에 대해 문재인 정부에 와서 노인전달체계 개편 시범사업(춘천, 화성)의 경우, 읍면동과 시군구 사이에 권역 본부를 두어 지방자치단체 공무원뿐 아니라, LH 및 건강보험공단의 직원들과 함께 근무하는 시도를 하고 있다.

6) 평등성(equity)의 원칙

평등성의 원칙은 클라이언트의 나이, 성별, 교육수준, 소득, 국적, 언어, 종교, 지역, 지위와 관계없이 모든 국민에게 서비스를 제공해야 한다. 이는 절대적 평등을 의미한다. 하지만 공공부조나 특별한 나이 혹은 건강상태를 기준으로 특별하게 제공되는 경우도 있다. 이러한 평등을 상대적 평등이라고 한다.

7) 책임성(accountability)의 원칙

사회복지조직은 국가나 사회에게 시민의 권리로 인정한 사회(복지)서비스를 전달하도록 위임받았으므로 책임을 져야 한다. 책임성의 영역에서는 전달체계의 수행 과정에서 투명하고 의사결정이 민주적으로 이루어져야 한다. 책임을 져야 하는 주요 내용은 클라이언트의 욕구에 적절히 대응하는 것인가, 서비스의 전달 절차와 방법이 적합한가, 서비스가 효과적이고 효율적인가, 서비스에 대한 만족이나 불평에 대해서 객관적으로 평가할 수 있는 시스템이 구축되어 있는가 하는 부분이다.

8) 접근용이성(accessibility)의 원칙

사회(복지)서비스는 필요한 사람이면 누구나 쉽게 받을 수 있도록 접근이 용이해야 한다. 접근 용이성이란 서비스와 그것을 필요로 하는 욕구의 연결 상태를 의미한다. 즉, 서비스를 필요로 하는 사람이 필요한 때에 편리한 곳에서 서비스를 받을 수 있는가 하는 문제는 현실적으로 매우 중요하다. 클라이언트가 서비스에 접근하는 데 있어 정보 부족, 교통수단 부재(지리적 장애), 선별기준 장애, 자원 부족 등의 여러 가지 장애 요인이 있을 수 있으므로 서비스 전달과정에서는 가능하면 이러한 장애 요인들을 제거하여 클라이언트가 서비스 제공 장소에 쉽게 접근하여 서비스를 받을 수 있도록 설계되어야 한다.

3. 사회복지 전달체계의 유형과 특징

사회복지 전달체계를 분석할 때 일반적으로 구조 · 기능적 차원, 운영주체 차원 그리고 서비스의 종류 차원에서 논의가 되고 있다(천정웅 외, 2015).

1) 구조 · 기능적 성격

구조 · 기능적 성격은 공급자들을 중심으로 구조와 기능이 어떻게 분화되었는가를 살펴보는 방식으로 행정체계와 집행체계로 구분한다. 행정체계는 서비스 전달을 기획, 지시, 지원, 관리하는 것을 의미하며, 집행체계는 클라이언트와 직접적인 대면 관계를 맺으면서 서비스를 전달하는 과정이다. 한국의 공적 전달체계에서의 구조 · 기능적 차원에 따른 분류는 다음 〈표 3-1〉과 같다.

〈표 3-1〉 행정체계와 집행체계 구분과 내용

구 분	내 용
행정체계	서비스 전달을 위한 기획, 지원, 관리 (예 중앙부처 → 광역자치단체 → 기초자치단체)
집행체계	전달자가 클라이언트에게 직접 전달하는 체계 (예 읍면동 → 클라이언트)

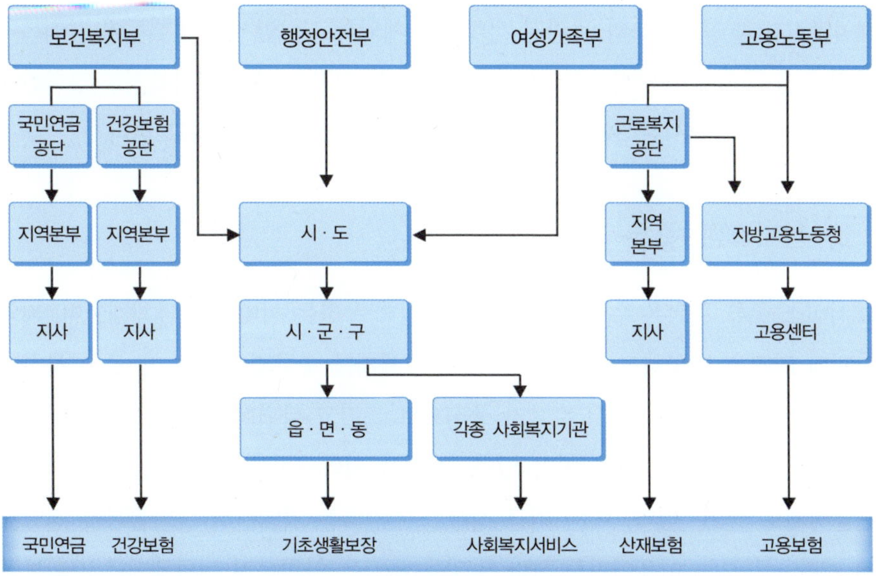

|그림 3-1| 조직별 사회복지 전달체계

출처 : 황성철 외(2020), p. 117.

한국의 전달체계는 정부(중앙 및 지방)가 기획, 지원, 관리와 같은 행정체계를, 민간 사회복지조직이 직접서비스를 전달하는 집행체계를 수행하는 경우가 대부분이나 최근 들어 공적 전달체계를 강화하는 모습을 보인다. 한편 민간재단이 행정체계를 그리고 일선 사회복지기관이 집행체계를 가질 수도 있다.

2) 운영주체 차원

전달체계는 누가 운영하느냐에 따라 공적 전달체계와 사적(민간) 전달체계로 구분할 수 있다. 공적 전달체계는 정부(중앙정부 및 지방자치단체)나 공공기관이 직접 관리하고 운영하는 것을 의미하며, 사적 전달체계는 사회복지조직이나 개인[3] 등이 직접서비스 등을 제공하는 것을 의미한다.

공적 전달체계는 주로 조세를 통해 이루어지며, 사회보험(사회보험은 기여금을 통해 이루어짐)과 공공부조와 관련된 서비스를 제외하고는 앞서 설명했듯이 사회복지조직 등을 통해 위탁방식으로 이루어지고 있다. 최근 정부는 국가복지를 강화한다는 측면에서 사회서비스원[4]을 설립하여 직접서비스를 제공하려고 한다.

3) 서비스의 종류 차원

서비스 종류 차원은 수요자의 욕구를 중심으로 하는 서비스 전달체계이며, 지역사회의 관점을 반영하고 있다. 서비스 전달체계를 종류별(네트워크별)로 구분하려는 시도는 공급자 중심에서 수요자 중심으로 그리고 파편화된 서비스에서 통합적으로 공급된다는 점에서 의미가 있다. 따라서 지역사회의 수요와 공급에 반영된 전달체계로 볼 수 있다. 이는 최근 정부가 추진하는 지역사회 통합돌봄을 전달체계 개편으로 보는 이유이기도 하다. |그림 3-2|는 사회복지 전달체계를 사회보장제도의 유형별로 나타낸 것이다. 개인이나 기업은 기여금, 세금, 후원 등의 형태로 사회복지의 재원을 제공하고, 공단, 정부, 민간 비영리조직은 현금이나 현물의 서비스를 생산하여 제공한다. 그리고 각 제도마다 수급자의 성격도 가입자, 대상자, 서비스 이용자 등으로 다양하다(김영종, 2017).

3 장기요양의 경우, 사회복지법인보다는 개인사업자의 비율이 높다.
4 서울, 인천, 대전, 대구 등 광역자치단체에서는 이미 사회서비스원이 설립되고 운영 중이다. 하지만 2021년 7월 기준 사회서비스원 운영에 대한 법적 근거가 없는 등 여러 가지 쟁점이 존재한다.

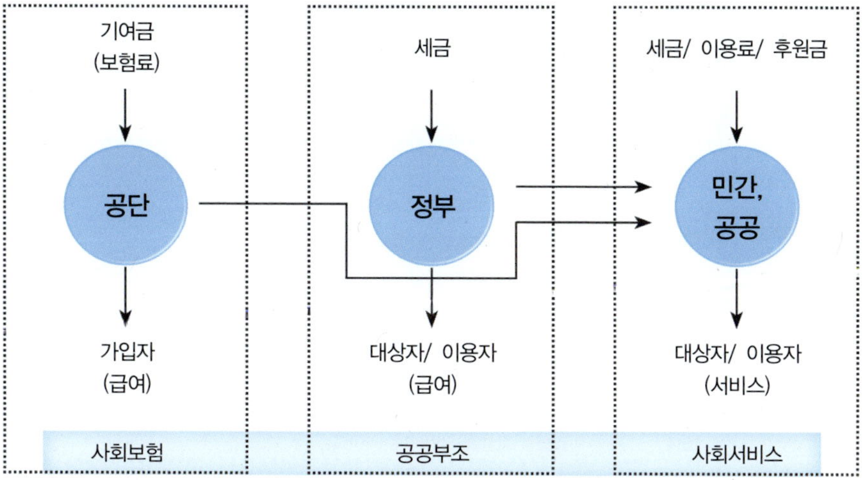

|그림 3-2| 사회보장체계의 전달체계

출처 : 김영종(2017), p. 384 재구성.

4. 우리나라 주요 공적 전달체계 개편과정[5]

한국의 공적 전달체계는 1995년 본격적인 지방자치제도가 부활하면서 중앙정부 중심에서 2005년 사회복지사무 지방이양이 실시되면서 본격적으로 지방자치단체(시군구)로 책임과 권한이 이양되었다. 그럼에도 불구하고 주민들의 복지에 대한 체감도가 높지 않아 박근혜 정부 들어와서 주민이 행정을 가장 밀접하게 접하는 읍면동 중심으로 복지기능을 개편하였으며, 문재인 정부는 읍면동에서 자치와 복지를 기반으로 한 읍면동 혁신사업으로 주민자치형 공공서비스 사업을 추진 중이다. 이 중 찾아가는 보건복지서비스 사업의 주요 내용은 복지에 대한 신청주의를 넘어서 발굴주의를 강화하는 측면에서 읍면동에 복지직 공무원 3명, 간호직 공무원 1명을 배치하여 공적 전달체계를 강화하고 있다. 다음 |그림 3-3|은 한국 공적 전달체계 개편의 주요 내용이며 개별 내용을 자세히 살펴보고자 한다.

5 우리나라 주요 공적 전달체계 개편과정은 2020년 찾아가는 보건복지 기본계획 맞춤형 심화 컨설팅 수행 결과 보고서의 내용을 요약하였다.

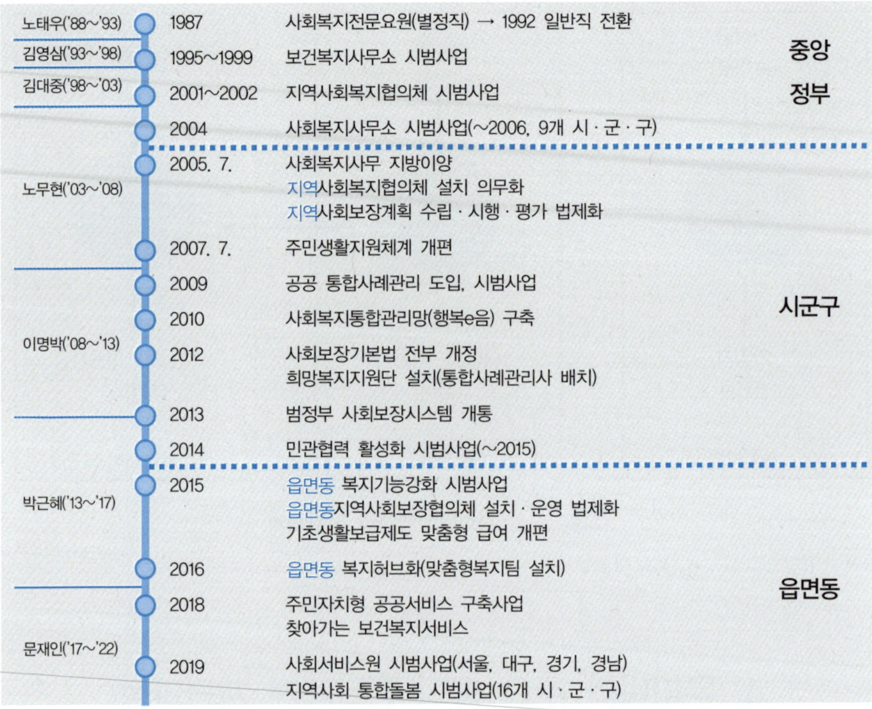

|그림 3-3| 주요 공적 사회복지전달체계 개편과정

1) 보건복지사무소 시범사업(1995~1999)

보건복지사무소 시범사업은 1995년부터 5년간 대구 달서구를 비롯한 5개 시군구를 대상으로 실시되었다. 보건복지사무소 시범사업은 중앙정부 중심의 일방적 · 수직적 전달체계의 한계를 극복하고 대상자 중심의 포괄적 서비스 제공체계를 구축하는 것을 목적으로 시군구 보건소에 사회복지담당 부서를 신설하거나 사회복지전담공무원을 배치하여 복지와 보건 서비스를 통합하고, 이를 통해 날로 증가하는 욕구에 능동적으로 대처할 수 있는 효율적인 전달체계를 구축하고자 하였다(허영숙 · 김치영, 2001). 또한 지역화 흐름에 따라 지역 단위에서 현실적 여건과 필요에 부합하는 프로그램 개발과 적용을 촉진하고, 필요한 민간 복지자원을 발굴하여 연계 · 조정하는 기능을 강화하고자 하였다(이현송, 1997).

보건복지사무소 시범사업의 초점은 통합성, 효율성, 지역성으로 요약할 수 있다. 즉, 공공서비스 조직의 통합을 통한 효율성 강화와 지역이 필요로 하는 서비스 프로그램 개발과 필요한 민간 복지자원 발굴·연계·조정이 보건복지사무소 시범사업의 핵심이었다. 그러나 일부 지역에서는 보건직과 복지직 간의 헤게모니 갈등 혹은 부서 패권주의의 부작용으로 기대했던 통합의 효과에 한계를 보였고, 관과 민의 관계에서도 민간의 역할은 공공 전달체계를 위한 보충적 협력의 역할로 인식된 경향이 더 강했던 것도 사실이다. 그럼에도 불구하고 보건복지사무소 시범사업은 보건과 복지, 그리고 관과 민의 연계 협력을 통한 수요자 중심의 통합적 서비스 제공과 이를 통한 효율성 제고, 그리고 지역 중심의 능동적 대응력을 높이기 위한 정책적 노력과 시도라는 점에서 그 의미가 매우 컸다고 할 수 있다.

2) 지역사회복지협의체 시범사업(2001~2002)

지역사회보장협의체 시범사업은 1995년 지방자치제 시행 이후 복지서비스가 지방정부 단위로 체계화되고 관리되는 환경으로 변화하였고, 행정 중심의 공공전달체계뿐 아니라 지역을 중심으로 관과 민, 민과 민의 공동협력 기반 조성의 필요성이 제기되면서 실시되었다. 이러한 배경하에 앞서 시행된 보건복지사무소 시범사업의 긍정적 효과를 확대하여 지역 중심 민-관 협력체계를 강화하기 위한 목적으로 정부는 2001년 10월부터 2002년 11월까지 전국 15개 시군구를 대상으로 지역사회복지협의체 시범사업을 시행하였다.

사업목적은 복지 관련 서비스 제공자를 중심으로 연계·협력을 도모하여 복지자원의 효율적 활용을 도모하고 서비스의 양과 질을 제고하는 것이었다(이현주 외, 2002). 지역사회복지협의체 시범사업은 지역복지문제 해결을 위한 민주적 의사소통 및 의사결정 등 지역 민관협치, 지역복지자원의 효율적 활용체계 구축을 통한 중복·누락 방지, 그리고 이를 위한 대상자 및 서비스 정보 공유체계 구축·운영 등 의미 있는 성과를 나타낸 것으로 평가되었다(이태수, 2007; 이현주, 2002). 시범사업의 성과는 그 이듬해 사회복지사업법 개정과 함께 민관협력 및 협치를 위한 제도적 기반으로 자리매김하게 되어 2003년 사회복지사업법 개정과 함께 2005년 7월부터 시군구에 설치가 의무화되었고, 지역사회복지협의체를 중심으로 4년 단위 지역사회복지계획을 수립 · 시행 · 평가하도록 하는 규정이 신설된다.

지역사회복지협의체 시범사업 역시 초점은 통합성과 효율성, 지역성에 있으며, 차이점이 있다면 보건복지사무소는 공공의 공급조직 간의 물리적 통합의 성격이 강했던 반면, 지역사회복지협의체는 공공과 민간, 민간과 민간의 연계협력을 통한 통합성과 효율성, 그리고 민주적 의사소통과 의사결정의 지역 민관협치를 시도했다는 점이라 할 수 있다. 그러나 관 주도의 형식적 운영에 머무르는 한계를 보이기도 한다(이현주, 2002; 이현주 외, 2002).

3) 사회복지사무소 시범사업(2004~2006)

사회복지사무소 시범사업은 2004년 전국 9개 시군구를 대상으로 실시하였다. 보건복지부는 시범사업의 배경을 공공복지전달체계의 비효율성과 비전문성으로 인한 급변하는 복지 수요에 대한 효과적 대처능력이 미흡하다는 판단에 중앙정부가 주관하는 국고보조 사업의 지방 이양 등에 대비한 지방정부의 자율성 및 책임성 부족, 공공과 민간 복지기관 간 정보공유 및 연계협력체계 부재로 서비스 중복 · 누락 및 사각지대 발생 등에 대한 필요를 설명하였다(보건복지부, 2004).

사회복지사무소는 공공과 민간, 민간과 민간 복지기관 간 정보공유와 연계 · 협력체계를 강화하여 공공복지전달체계의 구조적 · 기능적 한계를 극복하고, 지방정부의 복지정책 · 기획 · 지도 · 감독을 위한 전문성과 책임성을 강화함과 동시에 민간의 복지참여를 확대하여 지역중심의 체계적이고 내실 있는 서비스 전달체계를 구축하여 주민의 복지 체감도와 만족도를 향상하는 데 목적을 두었다고 할 수 있다(강혜규, 2006; 이광모 · 김호식, 2006).

사회복지사무소 시범사업이 역점을 두었던 분야는 복지상담실 및 전용 전화 설치와 전문 상담요원 배치, 통합조사팀 설치, 지역에 산재한 복지자원 개발 · 관리와 연계를 위한 서비스 연계팀 설치, 지역의 정책개발 · 추진 역량 강화를 위한 복지정책(기획)팀 설치, 지역사회복지협의체를 통한 지역 내 다양한 민간 복지기관에 대한 체계적 지원과 총괄·조정 기능 강화 등이었다(강혜규, 2006).

사회복지사무소 시범사업 역시 통합성과 효율성, 그리고 지역성을 강화하는 데 그 목적이 있었으며 보건과 복지서비스 공공행정조직의 물리적 통합보다 복지행정 관련 부서체계를 일원화하면서 보건, 고용 등 인접 분야 행정체계와의 연계·협력 강화를 통해 통합성을 강화하고자 하였다. 그리고 지역성 강화를 위해 시군구의 복지정책 기획 역량 강화, 전문성 강화, 그리고 민간 자원과의 연계·협력·조정 기능을 강화하였다는 특징을 지녔지만, 사회복지사무소 시범사업 역시 보건복지사무소 시범사업과 마찬가지로 공공주도에 의한 공적 전달체계를 강화하고 개편하는 데 정책적 관심이 집중되었다는 아쉬움도 존재한다.

4) 주민생활지원체계 개편(2006~2007)

주민생활지원체계 개편은 2006년 7월부터 1년여에 걸쳐 이루어져 규모나 내용면에서 이전과 비교하면 매우 전면적이며, 전격적인 것으로 가장 실행력 있는 개편으로 평가되었다(이태수, 2007).

주민생활지원체계 개편은 급속하게 진행되는 저출산·고령화를 비롯한 사회경제적 여건 변화로 복지 욕구와 수요가 급증하고, 그에 따라 복지 재정지출이 대폭 증가하고 있으나 국민이 체감하는 복지만족도 수준은 개선되지 않고 있다는 상황 인식에서 출발하였다. 정부는 그 원인을 주민의 일상생활과 관련된 업무와 서비스가 부서별로 복잡하게 분산적으로 제공됨으로써 고객의 다양한 욕구에 종합적으로 대응하지 못하고 있다고 판단하여 시군구 단위에서 주민의 삶의 질 향상과 관련된 8대 서비스[6]를 수요자 관점에서 필요한 사람들에게 중복·누락 없이 전달될 수 있도록 업무처리 시스템과 메커니즘을 재설계하여 One-stop 통합체계로 전환하고자 하였다(이재필, 2008). 특히 주민생활지원서비스 통합지원체계 구축은 복지수요의 양적 확대로 다양화되면서 사회복지서비스의 질적 수준 제고와 함께 저소

6 복지, 보건, 고용, 주거, 생활체육, 평생교육, 관광, 문화

득 취약계층 중심의 선별적 지원이라는 협의의 복지를 넘어 적극적 · 보편적 복지에 대한 행정의 통합적 대응능력과 체계를 갖춘다는 의미를 함께 내포하고 있었다(이재필, 2008; 이태수, 2007; 조기용 · 김재두, 2008).

사회복지의 지방화가 본격화되면서 지방자치단체의 자율성과 책임성하에 정책의 수립과 집행이 이루어질 수 있도록 지역 내 민간 자원 활용을 극대화할 수 있는 연계협력기반을 구축하고 활성화할 것으로 기대되었으나(이태수, 2007) 주민생활지원체계 개편 역시 지역 중심의 연계협력과 통합성, 효율성을 강화하고 이를 통해 서비스의 중복과 누락을 최소화하는 데 초점을 두고 있어 앞선 전달체계 개편 시범사업과 그 맥락을 같이하고 있었다. 앞선 전달체계 개편 노력과 다른 점은 행정체계를 개편하는 구속력 있는 실행력을 지니고 전국 단위로 이루어졌다는 데 있었다. 다시 말해 그동안의 전달체계 개편 시범사업의 결과를 토대로 시군구 단위의 복지행정전달체계 개편이 구체화하였다는 것이다.

다만, 한 가지 아쉬운 점은 민관협력체계 구축에 있어 지역사회복지협의체와 별도의 민관협의체 구성을 추진함으로써 유사한 기능을 가진 두 개의 민관협력체계를 초래함으로써 혼란을 불러일으켰다는 점이고, 이는 앞선 전달체계 개편 노력은 보건복지부를 중심으로 이루어졌지만, 주민생활지원체계 개편은 행정조직 개편이라는 특성으로 말미암아 행정자치부를 중심으로 이루어지면서 취지와 목적을 같이함에도 불구하고 연속성을 지니지 못하는 한계를 드러낸 것으로 판단된다.

5) 행복e음 사회보장정보시스템(2010~2013)

정부는 2010년 사회복지통합관리망을 구축 · 운영하기 시작하였다. 이는 그동안 여러 차례의 시범사업에서 사회복지 관련 정보의 통합적 공유 · 연계 체계 구축을 통한 효율적이고 투명한 관리시스템 개선의 필요성이 제기되었기 때문이고(강혜규 외, 2010), 2011년 6월 국가정책조정회의에서 사회복지통합관리망 범부처 확대 추진을 결정하고, 같은 해 12월 그 법률적 근거 마련을 위해 사회보장기본법을 개정하였다. 2단계에 걸친 고도화 및 확대 과정을 거쳐 2013년 2월부터 범정부 사회보장시스템을 운영함으로써 16개 부처 296개 복지사업에 대한 정보 연계 · 공유 체계를 완성하여 운영해 오고 있다. 보건복지부는 범정부 사회보장정보시스템의 구축배경을 다음과 같이 밝히고 있다(보건복지부, 2013).

첫째, 국민의 복지에 대한 수요와 기대가 높아짐에 따라 복지 예산이 지속해서 증가하고 복지서비스도 다양해졌으나, 부처별로 분절적으로 시행됨으로써 국민의 복지 체감도는 여전히 낮으며, 둘째, 일선 복지담당 공무원들은 각종 조사 및 행정업무로 인해 주민들을 찾아가서 필요한 서비스를 받을 수 있게 도와주지 못하는 실정이며, 마지막으로 복지 관련 전산망이 부처별 · 사업별로 구축되어 제각기 운영되고 있어 사업 간 중복 · 누락이 발생하는 등 복지 재정의 효율성에 대한 국민의 신뢰가 저하된다고 설명하였다.

한편 2016년 정부는 공공의 사회보장정보시스템과 민간의 사회복지시설정보시스템의 정보 공유 · 연계 체계 구축을 추진하였다. 이를 통해 정부 부처별 정보 공유와 연계를 넘어 공공과 민간의 정보 공유체계를 구축하여 지역 중심의 통합성을 강화하는 데 그 목적이 있다.

행복e음 사회보장정보시스템 구축은 중복과 누락의 원인이 되어온 정보 공유체계 구축을 통한 연계협력과 통합성을 강화하는 데 초점을 둔 것으로, 이를 통해 범정부 복지서비스 정보체계를 공유함으로써 공공복지행정의 중복과 누락을 최소화할 수 있는 정보시스템을 구축하였다는 데서 그 의의를 찾을 수 있다. 다만, 정보 공유체계가 공공 영역에 국한되어 이루어졌다는 점에서 한계를 지닌다.

6) 희망복지지원단 통합사례관리(2012)

2012년 4월 정부는 시군구 단위에 희망복지지원단을 설치했다. 이는 복합적 욕구를 가진 대상자에게 통합사례관리를 통해 공공과 민간의 급여 · 서비스 · 자원 등을 맞춤형으로 연계 · 제공하는 One-stop 통합서비스 제공체계로 통합사례관리, 지역 공공 · 민간 자원 관리, 긴급복지, 개별 사례관리 및 방문형 서비스 연계 체계 구축, 읍면동 주민센터의 복지업무 지도 감독 등의 기능을 수행하기 위해서이다.

이를 통해 기초 수급자 및 차상위 계층의 탈빈곤·빈곤추락 예방을 도모하고, 전체 지역주민의 다양한 복지수요에 능동적으로 대응하고자 한 것이다.[7]

희망복지지원단 통합사례관리 도입은 이전의 전달체계 개편이 주로 조직구조 측면에서 이루어져 온 것과 달리 대상자 중심의 서비스 통합성을 강화하고 자립을 지향하는 문제해결 중심의 서비스 전달체계를 구축하였다는 데서 의의를 찾을 수 있다. 즉, 기관이나 프로그램을 위주로 한 공급자 중심 관리체계로부터 개인과 가구에 초점을 맞춘 이용자 중심의 사례관리체계로 전환하였다는 데 의의가 있다(홍선미, 2016). 이를 기반으로 대상별·분야별로 분절화된 서비스 제공방식을 수요자 중심의 맞춤형 통합제공방식으로 전환하는 계기를 마련하고, 서비스의 전문성을 강화하였다는 점에서 서비스 전달체계 개편의 한 획을 그은 것으로 평가할 수 있다.

7) 맞춤형 복지전달체계 구축을 위한 읍면동 복지허브화(2013~2017)

이명박 정부는 정권 초기부터 국민 중심의 맞춤형 복지전달체계 구축을 국정과제로 삼고 추진해 왔으며, 박근혜 정부의 읍면동 복지허브화 역시 국민 중심 맞춤형 복지전달체계 구축의 연장선상에 있으며 그 초점을 시군구 단위에서 읍면동까지 확대하였다는 데서 그 의의를 찾을 수 있다. 내용을 살펴보면 다음과 같다(관계부처 합동, 2013).

개편의 목적은 국민 중심의 체감도 높은 복지전달체계 구축에 있으며, 이를 위한 세부목표와 추진전략은 다음과 같다.

첫째, One-Stop 복지행정서비스 체계 구축을 위한 전달체계 효율화 및 기능조정으로, 여기에는 부처 간 협업 및 정보공유를 위한 정보시스템 고도화, 업무 프로세스 개선, 시군구와 읍면동 간 기능조정 및 복지담당공무원 인력 확충 및 재배치 등이 포함되었다. 이를 통해 한 번의 신청으로 생애주기별 맞춤형 행정서비스를 종합적으로 제공할 수 있는 체계를 구축하고자 하였다.

둘째, 복합 욕구를 지닌 저소득 가구에 대한 통합서비스 제공체계 구축을 위해

7 보건복지부 보도자료(2012. 5. 8)

시군구 희망복지지원단의 사례관리 기능을 주민센터로 단계적으로 이관하는 것으로, 이는 범정부 사회보장정보시스템을 바탕으로 보건 · 복지 · 고용 · 주거 등 대상자의 복합적 욕구에 종합적 맞춤형 대응체계를 구축하고자 하는 것이며, 주민의 접근성과 편의성을 고려하여 주민센터를 중심으로 이루어지도록 하고자 한 것이다.

셋째, 찾아가는 서비스 활성화를 위한 각종 대상별 방문형 서비스의 연계협력 강화와 이를 바탕으로 노인 · 장애인 등 이동 제약 취약계층 가구에 대한 관리 체계화로, 이는 전달체계 및 서비스 패러다임을 공급자 중심에서 수요자, 즉 국민 중심으로 전환하려는 정책적 의도를 담고 있는 것이라 할 수 있다.

넷째, 주민 주도의 지역 사회보장 문제해결 역량을 강화하기 위한 민관협력 활성화로, 이는 공공복지의 제도적 규제와 그로 말미암은 경직성을 극복하고 복잡 · 다양해지는 국민의 복지 욕구에 탄력적으로 대응하는 한편 민–관 협력에 기반한 로컬거버넌스 체계를 구축하여 사회보장계획의 수립과 시행에 있어 지방자치단체의 자율과 책임을 강화하는 bottom–up 방식의 행정혁신을 꾀하고 있다. 이를 통해 주민의 적극적이고 주도적 참여에 의한 지역 중심의 풀뿌리 복지공동체를 확산하는 데 목적을 두고 있다.

한편 이러한 목적을 달성하기 위한 개편의 기본 방향은 공공 전달체계 기반 조성 및 정비, 민관협력 활성화, 그리고 읍면동 주민센터 기능전환 및 허브화 추진 등 세 가지를 축으로 하였다.

먼저 전달체계의 기반 조성 및 정비에는 중앙정부 부처 간, 그리고 중앙과 지방의 복지제도와 사업의 신설 · 변경 사전협의와 조정, 사회보장정보시스템을 중심으로 한 쌍방향 통합정보시스템 구축을 통해 관–관, 민–관 서비스 연계 · 의뢰 시스템 구축, 시군구와 읍면동 간 업무 · 기능 조정 및 인력 재배치 등을 포함하고 이를 위해 정부는 2013년 범정부 사회보장통합정보시스템을 구축하고 단계적으로 확대하여 공공 전달체계 내 유관기관 간 단방향 또는 양방향 정보공유 및 서비스 의뢰가 가능한 체계를 구축하였다.

이후 2016년부터 사회복지시설정보시스템과의 정보공유 및 서비스 연계 · 의뢰 체계 구축을 위한 고도화 작업을 통해 정보시스템을 통한 민 · 관 협력체계 구축을 추진하고 읍면동 맞춤형 복지팀 설치로 늘어난 인력 수요에 대비하기 위해 시군구와 읍면동 간 기능조정과 인력 확충 및 재배치를 추진하였다.

둘째, 민관협력 활성화는 공공복지의 제도적 한계와 인력 · 재정 등 자원의 한계를 극복하고, 지역주민의 주도적이고 적극적 참여를 기반으로 한 풀뿌리 지역복지 공동체 확산을 목적으로, 과거의 민관협력체계 구축을 위한 정책적 시도와 노력의 결과를 토대로 2013년부터 민관협력 우수사례 발굴, 2014년과 2015년 민관협력 활성화 시범사업 추진, 읍면동 단위 인적안전망 구축 · 강화, 2015년 7월 「사회보장급여의 이용 · 제공 및 수급권자 발굴에 관한 법률」의 시행과 함께 근린생활지역 단위 민관협력 구심체로서 읍면동 사회보장협의체 구성 · 운영을 법제화하였다.

민관협력은 이웃이 이웃을 돌보는 이웃 지지체계와 나눔 문화, 서비스 제공기관 · 단체 간 연계협력을 바탕으로 한 지역사회 보호 체계를 구축하는 데 목적이 있으며, 지역주민의 주도적이고 적극적인 참여를 토대로 지역의 자율적이고 주도적인 역할 수행을 도모하는 데 있다(보건복지부, 2017).

셋째, 읍면동 복지허브화는 읍면동 주민센터를 지역의 사회보장 현안 과제와 해결을 위한 의사결정, 자원과 정보의 공유, 연계 · 조정 · 협력 등 근린 거버넌스(김필두 외, 2008)를 위한 중심축으로 삼고자 하였다. 이를 통해 공공과 민간이 지닌 장점과 한계를 상호 보완하여 시너지 효과와 함께 국민과 지역 중심의 효율적 맞춤형 전달체계로 개편하여 복지 체감도를 높이는 것을 목적으로 하고 있다. 이러한 맥락에서 읍면동 주민센터, 특히 맞춤형 복지팀은 복지사각지대 발굴, 찾아가는 복지상담, 통합사례관리, 민관협력 및 자원개발 · 관리 등 네 가지를 핵심 기능으로 하고 있다(보건복지부, 2016; 2017).

8) 읍면동 기능혁신을 위한 주민자치형 공공서비스(2017~현재)

행정안전부의 주민자치형 공공서비스는 국가복지 강화를 위한 기반 마련과 지역중심 복지구현을 위해 읍면동 주민센터를 복지와 자치 중심으로 개편하고 읍면동의 공공서비스를 민관협력으로 기획하고 전달하는 사업으로 주민자치와 연결해 주민이 만드는 자치, 공동체가 함께 하는 복지라는 비전으로 읍면동 공공서비스를 민관이 함께 계획, 생산, 전달하는 소지역 혁신사업이다(행정안전부 · 보건복지부, 2020).

주민자치형 공공서비스의 이전 전달체계와의 차이는 자치와 복지의 결합이고, 이 중 복지 분야에서 특히 중요시하는 점은 읍면동에 건강 · 복지 기능을 강화한 것과 함께 지역력 강화에 있다. 지역력 강화는 일본의 지역포괄케어시스템의 관점에서 봤을 때 2015년 개호보험 개정을 통해 2016년 제시한 공생사회(共生社會)의 맥을 같이한다.

주민자치형 공공서비스에서 찾아가는 보건복지서비스 체계 구축 · 운영은 그동안 정부가 지속해서 추진해 온 사회복지전달체계 개편의 연장선에 있다. 다만, 앞선 정책적 노력과 다른 점은 읍면동, 나아가 마을 중심의 주민자치를 더욱 강화했다는 데 있다. 즉, 마을 중심의 공동체 가치를 회복하고, 이를 바탕으로 이웃에 대한 포용과 배려 등 공동체 돌봄을 활성화하고, 주민이 직면한 생활과제를 주민 주도의 풀뿌리 자치활동을 통해 해결해 나가도록 함으로써 자치분권과 균형발전이라는 국정목표를 실현한다는 것이다.

주민자치형 공공서비스는 행정안전부 주민복지서비스 개편 추진단에서 담당하는데 사업을 진행하는 팀으로는 주민자치팀과 보건복지팀이 있다. 여기서는 이들 사업 중 전달체계와 관련되는 찾아가는 보건복지서비스에 대해서만 논의하도록 한다.

그간의 정부의 다양한 정책적 노력과 시도에도 불구하고, 유사한 사각지대 사건 · 사고가 반복적으로 발생한 것은 관 주도적인 단기적 처방에서 비롯된 한계라 인식하고, 지역 중심의 주민자치와 이를 위한 민 · 관 협력 지원체계를 구축하여 주민 생활자치와 공동체 돌봄을 중심으로 공공서비스를 혁신할 필요로부터(행정안전부 · 보건복지부, 2020) 시작되었다.

2020년 찾아가는 보건복지서비스는 주민자치형 공공서비스 구축사업의 복지적 측면에서 통합돌봄 · 사례관리를 통한 함께 살아가는 지역 만들기를 비전으로 읍면동 찾아가는 보건복지팀 기능 확대, 시군구(읍면동) 연계협력 체계 확립, 주민력 강화, 공공서비스 인프라 확충을 목표로, 찾아가는 보건복지서비스 체계 구축 · 운영은 다음 세 가지를 그 핵심으로 한다. 첫째, 읍면동 공공서비스 플랫폼 기능 확대이다. 이는 읍면동 행정복지센터의 인력 및 조직을 개편 · 확대하는 데 있으며, 이를 통해 주민 중심의 종합상담, 수동적 신청주의에서 능동적 발굴주의로의 전환을 위한 찾아가는 보건복지상담 및 서비스 강화, 보건과 복지를 비롯한 지역주민 중심의 공공서비스 생산 · 제공 체계 구축 · 활성화를 도모하는 데 목적이 있다.

둘째, 시군구 단위의 공공서비스 연계 · 협력 지역화로 시군구 및 읍면동 행정관서를 중심으로 부서 간 연계협력을 통해 서비스의 중복 · 누락을 최소화하고, 주민생활 과제에서 발굴된 필요한 공공서비스의 생산 · 제공을 위한 관–관, 관–민, 민–민 간의 연계협력 체계를 구축하며, 이를 바탕으로 관련 주체가 함께 공유하는 찾아가는 보건복지서비스 기본계획을 수립 · 시행 · 평가하도록 하고 있다.

셋째, 시군구, 읍면동, 나아가 마을 단위의 계획 수립 · 시행 · 평가가 풀뿌리 주민자치를 기반으로 이루어지기 위해서는 강화된 주민력을 기반으로 물리적 공간을 비롯한 정보의 공유와 소통, 교육 등을 아우르는 소통기반 확충 및 소통체계 구축 · 운영 활성화, 마을복지계획 수립 · 시행 · 평가 강화, 그리고 이를 위한 시군구 단위의 지원체계 구축 등이 핵심 내용이다.

5. 민간 사회(복지)서비스 전달체계와 과제

사회복지서비스 중 공식적으로 조직된 활동주체로서의 전달주체 또는 운영주체는 정부의 공적 전달체계 이외에도 사적 사회복지전달체계가 있다. 역사적으로 보면 현대 사회복지는 국가의 제도적 조직에 의한 활동이 주된 활동이지만 과거에는 많은 국가에서 사적 사회복지전달체계에 의한 활동이 주축을 이루었다. 사적 전달체계는 사회복지법인(사회복지시설)을 비롯하여 기업의 복지재단, 종교기관, 시민사회단체 등을 포함한다.

특히 한국은 해방 이후 외연기관이나 사회사업가의 재산을 기반한 복지시설이 주를 이루어서 민간 사회복지서비스 전달체계가 강한 편이다. 그러나 최근 들어 국가의 복지 책임이 강조되는 분위기로 공적 전달체계를 강화하고 있다. 그런데도 사적 사회복지전달체계가 필요한 이유는 정부가 제공할 수 없는 서비스를 제공하고 선도적 서비스를 개발하고 보급하여 제도화한다는 점과 동일한 종류의 서비스에 대한 선택의 기회를 제공한다는 점 그리고 논란의 여지는 있지만, 사회복지비용을 절약한다는 점 등이다.

하지만 민간 사회(복지)서비스 전달체계의 과제는 전문인력에 대한 인적자원의 관리가 필요하다. 물론 민간 전달체계의 열악한 환경적 측면을 고려하더라도 많은 사회복지시설 등에 종사하는 종사자의 보수와 처우(지역 및 영역에 따라 다름), 극소수만 승진하는 시스템은 개선되어야 할 것이다.

앞서 말한 금전적 처우뿐 아니라 열악한 근무환경(휴식 및 편의시설 부족 등)에도 개선이 필요하다. 사회(복지)서비스의 특성이 대면 서비스이고 종사자의 근로환경은 서비스 질에 밀접한 관계가 있으므로 근무와 관련한 환경은 중요하다.

민간 사회(복지)서비스 전달체계의 대다수 기관이 정부 보조금에 의존하는 경우가 많아 행정체계로부터 지시, 감독, 지원을 의식하여 클라이언트에 대한 서비스보다 지방자치단체의 관계에 관심을 두어 운영에서도 소극적인 경우가 많다. 이러한 태도는 민간이 가지는 장점인 자율성, 전문성, 창의성을 상실하게 되는 요인으로 작용한다. 따라서 사회적경제 방식을 통한 수익사업 등과 같이 스스로 경쟁력을 갖추어야 할 것이다.

Chapter summary

사회복지행정에서 전달체계는 복지정책에서 주어지는 여러 가지 재화나 서비스를 수급권자에게 전하는 체계를 의미한다. 전달체계 유형은 구조 · 기능적 성격에 따라 사회(복지)서비스의 전달자와 수요자의 범위를 넘어 집행체계와 서비스 전달을 기획 · 지시 · 지원 및 관리하는 행정체계로 구분하는 방식과 운영주체 차원에서 전달체계를 누가 운영하느냐에 따라 공적 전달체계와 사적(민간) 전달체계로 구분할 수 있다. 공적 전달체계는 정부(중앙정부 및 지방자치단체)나 공공기관이 직접 관리하고 운영하는 것을 의미하며, 사적 전달체계는 사회복지조직이나 개인 등이 직접서비스 등을 제공하는 것을 의미한다. 그리고 최근 들어 지역사회관점에서 수요와 공급이 반영된 네트워크별 혹은 종류별 전달체계 유형도 포함된다.

사회(복지)서비스 전달체계의 구성요소는 배분(allocation), 급여제공(provision), 전달(delivery), 재정(finance)의 네 가지이며, 전문성, 적절성, 포괄성, 지속성, 통합성, 평등성, 책임성, 접근용이성의 원칙을 통해 효율적인 전달을 추구하고 있다.

한국의 공적 전달체계는 1995년 본격적인 지방자치제도가 부활하면서 중앙정부 중심에서 2005년 사회복지 사무 지방 이양이 시행되면서 본격적으로 지방자치단체(시군구) 중심으로 개편되었다. 국가복지의 강화 분위기 속 공적 전달체계를 개편하는 과정에서도 사적(민간) 전달체계가 필요한 이유는 정부가 제공할 수 없는 서비스를 제공하고 선도적 서비스를 개발하고 보급하여 제도화한다는 점과 동일한 종류의 서비스에 대한 선택의 기회를 제공한다는 점 그리고 논란의 여지는 있지만, 사회복지비용을 절약한다는 점 등이다.

Case study

문재인 정부가 들어서면서 읍면동에 복지와 자치의 기능을 강화하는 정책인 주민자치형 공공서비스를 실시하고 있다. 이 중 복지 분야 사업인 찾아가는 보건복지서비스는 읍면동 공공서비스 플랫폼 기능 확대, 시군구 공공서비스 연계 및 협력 지역화, 주민력 강화지원이라는 3대 전략을 가지고 있다. 첫 번째 전략에서 찾아가는 보건복지팀 인프라 확대는 읍면동에 보건 · 복지 별도 팀인 맞춤형 복지팀(찾아가는 보건복지팀)에 사회복지직 공무원 3명,

간호직 공무원 1명을 배치하는 것을 의미한다. 보건복지부에 따르면, 2020년 기준 전국 3,194곳에 전담팀(맞춤형 복지팀)이 설치되어 91.6%에 달하며, 서울, 광주, 대구, 대전은 100% 설치되었다고 한다.

그러나 실제 현장을 자세히 살펴보면, 일부 지방자치단체에서는 재정 등 여건이 되지 않아 '겸직 형태'로 전담팀을 구성하거나 시간제 공무원을 배치하는 등 여러 가지 편법이 이루어지고 있다. 또한 대다수 지방자치단체가 신입 공무원을 읍면동 현장에 배치함으로써 전문성 부족에 대한 문제가 두드러지고 있다.

또한 과거와 달리 복지의 영역이 고용, 주거, 금융서비스 등으로 확대되는 과정에 있고 읍면동에서 이러한 공공서비스를 위한 종합상담 창구 역할까지 부여되므로 현장에서는 많은 어려움도 호소하고 있다. 하지만 중앙정부가 읍면동 종합상담 창구 역할을 제시한 것은 한 명의 담당 공무원이 그 업무를 하라고 한 것이 아니라 읍면동 전체가 그 역할을 해야 한다는 의미이다. 이를 위해 모 지방자치단체에서는 금융서비스와 같은 복지직 공무원이 상담하기 어려운 공공서비스에 대해 금융전문가 한 명이 여러 읍면동에 일정한 시간에 방문하여 서비스를 제공하는 등 다양한 노력을 시도하고 있다.

주민자치형 공공서비스가 성공하기 위해서는 전적으로 변화하는 보건 · 복지전달체계에 대한 읍면동장의 이해가 필요하며, 지방자치단체 공무원들이 복지대상자를 취약계층만으로 보는 인식의 변화가 필연적이다.

토론주제

1. 행정학의 공공서비스 전달방식과 사회(복지)서비스 전달체계와의 차이를 논의하시오.
2. 다양한 사회복지전달체계의 원칙 중 본인이 생각하기에 중요하다고 생각되는 원칙 3개를 선정하고 그 이유를 토론하시오.
3. 공적 전달체계와 사적 전달체계의 장단점을 가지고 한국 사회복지의 역사적 진행과정 속에서 논의하시오.
4. 한국 공적 전달체계 개편과 관련해서 고려되어야 할 사항에 대해 논의하시오.

❙ 참고문헌 ❙

강혜규(2006). 사회복지사무소 시범사업에 대한 기대. **월간 복지동향**, 77, 27-29.

강혜규 · 최연수 · 안혜영 · 원종욱 · 정영철 · 박세경 · 박소현 · 정세정(2010). 사회복지통합관리망 운영 성과 연구. 보건복지부 · 한국보건사회연구원.

관계부처합동(2013). 국민 중심의 맞춤형 복지전달체계 구축방안.

김필두 · 권오철 · 이태수 · 안혜영 · 임창모(2008). 시군구 유형별 민관협력체계 실태 및 발전모형에 관한 연구. 기획예산처 · 한국지방행정연구원.

김현진 · 이순희 · 유옥현 · 김학실(2017). **사회복지행정론**. 경기 : 양서원.

보건복지부(2004). 사회복지사무소 시범사업 기본계획.

_________(2013). 사회보장정보시스템 활용안내 : 범정부 복지정보통합시스템.

_________(2016). 국민 중심 맞춤형 복지를 위한 읍면동 맞춤형복지팀 업무 매뉴얼.

_________(2017). 읍면동 맞춤형 복지 업무 매뉴얼.

성규탁(2003). **사회복지행정론**. 경기 : 법문사.

오단이 · 김지영 · 박종철 · 황정하(2020). 2020년 찾아가는 보건복지 기본계획 맞춤형 심화컨설팅 수행 결과보고서.

이광모 · 김호식(2006). 지역 공공복지서비스 전달체계 연구 : 춘천시 시범사회복지사무소를 중심으로. **한국행정과 정책연구**, 4(2), 99-121.

이재필(2008). 주민생활지원 서비스체계 다시 개편해야. 대구경북연구원. **대경 CEO Briefing**(165).

이태수(2007). 주민생활서비스 지원체계의 혁신. 한국행정학회 학술발표논문집, 753-766.

이현송(1997). 보건복지사무소 시범사업의 실시 및 추진배경. 한국보건교육 · 건강증진학회 학술대회 발표논문집, 15-21.

이현주(2002). 지역사회복지협의체 시범사업 : 지역사회복지 전달체계의 대안모색, **월간 복지동향**, 44, 46-51.

이현주 · 강혜규 · 석재은 · 선우덕 · 김성한 · 백종만 · 손광훈 · 송정부 · 조소영 · 함철호 · 노언정 · 송연경(2002). 지역사회복지협의체 시범사업 평가와 모형 개발. 보건복지부 · 한국보건사회연구원.

조기용 · 김재두(2008). 행정개편에 따른 주민생활지원서비스 발전방안에 관한 연구. **공공정책과 국정관리**, 2(1), 21-45.

조흥식(2008). **인간생활과 사회복지**. 서울 : 학지사.

천정웅 · 김용환 · 김승돈(2015). **사회복지행정론**. 서울 : 신정.

최성재 · 남기민(2015). **사회복지행정론**. 경기 : 나남출판.

행정안전부 · 보건복지부(2020). 2020년 주민자치형 공공서비스 구축사업, 찾아가는 보건복지 서비스 매뉴얼.

허영숙 · 김치영(2001). 집행기관으로서의 시범보건복지사무소 한계에 관한 고찰. **동부산대학 논문집**, 20, 389-411.

홍선미(2016). 읍면동 단위에서의 지역사회보장협의체와 지역사회복지협의회의 기능과 과제. 한국지역사회복지학회 춘계학술대회 자료집, 75-96.

황성철 · 정무성 · 강철희 · 최재성(2020). **사회복지행정론**(제4판). 서울 : 정민사.

황진수 · 나종문(2010). **사회복지행정론**. 경기 : 양서원.

Friedlander, W., & Apte, R.(1974). *Introduction to Social Welfare*. Englewood Cliffs, NJ : Prentice-Hall.

Gates, B. L.(1980). *Social Program Administration : The Implementation of Social Policy*. Englewood Cliffs, NJ : Prentice-Hall.

Gilbert, N., & Specht, H.(1977). *Planning for Social Welfare*. Englewood Cliffs, NJ : Prentice-Hall.

02 PART

사회복지조직의 운영

CHAPTER 04

사회복지조직의 미션관리

신입으로 입사한 초보 사회복지사가 선배에게 질문하였다. “우리 복지관의 존재 이유가 뭐예요?” 선임 사회복지사는 갑작스러운 질문에 당황하여 “우리 복지관은 지역사회 장애인들을 대상으로 ○○○○○을 지원하고, 대상자들의 일상생활 지원과 지역사회 적응 ○○○○과 봉사정신으로 지역공동체 ○○○○을 위해 노력하지”라고 장황하게 답변을 하였다. 선임 사회복지사는 신입 사회복지사에게 장황하게 답변을 하고, ‘정말 우리 복지관의 존재 이유가 뭐지?’라는 생각을 하게 되었다.

모든 조직은 존재 이유가 있다. 조직은 일정한 목적을 달성하기 위한 수단으로 만들어지고, 조직의 다양한 구성요소의 상호작용을 통하여 성과를 창출하게 된다. 그리고 조직의 미션은 조직 목적을 달성하기 위해 다양한 전략을 요구하고, 조직의 구성원에게 일관된 방향성을 제시한다. 즉, 목적지가 없는 배는 망망대해에서 고립되는 것처럼 조직의 미션과 비전은 조직을 견인하고 지탱하는 근본적인 역할을 하고 있다.

특히 사회복지조직을 포함하는 비영리조직의 모든 활동은 미션을 기반으로 해야 한다. 비영리조직은 분명한 조직의 존재 이유를 가지고 태어나고 운영된다. 따라서 비영리조직의 미션은 조직 행동의 핵심 가치이며 조직의 미래를 위한 원동력이 되는 지향점을 제시한다. 사회복지조직은 영리 추구의 목적이 아닌 사회적 가치를 실현하기 위한 미션을 가지고 있다. 하지만 현장에서 근무하고 있는 사회복지사에게 조직이 “존재하는 이유가 무엇인지 아시나요?”라고 질문하면 쉽게 대답하지 못하는 경우가 많다. 최근에 많은 사회복지조직을 포함한 비영리조직들은 미션에 대한 중요성을 인식하고 자체적인 미션을 설정하고 있다. 따라서 이 장에서는 사회복지조직에 필요한 미션의 의미와 역할에 대하여 살펴볼 것이다. 아울러 미션의 설립과정과 미션을 기반한 조직관리의 중요성에 대하여 논의할 예정이다.

1. 미션 및 비전의 정의와 역할

우리에게 잘 알려진 벽돌공 이야기가 있다. 세 명의 벽돌공이 열심히 작업하고 있었다. "무엇을 하고 있습니까?"라는 질문에 첫 번째 벽돌공은 "벽돌을 쌓고 있어요"라고 대답했다. 그리고 두 번째 벽돌공은 "돈을 벌기 위해 일하고 있소"라고 대답했다. 그런데 세 번째 벽돌공은 "나는 지금 세계 최대의 성당을 짓고 있어요"라고 대답했다고 한다. 첫 번째 벽돌공은 어떠한 목표도 없이 단순히 기계처럼 자기 일을 수행하고 있었으며, 두 번째 벽돌공은 돈을 번다는 자신의 목표는 있었지만, 자신의 하는 일의 가치가 무엇인지, 무엇을 위해 일하는지에 대한 이해가 전혀 없었다. 그러나 세 번째 벽돌공은 자신이 하는 일이 무엇을 위한 일인지 이해하고 있었으며, 스스로 일에 대한 자긍심을 가지고 동기부여를 통해 적극적으로 일에 몰두하고 있었다. 아마도 세 번째 벽돌공은 단순하게 벽돌을 쌓는 것이 아니라, 지금의 행위가 어떤 결과를 낳을지를 고민하면서 더 나은 방법을 찾아 책임감 있게 자기 일을 완수할 것이다. 따라서 세 번째 벽돌공은 멋진 성전 건축이라는 명확한 미션과 비전이 있었기에 일에 스스로 전념할 수 있음을 말한다.

〈표 4-1〉 미션(mission)의 예시

회사명	미 션
국세청	공정 투명한 세법 집행으로 성실납세 지원, 국민경제 기여
중소기업청	중소기업의 혁신역량과 국제 경쟁력 강화를 통해 '일자리 창출'과 '지속적인 성장'에 기여
국방부	국가를 보위하고 세계평화에 기여
맥킨지	기업과 정부의 성공을 위한 도움 제공

3M	미해결된 문제의 혁신적 해결
나이키	경쟁, 승리, 경쟁자를 압도하는 감정을 경험하게 함
월트디즈니	사람들을 행복하게 만듦
기아대책	하나님께서는 우리를 부르셨고, 우리는 세상의 영적, 육체적 굶주림이 종식되는 때까지 그 부르심에 응답하였다.
굿네이버스	굿네이버스는 굶주림 없는 세상, 더불어 사는 세상을 만들기 위해 존재한다. 굿네이버스는 빈곤과 재난과 억압으로 고통받는 이웃의 인권을 존중하며 그들이 희망을 갖도록 북돋우어 자립적 삶을 살아갈 수 있도록 돕는다.

미션은 조직이 존재하는 이유 및 목적을 말한다. 사회복지조직이 사회에 존재하는 이유나 목적이 무엇이고, 무슨 사회문제를 해결하여 사회적 가치를 창출할 것인지에 대한 이유를 말한다. 조직의 미션을 잘 설정하면 조직구성원의 자부심, 충성심, 몰입도를 높여서 조직의 성과를 높일 수 있다. 또한 조직의 미션을 기반하여 이를 달성하기 위해 일정한 방향으로 전략을 수립할 수 있다. 예를 들어, 〈표 4-1〉과 같이 기아대책의 미션은 "하나님께서는 우리를 부르셨고, 우리는 세상의 영적, 육체적 굶주림이 종식되는 때까지 그 부르심에 응답하였다"이다.

한편 비전은 미래에 사회복지조직이 되고 싶은 바람직한 이미지라고 말한다. 비전은 미션을 달성함으로써 만들어 가는 조직의 미래의 모습이라고 정의하고 있는 것으로 생각하면 된다. 예를 들어, 기아대책의 비전은 "기아대책이 꿈꾸는 미래는 굶주림을 겪는 모든 아이들과 가정, 공동체가 회복되어 또 다른 공동체를 돕는 것입니다"로 표현하고 있다.

개인뿐만 아니라 집단, 조직, 국가 등 모든 체계는 미션을 가지고 있다. 사회복지조직도 존재의 이유인 미션을 달성하기 위해 지속적으로 활동하고 있다. 하지만 사회복지조직에서 미션과 비전이 없어도 프로그램을 기획하고 이를 토대로 지속적으로 사회서비스를 제공하는 사례가 많이 있다. 그럼 왜 사회복지조직에 미션과 비전이 필요한 것일까? 앞에서 소개한 벽돌공의 예와 같이 미션과 비전이 없이도 다양한 서비스를 제공할 수 있다. 다만, 미션과 비전은 사회복지조직의 서비스에 영향을 끼치고, 사회복지 전략을 수립하는 방향성을 제공하는 역할을 하므로 매우 중요하다. 따라서 사회복지조직 활동의 근거에 최상위층에는 미션과 비전이 존재하는 것이다. 이를 토대로 다양한 복지 프로그램과 사회서비스들이 기획되고 운영되고 있다.

미션과 비전은 사회복지조직에 조직 활동의 방향성을 제시하여 준다. 그리고 이 사회, 직원을 포함한 다양한 이해관계자들에게 동기를 부여하고 자긍심을 갖도록 하는 원동력이 된다. 또한 기부자들도 사회복지조직의 미션과 비전을 통하여 미래 조직의 바람직한 모습에 더 많은 투자를 하게 되는 것이다. 그리고 미션은 행정가의 의사결정에 기반을 제공하고, 조직구성원이나 자원봉사자들의 사기를 북돋우며, 동기를 부여하는 역할을 제공한다. 또한 사회복지조직을 둘러싼 다양한 이해관계자들에게 조직의 가치를 전달하는 기능을 수행하고 있다. 다음 〈표 4-2〉는 사회복지조직의 미션이 가지는 역할을 정리한 것이다.

〈표 4-2〉 사회복지조직에서 미션의 역할

- 조직의 활동 방향과 의사결정에 기본적인 지침을 제공한다.
- 조직구성원과 자원봉사자들에게 조직의 가치를 인식하게 함으로써 사기진작과 동기부여를 촉발한다.
- 기부자 및 후원자 등 이해관계자들에게 조직에 대한 정보와 철학을 전달한다.

출처 : 최상미 외(2020). 사회복지행정론, p. 105.

2. 미션과 비전의 관계

미션은 사회복지조직이 존재하는 이유이다. 대부분 미션은 조직의 가치를 표현하는 것으로 추상적인 개념을 가진다. 이러한 추상적인 미션은 비전을 통해 구체화된다. 그리고 미션은 조직이 존속하는 동안 좀처럼 변하지 않은 성격을 가지고 있으나, 비전은 이루고자 하는 것이 성취되면 변할 수 있는 성질을 가지고 있다.

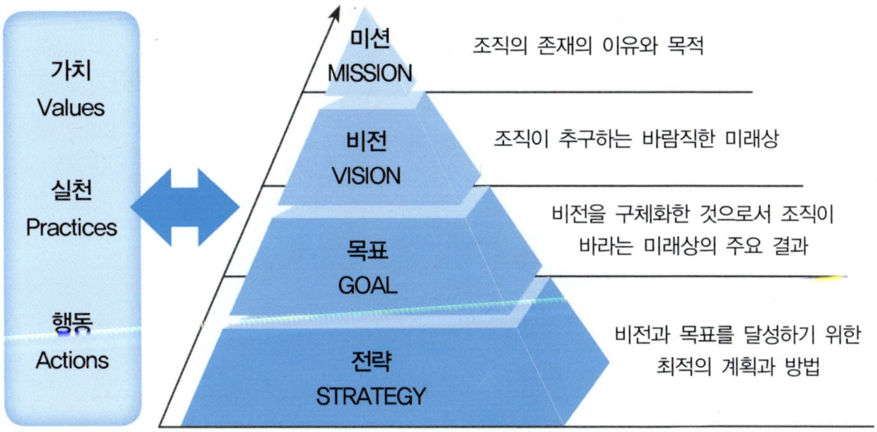

|그림 4-1| 미션과 비전의 관계도

출처 : 서울복지재단(2008). 성공하는 사회복지시설의 경영실무도움서 시리즈 I 재구성.

미션과 비전의 관계를 규정할 때 일부 학자들은 비전의 주제를 경영철학의 관점으로 큰 비중을 두어 미션보다 상위의 개념으로 정의하는 경우도 있으나, 일반적으로 비전은 미션의 하위체계로서 조직구성원의 행동을 유도함으로써 조직의 미래의 바람직한 모습을 담고 있다. 따라서 본 장에서도 미션을 비전의 상위개념으로 정의하고자 한다.

미션은 조직의 존재 이유이자 추구하는 가치를 말한다. 그리고 조직 활동의 범위를 결정해 주는 역할을 수행한다. 또한 조직의 지속적인 활동에 동기부여의 역할과 조직 내 의사결정에 대한 판단기준을 제공한다. 이러한 미션을 구체적으로 실현하고자 하는 것이 비전이다. 비전은 미션을 반영해야 한다. 조직이 달성하고자 하는 바를 구체적으로 표현하고 조직이 목표 달성을 위해 혁신하고 개선해야 하는 것을 구체화한다. 그리고 조직구성원에게 구체적인 과업의 수립을 위한 이정표를 제공하는 역할을 수행한다.

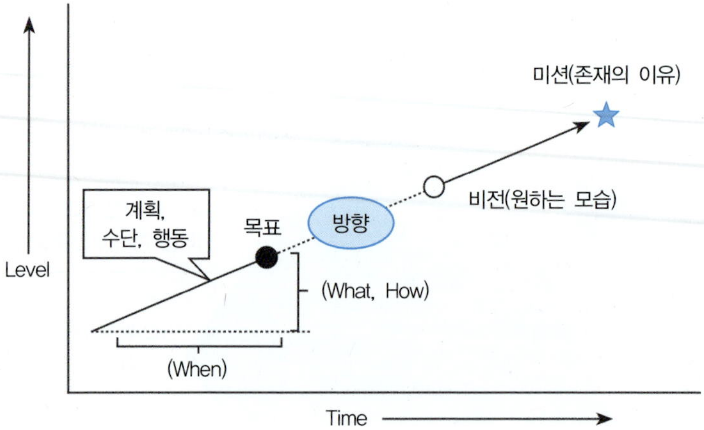

|그림 4-2| 미션 추구의 모습

일본의 속담에는 "행동이 없는 비전은 공상이고, 비전이 없는 행동은 악몽이다"라는 말이 있다. 그만큼 미션, 비전, 행동은 상호 연관성을 가지고 있다. |그림 4-1|은 미션과 비전의 관계도를 나타낸다. 조직의 미션과 비전이 설정되고 나면 비전을 구체화하여 목표를 설정하게 된다. 목표는 구체적으로 조직이 미래에 얻고 싶은 주요한 결과물을 말한다. 그리고 이러한 목표를 효과적으로 달성하기 위해 최적의 계획과 방법을 포함하는 전략을 수립하게 된다.

사회복지조직을 포함하는 모든 조직은 이러한 미션과 비전의 체계를 포함하는 목표와 전략을 수립하는 것이 필요하다. 궁극적으로 조직이 추구하는 미션을 달성하기 위해서는 미래의 바람직한 모습인 비전이 필요하고 이를 달성하기 위한 목표 설정이 필요하다. 또한 목표 달성을 위한 구체적인 행동 전략이 필요한 것이다.

|그림 4-2|는 미션 달성을 위한 미션과 비전, 목표, 전략의 전체 미션 추구의 모습을 나타내고 있다. 따라서 조직은 목표 달성을 위한 구체적인 전략을 수립하는데, 무엇을, 어느 정도, 언제까지 달성할 것인지에 대한 구체적인 계획과 행동을 포함하도록 해야 한다. 따라서 목표는 목적을 달성하는 구체적인 방법으로 S.M.A.R.T하게 설정하라고 한다. 즉, 구체적이며(Specific), 측정할 수 있고(Measurable), 달성할 수 있으며(Achievable), 현실적이고(Realistic), 기간이 설정(Time-based)되어 기술되어야 한다.

사회복지조직의 미션은 설립의 근거나 철학을 기반으로 만들어지고, 이를 달성하기 위한 미래의 모습을 비전으로 설정한다. 그리고 비전을 달성하기 위한 구체적인 목표를 설정하고, 목표마다 구체적인 프로그램 실천전략을 만들어 시행하게 된다. 이렇게 미션과 비전, 목표, 전략이 일치하여 한 방향으로 계획하고, 이행하였을 때 조직이 추구하는 근본적인 사회적 가치를 창출할 수 있을 것이다.

3. 미션과 비전의 선언문 및 구성요소

1) 미션과 비전 선언문의 의미

조직의 미션은 문장의 형태로 제시되거나 선언된다. 이러한 형태를 미션 선언문(mission statement)이라고 한다. 미션 선언문은 보통 사명선언서, 사명선언문, 임무선언문 등으로 불린다. 미션 선언문은 조직의 신념과 가치를 포함하는 필수적인 단어로 구성된다. 이는 짧고 간결해야 한다. 그러나 미션 선언문은 사람들의 관심을 끌고, 그들의 지지를 얻을 만한 분명하고 힘 있는 형태로 기술되어야 한다.

Seltzer, M.(2001)에 따르면 조직의 미션과 비전 선언문은 몇 가지 중요한 의미를 말하고 있다. 첫째, 조직의 설립과 지속성장을 위해 매우 필수적이다. 둘째, 단지 조직의 이미지와 프로그램을 투영하는 것을 넘어서 다른 조직과의 차별성을 나타낸다. 셋째, 조직의 의사결정과 조직구성원들의 업무를 수행하고 전략을 수립하는 데 매우 효과적인 도구로 장기적인 방향성을 제시한다. 넷째, 조직 내에서 공유된 가치와 기대를 촉진하는 역할을 수행한다. 다섯째, 조직이 지지받고 싶어 하는 가치 있는 목표에 조직의 헌신과 의도를 표현한다.

작은 조직들은 미션과 비전을 명확히 기술하지 않는 경우가 많다. 또한 사회복지조직에서도 미션과 비전에 대한 명확한 기술이 없이 운영 목적이나 종교적 신념만을 부각하여 본래 조직의 존재 이유와 바람직한 미래의 모습을 표현하지 못하는 경우가 있다. 따라서 사회복지조직의 정관에 사업목적과 제공하는 서비스에 부합하는 명확하고 간결한 미션 및 비전 선언문의 개발을 통해 조직 활동의 방향성을 분명히 제시하고, 사회복지조직의 다양한 이해관계자들의 이해와 지지를 끌어내는 것이 필요하다.

2) 미션 선언문의 구성요소

미션은 조직의 가치와 철학을 담고 있다. 효과적인 미션을 만들기 위해서는 어떤 내용을 담을 것인지에 대한 고민이 필요하다. 미션은 조직의 목적, 가치, 기준, 전략을 규정하고 있어야 한다. 이를 통하여 조직구성원들의 변화를 이끌고, 업무수행에 동기를 부여해야 한다. 그리고 누구나 쉽게 이해하고, 장기적이고 안정적인 속성을 가지고 있어야 한다.

효과적인 미션을 만들기 위해서는 다음과 같은 질문에 대한 대답이 필요하다. 따라서 비영리조직의 미션은 무엇(what), 누가(who), 어떻게(how)가 포함되어야 한다(Thompson & Strickland, 2001).

- 첫째(what), 우리 조직이 존재하는 이유는 무엇인가?
- 둘째(who), 우리 조직은 누구를 위해 존재하는가?
- 셋째(how), 우리는 무엇을 제공하기 위해 존재하는가?

첫째, 우리 조직이 존재하는 이유는 무엇인가?는 조직이 추구하는 주요한 목적에 대한 질문을 의미한다. 사회복지서비스를 이용하는 사람들이 진정으로 원하는 것이 무엇인가에 대한 의미를 내포해야 한다.

둘째, 우리 조직은 누구를 위해 존재하는가?는 사회복지서비스를 이용하는 주요 고객에 대한 질문이다. 결국 사회복지조직에서 누구를 만족시켜야 할 것인가에 대한 의미를 내포해야 한다.

셋째, 우리는 무엇을 제공하기 위해 존재하는가?는 제공되는 핵심 서비스에 대한 질문을 말한다. 사회복지조직의 활동, 기술 그리고 이용자에게 전달하고 싶은 가치와 원하는 것을 어떻게 할 것인가에 대한 방법을 포함하고 있다.

그리고 이러한 미션은 고객에게 제공할 수 있는 기능가치, 사용가치, 정서가치를 제공하는 것이 필요하다. 미션의 기능가치는 사회복지조직이 제공하는 서비스의 물리적인 속성을 표현하는 것이다. 그러나 사회복지조직은 이러한 서비스를 통하여 고객이 어떠한 혜택을 누릴 수 있는지를 부각해야 한다. 이것이 정서가치에 의한 미션이다. 〈표 4-3〉은 미션의 기능가치와 정서가치를 나타내고 있다. 이와 함께, 사회복지조직의 미션은 제공하는 서비스를 통해 지역주민이나 이용자의 가치관이나 생활까지도 변화시키는 정서가치를 포함해야 한다(경기복지재단, 2011).

〈표 4-3〉 미션의 기능가치와 정서가치 비교

조직형태	기능가치	정서가치
복사기	우리는 복사기를 만든다.	우리는 사무생산성 향상을 돕는다.
에어컨	우리는 에어컨과 보일러를 만든다.	우리는 가정의 기후조절을 돕는다.
복지관	우리는 재가복지서비스를 제공한다.	우리는 재가복지서비스를 제공하여 이용자들이 편안한 일상생활을 누리도록 한다.

3) 비전 선언문 구성요소

비전 선언문(vision statement)은 조직이 미래에 달성하고 싶은 바람직한 모습이다. 비전 선언문은 미션 선언문(mission statement)을 기반으로 설정된다. 이를 위해서는 조직의 현재의 모습을 진단하고 미래에 우리 조직의 모습을 구체적으로 설정해야 한다. 그리고 미래 환경의 변화를 예측하고 조직에 영향을 미칠 수 있는 다양한 외부환경의 요인들을 파악해야 한다. 또한 조직에 영향을 미치는 다양한 이해관계자를 이해하는 것이 필요하다.

비전을 구성하는 요소에 대하여는 조직마다 다소 차이가 있지만, 전체적으로 조직 의지, 내부환경 분석, 외부환경 분석, 벤치마킹의 과정을 포함한다.

먼저, 조직 의지는 조직 설립의 목적과 관련하여 조직에서 하고 싶은 일, 해야 할 일을 말한다. 여기에는 조직을 창업한 창업자의 의지와 조직구성원의 의지와 희망을 포함한다.

둘째, 벤치마킹은 해외 및 국내 선진조직의 성공사례를 통하여 비전을 종합적으로 조정하는 것이다.

셋째, 내부환경 분석은 조직의 현재에 경쟁 위치를 파악하고, 조직의 경영성과, 재무환경, 핵심 역량을 고려하여 달성 가능한 비전을 설정해야 한다.

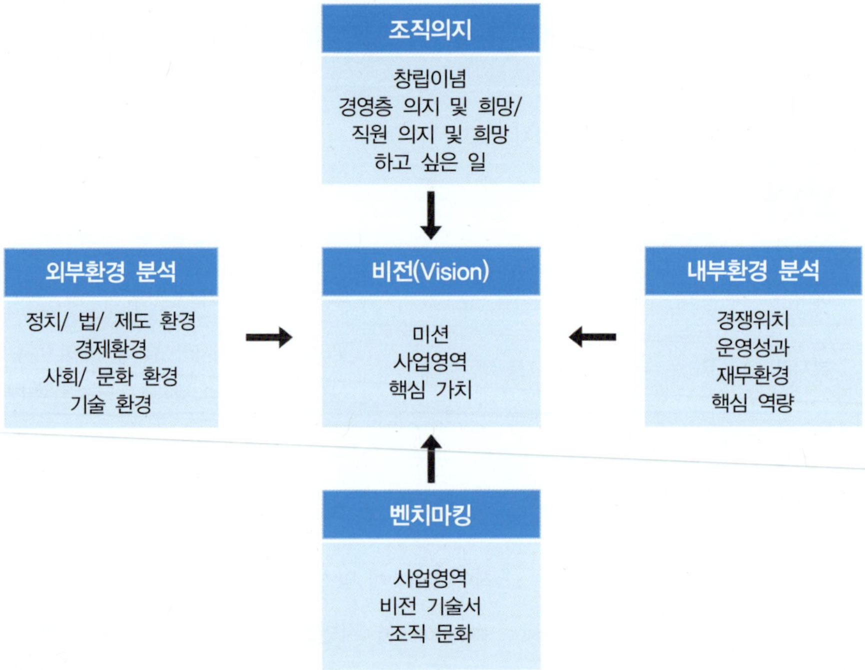

|그림 4-3| 비전의 구성요소

출처 : 김동철 외(2008) 재구성.

넷째, 외부환경 분석은 조직에 영향을 주는 거시환경, 과업환경 등의 변화가 조직 비전에 반영되지 못할 때에 영향을 받게 됨에 따라, 이에 대한 외부환경을 고려해야 한다(김동철 외, 2008).

한편 비전의 내용적 구성요소는 미래지향성, 우수성 그리고 핵심 가치를 반영해야 한다(민 진 외 2016).

첫째, 비전은 현재보다 미래를 지향한다. 우리 조직이 어떤 사업을 하고 있는지에 대한 고민과 장래의 사업에 대한 방향을 제시하고, 새로운 신규 사업을 포함할 수 있다.

둘째, 비전은 비교 대상을 설정하여 동종 분야의 '최고', '제일', '우수' 등의 용어를 사용한다. 이러한 우수성은 구체적인 방향과 전략을 설정하는 데 유용하다. 예를 들어, "20~30년 후에 복지 분야에 최고가 되자"라는 비전보다는 그렇게 머지않은 시간 뒤에 복지관의 모습을 비전으로 제시하는 것이 필요하다

셋째, 비전은 핵심 가치를 반영한다. 조직의 설립 목적이나 창업자의 가치관에 따라 특유한 가치를 내포하고 있어야 한다. 비전은 미션을 통하여 설정된다. 따라서 조직이 추구하는 핵심 가치를 잘 반영하도록 설정하는 것이 중요하다.

넷째, 비전은 선언문의 형태로 기술되어야 하고, 몇 마디 단어로 표현되어 조직구성원 간의 소통 가능성을 고려해야 한다. 또한 조직구성원들의 공감을 얻어 의사소통에 무리가 없어야 한다.

마지막으로 비전과 연결된 목표, 세부추진전략을 명확히 하는 것도 매우 중요하다.

1999년 세계 초일류 기업 GE의 Jack Welch 회장의 한국 방문 당시, 한 기자가 "세계에서 가장 존경받는 기업의 존경받는 경영자로 선정된 비결이 무엇인가요?"라고 질문했다. Jack Welch는 "내가 어디로 가는지 알고 있고, GE의 전 구성원은 내가 어디로 가는지를 알고 있습니다"라고 말했다고 한다. 이것은 모든 조직의 구성원들이 조직의 미래 비전을 공유하고, 이를 달성하기 위해 조직의 역량을 극대화하고 있음을 시사하는 것이다.

4) 미션 및 비전 선언문 작성방법

미션 및 비전 선언문은 조직의 존재 이유, 미래에 달성하고 싶은 모습, 전반적인 목표, 조직 운영 목표(제공하는 제품과 서비스가 무엇이고, 주요한 고객과 시장, 운영되는 지역 등)에 대한 간략한 설명이다. 좋은 미션 및 비전 선언문을 위해서는 '조직의 주요 고객이 누구인가? 조직에서 제공하는 제품 및 서비스는 무엇인가? 고객의 어떤 문제를 해결하고 어떤 욕구를 충족시킬 것인가? 조직의 제품 및 서비스가 경쟁사와 어떻게 다른가? 고객이 경쟁사가 아닌 나의 조직을 선택한다면, 고객이 얻

는 추가적인 혜택이나 가치는 무엇인가?' 등에 대한 기본적인 질문에 답을 도출해야 한다.

좋은 미션 및 비전은 조직에 대해 더욱 강력하고 선명한 정체성을 창조하고, 조직구성원을 목적지향적 행동으로 유도한다. Seltzer, M.(2001)은 미션 및 비전 선언문을 작성하기 위한 몇 가지 유용한 절차를 제시한다.

① 당신의 비전을 공유할 사람들(5~15명)의 특별한 모임을 알려라. 참석을 최대화하기 위해 낮 또는 저녁, 주말 또는 주중을 미리 확인하는 것이 최선이다. 만약 쉬운 교통수단이 참석을 보장할 수 있다면, 회의에 교통수단을 마련해 주겠다고 제안하라. 서면으로 모임과 이후에 대화의 중요성을 강조하라. 그리고 당신이 그들이 참여한 것을 소중히 여기고 그들이 특별한 공헌을 할 것이라고 알려라.

② 접근이 쉽고 편안한 모임 장소를 선택해라. 즉, 벽에 커다란 종이가 놓여 있는 충분한 공간이어야 한다. 그리고 종이와 펜, 테이프 등을 충분히 공급해야 한다.

③ 모임 전에 그룹의 모든 참여자에게 짧은 편지를 보내라. 편지에는 안내할 수 있는 몇몇 비영리조직의 미션과 비전 선언문을 포함하라. 이것은 모임에 참석하기 전에 당신 조직에 대한 약간의 아이디어를 생각하게 한다.

④ 모임의 의장은 감사를 표현하고 앞에 놓인 과제를 설명하는 것으로 모임을 시작하라. 예를 들어, "우리의 목적은 우리의 미션과 비전 선언문을 분명하게 하고 모임을 떠나는 것이다. 우리는 미션과 비전 선언문을 만들기 위해 같은 절차를 사용할 것이다. 이제 미션 및 비전 선언문을 작성하시오"라고 해야 한다. 모든 사람들이 생각하는 아이디어를 종이에 적게 하고, 모든 참여자가 작성한 것을 소리 내 읽도록 한다.

⑤ 칠판이나 종이를 사용해라. 의장은 한 개인에 의해 언급된 것뿐만 아니라 가장 많이 언급된 생각이나 아이디어를 기록해야 한다. 여기서 의장은 그룹의 활동에 지적이고 직관적이며, 예리한 감각으로 조직의 비전을 중심으로 전체 그룹의 인식을 가장 잘 전달하는 최선의 구절을 결정하는 중요한 역할을 수행한다.

⑥ 그룹이 합의한 문장과 절, 표현들, 단어들을 목록화하는 것은 매우 중요하다. 그리고 의장은 "우리는 궁극적으로 세상에서 무엇을 바꾸고 싶습니까?"라는 질문에 대한 대답을 유도해야 한다. 이러한 초기 선언문은 계속되는 질문에 대한 대답을 통하여 재정의된다.

⑦ 그룹은 같은 절차를 사용하여 비전 선언문을 개발해야 한다. 결국 미션과 비전 선언문이 만들어지고 참자가들 사이에 더 많은 단합과 헌신이 만들어질 것이다.

〈표 4-4〉는 비전 수립 시 점검이 필요한 사항을 나타낸다.

〈표 4-4〉 비전 수립 시 점검사항

비전의 원칙	고려사항	성공요소
• 명확하고 간결한가? • 구체적 결과를 지향하고 있는가? • 미래상을 제시하는가? • 조직원들이 실행하지 않을 수 없는 동기를 제공하는가? • 비전과 전략의 정합성이 확보되는가?	• 조직의 전략적 목표는? • 현재 조직전략 및 운영상 주요 개선 분야는? • 변화를 가능하게 하는 요인은? • 변화를 방해하는 요인은? • 올바른 범위에서 정의되었는가?	• 임직원의 적극적 참여 • 적극적인 전사지원 • 미래지향적 방향 제시 • 창조적 가치 반영 • 현실적 실행 가능성 • 내용의 용이성, 명료성 • 이해관계자 욕구 반영

출처 : 김동철 외(2008) 재구성.

이미 만들어진 미션 및 비전 선언문은 다음과 같은 몇 가지 질문을 통하여 미세 조정이 필요하다.

첫째, 선언문이 명확하고 간결한가?

둘째, 선언문이 공공 이익을 제공하는 헌신을 설명하고 있는가?

셋째, 선언문이 정확하게 가치와 신념을 반영하고 있으며, 당신의 노력을 유지하도록 하는가?

넷째, 선언문이 사람들의 동기를 부여하고 격려할 만큼의 설득력이 있는가?

미션과 비전 선언문은 조직의 내부 및 외부의 환경변화 등에 따라 지속적으로 점검되고, 수정되어야 한다. 위에서 제시한 질문들에 대한 정기적인 질문을 통하여 지속해서 미세한 조정을 통해 유지하는 것이 필요하다.

사회복지조직을 포함한 비영리조직은 미션 및 비전 선언문에 대한 전체 조직구성원의 공감과 아이디어를 창출하기 위해 정기적인 형태의 모임을 유지할 필요가 있다. 이를 통하여 조직 전체에 미션과 비전이 공유되고, 조직이 일관된 방향으로 성장하게 될 것이다.

4. 미션과 비전의 수립과정

1) 미션 및 비전 수립 시 고려사항

조직에 미션과 비전이 있지만 그 기능을 발휘하지 못하는 경우가 있다. 이러한 상황을 일으키는 이유는 다음과 같다(경기복지재단, 2011).

첫째, 미션과 비전이 조직의 최고 관리자와 몇몇 관리자만을 통하여 만들어지고 조직구성원의 동의를 얻지 못한 경우이다. 조직구성원의 동의가 없는 미션과 비전은 내가 알아야 하는 외침에 불과하다. 따라서 이러한 미션과 비전은 조직구성원의 인식 변화와 일에 대한 열정과 헌신을 끌어내기 어렵다.

둘째, 조직의 내부 및 외부의 환경변화에 대해 명확한 기준을 제시하지 못하는 경우이다. 조직 내부 및 외부 환경에 적응하기 위한 조직의 변화가 일부 집단의 이해만 충족시켜서는 안 된다. 조직의 미션과 비전은 조직의 환경변화에 적응하는 이유와 방법 및 미래의 발전 모습을 제시해야 정당성을 가질 수 있다.

셋째, 너무 웅장하고 거창한 미션이 액자 속에만 존재하기 때문이다. 미션과 비전은 조직구성원을 포함한 이해관계자들과의 약속이다. 따라서 이러한 약속은 달성할 수 있고 현실적이어야 한다. 그래야 조직구성원의 헌신을 요구할 수 있으며, 조직의 사회적 책임의 측면에서도 긍정적인 결과를 기대할 수 있다.

넷째, 미션과 비전은 남의 것과 꼭 달라야 한다는 것이다. 실제 현장에서는 남들과 다른 미션과 비전을 만들기 위해 고민한다. 그러나 이러한 생각에 너무 몰입하다 보면, 원래의 목적과 다르거나 모호한 문구로 설정되기도 한다. 미션과 비전이 다른 조직과 차별성을 가지는 것도 중요하지만, 우리 조직이 추구하는 가치와 미래상을 제시한다면, 남들과 조금 유사한 미션과 비전도 조직구성원의 참여 과정을 통해 차별성 있게 실천할 수 있을 것이다.

다섯째, 미션과 비전 수립 시 과도한 분석적 접근으로 새로운 문제가 발생한다. 즉, 현재의 특정한 상황에 치중하거나 현재의 수치를 미래로 연장하는 단순한 미션과 비전의 수립은 조직구성원에게 미래의 모습을 명확히 제시하지 못하므로 이를 달성하도록 동기를 부여하기 어렵다.

2) 미션 및 비전 수립의 절차

Worth M. J.(2014)는 조직의 미션, 비전, 목적, 목표와 같은 의미로 사용되는 전략적 계획(strategic planning)을 제시하였다. 대부분의 조직은 다양한 접근 방식을 통하여 전략적인 계획을 수립한다. 그 이유는 조직마다 처한 상황이 다르기 때문이다. 〈표 4-5〉는 조직의 전략 수립을 위해 일반적으로 사용되는 용어를 정의한 것이다.

일반적으로 많은 조직은 다음과 같이 준비단계, 미션과 비전 설정, 상황 분석, 전략적 이슈의 분석, 목적 수립, 전략 수립, 목표 수립의 단계를 통하여 전략을 수립한다.

〈표 4-5〉 전략적 계획 수립의 용어

용 어	의 미	일반적 용어
Mission	조직이 존재하는 이유; 전략적 계획 수립을 위한 시작점	Purpose
Vision	조직(내부적 비전)이나 사회(외부적인 비전)를 고려한 이상적인 미래 설계	Vision of success
Values	조직이 가장 중요하게 여겨야 할 원칙	Guiding principles

SWOT analysis	조직의 외부 환경에 대한 태도와 관련된 재고 조사와 조직의 강점과 약점, 기회와 위협(SWOT)의 분석	Environmental scan
Strategic issue	조직의 역할(mandate), 미션과 가치, 생산물과 서비스 수준과 클라이언트, 이용자, 비용 재정, 구조, 과정과 경영에 대한 비판적 시각이나 근본적인 정책에 대한 질문	Strategic questions
Goals	전략적인 문제에 대해 조직이 추구하는 방향	Strategic goals Strategic directions Objectives Strategic objectives
Strategies	조직이 그들의 목적(goals)을 성취하기 위해 수행하는 활동	
Objectives	목적(Goals)을 성취하기 위해 나타내는 구체적인, 정량화된 단계	Goals

출처 : Worth. Michael J.(2014). Nonprofit Management, p. 162.

① 준비단계(planning to plan)

준비단계는 전략 수립의 과정을 결정하고, 누가 참여할 것인지, 그리고 그들의 역할은 무엇인지를 결정해야 한다. 또한 계획 수립을 위해 필요한 정보를 확인하는 작업이 필요하다. 이 과정에서 진행 과정에 나타날 수 있는 잠재적인 문제들인 다른 조직과의 관계, 직무 기능, 계획을 수립하는 팀원들, 필요한 자원들, 노력을 저해하는 요인 등을 명확히 하고, 충분한 논의를 통하여 조직구성원의 동의를 얻는 것이 필요하다.

② 명확한 조직의 미션, 가치 그리고 비전 설정(clarify the organization's mission, values and vision)

효과적인 계획 수립은 조직의 미션, 비전, 가치에 대한 조직구성원의 근본적인 합의에서 시작된다. 미션은 비영리조직의 존재 이유이다. 따라서 미션은 조직의 모든 계획 수립에 출발점이라고 말한다. 미션은 단기간에 변하지 않은 속성을 가지고 있다. 다만, 조직의 주변 환경의 변화나 조직이 시행하는 프로그램의 성격이 확장될 경우 변화가 가능하다. 예를 들어, '노숙인에게 건강한 아침 식사 제공'이라는 미션은 서비스의 확대에 따라 '의료 서비스 및 다양한 프로그램 제공'이라는 미션으로 변화가 가능하다. 또한 미션은 충분히 광범위하게 유지하거나 충분히 집중하는 것에 균형을 유지해야 한다. 너무 좁은 미션은 조직의 성장과 확장을 저해하는 요소가 될 수 있으며, 너무 광범위한 미션은 조직의 목표로부터 점차 멀어지게 만들고 부수적인 활동을 수행하게 만들기 때문이다.

한편 비영리조직의 가치와 비전은 미래에 이상적인 모습이다. 즉, 조직이 미래에 대해 모습과 조직이 활동하는 영역의 미래를 기술한다. 또한 조직이 가장 중요하게 다루어야 할 원칙을 제시해야 한다.

③ 환경평가(assessing the situation)

사회복지조직을 포함한 비영리조직은 환경과의 관계가 매우 중요하다. 이는 조직과 조직을 둘러싼 환경의 경계가 모호하고 주변 환경의 변화가 비영리조직의 미래에 중대한 영향을 미치기 때문이다. 따라서 비영리조직의 전략을 수립하는 경우에 조직과 외부환경을 동시에 고려해야 한다. 이러한 조직의 내부와 외부환경 분석을 위해 Harvard policy model인 SWOT 분석을 활용한다. 조직의 강점(Strengths)과 약점(Weaknesses)은 조직의 내부적 특성을 분석하는 것으로 조직이 보유한 자산이나 능력과 관련된다. 즉, 조직이 '어떤 자원을 보유하고 있는가? 또는 부족한가? 그리고 조직은 무엇을 잘할 수 있는가? 잘할 수 없는가?'를 나타내게 된다. 그리고 조직의 외부 환경적 특성을 분석하는 것으로 기회(Opportunities)와 위협(Threats)을 포함한다. 외부환경 분석에는 인구통계적인 경향과 관련하여 기부 경향, 모금이나 정부의 자금제공, 이해관계자 분석(특성, 가치, 인식, 기대), 클라이언트나 고객, 기부자, 정부 관계자, 경쟁조직, 유사한 서비스를 제공하는 파트너 등을 분석한다. 그리고 이와 함께 존재하는 다른 조직에 대한 조사도 포함하게 된다.

〈표 4-6〉은 SWOT 분석 매트릭스를 통해서 분석한 KOICA[1]의 장점과 약점, 기회와 위협 요인을 도출한 예시를 보여준다.

---

1 KOICA(Korea International Cooperation Agency)는 경제개발과정에서 축적된 우리 기술과 경험을 바탕으로 개도국의 경제, 사회발전을 지원하고 최빈국 주민의 복지를 향상시키는 등의 국제협력을 목적으로 설립된 정부 재정지원기관이다.

〈표 4-6〉 SWOT 분석 예시

조직 내부 환경 분석	외부적 환경 분석
S(강점)	O(기회)
1. 사업우선주의 2. 프로젝트성 사업 경험 3. 정보통신분야 인프라 구축 경험 4. 행정 및 농촌개발사업 가능성	1. ODA(Official Development Assistance) 중요성 부각 2. ODA 규모 확대 가능성 3. 정보통신분야의 다원화 가능성 4. 행정 및 농촌개발사업의 수원국 요구
W(약점)	T(위협)
1. 인적자원 부재 2. 단기성 사업에 집중 3. 대내외적 협력상의 한계(조화와 경쟁) 4. 국제개발협력의 역할분담	1. ODA 실시기관의 다원화 2. 사업 선정의 타당성 전문성 3. 시민사회단체들의 개입 및 요구 4. 양자/ 다자 협력의 요구

출처 : 한국국제협력단(2006). 프로그램 개발원조 실시를 위한 KOICA의 역량 분석, p. 23.

④ 전략적 이슈 확인하기(identifying strategic issues)

조직의 미션, 가치, 비전을 통해 외부환경과 내부환경을 조사하고 난 이후에 조직이 직면한 주요한 전략적 이슈를 확인해야 한다. 전략적 이슈는 조직이 미션과 가치, 생산품이나 서비스의 수준, 클라이언트, 비용, 재정, 조직의 운영과 관련하여 조직의 임무를 수행하는 데 직면하게 되는 비판적인 도전들을 의미한다. 여기에는 위협에 대해 방어적인 행동이나 성장을 위한 새로운 계획의 수립, 외부환경에서 나타나게 되는 기회를 파악하기 위한 조직의 역할 등을 포함한다. Bryson(2011)은 전략적 이슈의 네 가지 유형을 제시하고 있다.

- 조직의 핵심 사업과 관련된 제품이나 서비스, 고객 또는 클라이언트, 서비스 또는 전달체계, 수익의 원천 등의 주요한 변화를 포함하는 이슈
- 지금 당장 조직적인 활동을 요구하지 않지만, 지속해서 관찰되어야 하는 이슈
- 미래나 현재에 행동을 요구하게 되는 한계들에 관한 이슈
- 즉각적인 조직의 대응을 요구하는 이슈

전략적 이슈에 대하여 다양한 접근방법이 있지만, Bryson(2011)은 여덟 가지의 접근법을 제시하고 있다. 이는 구체적으로 직접적인 접근법(direct approach), 목표 접근법(goals approach), 비전의 성공에 대한 접근법(vison-of-success approach), 간접적인 접근법(indirect approach), 행동지향적 전략 매칭 접근(action-oriented strategy mapping approach), 제휴를 통한 접근법(alignment approach), 특정 이슈 접근(the issues tension approach), 체계적 분석을 통한 접근법(systems analysis approach)을 제시한다. 예를 들어, KOICA의 사례의 경우에 SWOT 분석을 통해 전략적 이슈 도출이 가능하다. 이를 통하여 '위협을 극복하기 위해 어떻게 기관의 경쟁력을 확보할 것인가? 사업 타당성을 검토할 때 어떻게 전문성을 확보할 것인가?'에 대한 도출이 가능함을 의미한다.

⑤ 목적 설정(setting goals)

목적(goals)은 조직이 전략적인 이슈를 고려하여 그것을 해결하기 위해 추진하는 방향으로 일반적으로 정량화되지 않는다. 보통 목적은 향상시킨다, 증가시킨다, 강화하다, 보장하다 등과 같은 형태로 표현된다. Koteen(1997)은 세 가지 유형의 목적을 제시하였다. 그것은 조직이 제공하는 서비스를 통해 목적 달성을 추구하는 프로그램 추진 유형과 더 효과적인 조직을 만들기 위해 문제들을 고려하는 제도적 고려, 그리고 자원획득을 위한 재정적인 목적의 유형으로 구분된다.

⑥ 전략 수립(strategies)

전략 수립은 전략적 계획 수립에 핵심적인 활동이다. David La Piana(2008)는 전략의 세 가지 수준을 제시하였다. 첫째, 조직화의 전략이다. 이는 조직의 미션, 비전, 경쟁자들, 파트너, 시장에서의 조직의 위치와 관련된 광범위한 방법을 말한다. 둘째, 프로그램 전략은 조직이 특수한 성과를 성취하기 위해 시행하는 프로그램과 활동과 관련된 전략을 말한다. 셋째, 경영상 전략은 행정의 효율성, 사업의 준비와 실행의 향상을 목적으로 수립하는 전략이다.

⑦ 목표 설정(objectives)

목표(objectives)는 구체적이고, 계량화되고, 목적(goals)을 성취하는 방향의 대표적인 단계를 의미한다. 목표는 어떤 숫자를 다른 숫자로 무엇을 언제까지 증가시킨다고 표현한다. 이러한 목표의 기능은 다음과 같다. 첫째, 조직구성원의 행동이나 생각의 방향을 제시한다. 조직은 하나의 유기체로 활동하는데 목표는 이러한 활동의 방향키의 임무를 수행한다. 또한 조직의 사고와 행동에 영향을 준다. 둘째, 조직과 개인을 평가하는 기준을 제공한다. 조직 활동의 성공과 실패의 판단기준은 효과성이다. 효과성은 조직의 목표 달성을 의미하는 것으로 효과적인 조직은 목표 달성의 정도가 높다. 따라서 제시되는 목표는 확인하고 측정할 수 있어야 한다. Peter F. Drucker는 그의 저서 『경영의 실제』에서 MBO(Management By Objective)를 통하여 "측정할 수 없으면 관리할 수 없다"라고 목표 측정의 중요성을 강조하였다. 셋째, 조직 활동과 자원 배분에 대한 정당성을 제공한다. 조직은 조직의 목표를 제시하고 환경변화에 맞춰 조직목표를 변동함으로써 정당성을 확보한다. 그리고 이러한 정당성을 확보하기 위해 조직구성원과 이해관계자들에게 합의와 동의가 필요하다.

5. 미션기반 조직관리

사회복지조직을 포함한 비영리조직의 미션과 비전은 조직 설립의 철학을 제공하고, 조직구성원에게 미래의 발전적인 모습을 제시함으로써 동기를 부여하는 역할을 수행한다. 이와 더불어 비전을 달성하기 위한 세부적인 목표와 전략들이 만들어지고 이를 활용한 성과관리에 효과성을 극대화할 수 있다. 따라서 사회복지조직의 성과관리를 위해 미션과 비전의 전략은 매우 중요한 요소이다. 이를 통하여 조직은 하나의 유기체와 같이 조직의 목표를 달성하기 위해 조직구성원의 참여와 활동에 대한 성과관리와 피드백의 과정을 수행한다.

사회복지조직은 효과적인 미션과 비전을 활용하기 위해 〈표 4-7〉과 같은 조직의 지속적인 활동이 필요하다(최상미 외, 2020).

사회복지조직의 미션과 비전은 조직 활동과 가치를 반영하여 모든 조직구성원이 참여하여 만들어지고, 전체 조직에 공유되는 것이 중요하다. 미션과 비전의 공유를 위해 홈페이지 게시, 기관 내 게시, 공문양식에 표기, 컴퓨터 화면 보호기 설정, 전사적인 공유 설명회 등의 방법을 활용할 수 있다. 또한 조직구성원의 인지적 공유를 넘어서 기관의 전략과 연계되는 것이 중요하며, 조직 활동에 기준으로 활용하는 것이 필요하다. 아울러 만들어진 미션과 비전은 조직목표 달성에 방향성을 제시하고, 조직구성원의 활동에 동기를 부여하는 역할을 수행하기 위해 환경의 변화에 따라 적절하게 수정되고 보완되어야 한다.

〈표 4-7〉 미션과 비전에 관련된 조직의 수행역할

적절한 미션 수립	존재의 이유, 조직의 활동 내용과 가치를 반영한 미션 수립
미션 점검	조직의 현재의 활동과 미션을 비교하여 미션에 대한 진지하고 적극적인 분석과 검토
지속적 보완	변화하는 환경과 조직에 따라 미션 및 비전도 변화해야 함. 따라서 매년 계획수립 시 미션과 비전을 점검하고 수정 보완해야 함(비전은 달성 시 반드시 변경 필요)
조직구성원 참여 및 공유	이사회나 경영진, 관리자가 미션을 만들어 내려 보는 형식(top-down) 방식이 아닌 조직구성원이 함께 만들고 공유하는 것이 필요
의사소통의 매개체로 활용	정부, 기업, 개인기부, 후원자, 지역사회 등 외부 이해관계자들과 의사소통에 미션이 의사소통의 매개체로 활용되도록 사용해야 함

출처 : 최상미 외(2020) 재구성.

사회복지조직은 환경과의 지속적인 관계를 유지하고 있다. 이러한 환경을 통하여 지속해서 자원을 공급받아야 하며, 다양한 서비스 대상자들의 욕구를 수용해야 한다. 따라서 조직구성원들은 조직의 미션과 비전에 대한 존재를 알기도 전에 자원을 동원하고 관성적으로 서비스를 제공하는 일을 수행할 수 있다. 이로 인하여 사회복지사들은 조직의 미션과 비전과 관련 없이 일에 매몰되어 결국에 소진이나 이직을 결정하는 원인을 제공하기도 한다. 실제로 개인들은 본인들이 추구하는 가치와 속한 조직이 추구하는 가치가 일치하지 않는다고 지각하게 되면 내적 불만, 스트레스 등과 같은 부정적 감정을 느껴 업무성과에 부정적인 영향을 미치게 된다(양혁승 외, 2002).

따라서 사회복지조직은 모든 활동의 기반에 미션과 비전을 고려해야 한다. 그리고 조직구성원의 가치와 조직의 미션과 비전이 상충하는 경우에 조직구성원의 가치를 존중하는 것도 중요하지만, 조직의 미션과 비전에 대한 참여와 공유를 통하여 개인의 가치가 조직의 방향과 일치하도록 노력해야 한다. 아울러 조직구성원들이 외면할 수 없는 유인책을 마련하는 등 다양한 접근이 요구된다.

Chapter summary

사회복지조직을 포함하는 비영리조직의 모든 활동은 미션을 기반으로 해야 한다. 미션은 조직이 존재하는 이유 및 목적을 말한다. 사회복지조직이 사회에 존재하는 이유나 목적이 무엇이고, 무슨 사회문제를 해결하고 싶은지에 대한 이유를 말한다. 비전은 미래에 사회복지조직이 되고 싶은 바람직한 이미지라고 말한다. 비전은 미션을 달성함으로써 만들어 가는 조직의 미래의 모습이라고 정의하고 있는 것으로 생각하면 된다. 미션은 조직의 지속적인 활동에 동기부여의 역할과 조직 내 의사결정에 대한 판단기준을 제공한다. 이러한 미션을 구체적으로 실현하고자 하는 것이 비전이다. 조직의 미션과 비전이 설정되고 나면 비전을 구체화하여 목표를 설정하게 된다. 목표는 구체적으로 조직이 미래에 얻고 싶은 주요한 결과물을 말한다. 그리고 이러한 목표를 효과적으로 달성하기 위해 최적의 계획과 방법을 포함하는 전략을 수립하게 된다.

조직의 미션은 문장의 형태로 제시되거나 선언된다. 이러한 형태를 미션선언문(mission statement)이라고 한다. 미션선언문에는 미션은 무엇(what), 누가(who), 그리고 어떻게(how)가 포함되어야 한다. 한편 비전 선언문은 조직이 미래에 달성하고 싶은 바람직한 모습이다. 비전 선언문은 미션 선언문(mission statement)을 기반으로 설정된다. 비전을 구성하는 요소에 대하여는 조직마다 다소 차이가 있지만, 전체적으로 조직 의지, 내부환경 분석, 외부환경 분석, 벤치마킹의 과정을 포함한다.

미션 및 비전 선언문을 작성하기 위한 절차로 특별한 모임을 만들고, 편안한 장소를 선택하며, 참여자에게 취지를 설명하고, 놓여진 과제를 설명하여 아이디어를 기록하도록 하며 모두 발표하게 한다. 그리고 그룹들이 합의한 문장과 절, 표현, 단어들을 목록화하여 개발하는 절차를 제시하였다. 또한 구체적으로 전략적 계획은 준비단계, 미션과 비전 설정, 상황분석, 전략적 이슈의 분석, 목적 수립, 전략 수립, 목표 수립의 단계를 통하여 수립된다.

따라서 사회복지조직의 미션과 비전은 조직 활동과 가치를 반영하여 모든 조직구성원이 참여하여 만들어지고, 전체 조직에 공유되는 것이 중요하다. 또한 사회복지조직은 환경과의 지속적인 관계를 유지하고 있다. 따라서 마련된 미션과 비전은 환경의 변화에 따라 수정되어야 한다.

Case study

번동 2단지 종합사회복지관 미션과 비전 수립 사례

① 미션과 비전 수립의 추진배경

종합사회복지관은 '생활의 어려움을 겪고 있는 지역주민에게 종합적인 복지서비스를 제공하고 지역사회복지 증진에 노력한다'는 보편적인 목적으로 복지관을 운영해 왔다. 2007년 사회복지관 경영컨설팅 사업을 통하여 서울복지재단 컨설팅팀과 함께 복지관의 미션과 비전 수립을 통해 복지시설 운영의 질적 향상을 도모하고자 하였다.

② 미션과 비전에 대해 이해하기

5개월여에 걸친 경영컨설팅 과정이 끝난 후 실천과제를 수립하기 위해 TF팀을 구성하였다. 팀 구성은 중간관리자 회의를 통해 의견을 조율하고 최종적으로 관장이 결정하였는데, 복지과장, 재가복지과장 등의 중간관리자 2명, 경력 4년 이상의 선임 사회복지사 2명과 1년 미만의 경력을 가진 신입 사회복지사 3명 등 성비를 고려하여 총 7명으로 구성하였다. TF팀은 시설의 미션과 비전을 이해하고 역할분담을 통해 사회복지재단과 일반기업의 미션과 비전에 대한 자료를 조사하였다. 이러한 조사과정을 통하여 TF 팀원들은 미션이란 조직구성원들이 모두가 이해하기 쉽고 조직의 궁극적인 지향점을 담아내야 한다는 것과 비전은 미션을 수행하고 달성해 내기 위한 구체적인 행동계획과 연결이 되어야 함을 이해할 수 있는 계기가 되었다.

비전수립을 위한 TF팀 회의모습

③ 미션수립 과정에서의 의사소통이 중요

자료조사 이후 번동 2단지 종합사회복지관은 미션을 세우기 위한 과정을 진행하였다. 먼저 미션에 포함될 내용으로 번동 2단지 지역주민들을 고려한 미션으로 복지관 운영 주체인 사회복지법인 삼동회의 운영정신인 삼동윤리와 강북구의 구정 구호 '행복을 만드는 강북구'의 내용이 포함되도록 하는 데 의견을 모았다. 이를 바탕으로 TF팀은 수차례의 토론을 통하여 '행복'과 지역주민과의 '거리감 줄이기'를 미션에 담기로 하였다. 그리고 미션의 초안으로 '더 행복하게 더 편안하게 더 가까이 다가가는 복지관'으로 미션 초안을 정하고 직원들의 의견을 수렴하였다.

④ 미션, 어떻게 구체적으로 실현할 것인가?

복지관 운영미션을 정하고 미션을 구체화하기 위해 번동 2단지 지역주민을 위한 복지사업과 연결하는 비전 수립 작업을 시작하였다. 비전에는 '행복한 가족 만들기', '대상자별 맞춤서비스', '주민참여형 복지 마을 형성', '직원 전문성 강화'의 내용을 담기로 하였다.

번동2단지종합사회복지관 미션 및 비전 체계도

MISSION	마음을 열면 행복해집니다. 더 행복하게, 더 편안하게, 더 가까이 다가가는 번동2단지종합사회복지관			
Vision	앞서가는 복지사업으로 행복한 가족문화 조성	클라이언트 중심의 전략적 접근을 통한 감동 추구	주민참여를 통한 더불어 성장하는 복지마을 형성	최상의 복지 서비스를 제공하기 위한 전문성 강화
	⬇	⬇	⬇	⬇
Strategy	(1) 아동, 청소년의 역량 강화 (2) 가족 내 문제 치료 및 예방 (3) 행복한 가족 만들기	(1) 효과적인 대상자 관리체계 구축 (2) 전문적인 사례관리 시스템 마련 (3) 대상자별 맞춤서비스 제공	(1) 복지관 사업 홍보 (2) 지역주민조직화 형성 (3) 서로 돕는 복지마을 형성	(1) 직원의 전문성 강화 (2) 직원 복리후생 강화 (3) 업무환경 개선
	⬇	⬇	⬇	⬇
Special Program	(1) 청소년진로탐색 멘토링 프로그램 (2) 가족 상담 지원 프로그램 (3) 행복가족, 문화 충전 프로그램	(1) 대학생 동아리와 홀로 어르신이 함께 일구는 마음밭 프로젝트 (2) 컨소시엄조직을 통한 임대단지 알코올 문제 개입 프로그램 (3) 장애인 구강진료 및 의치 보철 지원 사업	(1) 번동2단지 희망 서포터즈 (2) 영구임대단지 지역 환경 개선을 위한 녹색 아버지(Green Daddy)봉사단 (3) 중년여성역량강화 사업	(1) 직원 해외연수 시행 (2) 운영규정 관련규정 개정

그리고 비전을 중심으로 실제 사업수행을 하는 직원들의 현안에 대한 인식과 복지관 이용자들의 프로그램에 대한 욕구, 앞으로의 복지관의 나아가야 할 방향 등에 대한 논의를 중심으로 실천전략을 구성하였다. 이를 바탕으로 9개의 특화사업을 정하고 미션과 비전을 클라이언트를 위한 사업수행을 위한 사업계획 또는 실천 방법으로 연계할 방안을 연구하였다.

⑤ 미션과 비전 활용하기

10회에 걸친 TF팀 회의와 외부 자문을 통해 완성된 복지관의 미션과 비전, 실천전략과 특화사업을 적극적으로 홍보하고 사업에 적용하기 위한 작업을 진행하였다. 우선 시각적인 효과를 높일 수 있는 디자인 작업과 그 디자인을 기본으로 복지관 내부와 외부의 안내 사인에 대한 디자인과 미션 로고 간판을 제작하였다. 아울러 미션 문구에 맞는 색감과 느낌을 찾기 위해 직원들이 머리를 맞대고 연구하였으며, 복지관 운영위원회 등에 의견 청취를 통해 확정하였다. 이렇게 확정된 미션은 안내 사인, 복지관 직원회와 프로그램 수행 장소인 세미나실 복지관 운영에 복지관 운영 미션과 비전, 실천전략, 특화사업을 제작하여 부착하였다. 그리고 홈페이지에도 같은 내용을 게시하여 직원뿐만 아니라 복지관 이용자와 후원자 등이 내용을 지속해서 볼 수 있도록 하였다. 또한 다양한 소식지, 홍보집 등에 새로운 미션 로고를 통일하여 일관성 있게 활용하였다.

이러한 사회복지관의 미션과 비전 수립과정을 통하여 미션에 운영법인의 복지이념과 자치단체의 복지 정책을 담아내고, 다양한 사례를 조사하여 아이디어를 창출하는 것이 중요함을 알았다. 그리고 미션과 비전 수립을 위한 다양한 계층을 포함한 별도의 TF팀을 구성하여 주기적인 논의와 역할분담이 필요하였다. 또한 조직구성원의 다양한 의견을 수렴하고 이를 반영한 미션과 비전, 실천전략을 수립하는 것이 중요함을 알았다. 아울러 마련된 미션과 비전은 조직 내부와 외부에 잘 홍보되도록 디자인하고, 복지관에서 생산하는 문서나 홈페이지 등에 노출을 통한 홍보가 필요함을 알게 되었다.

출처 : 서울복지재단(2008). 성공하는 사회복지시설의 경영실무도움서 시리즈 Ⅰ.

토론주제

1. 사회복지조직에서 미션과 비전의 의미는 무엇인가?
2. 사회복지조직에서 미션과 비전을 방해하는 요소는 무엇인가?
3. 사회복지조직에서 성공적인 미션과 비전 기반 조직관리를 하기 위해서 무엇이 중요한가?
4. 자신과 관련 있는 사회복지조직의 미션과 비전 선언문을 구성한다면 어떤 내용을 담을 것인가?

❙ 참고문헌 ❙

경기복지재단(2011). **사회복지시설 경영컨설팅 매뉴얼 개발 및 사업보고서 : 2011년 노인복지관 경영 컨설팅 사례를 중심으로**. 경기 : 도서출판 한학문화.

김동철 · 서영우(2008). **경영전략 수립 방법론**. 서울 : 시그마인사이트컴.

민 진 · 민나온(2013). 조직의 사명선언서 분석. **한국조직학회보**, 10(2), 97-122.

서울복지재단(2008). **성공하는 사회복지시설의 경영실무도움서 시리즈 Ⅰ**. 서울 : MK커뮤니케이션.

양혁승 · 정영철(2002). 개인가치와 개인이 지각하는 조직가치가 개인의 태도에 미치는 영향. **인사조직연구**, 10(2), 211-238.

최상미 · 김아래미(2020). **사회복지행정론**. 서울 : 학지사.

한국국제협력단(2006). 프로그램 개발원조 실시를 위한 KOICA의 역량 분석. 정책연구실.

Bryson, J. M.(2011). *Strategic Planning for Public and Nonprofit Organizations*(4th ed.). San Francisco, CA : Jossey-Bass.

La Piana. D.(2008). *The Nonprofit Strategy Revolution : Real-time Strategic Planning in a Rapid-response World*. Saint Paul, MN : Fieldstone Alliance.

Seltzer, M.(2001). *Securing Your Organization's Future : A Complete Guide to Fundraising Strategies*. The foundation center.

Thompson, A. A., & A. J. Strickland, Ⅲ(2001). *Strategic Management*(12th ed.). New York : McGraw-Hill/ Irwin.

Worth, Michael J.(2014). *Nonprofit Management : Principles and Practice*(3rd ed.). Los Angeless : SAGE Publiccation, Inc.

CHAPTER 05

조직구조와 조직문화

한 개인을 알고 싶으면 그 사람의 체질과 성격을 파악하면 되고, 한 국가에 대해 알고 싶으면 해당 국가의 사회문화적인 특성을 파악하게 되면 국가 구성원 전체의 성향까지 파악할 수 있다는 말이 있다. 사회복지조직 또한 근간을 이루고 있는 조직구조와 조직문화를 파악하게 되면 조직을 진단할 수 있으며 더 나아가 조직의 지속가능성이 어느 정도인지도 파악될 정도로 조직관리에서 중요한 위치를 차지하고 있다. 또한 조직구조에 따라서 조직의 실제 운영과 조직문화가 달라질 수 있는데, 조직구조는 업무문화를 창출하는 행동이나 태도, 성향 및 윤리 등을 결정한다. 조직구조가 엄격하게 계층적이며 의사결정 과정이 최상위층에 집중되면 조직문화는 하위 수준의 자유와 자율부족을 반영할 것이다. 이와 반대로 조직구조가 모든 수준에서 공유된 권한과 권한위임을 가지고 분산되어 있다면 조직문화는 더 독립적이고 개인화되고 구성원들은 책임성을 가지게 될 것이다. 또한 어떤 기준으로 직책을 정하는지, 서로의 직책에 따른 호칭 문화를 어떻게 정하는지에 따라서도 조직문화가 달라질 수 있다. 그만큼 조직문화의 변화는 해당 조직의 역동성에 큰 영향을 미친다고 할 수 있다.

이 장에서는 먼저 조직구조의 전체적인 이해를 돕기 위해 개념에 관해 설명하고 조직구조의 특성과 구성요소, 그리고 유형을 살펴보고자 한다. 또한 사회복지조직의 특성에 따른 조직구조 유형을 파악하고자 한다. 이와 더불어 조직문화의 개념을 파악하고 사회복지조직에서의 조직문화 유형을 제시하고 각 유형에 따른 특징을 설명하고자 한다.

1. 조직구조의 개념

어떤 조직이든 조직구조를 어떻게 해야 조직의 성과를 높일 수 있을까를 고민하지 않는 리더는 없을 것이다. 조직구조의 변화는 해당 조직에 긍정적인 역동을 불러일으키는 계기를 만들 수 있지만 반대로 변화에 따른 반발과 부적응, 비효율성으로 인해 오히려 조직에 해를 끼치는 계기가 되기도 한다. 그만큼 조직구조는 빠르게 변화하고 있는 사회환경 속에서 조직의 지속가능성에 매우 중요하기에 조직관리의 핵심 요소라고 할 수 있다.

조직구조의 개념은 학자들마다 다양하게 정의하고 있는데, Scott(1992)은 조직원들의 유형화된 상호작용으로 정의하며, Mintzberg(1979)는 노동을 과업 단위로 분화시키고 그렇게 분화된 과업들을 조정하는 방법의 총체로 개념화하고 있다. 즉, 조직구조는 조직의 성공적인 과업수행을 위하여 필요한 부서나 일, 권한 관계나 직위 등을 체계적으로 구성한 것을 의미한다.

모든 조직은 특별한 목적 달성을 위한 활동을 효과적이고 효율적으로 하기 위해 구조화되어 있으며, 이런 구조화는 공식적인 측면과 비공식적인 측면으로 나누어진다. 공식적인 측면의 조직구조는 권한, 역할, 규모 등으로 구성되며, 비공식적인 측면의 경우 조직 내에서 활동하는 조직원들의 실제 행동이 포함된다(주효진, 2004). 이러한 조직구조가 갖는 기능에 대해 Hall(1982)은 다음 세 가지를 언급하고 있다. 첫째, 조직구조는 해당 조직의 산출물을 생산하여 조직의 목표를 달성하려고 한다. 둘째, 조직구조는 조직원들의 다양성으로 인해 생기는 파급력을 최소화하고 통제하도록 설정되어 있다. 셋째, 조직구조는 권한을 집행하고 정책결정이 이루어지는 통로이며 조직 활동이 이루어지는 장소라는 점이다.

조직구조는 해당 조직의 직위와 구성단위들의 배치방식과 업무수행 방법, 그리고 기능과 활동이 어떻게 상호작용하고 있는 것을 보여주는 것이라 할 수 있다. 따라서 조직구조는 조직의 구조적 속성을 중요하게 여기는 입장과 조직원들 사이의 관계성을 강조하는 입장으로 구분할 수 있는데, 이 두 가지 측면을 어떻게 반영하느냐에 따라 조직구조의 개념을 정확하게 도출할 수 있다.

1) 조직구조의 특성 및 분류

조직구조를 제대로 이해하기 위해서는 조직구조의 특성을 파악해서 조직에 처해 있는 다양한 상황에 시의 적절히 대응하는 것이 중요하다. 김영호(2009)는 조직구조의 특성을 외형적 특성과 운영상의 특성으로 분류하고 있다. 먼저 외형적 특성은 책임과 권한의 관계, 업무의 배분형태, 관리자 계층과 관리의 범위와 폭, 스태프과 계선의 관계 등을 말한다. 즉, 조직이 원하는 성과를 달성하기 위해 인위적으로 형성된 유기체 형태로서 조직의 규정이나 직제 등에 의해 공식화된 체계를 의미한다. 이런 조직의 외형적 특성은 조직도와 같은 형식으로 표현되기도 하는데 이를 통해 조직 내에서의 권위, 부서 간 업무분장과 책임소재, 기능적 연계성을 이해할 수 있다.

운영상의 특성으로 민 진(2009)은 조직성과를 달성하기 위해 조직원들 간의 상호작용이나 다양한 요소들에 영향을 미치는 것을 제시하였는데 대표적인 것으로 복잡성, 공식화, 집권화를 언급하고 있다.

(1) 복잡성

복잡성(complexity)은 조직에서 존재하는 활동의 분화 정도를 의미하는데 수평적, 수직적, 그리고 공간적 분화의 세 가지 차원으로 구성된다. 일반적으로 이 세 가지 차원의 요소 정도가 높을수록 복잡성이 높아진다는 것을 의미한다. 이런 복잡성의 세부 내용을 살펴보면, 먼저 수평적 분화(horizontal differentiation)는 조직원의 수, 수행업무, 수행하는 훈련과 교육 정도를 기준으로 하는 단위 간 수평적 분리의 정도를 말한다. 수평적 분화는 구성원의 전문화, 일의 분화, 조직단위의 분화 모두를 포괄하는 것이다. 조직에서의 일반적 예로는 실, 국, 과 단위로 각 구성원들이 반복적인 업무를 수행하는 과정에서 찾을 수 있다. 둘째, 수직적 분화(vertical differentiation)는 조직 내에서 권한과 책임이 부여된 계층의 양태를 말하는 것으로 조직의 계층 수나 깊이와 관련되어 있다. 즉, 조직에서 계층 수가 많을수록 수직적 분화의 정도가 높다고 할 수 있다. 구체적으로는 관리직의 수장과 생산직원 사이의 직위의 수, 감독 층의 수, 최고관리자와 하위관리자 사이의 직원 수 등을 수직적 분화의 지표로 삼을 수 있다(Hall, 1972). 셋째, 공간적 분화(spatial differentiation)는 수평적·수직적 분화가 확대된 형태로서 조직의 인력과 시설이 지역에 분산되어 있는 정도를 의미한다. 조직이 지역적인 측면에서 널리 분산되어 있는 경우에도 복잡성은 증가한다. 이러한 복잡성을 종합해서 정리해 보면 조직에서 통제하는 폭이 일률적이라고 가정하였을 경우 수평적 분화가 클수록, 조직계층 수가 많을수록, 조직부서가 지역으로 분산될수록 조직은 복잡해진다고 할 수 있다(장설훼, 2010).

(2) 공식화

공식화는 조직 내에서 직무내용, 양식, 매뉴얼, 규정 등이 표준화된 문서화로 나타나는 정도를 의미하는데 이들은 조직에서 필요한 활동을 정의하는 기능을 한다(이호선 외, 2010). 조직을 관리하는 측면에서 볼 때 조직원들의 행동 양식이 표준화된다면 변이성이 줄고 조정 활동이 용이해지게 되며 조직원들의 다양한 행태들을 규제하는 속성으로 작용하게 되어 조직의 비용 발생을 감소시키는 데 기여하게 된다. 또한 조직의 공식화는 법규나 규정 등에 따라 일률적인 업무수행이 가능하게 해 조직관리 측면에서 예측 가능성과 안정성을 높일 수 있다는 장점이 있다.

조직에서 공식화가 필요한 이유는 다음과 같다(이창원 외, 2005). 첫째, 조직원의 행동양식을 정형화하여 통제하는 데 수월해질 수 있다는 것이다. 둘째, 공식화의 정도가 높아질수록 조직 내에 조직원의 행동 및 그 결과의 예측력이 높아질 것이다. 셋째, 조직 내 조직원의 활동을 표준화할 경우 상황 발생 시 대응 행동을 미리 인지하게 되므로 분쟁과 혼란을 예방할 수 있다. 넷째, 공식화 정도가 높아질수록 업무는 계량화가 된다. 다만, 최근 조직 활성화나 조직혁신 문제가 제기되는 과정에서 공식화의 역기능이 거론되고 있다. 즉, 공식화가 지나치게 높아지게 되면 조직원들의 행동이 규제되는 과정에서 창의성, 자율성이 높은 행동유발을 어렵게 한다는 점을 깊이 고려해 봐야 할 것이다(박재린, 1998).

(3) 집권화

집권화는 어느 계층에 의사결정권이 있는지와 관계가 있다. 의사결정 구조가 조직 내 특정 고위층으로 제한되어 있다면 집권적인 조직구조를 가진다고 말할 수 있으며, 이와 반대로 의사결정이 조직 내 다양한 구성원들에게 위임되어 있다면 분권적이라고 할 수 있다. 일반적으로 집권화는 피라미드 유형의 조직에서 의사결정 권한이 최고위층에 집중되어 있음을 의미한다. 집권화의 특성은 의사결정에 참여하는 인원의 비율이 낮을수록, 영역이 좁을수록 조직의 집권화 수준은 높아지게 된다. 또한 고위층의 의사결정 권한을 하위층으로 이양한다고 해도 정책 재량권을 억제하게 되면 집권화의 정도는 그대로 높은 수준을 유지하게 된다.

집권화 정도에 따라 집권적 조직과 분권적 조직으로 분류할 수 있다. 조직의 집권화나 분권화는 주로 하위층에 의사결정 권한을 얼마나 이양하느냐에 따라 결정되는데 집권적 조직일수록 기능적인 부문화를 통해 수직적 구조로 나타나는 반면에 분권적 조직일수록 고객, 제품, 지역 등 사업 단위의 목적별 부문화를 통해 수평적인 구조를 지니는 경우가 많다(이창원 외, 2005). 다만, 분권적 조직구조로 되어 있는 경우 조직원들에게 적절한 동기부여를 제공하고 다양한 훈련기회를 마련할 수 있다는 이점을 가진다.

2) 조직구조의 유형

(1) 직능구조와 지배구조

조직의 기본구조로서 과업을 중심으로 한 직능구조와 권한을 중심으로 구성된 지배구조로 분류할 수 있다(최종태, 1986). 직능구조는 조직구조의 핵심이며, 조직이 목적달성을 위해 조직원의 능력에 맞추어 과업을 형성시킨 결합체이다. 조직원 과업의 구조로서 직무나 직위로 나타내며 전체의 직능을 부분 직능으로 그리고 부분 직능을 다시 하위직능으로 세분화시키고 마지막으로 조직원 개개인의 직능으로 편성되고 이를 역할로 정의하는 것이다(김영호, 2009).

이에 비해 지배구조는 권한 분포에 기반을 두고 체계화된 조직구조로서 직능구조 형태의 조직 활동을 통합하기 위해서는 지휘본부 성격인 지배구조가 존재해야 한다. 지배구조는 분화된 조직 내 다양한 활동을 통합·촉진시키는 역할을 수행하며, 명령체계나 감독 범위, 통제구조에 따라 각기 다른 유형으로 구분된다. 명령체계의 형태에 따라 단일 지배구조와 다원 지배구조로 구분될 수 있고, 감독 범위의 유형에 따라 고층형 지배구조와 평면형 지배구조로 구분될 수 있으며, 통제구조의 방식에 따라 집권형 지배구조와 분권형 지배구조로 나누어질 수 있다(김영호, 2009).

(2) 기계적 구조와 유기적 구조

설계모형을 기준으로 조직구조를 구분한다면 기계적 구조와 유기적 구조로 나눌 수 있다. 기계적 구조(mechanistic structure)는 고전적 조직모형을 구조화한 것으로 기능별로 과업을 전환하고 복잡한 부문화를 통해 조직원의 직무를 전문화함으로써 책임과 권한을 명확히 하는 구조이다. 이런 기계적 구조는 규칙이나 절차가 세부적이며 직무 표준화의 정도가 높고, 의사결정권이 상층부에 집중되어 있고 조직 계층이 세분되어 있는 것이 특징이다. 이로 인해 개인 재량이 허용되지 않고 상황에 맞는 융통성 있는 업무수행이 어렵다는 점에서 조직을 둘러싼 환경변화에 기민하지 못한 조직이 될 수 있다(장설훼, 2010).

이에 비해 유기적 조직(organic structure)은 직무나 권한, 그리고 책임이 구체적으로 규정되어 있지 않아서 환경변화에 융통성 있게 대응할 수 있는 조직을 말한다. 따라서 유기적 조직은 직무 표준화의 정도가 약하고 규칙이나 절차가 엄격히 적용되어 있지 않으며 의사결정 구조도 분권적인 특성이 있다. 일반적으로 조직이 안정성을 띠고 변화의 폭이 작은 상황에서는 기계적 조직구조가 적용 가능성이 크지만 조직 자체가 불안정하고 변화 가능성이 많은 상황에서는 조직을 탄력적으로 움직일 수 있는 유기적 조직구조가 적합할 것으로 보인다(민 진, 2009).

(3) Mintzberg의 다섯 가지 조직유형

Mintzberg(1979)는 조직을 다섯 가지 유형으로 구분하고 있다. 첫째, '단순구조'로 동태적인 환경 속에서 소규모의 신생조직에 적당한 구조이다. 이런 조직의 경우 단순하기에 업무는 권력의 최상층에 의해 직접적인 관리 · 감독으로 이루어진다. 둘째, '기계적 관료제 구조'로 안정적인 환경 속에서 단순한 기술을 활용하는 대규모 조직에 적합한 구조이다. 업무의 조정은 작업하는 과정의 표준화를 통해 결정되므로 기술관료가 조직의 핵심이다. 이런 조직구조는 업무의 중복을 지양할 수 있으며, 유사한 업무끼리 묶어 놓았기 때문에 일정한 규율과 규칙에 따른 익숙한 환경 속에서 과업을 수행함으로써 업무의 효율성을 최대한 끌어올릴 수 있는 장점이 있다. 셋째, '전문가적 관료제'로 조직원들의 높은 전문성을 전제로 수평적 분권화를 특징으로 한다. 이런 조직구조는 안정적인 환경 내에서 복잡한 기술을 활용해야 하기에 작업기술의 표준화가 중요한데 전문화된 과업 수행원들로 인해 관리가 수월하다는 장점이 있다. 넷째, '사업부제 관료제'로 각 사업 부문이 분화되면서 자기 의사결정 권한을 갖는 완전한 독립기능의 역할을 수행하는 구조이다. 이런 조직구조는 중앙 차원의 책임과 권한을 사업부제로 이양함으로써 대내외 환경에 신속히 대응해 나갈 수 있으며, 이에 따라 생산이나 서비스 측면에서 다양하고 다각적인 중간관리자의 역할이 중요시된다. 따라서 경영층의 감독범위에 한계가 있는 대규모 조직에 적합하며, 업무의 조정은 산출물의 표준화를 통해 이루어진다. 다섯째, '애드호크라시(위원회 구조)'로 대내외 환경구조가 동태적이며 복잡하고 요구되는 기술이 난해한 상황에 적합한 구조이다. 이런 조직구조는 수평적 분화를 기반으로 위원회 조직처럼 문제해결을 위해 별도의 전문가들로 조직된 것으로 일상적인 업무수행이 아닌 신속하고 유연하게 과제를 처리하는 수행구조이며, 과업의 조정은 조직원들 간의 상호조정을 통해 일어난다.

2. 사회복지조직의 조직구조

사회복지조직은 본질적으로 휴먼서비스(human service)를 제공하는 공익적 성격의 조직으로 전문가인 사회복지사와 다양한 전문직종의 인력들로 구성되어 있어 일방적인 지시와 통제의 관리 방식으로는 한계가 있다. 따라서 내부적인 목표설정과 활동방향에 관한 합의도출이 어렵다(강종수, 2011). 또한 다양한 욕구를 가진 클라이언트에게 전문적인 개입 및 실천을 해야 하며 때로는 단순히 서비스 제공자의 역할을 넘어 옹호자로서 사회행동가의 역할을 해야 하는 등 일반적인 공공행정조직과는 다른 성격을 가진다. 사회복지조직의 특징에 대해 Hasenfeld(1992)는 사회복지조직의 원료는 가치 중립적이지 않고 고유의 가치와 인간성, 도덕성, 정체성을 갖는 인간이며 클라이언트의 가치에 대해 도덕적 판단을 해야 하고, 여성 인력이 지배적이면서 제도화된 조직으로서 다양한 환경적·이념적 요구를 수용해야 하며, 특히 조직 활동의 핵심은 클라이언트와 직원 간의 관계에 있다고 하였다(염규성, 2021). 또한 복잡하고 미묘한 인간을 상대하여 휴먼서비스를 제공하는 사회복지서비스는 근본적으로 표준화하기 어렵고 이에 관한 지식과 기술도 완전하지 않다. 따라서 이러한 특징을 가진 사회복지조직은 그 구조적인 측면에서도 높은 수준의 수평적 분화와 전문가 집단의 규율과 규칙에 입각한 표준화 그리고 높은 수준의 분권화를 특징으로 하는 전문적 관료제 구조를 가질 것으로 예견할 수 있을 것이다(김성근, 2015).

1) 공식조직과 비공식조직

오늘날의 조직은 대부분 공식조직과 비공식조직으로 구성된 사회적 시스템을 가지고 있으며, 사회복지조직 또한 예외일 수 없다. 따라서 사회복지조직에서 일어나는 현상이나 해당 조직의 대내외 환경 속에서 일어나는 조직문제를 해결하기 위해서는 공식조직과 비공식조직의 역할을 구별하여 이해하는 것이 필요하다.

먼저 공식조직이란 사회복지조직의 공식적인 목표를 달성하기 위해 의식적이고 인위적으로 만들어진 조직을 말한다. 즉, 공식조직은 해당 조직의 공식적인 목표에 따라 형성됨에 따라 공식조직의 구성원은 목표나 과업이 비교적 명확하게 규정되어 있다. 사회복지조직에서 공식조직으로서의 특징을 살펴보면 다음과 같이 설명할 수 있다(황시연, 2002). 첫째, 사회복지조직의 미션과 비전을 달성하기 위한 인위적이고 계획적으로 형성된 조직이다. 둘째, 사회복지조직의 조직목표는 공식적으로 하나의 목표를 향해 조직 전체가 통합되어 있다. 셋째, 사회복지조직의 구성은 주어진 목표를 향하여 규정에 따라 합리적으로 모든 사적 감정을 배제하고 행동하도록 요구되며, 거대한 조직적 기구 안에 하나의 톱니바퀴가 되도록 요구된다. 넷째, 사회복지조직은 해당 조직이 속해있는 대내외 환경 속에서 조직목표를 승인받기 위해 다양한 이해관계자들과의 상호작용이 필수이다. 이를 위해 외면적으로 가시적이며 명문화된 조직으로서 차별화된 전략이 필요하다. 다섯째, 사회복지조직에서 리더는 제도적인 권한과 더불어 영향력을 행사한다. 이는 권력이나 권한의 위임, 그리고 의사결정, 책임의 비중까지 포함된다.

반면에 사회복지조직에 있어서 비공식조직은 공식조직과는 달리 구성원들의 개인적 욕구 충족을 위해 자발적으로 구성되는 조직이며, 비공식적인 구조와 규범 및 행동방식을 갖는 조직을 말한다. 비공식조직의 형성요인은 내면적으로 뜻이 맞는 사람끼리 지위와 관계없이 인간의 기본적 욕구를 충족시키고자 자연적으로 발생한다고 볼 수 있으며, 조직 내부에 존재하고 있는 파벌이나 조직, 종교, 취미, 오락, 기호 등의 사항들로 이루어진다(오근영, 2000). 사회복지조직에서 이런 비공식조직이 조직의 미션이나 비전과 다른 목표를 가지게 되면 갈등이 발생하여 조직효과성을 저해할 수 있으며 비공식적인 의사소통은 잘못된 정보를 확산할 수 있기에 조직구성원 전체의 사기가 저하될 수도 있다.

그러나 비공식적 조직에 대한 인위적인 개입은 오히려 자연스러운 비공식적인 관계 형성을 제한하여 조직구성원들의 유의미한 정서적 상호작용을 방해하고 이로 인해 과업수행에 대한 동기부여까지 훼손하는 결과를 가져올 수 있다는 측면에서 비공식조직의 긍정적인 기능을 적절히 활용하는 것이 더 중요하다고 할 수 있다. 사회복지조직에서의 비공식조직의 순기능을 살펴보면 다음과 같다(박하탁, 2001). 첫째, 구성원에게 귀속감과 안정감을 가지게 함으로써 직무집단을 안정화한다. 둘째, 구성원 간의 협조로 능률적인 업무수행이 가능하다. 셋째, 구성원 사이에 정보를 교환할 수 있는 유효한 소통의 통로가 된다. 넷째, 구성원의 욕구불만과 좌절감 및 기타 정서적인 문제에 대한 안전판의 역할을 한다. 다섯째, 조직구성원의 창의력을 발휘하고 자기혁신을 도모하게 함으로써, 상급자의 명령이나 능력에 결함이 있을 경우 보완해 주는 역할을 한다. 여섯째, 사회복지조직의 생리 파악의 유효한 수단으로 활용할 수 있다. 즉, 관리자는 비공식적 조직을 통해서 조직 내의 상황과 조직구성원의 업무태도를 정확히 파악할 수 있다.

2) 수직조직과 수평조직

수직조직은 명령이나 복종 관계를 한 수직적 구조를 형성함으로써 조직의 목표를 달성하고자 하는 구조를 갖는 조직을 말한다. 이러한 수직조직은 관료화 및 기능적인 언어로 표현되며 조직 상하 간에 정보 채널이 효과적일 때에는 조직 신뢰도를 높일 수 있는 특징을 가진다. 일반적인 사회복지조직의 경우 관장–부장–과장–팀장–대리와 같은 피라미드식 구조로 설명할 수 있다.

수직조직의 장점으로는 첫째, 조직성과에 대한 예측 가능성이 상대적으로 높기에 신뢰성을 담보할 수 있고, 둘째, 생산 효율성을 증대시키는 데 유리하며, 셋째, 빠른 의사결정이 가능하고, 넷째, 명확한 과업 구분으로 인한 개인성과평가가 정확하다고 할 수 있다. 반면 단점으로는 첫째, 명령과 복종 관계를 근간으로 하고 있기에 불평등과 차별성이 존재하며, 둘째, 관료제의 한계인 관리자의 지나친 권한집중과 업무의 과부하 및 독단적 조치로 인한 잘못된 결정을 예방하기 어렵다. 셋째, 조직의 경직성 및 부서 간 경쟁적 근무태도로 인해 타 부서와의 협업이 원활하지 못할 수 있다. 따라서 수직구조의 효율성을 발휘하기 위해서는 대략 30인 이하 소규모 조직으로 과업의 자동화율이 높거나 단순 업무비중이 높은 조직이나 기술집약적 소기업 등에 적용하는 것이 유리하다.

한편 수평조직은 일반적으로 참모조직이라고도 하는데 수직조직이 원활한 기능을 수행하도록 지원함으로써 조직목표 달성에 기여하는 구조를 말한다. 수평조직은 주로 팀제 운영방식으로 나타나는데, 팀장이 팀원들을 지휘나 통제가 아닌 전문적인 방법으로 팀원들과 평등한 업무를 수행하는 것이 특징이다. 따라서 토론문화가 자연스럽게 형성되며 그 속에서 상호지식이 공유되고 시너지 효과가 나타날 수 있다.

수평조직의 장점으로는 첫째, 조직구성원들의 기술 집약도가 높고 전문성을 지닐수록 더 많은 성과를 낼 수 있다. 둘째, 조직이 평등하고 안전하며 자율적인 근무 분위기 형성으로 인한 유연성을 확보하기 쉽다. 셋째, 수평적인 협조체계를 구축하는 데 용이함에 따라 타 부서와의 협업이 한층 수월해질 수 있다. 넷째, 이러한 동반자적 문화형성으로 인해 창의적인 조직문화가 안정되게 뿌리내릴 수 있다. 반면 단점으로는 첫째, 노동 집중이 필요한 소규모 조직에서 토론문화를 정착시키기 위한 시간 투자는 단기적 생산성 향상에 악영향을 끼칠 수 있다. 둘째, 조직 내 인사 관계의 복잡성으로 인해 역할 및 권한과 관련하여 불협화음이 일어날 가능성이 크다. 셋째, 빠른 결정과 판단이 필요하지만, 최종 의사결정에 시간이 많이 소요될 수 있어 경쟁에서 불리할 수 있다. 따라서 수평구조의 효율성을 발휘하기 위해서는 30인 이상 대규모 조직으로 서비스 산업이나 프로젝트성 융합적 산업 등에 적용하는 것이 유리하다(박천귀, 2015).

3) 위원회 조직

위원회 조직은 각 계층에서 차출한 멤버로 구성된 위원회를 조직하여 기존 조직구조와는 별개로 특정 관계사항에 대해 각 부문별 의견 차이를 극복함으로써 전사적인 의사결정을 하는 조직을 말한다. 또한 집단지성으로 더욱 건전한 결론에 도달할 필요성이 있거나, 특정인에게 지나치게 권한을 부여하는 것을 막기 위해 의사결정에 집단토의 방법을 도입한 조직형태로도 설명할 수 있다. 위원회 조직의 장점으로는 원활한 의사소통을 도모하여 조직의 사기를 높일 수 있으며, 참가자들은 조직경영 전반에 참여함으로써 종합적인 판단력을 향상하는 데 도움이 된다. 다만, 집단결정으로 인해 시간과 비용이 많이 들 수 있으며, 위원회의 최종결정 권한이 위임되는 경우, 운영과정에서 소수의 유력 위원에 의한 전제가 될 우려가 존재한다.

4) 사업부제 조직

사업부제 조직은 해당 조직에서 사업부 단위를 편성하고 각 단위에 대해 생산, 마케팅, 재무 등 독자적인 관리 권한을 부여함으로써 해당 사업부서가 마치 하나의 독립적인 경영을 하는 분권적 조직구조를 말한다. 따라서 사업부제 조직은 자기 완결적 기능 단위로서 부서 간의 협력 및 조정이 용이하며, 위임된 권한을 활용하여 부서성과를 직접 측정할 수 있다는 장점이 있다. 또한 비교적 간단한 절차를 이용하여 조직 내 부서를 추가 또는 제거할 수 있으며, 다른 구조에 비해 전문적 조직부서를 가지는 데 유리하다. 다만, 사업부제 조직 간 조직이기주의로 인한 갈등이 유발되어 조정이 어려울 수 있는 단점이 있다.

5) 태스크 포스팀 조직

태스크 포스팀 조직은 기존 조직이 수행하기 어려운 일들을 제한된 기일 동안 효율적으로 해결하기 위해 임시 편성된 조직으로 구성원들에게는 전문적인 지식이나 능력이 요구된다. 부여된 과업을 달성하면 소속 부서에서 차출된 구성원들은 복귀한다. 이처럼 기존 조직의 직제에 구애받지 않고 여러 부서에서 필요 인원을 선발하기 때문에 유동적인 특성을 가진다. 그리고 때에 따라서 새로운 조직을 구성하는 근간이 되기도 한다. 이처럼 집단 간 갈등 해결, 통합 내지는 임시과제를 해결한다는 점에서 프로젝트팀과 유사하지만, 프로젝트팀 조직은 상대적으로 대규모이고 장기적인 사업을 중심으로 외부 전문가를 포함하는 경우가 많다는 점에서 태스크 포스팀과는 구별하기도 한다.

3. 사회복지조직의 이사회

최근 사회복지조직의 효율성과 책임성을 요청하는 사회적 환경의 변화로 인해 사회복지조직의 지배구조를 개선해야 한다는 문제의식이 대두되고 있다. 따라서 사회복지조직에 있어 최고 의사결정기구인 이사회의 기능이나 역할이 더욱 중요해지고 있다(이은미, 2007).

비영리조직은 '공공의 목적을 달성하기 위한 민간조직'으로 사회복지조직과 같은 비영리조직에 있어 이사회는 조직의 전반적 운영에 대한 정책을 수립하고 결정하는 내적 기능을 수행하고, 자원을 확보하고 조직을 외부환경과 연결하는 외적 기능까지도 수행해야 할 책임을 가진 최고 상위기관이다. 따라서 사회복지조직 운영에서 이사회는 핵심적인 위치를 차지하고 있다고 볼 수 있다(강철희 외, 2001).

비영리조직 이사회의 기능과 역할에 대해 많은 학자들이 열거하고 있다. Axelrod (1994)는 비영리조직 이사회의 역할을 기관의 사명과 목적을 정하고, 행정책임자(CEO 또는 Executive Director)를 선임, 지원하며, 행정책임자의 업무수행을 점검하고, 미래계획을 세우는 것이라고 보았다. 또한 기관의 프로그램과 서비스를 승인 및 모니터하고, 재정을 관리하며, 재정자원 확보에 협력하고, 기관의 공적 이미지를 향상하며, 이사회 효과성을 강화하는 것으로 보았다.

Inglis 등(1999)은 이사회의 역할로서 전략적 활동, 조직운영, 자원계획이라는 3개 영역을 제시하였다. 전략적 활동은 기관의 사명과 비전을 확인하고 이를 통해 조직의 기초를 탄탄히 하고, 장기계획을 개발 및 평가하며, 직원이 제공하는 프로그램이나 서비스를 위한 정책을 수립하고, 이사회나 행정책임자의 업무수행을 평가하는 활동을 말한다. 조직운영은 프로그램이나 서비스 개발 및 전달, 조직의 이해당사자들의 이해관계 대변, 조직을 위한 기금모금, 신입 이사 선출 및 훈련 등의 역할을 포함한다. 자원계획은 예산할당, 유급직원 채용, 재정정책 수립 등에 관한 것이다. 이러한 세 가지 활동은 서로 연결되어 있는데, 전략적 활동은 외부 지역사회에 관심을 가지는 미래 중심적 활동이고, 자원계획 활동은 내부 및 외부 모두에 중심을 둔 활동이며, 조직운영은 내부에 초점을 맞춘 활동이다.

Bradshaw, Murray와 Wolpin(1992)은 비영리조직 이사회의 구성원들이 재정적 지원, 전략적 방향의 제시 및 프로그램의 개발 등에 있어서 중요한 역할을 해야 한다고 주장하면서, 다음 4개 영역과 관련된 이사회 역할을 제시한다. 첫째는 비영리조직이 달성하고자 하는 임무(mission)와 관련하여 신용보증책임(fiduciary responsibility) 및 조직의 기능수행과 관련된 역할, 조직 임무의 설정, 조직의 다양한 이해 당사자들에 대한 책임, 조직 임무를 반영한 정책 형성, 윤리적 책임 및 조직의 정관 실행 등이다. 두 번째 역할은 주로 기획(planning)이라는 측면과 관련된 활동이다. 구체적으로는 재정 관련 기획, 예산 수립, 인적자원 관련 기획, 장기전략의 수립 등을 포함한다. 세 번째 역할은 비영리 이사회는 CEO의 선출 및 고용, 업무수행평가 그리고 법적인 책임과 관련된 활동을 수행한다. 마지막으로는 지역사회와의 관계

(community relations)를 유지하기 위한 활동으로 특정 프로그램 및 서비스 개발 및 전달, 조직 관련 집단의 이해 대변, 기금모금, 조직 권익 옹호 및 지역사회와의 관계 형성을 위한 역할 등을 포함한다(이은미, 2007).

이상과 같이 비영리조직 이사회의 기능과 역할에 대해 해외 학자들 중심으로 살펴보았는데, 주목해야 할 점은 한국적 상황에 비추어 봤을 때 이사회 역할이 매우 크다는 점, 그리고 가장 중요한 역할 중의 하나가 재정자원 확보라는 것이다. 한국의 많은 사회복지조직 이사회의 활동이나 역할이 형식적이고 효과적이지 못한 것으로 평가받고 있다. 여기에는 여러 가지 이유가 있겠으나 가장 주요한 원인 중 하나는 사회복지조직 설립자가 자신의 가족이나 개인적 연고가 있는 인사들을 이사로 영입하거나 사회적으로 지위가 있는 유명인사 또는 전문직에 종사하는 사람들에게 이사 직함을 주고 형식적인 역할을 요청하는 관행에서 기인한 것으로 추측해 볼 수 있다. 이렇게 영입된 이사들은 이사의 역할이나 책임을 수행하지 못하고, 단순한 거수기의 역할을 하거나 이름만 올려놓는 이사로 남게 된다. 또한 아직 시민의 자발적이며 민주적인 사회참여 분위기가 형성되지 못했기 때문에 선진 외국의 경우처럼 책임성 있고 실질적인 역할을 하는 이사회(강철희 외, 2001)가 구성되지 못하는 것으로 볼 수 있다.

최고의 의결기구인 이사회가 조직의 미션이나 사명을 공고히 하고 이에 부합한 사회복지서비스를 전달할 수 있도록 정책을 결정하고 평가하며, 모니터링해야 함에도 불구하고 현실적으로 이러한 역할 수행이 이루어지지 못하고 있다(이은미, 2007). 물론 비영리조직에 있어서 이사회가 수행하는 주요한 기능인 조직의 전략형성은 주로 조직의 장이나 간부의 역할이며, 이사회는 이런 전략의 실행 이전에 제시된 전략에 대해 검토하고 평가하는 것이 주요한 역할이라고 주장하고, 오히려 조직의 장이나 간부의 특성이 비영리조직의 지배구조에 있어서 더 중요하다고 지적하면서, 이사회가 법률상의 명목적인 기구로서 존재하는 현재의 한국적 상황에서 비영리 이사회의 역할을 설명하는 데 훨씬 더 설득력이 있을 수도 있다(Cook & Brown, 1990).

하지만 이러한 사회복지조직의 지배구조하에서 이사회의 역할은 축소될 수밖에 없으며 이사 또한 조직에 대한 애착심과 관심에서 멀어짐에 따라 이사회는 정기적인 통과의례로 전락할 수밖에 없다. 이는 사회복지조직의 특성상 목적사업을 수행하기 위한 다양한 재원 확보가 필수임에도 불구하고 이사진들을 활용한 재정자원 확보가 어렵게 됨에 따라 조직의 지속가능성에도 악영향을 끼칠 수밖에 없다는 점을 인식할 필요가 있다.

4. 조직문화 개념

조직문화는 조직구성원들에 의해 계승되고 형성되는 공유의 관습 및 지식, 가치관, 신념, 기술 등이 결합한 행동 준거의 틀로 이해할 수 있으며, 조직구성원들의 인식과 행동에 영향을 준다. 조직구성원들의 내적 통합과 조화를 이루고 조직 유효성의 제고를 위해서 건전한 조직문화 형성이 중요하다 할 수 있다(이동기, 2012). 조직문화가 중요한 요인으로 작용하는 이유는 조직문화를 통하여 구성원들이 조직 내에서 공통으로 생각하는 사고체계, 행동 양식, 가치관 등을 파악할 수 있고, 이러한 것을 조직 및 팀 목표에 일치시킴으로써 조직의 성과 향상에 기여할 수 있기 때문이라고 할 수 있다(김영헌, 2014). 사회복지기관에서는 외부환경에 대한 의존도가 높고, 외부환경변화에 민감한 특성이 있으므로 외부환경에 적극적으로 대응하는 조직문화를 형성하는 것이 조직의 핵심 전략이며 필수 과제라고 할 수 있다(지수민, 2019).

조직문화는 사회복지조직 구성원들의 활동범위 및 활동과정에 영향을 주기 때문에 주요 과업달성 정도인 성과가 서로 다르게 나타나게 된다. 따라서 사회복지기관은 어떤 조직문화를 형성하고 발전시키느냐에 조직의 성패가 달려있다(김년희 외, 2018). 따라서 사회복지 기관장은 구성원들이 자신의 능력과 잠재력을 최대한 발휘하여 다양하고 복잡한 사회적 요구와 문제에 적극적인 대처가 가능할 수 있도록 구성원들이 기대하는 조직문화를 조성해야 할 필요가 있다(지수민, 2019). 조직문화란 사회복지 기관장과 그 구성원들이 목표를 효과적으로 달성하기 위한 과정에서 나타나고, 이렇게 형성된 조직문화는 사회복지사의 성과를 향상하는 결정적인 요인이 되기 때문이다(한은아, 2016).

1) 조직문화 정의

조직문화에 대한 정의를 살펴보면, Ouchi(1981)는 조직문화를 해당 조직이 가지고 있는 전통과 분위기로서 조직의 신념, 가치관 및 행동 패턴을 규정하는 기준이라고 하였으며, Denison(1984)은 해당 조직의 핵심적인 정체성을 형성해 주는 신념, 가치, 행동 유형의 집합으로 보았다(박정수, 2008). 또한 Sathe(1985)는 조직문화를 구성원들이 보편적으로 공유하고 있는 중요한 가정(assumption)이라고 주장하였으며, Schein(1985)은 조직문화를 조직구성원들이 상호 작용할 때 관찰할 수 있는 행동 규칙성, 조직이 강조하고 있는 지배적인 신념이나 가치, 조직구성원과 이해관계자에 대한 정책 수립의 지침이 되는 철학이라고 규정하고 있다(이정호, 2005).

여러 학자들에 의해 다양하게 정의되는 조직문화에도 몇 가지 공통적인 특성을 보인다. 즉, 조직문화는 조직구성원들 간에 공유되고 있으며, 계승된다는 것이다. 또한 조직문화는 조직구성원들의 태도 및 행동에 영향을 미치고, 환경에 대한 강한 적응력을 가지고 있다는 점이다(박정수, 2008). 따라서 이러한 조직문화를 하나의 개념으로만 이해하는 것은 잘못된 것이며, 해당 조직에 공유되는 문화는 그 조직의 분위기이나 가치관, 철학, 가치, 이념 또는 조직관리 방식 모두가 포함된 총체적인 개념으로 이해해야 할 것이다. 이와 같은 개념으로 사회복지 조직문화의 특성을 정의해 보면 다음과 같다(신윤화, 2005).

첫째, 사회복지조직에 근무하고 있는 사회복지사들은 가치관과 이념이 같아야 한다고 본다. 사회복지를 실행하는 데 있어 가치관이 다르다면 서로 신뢰하지 못하고 마음을 열어 클라이언트들에게 미시적으로 접근하기보다는 거시적인 접근으로 문제를 해결하고자 할 것이다. 따라서 조직에서 함께 고민하는 사회복지사들은 서로의 가치관을 공유하면서 클라이언트들의 문제를 해결하는 능력이 향상됨에 따라 효과성과 효율성이 배가 된다고 보는 것이다. 둘째, 조직문화는 공유할 수 있어야 한다. 가치관이 같음으로써 동료 간의 친밀한 관계 속에서 상호작용하는 것이 선행되어야 한다. 어느 한 사람이 학문과 기술적인 부분이 뛰어나다고 해도 그 정보가 공유되지 않는다면 그 기관은 사업 결과에 있어서 효과성이 몇 배나 다른 기관에 비해 뒤떨어진다고 보는 것이다. 셋째, 조직문화는 학습문화로 유지해야 한다. 학습적인 문화가 선호되지 않는다면 그 기관은 정체되어 있다고 볼 수 있다. 사회복지는 환경 속에서 변화를 추구하기 때문에 환경과 시대에 따라 학습문화를 유지해야 한다. 넷째, 조직문화는 전승되어야 한다. 기관에 신규 직원이 입사하게 되면 선임들이 기관 문화를 빠른 시일 내에 적응시키기 위해서 신입 오리엔테이션을 한다. 오리엔테이션을 통해 기관을 빨리 이해할 수 있고 사업의 효과성 또는 효율성을 높이는 데 많은 영향을 차지할 것이라고 보기 때문에 조직문화는 전승되어서 그 기관만의 특성을 만들고 유지해야 한다고 본다. 이상을 종합해 보면 모든 조직은 조직문화를 가지며, 조직문화는 사회복지사가 공유하는 가치로서 학습되고 전승되며, 조직문화가 조직 활동에 미치는 영향은 은밀하면서도 강력하고 각 조직의 조직문화는 독특하다고 본다. 따라서 조직문화는 정확하게 표현할 수 없는 것이면서도 조직을 이끄는 원인이라고 말할 수 있으며, 조직의 밑바닥에 흐르고 있는 정신적인 배경이라고도 볼 수 있다(김광호, 2003). 또한 조직문화는 구성원들의 사고와 행동에 방향과 힘을 주는 바탕으로서 조직구성원들을 결합시키고 그들에게 일의 의미를 부여해 주며 바람직한 행동을 유도하는 중요한 요소가 된다(신운화, 2005).

2) 조직문화의 구성요소

Schein(1983)은 문화의 수준을 추상적인 것에서부터 구체적인 것까지 세 종류로 구분하였다. 첫 번째는 묵시적 가정으로서의 문화(culture as a tacit assumptions)로 가장 심층적이고 추상적인 것을 묵시적 가정으로 보았다. 예를 들면, 인간성의 본질은 무엇인지, 인간관계의 본질은 무엇인지, 진리와 현실의 본질은 무엇인지, 인간과 환경과의 관계는 무엇인지 등의 영역으로 분류하였다(최소연, 2015). 이 영역은 구체적이지는 않지만, 조직구성원들이 가지고 있는 이념적인 기본적인 관념이라고 볼 수 있다. 두 번째는 공유하는 가치로서의 문화(culture as shared values)로 가치를 바람직한 것에 대하여 공통으로 갖는 신념으로 보았다(팽애유, 2018). 가치는 문화에 대한 기본적인 가정을 반영한다. Hoy와 Miskel(1987)에 따르면 가치란 문화의 수준 중 묵시적 가정 다음에 해당한다. 묵시적 가정으로서의 문화보다는 조금 더 구체적이며 표면적이다. 조직구성원들이 조직이 가지고 있는 공유가치가 무엇이고, 조직이 추구하는 가치가 무엇인지를 이해하게 되면 그들은 의사결정과정에서 조직이 추구하고자 하는 기준에 부합하기 위해 노력할 것이다. 그렇게 되면 조직구성원은 조직에 대한 자부심을 느끼고 해당 조직에서 근무하는 것에 대한 자부심을 느낄 것이다(Deal & Kenndy, 1982). 마지막은 공유하는 규범으로서의 문화(culture as shared norms)이다(최소연, 2015). 이는 앞서 이야기한 묵시적 가정이나 공유된 가치로서의 문화보다 훨씬 구체적이고 표현적인 문화이다. 규범이란 조직구성원들이 조직의 목적 달성을 위하여 지켜야 하는 법칙이나 원리를 말한다. 그러나 규범은 조직구성원의 행동을 규제하면서도 문서화되지 않는 조직의 비공식적 기대이다. 따라서 규범은 조직구성원 행동에 직접적인 영향을 미치며 조직문화를 이해하는 데 구체적인 도구가 될 수 있다. 이처럼 수준별로 추상적인 것에서부터 구체적인 수준에 이르기까지 문화를 이해한다면, 사회복지조직을 운영하는 과정에서도 실질적인 도움이 되는 객관적인 시사점을 이해하는 데 필요한 작업이라 볼 수 있다.

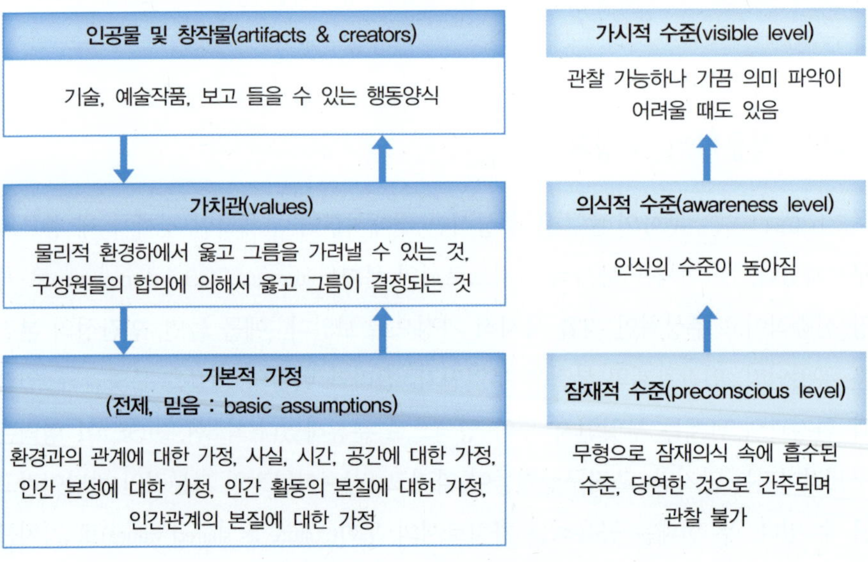

|그림 5-1| 핵심조직행동론

출처 : 김준식 외(2007). 핵심조직행동론.

Pascale과 Athos(1981)는 조직문화의 구성요소로 7S를 제시하고 있다. 7S는 공유가치(Shared value), 목표 달성을 위한 전략(Strategy), 전략수행에 필요한 구조(Structure), 의사결정과 조직운영에 필요한 시스템(System), 구성원(Staff), 리더십 스타일(Style), 관리기술(Skill)을 말한다(봉미란, 2019). Deal과 Kennedy(1982)는 조직문화를 형성하는 중요한 요소로 조직을 둘러싼 환경, 조직의 기본 가치, 조직을 발전시키기 위한 관습, 중심인물인 영웅, 의례와 의식, 문화적 네트워크가 어떠한가에 따라 조직문화가 달라진다고 하였다(최소연, 2015).

이러한 구성요소를 효율적·효과적으로 관리하는 리더가 있는 조직에서는 강한 문화가 형성될 것이며, 이러한 강한 문화가 주변 상황과 적합성을 가질 때 조직성과에 긍정적인 영향을 끼친다고 강조하고 있다. 또한 Rousseau(1989)는 조직문화 구성요소를 기본 가정(basic assumption), 행위적 규범(behavior norms), 가치관(values), 행위패턴(patterns of behaviors), 물질적 가공물(material artifacts)로 설명하고 있다(봉미란, 2019).

이처럼 조직문화의 구성요소는 다양하게 열거되고 있지만, 조직구성원과 전체 조직의 행동을 통제하는 기본 전제와 가치는 모두 강조되고 있다. 더불어 조직문화는 상위문화와 하위문화로 구성된다(이학종, 1991). 상위문화는 다양한 하위문화로 구성되어 있으며, 하위문화는 팀이나 부서의 구성원들이 공통문제, 목표, 경험을 공유하면서 형성된다. 사회복지조직은 공유하는 가치를 통해 독특한 하위문화를 만들 수 있다. 이처럼 조직문화는 단순한 일방적 관계를 맺는 것이 아니라 상·하위문화 간의 상호작용을 통해 서로에게 적절한 영향을 주며, 이러한 관계를 통해 고유한 조직문화가 만들어지고 유지되는 것이다(최소연, 2015).

5. 조직문화 유형

조직문화의 유형을 살펴보는 이유는 조직의 공통적 특성과 문제를 중심으로 조직문화를 고찰하려는 편의성(강흥구, 2001)과 사고의 간결성 때문이다. 또한 이를 통해 조직문화의 기본적인 구조와 관계를 인식시켜 주고 유형 간의 비교가 가능하게 한다. Harrison(1972)은 조직 문화적 특성이 조직의 이념적 지향에 따라 달리 형성된다고 정의하고, 그 유형을 권력지향, 역할, 과업, 인간문화로 분류하였다(박종균, 2016). Jones(1983)는 구성원 사이의 교환 혹은 거래를 통제하기 위해서 발전된 제도적 장치인 재산권의 구조에서 조직문화가 생성된다고 보았으며, 조직문화를 생산, 관료적, 전문적 문화로 구분하였다(최소연, 2015). Sethia와 VonGlinow(1985)는 구성원 자체에 대한 배려와 구성원의 실적에 관심을 가지면서 조직문화를 냉담문화, 배려문화, 엄격문화, 통합문화로 구분하였다(박종균, 2016).

조직문화 유형은 한 가지만으로는 규정하기 어려우며, 목적과 범위에 따라 접근방법이 매우 다르게 나타난다. 사회복지조직은 다양한 클라이언트 욕구 중심의 서비스 공급체계를 갖추며 맞춤형 프로그램을 제공하는 역할을 담당하고 있는데, 이는 사회서비스의 선택권이 클라이언트에게 있다는 의미로 해석할 수 있다. 따라서 서비스 제공자로서 사회복지조직과 구성원들은 클라이언트의 욕구에 부합하는 서비스를 제공하기 위하여 기존의 자원과 서비스를 확충해야 하며, 클라이언트들의 복지 욕구가 갈수록 다양화되기 때문에 이를 충족하기 위한 사회서비스 또한 복잡하고 세분될 수밖에 없다. 사회복지조직에 종사하는 구성원들은 이런 과정에서 업무처리와 관련한 다양하고 포괄적인 역할을 요구받게 되며, 그만큼 다양한 체계와 접촉하고 세밀한 직무를 수행하게 된다(김용준, 2017).

이와 같은 특성의 사회복지기관 조직문화 유형으로는 Quinn과 Kimberly(1984)의 모형이 국내의 휴먼서비스 조직과 환경 간의 밀접한 관계가 있다고 유용성이 밝혀진 바가 있다(장경원, 2005). 따라서 본 교재에서는 이를 채택하여 자세히 살펴보고자 한다. 이들은 조직문화를 정보처리 관점에서 환경으로부터 입수한 단서나 정보, 자료에 대하여 적어도 두 가지 방향으로 구분해서 각각 다르게 인식한다고 하였다. 첫 번째는 외부환경에 대하여 얼마나 확실성을 가지고 대처하느냐에 따라 변화에 대한 예측력, 이해력이 낮을수록 인간 중심적인 조직 분위기를 조성하는 특징이 있지만, 변화에 대한 예측력, 이해력이 높은 조직일수록 조직은 집중화·통합화되며 과업 중심적인 성격을 지니게 된다고 하였다(이규홍, 2015). 두 번째는 외부환경 변화에 대하여 얼마나 적극적인 반응을 보이느냐에 따라 장기적인 반응을 보이는 형태와 적극적이고 개방적인 반응형태를 보이는 조직으로 구별되는데, 적극적인 반응을 보일수록 목표지향적, 성과지향적으로 되고, 장기적인 반응을 보이는 조직에서는 경험지향적이고 체제 유지적 성향을 보이게 된다고 하였다(강흥구, 2001). 그러면 본 교재에서 살펴보고자 하는 조직문화 유형에 대한 구체적인 내용은 다음과 같다.

1) 집단문화(Group Culture)

집단문화의 특징은 구성원들의 동기를 유발하여 상호 간의 신뢰감과 화목, 그리고 우의적 관계와 집단의식을 강조하는 반면, 환경변화에 대한 적응 행동에서는 비교적 소극적인 경향을 보인다(강흥구, 2001). 이러한 특성으로 인해 집단문화는 조직의 유연성과 내부의 체제 유지에 가치를 두고 있다. 또한 성실, 신뢰 관계가 핵심적인 가치이며, 동기부여 요인은 애사심, 구성원의 자격 등으로 리더는 참여적이고 온정적이다(신은숙, 2004). 이 문화에서는 조직구성원의 참여와 몰입이 조직 효과성에 큰 영향을 미친다. 따라서 집단문화에서는 구성원들 간의 신뢰감과 친밀감, 인간적 유대감, 집단의 결속력과 사기, 구성원들 간의 개방성과 공동의식, 문제 발생 시 구성원들 간의 상부상조, 인간적 배려, 참여적 의사결정과 같은 특징이 비교적 강하게 나타난다(김두열, 2010). 인적자원을 강조하는 조직의 문화가 여기에 해당하며 일본기업의 조직문화 유형이 집단문화 유형에 해당한다(Kimberly & Quinn, 1984).

이러한 관점에서 본다면 사회복지조직의 경력이 짧은 사회복지사들의 경우 집단문화를 선호하는 것으로 판단되기에 집단문화는 조직에 기본적인 문화라고 여겨질 수 있다.

2) 개발문화(Developmental Culture)

개발문화는 구성원 상호 간의 협력을 통하여 동기를 유발하고 능력을 최대한 발휘하며, 외부환경에 적극적으로 대응해 나가는 특징이 있다(박정희, 2017). 새로운 아이디어의 개발과 개방적 상호작용, 모험과 도전, 신속하면서도 융통성 있는 업무 처리와 같은 특성이 나타난다. 또한 유연성과 변화를 강조하며, 창조성과 외부환경에 대한 적응이 중요하다. 동기부여의 주요 요인으로는 창조성, 다양성 등이 강조되며 리더는 창의력을 바탕으로 과감성을 갖고 새로운 가능성과 합법성, 그리고 외부 자원연계에 특별한 관심을 가져야 한다. 이와 더불어 의사결정과정은 신속하고 합리적으로 이루어져야 하며, 선형조직, 유기적 조직이 이상적인 형태이다. 개발문화는 대외 환경을 인식하고 그에 대해 적절히 반응하며, 조직 내부를 통합시키는 역할을 한다(Denison & Spreitzer, 1991). 이러한 문화는 사회복지사들의 경력이 많을수록 기관 문화를 습득하고 나서 사업에 몰입하게 되는데 그 과정은 개발문화를 선호하여 사회복지사들의 집단문화의 다음 과정이라고 본다(신운화, 2005).

3) 위계문화(Hierarchical Culture)

위계문화는 구성원들에게 공식적인 조직과 절차에 의해 안전하고 확실한 업무 처리를 강조하며, 조직의 장기적인 존속을 위한 운영의 지속성을 강조하면서 환경변화에 적극적으로 대처하기보다는 현상 유지에 더 많은 노력을 기울인다(신운화, 2005). 이 문화에서는 명확한 공식절차나 규정, 관습적인 업무 처리, 직권과 서열의식 등의 특성이 강하게 나타난다. 조직 내부의 능률, 조정, 일관성, 평가를 강조하며 동기부여 요인으로는 안전이나 질서, 규율 등이 중요하다. 리더는 보수적이며 행동 면에서 조심스럽다. 이런 조직에서는 높은 수준의 일상적이고 표준화된 활동을 수행하며 높은 복잡성과 공식화, 집권화 등의 구조적 특성을 보이고 있다. 효율성과 안전성을 추구하면서 단순하고 안정된 환경 아래에서 고도의 일상적인 기술을 활용하고 있는 비교적 대규모 조직에 효과적이다. 안정과 통제를 강조하는 피라미드형 조직, 관료조직에 부합하는 조직문화 유형이다(Kimberly & Quinn, 1984).

이와 같은 조직문화에서는 사회복지사들의 경력이 많을수록 기관에 적응하는 데는 어려움이 없을 것이라 본다. 그러나 조직을 둘러싸고 있는 다양한 환경변화에 적응하기 위해서는 상황에 따른 변화를 추구해야 하는데, 위계문화를 선호하는 조직구성원들은 변화과정에서 난관에 봉착할 것으로 보인다.

4) 합리문화(Rational Culture)

합리문화는 체계적이고 능률적인 조직관리를 강조하면서 환경변화에 적극적으로 대처해 나가는 특징이 있다(신운화, 2005). 따라서 목표설정, 계획수립, 그리고 능률적인 과업달성과 실적 위주의 업무관리와 같은 특성이 주로 나타난다. 합리문화는 생산성과 성과물, 목표 달성 등을 강조하고 있다. 합리문화의 목적은 조직의 목표 달성에 있으며, 동기부여는 경쟁과 목표의 성공적인 달성이다. 리더는 지속적인 생산성 향상을 추구한다. 따라서 리더는 지시적이고, 목표지향적이며, 일정한 구조 속에서 생산성 향상을 추구해야 하며, 합리적이면서도 신속하고, 또한 논리적이면서도 효율적이어야 한다. 계획성, 생산성, 효율성을 강조하는 시장형태나 미국형 조직이 합리문화 유형에 이상적인 조직이다(Kimberly & Quinn, 1984).

최고의 리더는 조직구성원인 사회복지사들에게 항상 변화를 요구하고 그 변화는 체계적, 목표지향적, 성과 중심적인 관점을 지향하고 있다. 그것은 조직의 생산성과 부합되는 것이기에 사회복지사들에게 합리문화는 매우 중요한 문화라고 판단된다.

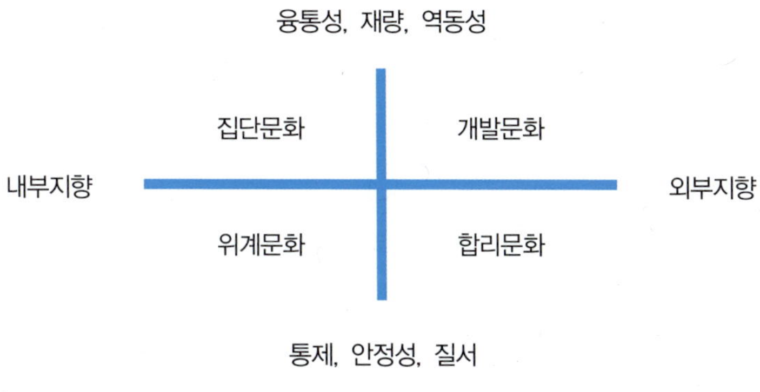

|그림 5-2| 조직문화 유형

출처 : Kimberly & Quinn(1984).

Chapter summary

조직구조를 어떻게 가져갈 것인지는 급변하는 사회환경 속에서 조직의 지속가능성을 좌우할 정도로 중요하다. 아울러 조직문화 또한 조직구성원들의 통합과 조화를 이루고 조직유효성을 제고하기 위해서라도 잘 조성할 필요가 있다. 이를 위해 먼저 조직의 개념과 특성을 파악하고 조직성과를 달성하기 위한 조직구조의 구성요소로 복잡성, 공식화, 집권화로 구분하여 살펴보았다. 조직구조의 유형을 파악하기 위해 직능구조와 지배구조, 기계적 구조와 유기적 구조, Mintzberg의 다섯 가지 조직유형 등을 분류하여 설명하였다. 사회복지조직의 조직구조를 파악하기 위해 공식조직과 비공식조직, 수직조직과 수평조직, 위원회 조직, 사업부제 조직, 태스크 포스팀 조직으로 구분하여 각각의 특성을 정리하였다. 조직문화에 대해 정의하고 사회복지조직의 조직문화 특성에 대해 살펴보고 조직문화를 구성하고 있는 요소들에 대해서도 살펴보았다. 아울러 조직문화적 특성에 따라 조직문화를 고찰하기 위해 조직문화 유형을 집단문화, 개발문화, 위계문화, 합리문화로 구분하여 설명하였다.

Case study

넷플릭스의 조직문화 : "공유하라, 솔직하라, 권한은 마음껏, 대신 책임져라"

넷플릭스 직원들이 공통적으로 이야기한 성공 비결과 전략의 핵심은 '자유와 책임'으로 요약되는 넷플릭스의 '조직문화'이다. 이들은 자유와 책임을 각자의 방식대로 업무에 적용하며 일하고 있다. 넷플릭스 직원들이 말하는 조직문화는 다음 세 가지로 정리할 수 있다.

원칙 1 : 모든 직원과 내 업무를 완전히 공유하라

넷플릭스는 모든 직원이 자신의 업무를 시작 단계에서부터 다른 사람들과 공유한다. 완전히 준비되기 전일지라도, 언제든 다른 팀이 볼 수 있도록 공유하고 있다. '내 일', '남 일' 나누기보다는 '우리 일'이라는 개념으로 접근하는 것이다. 부서 간 협업은 어느 단계에서든 자유롭게 이루어진다. 많은 경우 직장인들은 충분한 시간을 들여 자기 기준에 '완벽한' 결과물을 동료나 상사에게 선보이고자 한다. 아직 완성하지 않은 결과물을 공유하는 것이 다소 부끄럽기 때문이다. 하지만 '넷플릭서(넷플릭스 직원)'들의 생각은 다르다. 서로 일을 어떻게 진행하고 있는지 미리 알 수 있으면, 보완할 점이나 협조해야 할 사항을 사전에 파악할 수 있기에 업무를 효율적으로 빠르게 진행할 수 있다고 생각한다.

원칙 2 : 극도로 솔직하게, 끊임없이 질문을 던져라

넷플릭스는 솔직한 질문의 왕국이다. 동료들끼리 서로를 솔직하게 평가하고, 모르는 것이 있으면 바로 질문해 궁금증을 해소한다. 중요한 점은 솔직하게 질문하는 의도가 시비를 걸거나 견제하려는 게 아니라는 것이다. 더 좋은 아이디어가 있으면 받아들이고, 이를 통해 더 나은 결과를 만들어 낼 수 있다는 믿음과 공감대가 직원들 사이에 있다.

원칙 3 : 수장 대우받는 실무자, 책임의 무게도 견뎌야

넷플릭스에서 실무자는 자신의 영역에서만큼은 의사 결정권을 가진 수장이다. 넷플릭스 직원들은 실무자를 '인폼드 캡틴(informed captain · 가장 잘 알고 있는 수장)'이라고 부른다. 실무자는 자기 업무에 있어서 의사 결정권자나 다름없다. 불필요한 결재와 승인 체계는 없다. 다만, 캡틴 대우를 받는 만큼 결정에 따른 책임은 무겁다. '이 결정이 고객과 회사를 위한 최선의 결정인가'라는 기준에 합당한지 그 이유를 설명해야 하고 설득해야 한다. 또 그런 설명과 설득이 충분치 못했거나 혹은 성과를 내지 못했다면, 최악의 경우 회사를 떠나야 할 수도 있다는 의미다.

출처 : 조선비즈 이코노미 조선(2019. 7). 커버스토리. '조직문화의 넷플릭스'.

토론주제

1. 우리 조직의 조직구조 유형에 관해 설명해 보자.
2. 우리 조직이 조직문화 네 가지 유형 중에 어디에 속하는지 생각해 보자.

참고문헌

강종수(2011). 사회복지사의 임파워먼트 증진을 위한 조직구조 설계. **한국지역사회복지학**, 37, 285-303.

강철희 · 김희성(2001). 복지 비영리조직의 이사회 기능 효과성과 조직성과에 관한 연구. **한국사회복지학**, 44, 7-35.

강홍구(2001). 조직문화가 조직유효성에 미치는 영향에 관한 연구-의료사회복지사의 인식을 중심으로. **한국사회복지학**, 47, 7-33.

김광호(2003). 조직문화의 유형과 학습조직이 조직유효성에 미치는 영향에 관한 연구 : 중소기업을 중심으로. 창원대학교 경영대학원 석사학위논문.

김년희 · 조성숙(2018). 사회복지기관의 조직문화 유형이 사회복지사의 소진에 미치는 영향과 조직 내 갈등의 매개효과 분석. **보건사회연구**, 38(1), 한국보건사회연구원.

김두열(2010). 조직구성원의 감성지능이 직무태도에 미치는 영향에 관한 연구 : 조직문화유형의 조절효과를 중심으로. 금오공과대학교 대학원 석사학위논문.

김성근(2015). 사회복지전담공무원의 업무부담 합리화 방안 연구. 한국행정연구원.

김영헌(2014). 조직문화와 조직유효성과의 관계연구 –공유리더십의 조절효과를 중심으로. 경희대학교 대학원 박사학위논문.

김영호(2009). 조직구조가 직무태도에 미치는 영향에 관한 연구 : 중앙행정기관을 중심으로. 성균관대학교 대학원 박사학위논문.

김용준(2017). 사회복지관의 조직문화와 조직성과 관계에서 변혁적 리더십의 매개효과에 관한 연구. 서울벤처대학원 박사학위논문.

김준식(2007). **핵심조직행동론**. 대구 : 대명.

민 진(2009). **조직관리론**. 서울 : 대영문화사.

박재린(1998). **현대조직론의 이해**. 서울 : 무역경영사.

박정수(2008). 비영리조직의 기업가 정신, 조직구조 및 조직문화가 경영성과에 미치는 영향 : 비영리 사회복지기관을 중심으로. 진주산업대학교 벤처창업대학원 석사학위논문.

박정희(2017). 노인의료복지시설 조직문화와 조직유효성 관계 : 요양보호사의 감정 노동전략과 자기효능감의 매개효과를 중심으로. 예명대학원대학교 박사학위논문.

박종균(2016). 행정조직문화가 조직효과성에 미치는 영향에 관한 연구 : 서울특별시 양천구를 중심으로. 가톨릭대학교 행정대학원 석사학위논문.

박천귀(2015). 소기업의 수직적 조직과 수평적 조직에서의 경영성과에 관한 비교연구. 중부대학교 대학원 석사학위논문.

박하탁(2001). 학교내 비공식조직이 학교장의 리더십과 학교경영에 미치는 영향에 관한 연구. 용인대학교 교육대학원 석사학위논문.

봉미란(2019). 협동조합의 기업가 정신, 조직문화가 성과에 미치는 영향에 관한 분석. 숙명여자대학교 대학원 박사학위논문.

신운화(2005). 조직문화 유형과 사회복지사의 직무만족에 관한 연구 : 서울시 종합사회복지관을 중심으로. 가톨릭대학교 사회복지대학원 석사학위논문.

신은숙(2004). 병원간호 조직문화와 팔로워십(Followership) 유형이 임상 간호사의 조직몰입에 미치는 영향. 원광대학교 보건환경대학원 석사학위논문.

엄규성(2021). 사회복지기관 구성원의 인간관계와 적합성이 직무태도에 미치는 영향. 강원대학교 산업과학대학원 석사학위논문.

오근영(2000). 고등학교에서 교사의 비공식 조직과 직무만족에 관한 연구. 세명대학교 교육대학원 석사학위논문.

이규홍(2015). 직무특성과 조직문화가 직무만족에 미치는 영향에 관한 연구 : 중소기업을 중심으로. 경희대학교 경영대학원 석사학위논문.

이동기(2012). 조직문화와 경영전략이 조직유효성에 미치는 영향에 관한 연구. 용인대학교 대학원 박사학위논문.

이은미(2007). 사회복지조직 이사회의 역할과 발전 방안. **한국사회복지행정학회**, 9(2), 109-146.

이정호(2005). 기업가 정신, 조직구조, 조직문화 및 조직성과간의 관련성에 관한 연구. 영남대학교 대학원 석사학위논문.

이창원・최창현(2005). **새조직론**. 서울 : 대영문화사.

이학종(1991). **기업문화론–이론, 기법, 사례연구**. 서울 : 법문사.

이호선 외(2010). **조직이론과 설계**. 서울 : 한경사.

장경원(2005). 사회복지관의 조직문화유형이 사회복지사의 직무만족에 미치는 영향. 대구대학교 대학원 석사학위논문.

장설훼(2010). 조직구조와 조직문화가 조직몰입에 따라 직무만족에 미치는 영향에 관한 연구. 원광대학교 대학원 박사학위논문.

주효진(2004). 조직구조, 조직문화 및 조직 효과성의 관계에 관한 연구 : 업무특성별 기관분류를 중심으로. **행정논총**, 42(2), 서울대학교 행정대학원.

지수민(2019). 사회복지기관의 조직문화유형과 의사소통구조가 조직유효성에 미치는 영향. 우송대학교 경영대학원 석사학위논문.

최소연(2015). 조직문화가 조직성과에 미치는 영향력 연구 : 공공복지조직과 민간 지역사회복지관 비교를 중심으로. 건국대학교 대학원 박사학위논문.

최종태(1986). **현대인사관리–시스템**. 서울 : 박영사.

팽애유(2018). 조직문화의 조직유효성에 대한 영향력 : 거래적 · 변혁적 리더십의 매개효과 검증. 원광대학교 대학원 박사학위논문.

한은아(2016). 조직문화 유형이 사회복지사의 이직의도에 미치는 영향에 관한 연구. 서남대학교 대학원 박사학위논문.

황시연(2002). 비공식조직이 직무만족에 미치는 영향 : 공주시 지방행정공무원을 중심으로. 공주대학교 경영행정대학원 석사학위논문.

Axelrod, N. R.(1994). Board Leadership and Board Development. In R. D. Herman & Associates(eds.), *The Jossey-Bass Handbook of Non profit Leadership and Management*. San Francisco : Jossey-Bass.

Bass, B. M.(1985). *Leadership and Performance Beyond Exception*. New York : Free Press.

Bradshaw, P., V. Murray, & J. Wolpin.(1992). Do nonprofit boards make a difference. *Nonprofit and Voluntary Sector Quaterly, 21*, 227-249.

Cook, R. S., & N. W. Brown.(1999). Most effective and least effective boards of nonprofit human service agencies. *Group and Organization Studies 1594*, pp. 431-447.

Daft, R. L.(1999). *Leadership : Theory and practice*. Orlando, F.L. : The Dry den Press.

Deal, T. E., & Kennedy, A. A.(1982). *Corporate Cultures : The Rites and Rituals of Corporate Life. Reading*. MA : Addison Wesley.

Denison, D. R., & Spreitzer, G. M.(1991). Organization Culture and Organization Development : A Competing Values Approach. *Research in Organizational Change and Development, 5*, 1-21.

Hall, R. H.(1972). *Organizations*. Englewood Cliffs, N. J. : Prentice-Hall, Inc.

__________(1982). *Organization : Structure and Process*. New Jersey : Prentice-Hall.

Hasenfeld, Y.(1992). *Human Services as Complex Organization*. Newbury Park : Sage Publications.

House, R. J.(1976). A Path-goal Theory of Leader Effectiveness. *Administrative Science Quarterly, 16*.

Hoy, W. K., & Miskel, C. G.(1987). *Educational Administration Theory, Research and Practice*. NY : Random House.

Inglis, S., Alexander, T., & Weaver, L.(1999). Roles and responsibilities of community nonprofit boards. *Nonprofit Management & Leadership, 10*(2), 153-167.

Jones, G. R.(1983). Transaction Costs, Property Rights and Organizational Culture : An Exchange Perspective. *ASQ, 28*, 457-467.

Minzberg, H.(1979). *The Structure of Organization*. Englewood Cliffs, NJ : Prentice-Hall.

Pascale, R. T., & Anthony, A. G.(1981). *The Art of Japanese Management*. New Work : Penguin Books.

Quinn, R. E., & Kimberly, J. R.(1984). *Managing Organizational Transitions*. Homewood : Richard D. Irwin.

Rousseau, D. M.(1989). Psychological and Implied Contracts in Organizations. *Employee Responsibilities and Right Journal, 2*.

Schein, E. H.(1983). The Role of The Founderin Creating Organizational Culture. *Organizational Dynamics, Summer*.

Scott, W. R.(1992). *Organizations, Rational, Natural and Open System*. Englewood Cliffs : Prentice-Hall.

CHAPTER 06

인적자원관리

오늘날 빠르게 변해가는 사회환경, 사람들의 다양한 욕구와 가치관에 따라 사회문제 또한 복잡해져 가고 있다. 이에 대한 방안으로 사회복지조직에서 종사하는 사회복지사들이 전문적인 기술과 지식으로 다양한 서비스를 제공해야 할 필요성이 더욱 요구된다. 이러한 상황에서 사회복지조직의 업무 활동 성과와 서비스 질은 사회복지사들의 전문성이 어떻게 발휘되느냐에 달려 있다. 따라서 효율적인 업무수행 및 서비스 질을 향상하기 위해서는 사회복지사들을 대상으로 전략적인 인적자원관리를 시행하여 직무 만족도를 향상해야 한다.

또한 사회복지조직에서 직원에 대한 동기부여는 조직의 흥망성쇠에 직접적인 영향을 끼칠 정도로 매우 중요하다. 영리조직의 구성원들은 소위 돈을 벌기 위해 일하지만, 사회복지조직의 직원들은 기관의 미션과 비전에 동화되어 이를 실현함으로써 자신의 소명의식과 사명감을 달성하기 위해 일하고 있다. 이런 사회복지조직의 구성원들에게 필요한 것은 그 조직에서 일하고자 하는 욕구를 끌어낼 수 있는 지속적인 동기부여방안일 것이다. 이와 더불어 최근 사회복지조직을 둘러싸고 있는 환경이 급변하고 있는 상황에서는 조직을 이끌어 가는 리더의 환경관리에 대한 책임이 증가한다는 것을 뜻한다. 리더는 환경관리에 따른 적절한 영역과 역할들을 찾아야 하고 또한 이를 실천하기에 적절한 리더십 유형을 구사할 수 있어야 한다.

이 장에서는 먼저 인적자원관리의 정의와 구성요소, 그리고 사회복지조직의 직무분석에 대해 살펴보고자 한다. 그리고 조직구성원들의 업무에 몰입할 수 있게 만드는 동기부여와 이를 통한 조직성과 달성을 창출하는 리더십과 사회복지조직 관리자의 역할에 대해 살펴보고자 한다. 아울러 인적자원관리의 또 다른 대상인 자원봉사자 관리에 대해서도 알아보고자 한다.

1. 인적자원관리의 정의와 구성요소

1) 인적자원관리의 정의

인적자원관리(HRM : Human Resource Management)는 '개인 및 조직목표를 달성하기 위해서 인력의 모집, 선발, 유지, 개발과 관련한 관리 행동의 집합'으로 설명하고 있다(Schein, 1980). 전통적 의미에서의 인적자원관리는 인사관리를 의미하는데, 조직에 필요한 인력이 입사 후 퇴직할 때까지의 관리를 목적으로 두었다. 조직구성원에 대한 단순 관리를 중심으로 하는 인사관리 패러다임은 조직구성원 관리 차원을 넘어서서 그들의 성장과 발전을 함께 도모해야 조직의 목적을 효과적 · 효율적으로 달성할 수 있다는 인적자원관리의 패러다임으로 전환되었다. 이런 점에서 Drucker(1990)는 '인적자원관리란 인간을 관리한다는 것이며, 개성 존중과 역량개발 그리고 조직원의 내적 만족'이라는 점을 강조하면서 인적자원관리의 중요성을 제시하기도 하였다.

사회복지조직에서 인적자원을 관리해야 하는 이유는 사회복지조직이 일반 조직과는 다른 독특한 특성을 보이기 때문이다. 첫째, 무형의 사회서비스를 다양한 욕구를 가진 클라이언트들에게 제공해야 하는 특수성 때문에 사회복지 영역의 업무를 가시화, 표준화시킬 인적자원이 필요하다. 둘째, 사회복지 영역 안에는 다양한 분야의 전문가들로 구성되어 있으므로 대상자들에게 각자의 전문 영역에서 특화된 서비스를 제공해 줄 인적자원이 필요하다. 셋째, 사회복지조직에서의 인적자원관리는 기관의 업무와 바로 직결되기 때문에 적절한 직무분석을 통해 직무에 적합한 인력을 배치하는 기준이 필요하다.

이처럼 사회복지사 자신을 매개체로 하여 사회복지서비스가 전달된다는 서비스의 본질적 특성으로 인해 사회복지사의 직무에 대한 만족도는 사회복지서비스의 질을 결정하는 중요한 요소로 작용하며 또한 클라이언트의 서비스만족도에 직결된다고 할 수 있다(최소연, 2003).

2) 인적자원관리의 구성요소

인적자원관리의 구성요소는 학자별로 조금씩 다른데, Youndt 등(1996)은 직원의 모집과 채용, 성과평가, 보상, 훈련과 개발 등 네 가지 구성요소를 가장 보편적인 내용으로 정리하고 있다. 그리고 Flippo(1984)는 인적자원의 확보관리, 훈련과 교육을 중심으로 한 개발관리, 성과에 대한 보상관리, 노조 관련 조정관리, 유능한 조직원의 존속을 위한 유지관리, 인적자원의 사회 환원을 중심으로 한 이직관리 등으로 제시하고 있다. 또한 Pecora와 Austin(1987)은 인적자원관리의 구성요소로서 직원의 모집 및 채용, 과업의 분석설계 및 할당, 과업평가의 실행, 직원훈련 및 개발, 과업성과와 직원발전을 위한 지도감독, 직원성과 관련 처리활동, 직원보상 및 이직관리를 제시하고 있다.

인적자원관리의 하위 구성요소에 대해 강영욱(2007)은 전통적인 인적자원관리를 근간으로 채용관리, 교육훈련, 성과평가, 보상관리, 경력개발, 고용보장으로 분류하였다. 첫째, 채용관리 요인은 직원의 채용에 대한 조직의 다양한 노력과 직원이 갖추어야 할 자격요건을 제시하고 있으며, 조직이 직원을 채용할 때 직원의 기본적인 인성과 자질, 과거의 경력과 역량을 중시하며 세밀한 주의를 기울이는 것을 말한다. 둘째, 교육훈련 요인은 직원에게 다양한 기회를 제공해야 하며, 특히 직무 관련 교육 프로그램의 보편화를 중시하고 있다. 아울러 정기적인 직무순환을 통해 직원들로 하여금 전문적인 지식과 숙련된 기술을 갖추도록 장려함으로써 업무의 효율성을 높이고 승진에 도움이 되는 공식적인 프로그램을 운영하는 것 등을 말한다. 셋째, 성과평가 요인은 성과측정을 위한 방법과 기준의 존재 유무, 업무결과 중심의 성과평가 등으로 나눌 수 있다. 넷째, 보상관리 요인은 보상이나 불이익 등의 공정성과 일관성, 급여결정 기준의 공정성과 합리성, 개인성과에 따른 차등지급 등이 포함된다. 다섯째, 경력개발 요인은 직원들의 명확한 경력정보의 소유, 수행과업의 중요성 인식, 경력과정상의 진로에 대한 상사 인식, 성과가 뛰어난 직원에 대한 별도 경력 제공 등이 포함된다. 여섯째, 고용보장 요인은 고용계약을 통한 고용 의무, 고용보장의 공식적 약속, 업무의 혁신과 해고와의 무관련성, 조직성과와 무관한 고용보장, 직원들의 무관한 인력감축의 배제 등으로 구분된다. 이처럼 인적자원관리의 구성요소를 정리하면 다음 표와 같다.

〈표 6-1〉 인적자원관리의 하위 구성요소

구 분	하위 구성요소
채용관리 요인	• 직원채용에 대한 다양한 노력 • 종사자가 갖추어야 할 자격요건의 제시 • 채용 시 기본 자질과 인성 중시 • 채용 시 과거 경력과 실력 중시
교육훈련 요인	• 직무 관련 교육 프로그램 보편화 • 신입직원에 대한 실무교육 기회 제공 • 정기적 직무 순환 실시 • 전문지식과 숙련 장려 • 승진에 필요한 공식 프로그램 운영
성과평가 요인	• 성과측정을 위한 기준과 방법의 존재 • 업무결과 위주의 성과평가 • 업무성과에 대한 보너스 반영 • 업무노력에 비례한 공정한 급여
보상관리 요인	• 보상이나 불이익의 공정성과 일관성 • 급여결정 기준의 합리성과 공정성 • 개인성과에 따른 차등지급
경력개발 요인	• 직원들의 명확한 경력정보의 소유 • 수행하는 업무의 중요성 인식 • 경력상의 진로에 대한 상사의 인식 • 업적이 뛰어난 직원의 별도 경력 제공
고용보장 요인	• 고용계약을 통한 일정한 고용의무 • 고용보장의 공개적 약속 • 업무의 혁신과 해고와의 무관련성 • 조직성과와 무관한 고용보장 • 직원들이 원하는 현 고용보장

출처 : 유경하(2016).

3) 사회복지조직의 직무분석

사회복지조직 운영의 효율성과 서비스의 질을 높이기 위해서는 무엇보다 합리적인 인력 관리가 중요하다. 그러기 위해서는 과업 배분을 적절히 하고, 해당 업무의 절차나 책임을 확실히 함으로써 직무권한을 명확히 해야 한다. 또한 직원의 채용, 배치, 이동을 포함하여 인사평가(근무평정)를 합리적으로 실시하기 위해서는 평가 기준이 합리적이고 명확하게 수립되어야 한다. 이런 평가 기준을 만들기 위해서는 우선 개별 직무가 어떤 내용과 특징을 가졌는지, 그리고 해당 직무를 수행하기 위해 어떤 지식이나 기술, 경험 등을 가지고 있어야 하는지를 확인해야 한다. 더욱이 직원의 교육, 훈련에서도 개별 직무를 수행하는 데 필요한 적절한 지식과 기술을 효과적으로 교육·훈련시키는 것이 필수적이다. 또한 사회복지조직에서 업무를 수행하고 있는 조직원들의 수행직무를 이해하고 직무특성을 파악하기 위해서는 직무분석이 무엇보다 중요하다. 직무분석이란 직무를 구성하고 있는 일의 전체 또는 그 직무를 수행하기 위해 해당 직원에게 요구되는 지능, 능력, 경험, 책임과 해당 직무가 다른 직무와 구별되는 요인을 분명히 밝히어 기술하는 절차이다(송상호, 1997).

직무분석은 초점을 어디에 두는지에 따라 과제 중심 직무분석과 작업자 중심 직무분석으로 구분된다(양일선 외, 1999). 과제 중심 직무분석은 직무수행 과제나 활동내용 파악에 초점을 두며, 이로 인해 획득된 결과는 직무기술서를 작성하는 데 있어 중요한 정보를 제공한다. 반면 작업자 중심의 직무분석은 직무수행에 필요한 인간의 재능에 초점을 두며, 이는 작업자 명세서를 작성할 때 의미 있는 정보를 제공한다.

직무분석을 수행하는 절차는 정형화되어 있지는 않지만, 일반적으로 직무분석 정보의 활용목적 설정 → 예비조사(준비수행 및 기초자료 수집) → 직무단위 결정(분석 대상 직무의 선정) → 직무정보 수집 → 직무기술서 작성 → 직무명세서 작성 → 표준화 작업의 절차를 거친다(최종태, 2003). 이 중 직무기술서는 직무수행에 대한 정보를 얻기 위한 것이며 직무명세서는 이런 직무를 수행하는 데 요구되는 인적정보를 체계화한 직무요건표를 말한다. 주로 직무기술서는 직무에 관한 과업, 임무, 책임에 관한 정보들을 제공하는 문서로 직무분석결과 개선해야 할 점을 개선하고, 정리한 후에 그 요점을 기술한 문서이다. 이에 비해 직무명세서는 직무기술서보다 구체적으로 인사관리의 특정한 목적에 맞도록 세분화시켜서 기술한 문서를 말하는데, 능률적인 직무수행을 위한 직무성격, 요구되는 자질 등의 주요 사항을 기록하도록 하고 있다(윤철수 외, 2006).

직무분석은 그림과 같이 인사조직 관리의 중요한 기반으로 구체적인 직무내용의 설정과 직무를 수행하는 방법의 분석 및 직무에 관한 모든 정보자료를 종합적으로 정리한다.

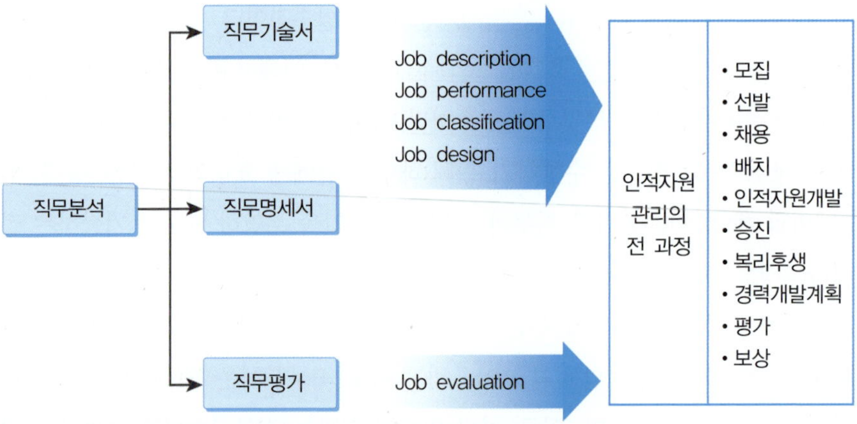

|그림 6-1| 직무분석과 인적자원관리 기능

출처 : 신택현 외(1995).

직무분석방법으로는 자기기입법, 면접법, 질문지법, 데이컴법 등이 있는데, 한 가지 방법만으로는 장·단점이 있으므로 여러 가지 방법이 종합적으로 활용된다(Muchinsky, 1987). 자기기입법은 조직구성원에게 일정한 서면 양식을 배포하고 거기에 스스로 자신의 직무에 대해 작성하게 하는 방법이다. 이 방법은 신속, 간편하게 모든 직무에 관한 기록을 모을 수 있어 광범위한 자료 정리가 용이한 장점이 있으나 자기 기록 양식을 구성하기 어렵고, 기록자의 판단과 해석이 달라서 이를 통일성 있게 파악, 분류하기가 곤란한 단점이 있다(차진아, 1996). 면접법은 특정 직무에 대하여 다양한 지식과 오랜 경험을 가지고 그것을 언어로 정확히 표현할 수 있는 사람과 면접을 통하여 직무를 분석하는 방법으로, 이 방법은 가장 정확하고 완전한 정보를 얻는 방법이나 많은 시간과 경비가 드는 단점이 있다(황대석, 1990). 질문지법은 표준화된 질문지를 이용하여 직무 담당자가 직무에 관련된 항목을 표시하거나 평가하는 방법으로 다른 방법에 비해 시간과 비용이 절약되고 폭넓은 정보를 얻을 수 있으며, 구조화된 질문지는 직무정보에 대한 계량적 분석을 가능하게 한다(차진아, 1996). 데이컴(DACUM)법은 교육과정 개발(Developing A Curriculum)을 줄여서 이르는 말로, 특정 직무 분야에 풍부한 경험과 지식을 겸비한 전문가들이 모여 워크숍을 통하여 분석 자료를 추출하는 방법이다(황대석, 1990).

2. 동기부여

급변하는 외부환경에 따라 사회복지조직 내부에서도 '성과적 책임'이 강조되고 '개방과 경쟁' 사회로 변화되고 있다. 특히 사람을 조직의 중요한 자산으로 인식하는 인적자원관리에 따른 인식의 전환으로 인하여 우수 인재의 확보, 육성의 중요성이 강조되면서 사회복지조직 내부에서도 직원들에게 조직성과 목표를 달성하기 위한 동기유발의 극대화가 중요한 과제로 인식되고 있다. 이처럼 동기이론이란 인간의 동기 요소를 분석하고, 동기를 발생시키고 유지하는 요인을 설명하는 이론들을 가리키는 말로 이 가운데 동기 유발 요인의 내용을 설명하는 이론을 내용이론이라 하고, 동기 유발의 과정을 설명하는 이론을 과정이론이라고 한다.

1) 내용이론

내용이론은 동기이론 가운데 동기를 유발하는 요인의 내용이 무엇인지를 설명하는 이론을 말한다. 동기이론 가운데 욕구의 내용과 이들을 충족시키는 기제 그리고 이들을 충족시켜 주는 유인의 반응에 관한 이론을 말한다. 이러한 내용이론에는 Maslow의 욕구위계이론, Alderfer의 ERG이론, Herzberg의 동기위생이론, McClelland의 성취동기이론 등이 있다.

(1) Maslow의 욕구위계이론

Maslow의 욕구위계이론은 인간의 욕구가 선천적이며 각 욕구는 강도와 중요성에 따라 위계를 이룬다는 점과 충족되지 않은 욕구가 동기유발의 근간이 된다는 점을 설명하고 있다. 구체적으로 설명하면 먼저 1단계인 생리적 욕구는 산소, 수면, 음식, 물 등과 같은 욕구들을 포함한다. 생리적 욕구는 본능과 유사한 개념으로 해당 욕구를 충족시킬 수 있는 행동을 하는 것을 말한다. 욕구 위계에서 가장 하위수준인 생리적 욕구는 가장 기본적이면서도 강력하다고 할 수 있다. 2단계인 안전욕구는 확실성, 질서, 예측 가능한 환경, 불안과 공포로부터의 해방에 대한 욕구를 의미한다. 취업이나 저축, 보험 등도 안전욕구가 발현된 것으로 볼 수 있다. 3단계인 소속과 애정의 욕구는 타인, 배우자, 친구, 가족 등과 원만한 관계를 형성하면서 준거집단에 소속하려는 욕구를 의미한다. 이 욕구를 충족시키기 위해서는 사랑을 받는 것은 물론 사랑을 주는 것도 함께 필요하다. 이 욕구가 충족되지 않을 경우 고독이나 소외감, 우울증 등을 느끼게 된다. 4단계인 존중욕구는 자기존중의 욕구와 타인들의 존중을 받으려는 욕구로 구분된다. 자기존중의 욕구는 성취나 능력, 독립 등에 대한 욕구를 내포하고 있다. 타인들의 존중을 받으려는 욕구는 위신, 지위, 인정, 관심 등에 대한 욕구를 포함한다. 5단계인 자기실현욕구는 본인 스스로가 성취할 수 있는 모든 것을 실현하기 위한 욕구를 의미한다. 이는 자기증진과 잠재력을 실현하려는 욕구이다. 단, 자기실현의 형태는 사람에 따라 차이가 있으므로 욕구 중에서 자기실현 욕구가 개인별로 차이가 크다. 이 이론은 인간의 욕구와 동기의 관계를 잘 설명하고 있지만, 욕구들의 우선순위가 타당한지 검증하기 어렵다는 점, 사람에 따라 욕구 계층화가 달라질 수 있다는 예외성을 고려하지 못했다는 점 등이 단점으로 지적되고 있다.

(2) Alderfer의 ERG이론

Alderfer의 ERG이론은 1972년 심리학자인 C. Alderfer가 인간의 욕구와 관련하여 Maslow의 욕구단계설을 계승 · 발전시켜 주장한 이론이다. 이는 인간의 욕구를 중요도 측면에서 계층화했다는 점에서 Maslow의 욕구단계설과 유사하게 정의하지만 단계를 5단계에서 3개로 축소하여 제시했다는 점에서 차이를 보인다. ERG이론에 따르면 한 가지 이상의 욕구가 동시에 발생할 수 있다는 점과 인간의 행동들은 욕구의 복합적 성격을 추구하고 있다는 점이 특징이다. ERG이론에서의 욕구는 존재욕구, 관계욕구, 성장욕구로 나뉘는데, 먼저 존재욕구는 음식, 물, 공기, 급여 그리고 작업조건과 같은 것에 대한 기본적인 욕구이며 Maslow의 생리적 욕구와 안전욕구에 해당한다고 볼 수 있다. 관계욕구는 의미 있는 사회적, 개인적 인간관계 형성에 따라 충족될 수 있는 욕구로 Maslow의 안전욕구, 사회욕구, 존경욕구 일부를 내포한다고 볼 수 있다. 성장욕구는 개인의 생산적, 창의적인 공헌에 의해서 충족될 수 있는 욕구로 Maslow의 자아실현 욕구와 존경욕구에 해당한다고 볼 수 있다. ERG이론은 욕구를 단계적인 계층적 개념이 아니라 욕구의 구체성 정도에 따라 분류한 것으로 욕구 사이의 순서가 있지는 않고 개인마다 세 가지 욕구의 상대적 크기가 서로 차이가 날 수 있으며 개인의 성격과 조직문화에 따라 달라질 수 있다고 본다.

(3) Herzberg의 동기위생이론

Herzberg의 동기위생이론은 직무 만족에 기여하는 요인과 직무 불만족에 기여하는 요인이 별개로 존재한다는 것으로, 만족 요인이 충족되면 만족은 하겠지만 충족되지 않는다고 해서 불만족이 생기는 것은 아니라는 것이다. 아울러 불만족 요인이 있을 때, 불만은 생기겠지만 이것을 제거한다고 해서 만족하지는 않는다는 것이다. 즉, 직무 만족과 불만족은 "1차원의 연속선상의 개념이 아니라 두 개의 서로 다른 선상에 있다"라고 설명하고 있다. Herzberg는 직무만족에 영향을 미치는 요인을 '동기요인(motivator factor)'이라 명하고 직무 불만족 요인을 '위생요인(hygiene factor)'이라고 명명하였다. 위생요인이 충족된다는 것은 단순히 직무불만족 요인을 제거하는 것에 불과하기에 직무만족에 긍정적인 영향을 주려면 동기요인을 강화해야 한다고 주장하고 있다. 예를 들어, 학습, 성장, 성취감, 승진 등의 '동기요인'이 만족하지 않았을 경우 이는 '직무만족'의 반대인 '직무 불만족' 상태가 아닌 '직무만족이 되지 않은 상태'이고 급여, 각종 정책과 제도, 물리적 환경 등 '위생요인'이 만족하였을 경우 이는 직무 불만족의 반대인 '직무만족'이 되는 것이 아니라 '직무 불만족이 일어나지 않은 상태'를 말하는 것으로 설명하고 있다. Herzberg의 동기위생이론은 조직관리에 시사하는 바가 큰데, 일반적으로 관리자들은 조직구성원들의 동기부여를 위해 급여 인상이나 보너스 지급, 직무환경 변경 등 '위생요인'만을 단기적으로 해결하려는 경향이 있다. 하지만 위생요인의 충족만으로는 조직구성원들의 궁극적인 동기를 유발시키지 못한다는 점을 지적하며 궁극적인 동기부여를 위해서 개인의 학습, 성장, 성공체험, 권한이양 등의 동기부여 요인에도 관심을 가져야 한다고 역설하였다.

(4) McClelland의 성취동기이론

McClelland의 성취동기이론은 개인의 퍼스낼러티(personality)는 인간의 행위를 유발할 수 있는 잠재력을 가진 요소들인 성취욕구, 권력욕구, 관계욕구 등으로 구성되어 있다고 보았다(정성모, 2017). 먼저 성취욕구는 목표를 달성하고 목표를 능가하려는 욕구이며, 권력욕구는 타인을 자신이 원하는 방향으로 행동하게 하려는 욕구를 말한다. 관계욕구는 타인들과 밀접하고 친근한 관계를 맺으려는 욕구로 친교욕구라고도 불린다. McClelland의 동기이론의 주요 핵심은 모든 사람은 이 세 가지 중에 주요 동기 중 하나를 가지고 있으며 이런 동기 유발 요인들은 선천적으로 타고나는 것이 아니라, 우리의 문화나 인생 경험을 통해 후천적으로 교육·개발된다고 설명하고 있다. 그러나 성취욕구가 학습될 수 있다고 주장한 McClelland의 성취동기이론은 인간의 욕구체계가 대부분 어린 시절 때 결정되기 때문에 성인의 경우 후천적인 학습으로 쉽게 변하기 어렵다는 점을 간과하고 있다.

2) 과정이론

과정이론은 동기유발의 과정을 설명하는 이론으로 인식절차이론(cognitive process theories of motivation)이라 명명되기도 한다. 내용이론이 욕구를 근간으로 하는 이론이라면, 과정이론은 정보처리과정(information processing)이나 인식(cognition) 또는 직무환경요인과 상황 등을 중시한다. 이러한 인식요인들이 어떻게 서로 관련되어 있는가를 분석하는 데 관심을 두고 있다. 이러한 과정이론에는 Victor H. Vroom의 기대이론(expectancy theory), Adams의 공정성이론(equity theory), 목표설정이론(goal setting theory) 등이 있다.

(1) Vroom의 기대이론(expectancy theory)

Vroom의 기대이론(expectancy theory)은 개인의 동기는 자신의 노력이 어떤 성과를 가져오리라는 기대감과 그러한 성과가 보상을 가져다줄 것이라는 수단에 대한 기대감의 복합적 함수로 결정된다는 것이다. 기대이론의 구성요소로 먼저 유의성(valence)은 인간의 행위를 선택하는 데 미치는 요인이 행위의 결과로 충족하게 되는 보상에 부여하는 것을 말한다. 즉, 보상 자체가 개인에게 얼마나 매력적인지를 나타내는 것으로 -1에서 +1 사이의 값을 갖는다. 둘째, 수단성(instrumentality)은 행위의 일차적인 결과가 이차적 결과로서의 보상을 가져오게 할 가능성, 즉 특정 수준의 성과가 바람직한 보상을 가져오리라고 믿는 가능성으로 0에서 +1 사이의 값을 갖는다. 셋째, 기대(expectation)는 자기 자신의 행동을 통해 일차적인 결과물을 획득할 수 있으리라는 자신감, 즉 일정한 노력을 동반하면 특정 결과를 달성하리라고 믿는 가능성으로 이 또한 0에서 +1 사이의 값을 갖는다. 정리하면 인간은 조직 내에서 어떤 행위나 일을 수행할 것인가의 여부를 결정하는 데에는 그 일이 가져올 가치와 그 과업을 수행함으로써 기대하는 가치가 달성될 가능성, 그리고 그 자신의 일처리 능력에 대한 평가가 함께 작용한다는 것이다. 이를 M=f[유의성(V), 수단성(I), 기대(E)]와 같이 식으로 표시할 수 있다. 여기서 M은 일하려는 심리적인 힘, 즉 동기의 강도를 말한다. Vroom의 기대이론의 공식이 의미하는 점은 높은 수준의 동기부여를 위해서는 기대, 수단성이나 유의성 중 어느 하나라도 0의 값을 가져서는 안 된다는 것이며, 성공적인 동기부여를 위해서는 세 가지 요소 모두가 적절히 조합되어야만 한다는 것이다. 인간이 복잡한 계산과정을 통해 개별 행동을 결정한다는 것에 검증이 어렵다는 한계점은 있지만, 조직구성원들을 효율적으로 동기부여시키기 위해서는 조직이 제공하는 보상책이 구성원들에게 얼마나 매력적인지를 정확하게 이해시킬 수 있어야 하며, 그들이 가치 있다고 판단하고 있는 것을 보상을 통해 지급해야 한다는 점을 분명히 함으로써 오늘날의 조직운영에 시사하는 바가 크다고 할 수 있다.

(2) Adams의 공정성이론(equity theory)

Adams의 공정성이론(equity theory)은 개인과 개인 또는 개인과 조직 간의 교환관계에 초점을 두고 교환과정에서 지각된 불균형이 갖는 동기적 효과를 설명하는 이론으로, 자신과 타인과 주고받는 교환과정을 분석대상으로 삼는다(노용승, 2018). 이 이론에 따르면 인간은 자신의 지각된 산출과 투입의 비율을 타인과 비교하게 되는데, 이런 비교에서 양쪽 비율이 같으면 공정한 상태가 되어 만족한다고 인식하게 되지만, 양쪽의 비율이 차이가 나면 불평등을 인식하게 된다. 개인은 자신이 투자한 것보다 보상받은 것에 대한 상대방의 것과의 비교를 통해 교환관계가 공정한가를 판단하게 된다. 공정성의 세 가지 유형으로 먼저 분배적 공정성은 의사결정의 결과와 자원의 배분에서 공정성을 말하는 것이며, 절차적 공정성은 결과를 결정하는 데 사용되는 과정에서 공정을 의미한다. 또한 상호작용적 공정성은 의사결정이 이루어질 때 얼마나 존중을 받는지와 관련된 개념을 의미한다.

사람들은 불공평하게 지각한다면 동기부여의 저하, 사기 저하, 직무 만족이나 조직몰입의 저하 등 부정적인 결과를 초래할 수 있어 이에 대한 해소가 필요하다. 그 방법으로는 첫째, 투입이나 산출에 변경하여 노력을 줄이거나 더 많은 산출물을 생성한다. 둘째, 비교 대상이 되는 인물이나 집단과 같은 준거 대상을 자신과 비슷한 수준의 대상으로 변경한다. 셋째, 투입과 산출 자체를 변화시키기보다는 자신이나 타인의 투입과 산출에 대한 인지 자체를 변화시킨다. 넷째, 개인이 감당할 수준을 넘어서면 이직 등 직무 환경 자체를 변화시킨다. 공정성 이론은 생산성 향상을 위해 조직을 중심으로 논의를 발전시켜 왔기에 상황 맥락에 따라 교환관계의 성격이 달라질 수 있다는 한계점은 있지만, 보상의 절대액보다는 상대적 지각에 의한 크기가 중요하다는 점을 설명하는 데 매우 적절하다고 할 수 있다. 따라서 조직에서는 분배적 공정성을 확보하기 어려운 경우라면 그러한 결과를 초래한 배경과 과정을 투명하게 공개하고 의사소통하여 절차적 공정성과 상호작용적 공정성을 증가시키도록 관리할 필요가 있다.

(3) 목표설정이론(goal setting theory)

목표설정이론(goal setting theory)은 Edwin A. Locke에 의해 시작된 동기이론으로 인간이 합리적으로 행동한다는 기본적인 가정에 기초하여 개인이 의식적으로 얻으려고 설정한 목표가 동기와 행동에 영향을 미친다는 이론이다(최우정, 2015). 목표는 개인이 달성하려고 시도하는 행위의 목적, 또는 계획이며 그 개념은 목적, 의도와 비슷하다. 이런 의식적인 생각이 개인의 행동을 조절하기 때문에 목표를 설정한다는 것은 동기와 수행 양쪽 모두 효과적인 것으로 알려졌다. 목표가 동기의 기초를 제공하고, 행동의 지표가 되기 때문에 설정된 목표는 관심과 행동의 지표를 제공하며, 노력을 동원하고 목표 달성을 위한 관련 전략을 개발하도록 개인의 동기를 유발해 개인의 활동을 직접 조절하는 동기를 갖게 한다는 이론이다(변희섭, 2020).

그러나 조직에서 관리자의 목표는 조직 전체의 목표와 일치하지 않을 수 있으며, 달성하기 어려운 목표는 자아조절자원을 감소시켜 개인이 비윤리적 행동을 하도록 유발할 수 있고, 목표설정은 암묵적으로 학습을 억제하는 약점을 가지기도 한다. 그럼에도 불구하고 목표설정이론은 구성원들이 신속하고 효과적으로 업무를 수행할 수 있게 하며, 동기를 높여 더 노력하게 하고 더 나은 성과를 이끌어 내며 피드백을 통한 업무의 질을 개선시키는 데 효과적인 것으로 나타났다.

3. 리더십

현대 산업사회에서 인간은 조직을 떠나 영위할 수 없고, 조직은 살아있는 유기체이기에 조직의 리더와 구성원은 조직 내에서 조화를 이루고 살아야 한다. 따라서 조직의 핵심인 리더는 중요하며, 리더가 조직을 이끌어 가는 요체가 리더십이라고 할 수 있다. 통상적으로 리더십이란 "리더가 해당 조직의 목표를 달성하기 위해 팔로워에게 영향력을 행사하는 과정"으로 정의되고 있다. 또한 리더십을 어떤 한 개인이 집단 또는 조직 내에서 수많은 조직 활동과 인간관계 활동을 원만히 구조화하기 위해 타인에게 의도적인 영향력을 행사하는 일종의 사회적 영향력의 과정으로 묘사하기도 한다(박영국, 2008). 이처럼 리더십의 정의 속에 포함된 기본 속성을 보면 다음과 같다. 첫째, 리더십은 조직목표와 관련된다. 둘째, 리더십은 리더와 조직구성원 사이의 관계이다. 셋째, 리더십은 공식적인 조직 계층의 책임자만 가지는 것이 아니라 집단 내 타 구성원의 행동에 영향을 미치는 과정으로 구성원 간 또는 하위직종에 있는 자에 의해서 행사되기도 한다. 넷째, 리더십은 리더가 조직구성원에게 일방적으로 행동을 요구하는 것이 아니라 상호작용의 과정을 통해 발휘되는 것이다. 다섯째, 리더십은 리더의 권위를 통해 발휘되는 것이 아니다. 여섯째, 이러한 과정에서 리더에 관한 요인, 구성원에 관한 요인, 상황적인 요인, 정서적 요인들이 영향을 미친다(박풍규, 2004).

사회복지조직에서의 리더십 또한 예외는 아니다. 전미사회복지사협회(NASW)에 따르면 사회복지 리더십이란 "개인과 가족, 집단, 조직, 그리고 지역사회의 역량을 강화하는 적극적 과정을 창조하기 위한 비전의 전달"이라고 규정하고 있다. 특히 사회복지조직은 인력 및 재원 부족의 상황 속에서도 난해한 사회문제의 대두, 복지공급 주체의 다원화, 사회복지조직의 책무성 및 전문성 요구의 증대, 사회서비스의 민영화, 사회복지 관련법의 재·개정 등으로 급변하는 사회복지환경에 적극적으로 대응함과 동시에 사회복지조직 관리에서도 변화를 주도하고 이끌어 갈 수 있는 리더십이 요구되고 있다. 특히 사회서비스의 민영화로 인해 영리 분야와의 경쟁이 불가피한 상황에서 지속 가능한 사회복지조직을 위해서는 효과적인 리더십 발휘가 조직운영과정에서 필수 불가결한 요소가 되고 있다(하소연, 2012). 리더십에 대한 본격적인 연구는 1930년대에 아이오와 리더십 연구팀의 특성이론으로부터 행동이론, 상황이론, 그리고 1970년대 후반부터 Bass(1985)의 변혁적, 거래적 리더십 이론에 이르기까지 다양한 형태의 리더십 이론들이 연구되어 왔다.

1) 리더십 특성이론

먼저 특성이론은 1930~1950년대에 연구된 가장 긴 역사가 있는 최초의 체계적인 리더십 이론이다. 특성이론이란 리더가 될 수 있는 고유한 개인적 자질이나 특성이 존재한다는 가정에서 리더의 외양 또는 개인적인 개성에서 공통적인 특성을 찾으려는 리더십 연구로부터 출발했다. 즉, 리더는 만들어지는 것이 아니고 소위 위인론(great man approach)이라 하여 리더십과 관련한 필요한 특성을 가지고 태어난다는 리더십 이론이다. 리더는 고유의 개인적인 특성만 가지고 있으면 상황 또는 환경이 변하더라도 항상 리더가 될 수 있다는 점을 강조하여 리더십은 지도자의 특성이라는 일반적인 인식에 기인하고 있다. 이 이론에서 리더는 책임감이 강하고 목표 달성에 대한 강한 열성과 인내심이 있어야 하며, 더 나아가 원만한 대인 관계와 자신감, 긴장에 대한 지구력, 좌절과 절박감을 극복할 수 있는 강인한 의지가 있어야 한다는 것이다.

1940년대에 들어와 성공적인 리더와 비성공적인 리더를 구분하는 데 사용되는 특성연구를 통해서 연구자들이 밝히려고 했던 것은 첫째, 우수한 리더들이 지닌 공통적인 특성이 있는지, 둘째, 리더와 일반사람의 구별되는 특성이 있는지, 셋째, 효과적인 리더와 비효과적인 리더 간 특성 차이가 존재하는지이다. 그러나 어떤 특정한 리더십 특성을 지닌 개인이 어떤 상황에서는 리더가 될 수 있어도, 다른 상황에 직면해서는 리더가 되지 못할 수 있다라는 점을 설명하는 데에는 한계가 존재한다. 그리고 시기와 조직에 따라 중요한 특성이 다를 가능성이 크며, 특성과 효과성 간에 일관성도 없다. 근본적으로 제시된 우수한 자질과 특성을 모두 가지고 태어난 사람이 있을까? 하는 문제점이 존재하며, 후천적 학습에 의한 체득 가능성이 무시된 점도 한계점으로 지적된다. 이에 따라 특성이론에 대한 최근의 시각이 변화되고 있는데 "리더는 타고나는 것이다"에서 "리더십 특성 중 일부는 타고날 수도 있고, 일부는 후천적으로 개발될 수 있다"라고 하며, 효과적인 리더와 비효과적인 리더를 구별시켜 주는 보편타당한 특성을 찾는 것보다 특정한 상황에 따라 유효하게 작용하는 특성을 밝히는 데 중점을 두고 있다. 이를 통해 조직의 리더 관리나 교육, 선발 또는 승진 결정 시 효과적으로 활용될 수 있다. 특성이론이 일관된 리더십의 특성을 제시하지는 못했지만 어떤 특성이 상대적으로 다른 특성보다 더 좋은지를 알 수 있어 리더십을 이해하는 데 의미 있는 것으로 주목받고 있다.

2) 리더십 행동이론

1950년대를 전후하여 특성을 측정하는 방법에 대한 의문이 계속되면서 특성이론에 도전하며 연구자들은 행동 측정에 대해서 생각하기 시작하였다. 사람의 자신감이나 정직함은 쉽게 측정될 수 없지만, 특성을 구현하는 것처럼 여겨지는 행동이나 일련의 행동은 정의할 수 있다는 점에 착안하였다. 그런 점에서 행동이론은 특성이론과 여러 가지 측면에서 대조적이다. 첫째, 특성이론이 누가 리더십을 발휘하느냐에 주된 관심을 두는 데 비해 행동이론은 리더십이 어떻게 행사되느냐에 역점을 둔다. 즉, 리더가 구성원들에 대해 어떤 행동을 하는가에 따라, 리더십의 효과성이 차이가 발생한다는 가정에 근거하여 리더의 행동유형을 분석하며 이를 통해 최선의 리더 행동유형을 발견하여 리더십 이론의 일반화를 모색한다는 점에서 그 특징이 있다. 둘째, 특성이론이 리더 개인의 특성 · 역량 · 속성에 초점을 맞추는 데 대하여 행동이론은 리더의 표출된 행동, 즉 리더와 구성원 집단 사이의 관계, 즉 상호작용에 초점을 맞춘다. 셋째, 성공적인 리더와 그렇지 못한 리더를 구별하는 것은 리더의 개인적 자질과 특성이라는 관점에서 파악하는 것이 특성이론인 데 비해, 행동이론은 리더가 지닌 특정의 행동유형이 성공적인 리더와 실패하는 리더를 구분한다는 관점을 바탕으로 한다. 넷째, 특성이론은 리더의 특성이 천부적으로 주어진 것으로 가정하지만 행동이론은 교육훈련 등과 같은 후천적인 노력으로 리더십이 달라질 수 있음을 가정하고 있다.

행동론적 접근과 관련하여 1940년대 후반 오하이오 주립대학의 리더 행동의 독립적 차원에 대한 연구결과 수많은 리더십 특성 목록을 구조주도형(initiating structure)과 배려형(consideration) 등 2개의 기본 유형을 각 축으로 하여 기본 유형적 성향의 높낮이를 기준으로 4개의 행동유형으로 구분하고 각각의 행동유형이 조직의 생산성에 미치는 영향력을 분석하였다. 구조주도형은 구성원들에게 특정 과업을 부여하고 표준규칙 및 법규준수를 요구하는 리더 유형을 말한다. 배려형은 리더 자신과 구성원들 사이에 있어서 상호신뢰 · 우애 · 존경 및 온정을 보여주는 리더 유형이다. 이 연구에서 리더 유형별 구성원들의 만족도와 이직률을 조사해 본 결과 구조주도형과 배려형 모두 높은 리더하에서 구성원들의 불만도 및 이직률이 가장 낮은 것으로 나타났다.

한편 미시간 대학의 연구에서도 리더십 행동을 직원 중심과 생산성 중심으로 분류하였다. 직원중심형은 리더가 조직구성원에게 관심을 가지면서 동료 사이의 관계와 개인적인 욕구 실현에 특히 관심을 보이는 리더 유형이다. 생산중심형은 리더가 조직구성원에게 관심을 두되, 직원의 생산과 직무의 기술적인 측면을 중시하는 리더 유형이다. 연구결과 두 유형 모두 생산성 향상과 관련이 있는 것으로 나타났으나 생산중심형은 불만 · 전직 · 결근율의 상승 등 구성원들의 사기에 악영향을 미친 것으로 드러났다. 따라서 같은 효과를 초래한다면 직원들에게 만족감을 주는 직원중심형이 더 나은 유형이라고 결론을 내릴 수 있으나 이후 진행된 많은 연구결과가 일관된 결론은 도출하지 못하고 있다는 점이 한계로 지적될 수 있다.

이런 연구결과들을 바탕으로 Blake와 Mouton은 리더십에 대한 2차원적 관점을 그래픽으로 묘사한 관리격자로 불리는 행동유형 이론을 제시하였다. 즉, 리더십 지향성을 조직의 성과와 목표 달성을 위한 다양한 리더의 행동을 아우르는 '생산에 대한 관심'과 구성원을 배려하고 신뢰 관계를 구축하며 개개인의 욕구와 가치 실현에 관심을 가지고 지원하는 '사람에 대한 관심' 행동으로 구분하였다. 그리고 생산에 대한 관심은 가로축에 사람에 대한 관심을 세로축에 표시하고 9점 척도를 사용해 2차원 격자를 그려서 그 위에 특정 리더십을 위치시킬 수 있도록 하였다. 리더십 그리드를 살펴보면, 1,1형(무관심형), 9,1형(과업형), 5,5(중간형), 1,9형(인기형), 9,9형(팀형)의 다섯 가지 유형을 발견할 수 있다(Blake et al., 1986).

첫째, 1,1형(무관심형) 리더는 과업 완수와 조직구성원과의 관계 모두에 대해 관심이 없다. 과업에 대해서도 특별히 관심을 두지 않으며 구성원과의 의사소통 또한 부족한 상태로 체념적이라고 말할 수 있다. 이런 리더는 대부분 실패할 가능성이 높을 것이다. 둘째, 9,1형(과업형) 리더는 조직구성원에게 과업 완수 및 목표 달성을 강조하면서 구성원 자체가 목표 달성을 위해 중요한 수단이라는 인식을 갖고 있지만, 그 외에는 이들에 관한 관심은 낮다. 따라서 이런 리더는 조직구성원에 대한 지시가 많고 통제적이면서 강제적이라고 평가된다. 셋째, 5,5형(중간형) 또는 타협형 리더는 과업수행과 조직구성원 각각에 대해 중간 정도의 관심을 가지면서 목표 달성과 구성원의 욕구 사이에 균형을 어느 정도 가진다. 이들은 강압적으로 목표 달성을 요구하지는 않으면서 이와 동시에 조직구성원에 대해서도 일정 수준의 관심을 유지한다. 다른 한편으로는 과업과 조직구성원 어느 한쪽에 대해서도 충분한 관심을 가지지 않는다는 비판을 받을 수도 있다. 넷째, 1,9형(인기형) 또는 컨트리 클럽형 리더는 과업 완수와 목표 달성에 대한 관심은 상당히 낮은 편이나 조직구성원과의 관계에 관한 관심은 매우 높다. 조직구성원 개인의 감정이나 태도에 많은 관심을 기울이며 이들의 욕구를 충족시키려고 노력하면서 조직 내에 즐겁고 편안한 분위기를 조성하려고 노력한다. 다섯째, 9,9형(팀형) 리더는 과업수행과 조직구성원 관계 모두에 대해 높은 관심을 보인다. 이들은 과업수행에 대해 단호한 행동을 취하면서 동시에 조직구성원의 욕구를 충족시킴으로써 이들이 과업에 적극적으로 참여하도록 촉진한다.

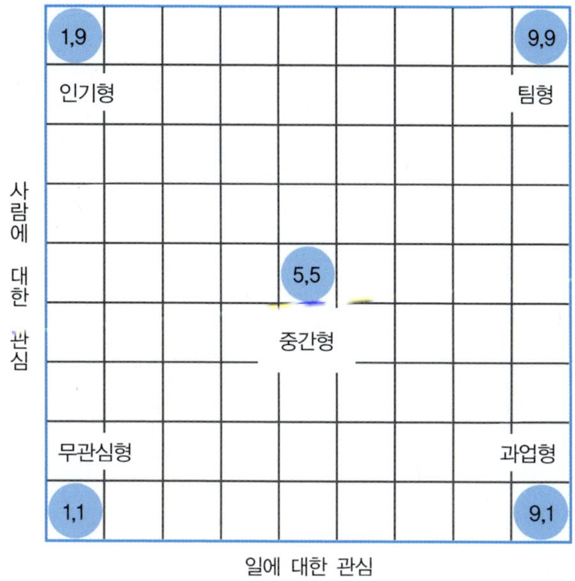

|그림 6-2| 관리격자 모형

이처럼 행동이론은 바람직하다고 판단되는 리더의 행동유형을 제시하고, 효과적인 리더십을 위해 요구되는 행동에 관한 중요 구성요소를 나열함으로써 리더십 특성이론과는 다르게 조직화한 리더십 개발 방안을 제공한 측면은 있으나, 관련 상황에서 일관되게 적용될 수 있는 가장 효과적인 리더십 유형을 찾지 못했다는 한계점을 극복하지 못했다. 이에 따라 향후 연구에서는 리더가 상황에 맞는 행동을 하는 것이 효과적이라는 상황론적 접근방법이 모색되기 시작하였다.

3) 리더십 상황이론

앞서 언급한 것처럼 행동이론에서 추구한 것은 가장 효율적인 리더십 유형을 찾는 데 있었으나, 리더 행동을 측정하는 방법이 없고 리더의 행동유형 이외의 상황 변수들이 너무 복합적으로 작용하여 리더십 결과에 영향을 미친다고 판단한 연구자들이 많아 이런 행동이론의 한계를 극복하기 위해 등장한 리더십 이론이 상황이론이다. 즉, 어떤 상황에서 어떤 리더십이 적용되어야 하고 그것을 리더가 인지하고 효과적인 리더십을 발휘해야 한다는 것이다. 따라서 성공적인 리더십은 상황 변수들을 이해하는 것이 필요하며 리더의 스타일, 성격이나 행동, 상황이 조화를 이루었을 때 효과적인 리더십이 발휘될 수 있다는 점을 가정하고 있다. 다음에서는 이런 관점에서 전개된 리더십 상황이론에 대해 정리해 보고자 한다.

(1) Fiedler의 상황이론

1960년대 상황론적 접근법은 Fred Fiedler에 의해 개발되었다. 리더와 부하의 행동적 특성, 과업과 집단구조, 조직체 요소를 중심으로 리더십 상황을 유형화하고 리더십 과정에서 이들 요소의 역할과 리더의 효과를 분석하려는 이론이라고 할 수 있다(Fiedler, 1967). 즉, 상황 변수를 주 관심사로 하고 리더의 속성을 상황에 따라 적절히 배합시키는 것을 골자로 하는 Fiedler의 상황리더십 모형은 상황이론의 효시로 널리 알려진 이론이다. Fiedler는 리더십 효과가 리더의 스타일이나 리더십 상황(leadership situation)의 적합성에 달려 있다는 점을 전제하였다. Fiedler는 LPC(Least Preferred Coworker) 척도를 개발하여 리더의 유형을 구분하려고 시도하였으며, 리더십 특성론적 접근방법의 한 예였다. 그는 LPC 척도를 통해 리더의 태도를 측정함으로써 리더의 유효성을 측정하고자 하였다. 조직설계와 관련하여 조직성과에 영향을 주는 상황 요인들을 분석하여 상황 요인과 조직구조 사이에 적합성이 성립할 때 조직 유효성이 높아진다는 관점하에, 상황 요인과 적합한 관계를 가질 수 있는 조직구조를 설계하고자 했다.

LPC 척도는 과거나 현재의 '가장 함께 일하기 싫은 직원'을 생각하면서 조직구성원의 등급을 매기는 것으로, 합산된 점수로 리더의 특성을 과업지향적(task motivated) 리더와 관계지향적(relationship motivated) 리더로 구분한다. 관계지향적 리더는 보통 직원들과 잘 어울리는 것을 중시하고, 직원들에 대해 배려있는 행동과 지원하는 태도를 보인다. 리더는 조직구성원들과 긴밀한 인간관계를 맺은 후 과업목표 달성에 관심을 가진다. 이에 반해 과업지향적 리더는 조직의 목표 달성을 가장 우선시하며 주로 과업을 완수하는 데 큰 만족감을 얻는다. 직원을 다룰 때도 과업지향적 행동을 중요하게 생각하며, 직원들과 좋은 관계를 갖는 것은 주로 과업을 잘 수행할 때나 과업상의 중대한 문제가 없을 때만 가능한 것으로 본다.

결론적으로 상황에 있어서 리더와 구성원과의 관계가 우호적이면서 업무가 구조화(構造化)되어 있고 지위에 따른 권한 부여가 잘 되어 있는 그런 유리한 상황이거나, 이와 반대로 리더와 구성원 사이에 상호 불신하는 비우호적(非友好的)인 관계에 놓여있거나 업무가 비구조적이거나 예측하기 어려우며, 리더의 권한이 약한 그런 불리한 상황에서는 업무지향형이 더 효과적이라는 사실, 그리고 유리하거나 불리하지도 않은 중간 정도의 상황이라면 관계지향형이 효과적이라는 사실을 잘 알 수 있다.

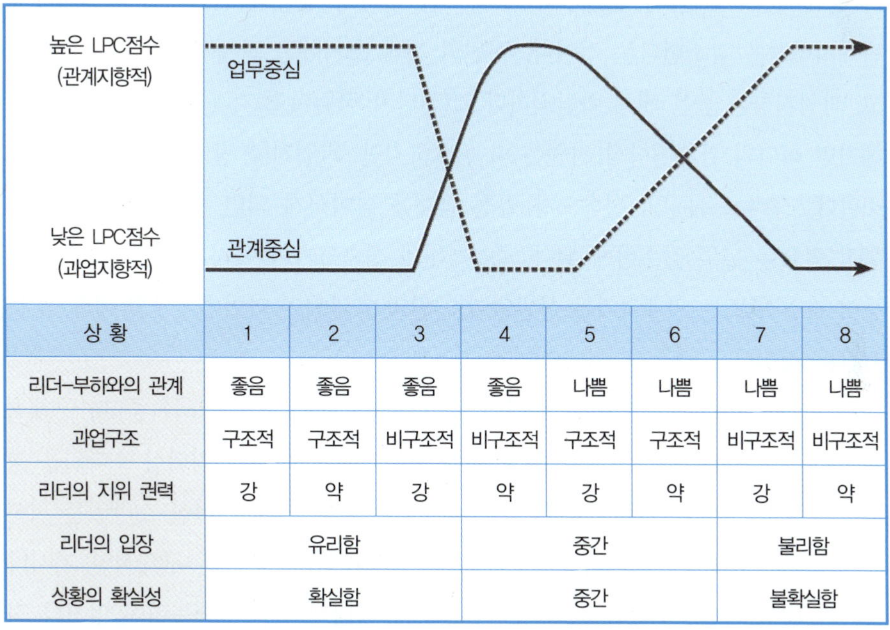

상 황	1	2	3	4	5	6	7	8
리더-부하와의 관계	좋음	좋음	좋음	좋음	나쁨	나쁨	나쁨	나쁨
과업구조	구조적	구조적	비구조적	비구조적	구조적	구조적	비구조적	비구조적
리더의 지위 권력	강	약	강	약	강	약	강	약
리더의 입장	유리함			중간			불리함	
상황의 확실성	확실함			중간			불확실함	

|그림 6-3| Fiedler의 상황이론

출처 : Daft(1999).

Fiedler의 모형은 리더십을 특성 또는 행동 이상의 것으로 판단하고 그에 맞는 상황적 접근방법을 제시한 최초의 리더십 이론으로 상황 이론을 근간으로 제공하였다고 할 수 있다. 그러나 Fiedler의 이론은 실증연구에 바탕을 둔 것이기에 실천

지향적이기는 하나 LPC 점수가 의미하는 바를 명확히 하기 힘들 뿐 아니라, 리더십의 유효성에 관한 이론적 설명이 누락되어 있다는 비판을 받고 있다.

(2) Hersey와 Blanchard의 상황이론

Hersey와 Blanchard(1993)는 리더십 생명주기 이론(life-cycle theory of leadership)을 발표하였는데 해당 이론은 상황적 리더십 이론의 초기 이론이다. 그들은 리더십의 효과성을 설명하기 위해 리더 행동을 과업지향성과 관계지향성으로 구분하고 각각의 특성을 직원의 성숙도에 따라 조사했다. 이론의 중심 규칙은 직원의 성숙도가 증가하거나 시간이 지날수록, 효과적인 리더의 행동과 관련해서 과업지향성, 관계지향성은 감소한다는 것이다. 직원의 재직 초기에는 관계지향의 필요성이 낮고, 과업지향은 높은 것이 바람직하다. 그러다가 직원이 초기 단계를 거쳐 더 성숙해지면 리더의 관계지향적 지원은 더 필요하지만, 과업지향 정도는 상대적으로 감소한다. 그리고 직원의 성숙도가 일정 단계를 넘어서게 되면 관계지향적, 과업지향적 필요는 모두 감소하게 된다. 즉, 직원의 성숙도가 높아지게 되면, 리더의 행동이 과업적 또는 관계적이든 상관없이 직원의 효과적인 과업수행에 방해가 될 뿐이라는 것이다.

Hersey와 Blanchard는 이런 생명주기 이론에서 직원의 성숙도를 좀 더 구체적인 방법으로 높음, 중간, 낮음으로 단계를 구분하고, 상황마다 리더십 스타일을 정의한 상황적 리더십 이론으로 발전시켰다. 리더의 네 가지 리더십 스타일은 지시형, 설득형, 참여형, 위양(위임)형이다. 지시형 리더십 스타일은 구체적인 지시나 명령을 내리고 업무수행을 세심하게 감독하는 리더십이다. 수행능력이 없거나 정열과 의욕도 없는 직원에게는 지시형 리더십이 적합하다. 설득형 리더십 스타일은 리더가 지속해서 지시나 명령을 내리고 업무수행을 세심하게 감독하지만, 결정 사항에 관해서는 설명하면서 직원의 제안도 받아들여 가며 원조하는 리더십이다. 일정 정도 수행능력은 없지만, 의욕은 있는 직원에게는 설득형 리더십이 적합하다. 참여형 리더십 스타일은 리더가 과업달성을 향해 직원의 노력을 촉구하고 지원하면서 이와 동시에 의사결정에 관한 책임을 조직구성원들과 나누는 리더십이다. 수행능력은 있지만 자신감 또는 의욕이 부족한 사람에게는 참여형 리더십이 적합하다. 위양(위임)형 리더십 스타일은 리더가 의사결정이나 문제해결의 책임을 직원에게 위임하는 리더십이다. 수행능력과 의욕, 공헌도가 모두 높은 직원에게는 위임형 리더십이 적합하다. 그러나 이 이론은 부하직원의 성숙도, 발달단계, 준비성의 정도로 발전되어 왔지만, 여전히 개념이 명확하지 못하다는 점과 중요한 상황 변수들이 제외된 채 단지 직원의 성숙도라는 하나의 상황 변수에 의존하여 리더십 전 과정을 이를 통해 설명하려는 것은 무리라는 비판을 받아오고 있다.

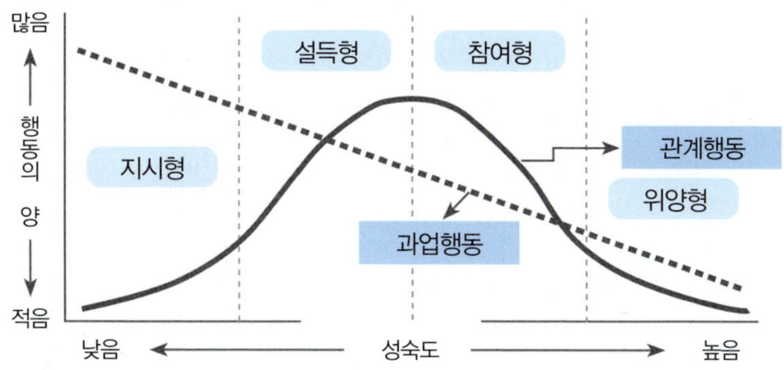

M_1	M_2	M_3	M_4
능력 : 낮음 의지 : 낮음	능력 : 낮음 의지 : 높음	능력 : 높음 의지 : 낮음	능력 : 높음 의지 : 높음

|그림 6-4| Hersey와 Blanchard의 모형

출처 : Daft(1999) 재인용.

(3) House의 경로-목표이론

경로-목표이론은 Robert House가 개발한 이론으로, 리더가 리더십 행동유형에 따라 구성원들의 기대감에 영향을 미치고 동기 유발해 설정된 목표에 어떻게 도달할 것인가에 관한 이론이다(House, 1976). 경로-목표이론에 의하면 구성원들은 그들이 추구하려는 목표에 도움을 준다고 판단되는 리더의 영향력을 수용하게 된다.

상황에 따라 특정 리더십 유형은 조직구성원에게 돌아가는 보상책을 명확히 제시함으로써 이들의 동기를 유발하면서 리더십 유효성을 증대시킬 수 있다. 이 이론의 기본 전제로 리더는 직원들이 노력하면 성과를 달성할 수 있다는 '기대감'과 성과를 달성했을 때 보상을 받을 수 있을 것이라는 '수단성', 그리고 보상을 통해 자신의 욕구가 충족될 수 있을 것이라는 '유의성'을 증대시킬 때 조직구성원의 동기를 유발시킬 수 있다는 것이다.

House는 리더십 유형을 지시적, 후원적, 참여적, 성취지향적으로 나누어 설명하며, 각기 다른 상황 속에서 한 개인의 리더에 의해 행사될 수 있다고 보고 리더십을 상황에 맞게 만들어 가야 한다고 한다. 지시적 리더십이란 도구적 리더십(instrumental leadership)이라고도 표현되며, 통제, 조직화나 감독 행위 등과 관련된 리더의 행동을 말한다. 리더는 조직구성원들에게 해야 할 과업이 무엇인지 정확히 알려주고 구체적인 지시를 내리며 그들에게 기대하는 것이 무엇인지, 그리고 과업이 어떻게 수행되어야 하는지에 대해 말해주면서 과업 완성 기한이나 과업 기준을 명확히 설정함으로써 직원들이 수행해야 할 규정이나 규칙을 분명히 알려주는 리더십 유형을 말한다.

후원적 리더십은 이미 언급한 지시적 리더십과는 달리 친절하고 접근하기 쉽게 하는 리더의 행동이다. 후원적 리더십에서 리더는 직원의 욕구를 배려하고, 복지에 많은 관심을 가진다. 또한 후원적 리더십에서 리더는 만족스러운 인간관계에 대해 의도적으로 강조하며 직원들을 평등하게 대하면서 그들이 즐겁게 작업할 수 있도록 친구처럼 대하고 동지적 관계를 중요시하며 지지적인 분위기를 조성하는 데에 많이 노력한다.

참여적 리더십이란 직원의 문제에 관해 리더 혼자 독단적으로 결정하는 것이 아니라, 직원과 협의를 하며, 직원들의 의견과 제안을 고려하면서 의사결정과정에 참가시키는 행동을 하는 리더십의 형태이다.

성취지향적 리더십은 리더가 직원에게 도전적인 목표를 설정하게 하고, 성과 달성을 강조함과 아울러 높은 탁월성 수준(high standard of excellence)을 설정해 주면서 지속적인 개선을 추구하는 리더십의 형태이다. 리더는 직원들에게 도전적인 목표를 설정하게 하고 이를 성과로 달성해 낼 수 있다는 신뢰를 바탕으로 하고 있기에 직원들의 능력 발휘를 격려하면서 자율적인 실행기회를 부여한다.

이 이론은 리더의 행동유형과 3개의 상황 변수 간의 적합성을 강조하는 Fiedler의 상황리더십 이론과는 다르며, 또한 리더의 행동을 직원들의 성숙도에 적응시켜야 한다는 Hersey와 Blanchard의 상황적 리더십 이론과는 달리, 리더의 행동유형과 상황 변수로서의 직원의 특성 및 과업환경 간의 관계를 중시하고 있다. 그러나 경로 목표이론은 복잡한 개념과 많은 상황 변수들로 인해 특정 상황에 적합한 리더십 유형을 찾기가 어렵다는 한계는 있지만, 과거의 연구들보다 진일보된 모습을 보여주고 있으며 세부적인 내용들을 가다듬어야 할 필요성이 보인다. 특히 '성취지향적 리더십' 개념은 최근 주목받고 있는 변혁적 리더십 이론과 충분히 연관 지어 생각해 볼 수 있다.

4) 현대적 리더십 이론

(1) 변혁적 리더십

급변하는 기업환경의 변화 속에서 기업이 지속 가능하기 위해서는 구성원으로부터 조직에 대한 강한 일체감이나 적극적 참여, 기대 이상의 성과를 달성할 수 있도록 동기유발을 끌어낼 수 있는 새로운 리더십이 요구되고 있다. 이러한 변화의 맥락 속에서 새로운 리더십의 새로운 패러다임을 만들어 내기 위해 1978년 James MacGregor Burns가 처음으로 변혁적 리더십을 이론적으로 제안하였고 1985년 Bernard M. Bass에 의해 진일보하였다(Bass, 1985). 변혁적 리더십에서 리더는 구성원들에게 모범이 되고, 공유된 비전을 위해 영감을 고취하며, 전진하도록 도전하고, 구성원 스스로 활동하게 하며, 그들의 마음을 움직인다고 정의하였다. 즉, 성공적인 리더는 현실에 대한 도전 및 비전을 제시하고 공유 · 독려시킴으로써 구성원들이 솔선수범하고 비전을 실행에 옮기도록 격려할 수 있어야 한다.

변혁적 리더십을 발휘하는 사람 대부분은 강한 내적 가치관과 목표를 가지고 있으며, 구성원들이 자신의 이해득실보다는 먼저 조직의 이익을 위해 생각하고 행동하도록 만드는 데 상당한 자질을 보인다. 따라서 이러한 리더는 구성원들이 기대 이상의 성과를 달성할 수 있도록 역할모델을 보이고, 누구나 공감할 수 있는 비전을 제시함으로써, 구성원들이 더 높은 목표 달성을 위해 더욱 열심히 일하도록 자극받고 기운을 얻는다. 변혁적 리더십의 특징으로 첫째, 구성원을 리더로 개발시킨다. 둘째, 신체적인 필요 등 낮은 수준의 구성원의 관심을 정신적인 필요 등 높은 수준으로 관심을 가지게끔 유도한다. 셋째, 구성원들이 본래 기대했던 것보다 더 잘할 수 있도록 촉진시킨다. 넷째, 요구되고 있는 미래 수준의 비전을 의미 있는 변화의 의지로 만드는 방법을 설명할 수 있어야 한다.

Bass와 Avolio는 변혁적 리더십의 구성요소로 이상적 영향력/ 카리스마, 동기부여, 지적 자극, 개별적 배려의 네 가지 차원을 제안하였다(최상미, 2012). 이상적 영향력은 구성원들의 동일화 노력을 통해 동기를 유발하는 리더의 자질과 행동 특성을 말한다. 즉, 동기부여를 통해 조직원들에게 높은 기대를 표시하게 하며 직원들 사이에 공유된 비전을 실현하기 위해 헌신할 수 있도록 직원들의 의욕을 끊임없이 고무시키는 리더십 유형이다. 지적 자극은 조직구성원들에게 문제와 해결방법, 신념 및 가치관을 인식하고 변화시키는 리더십 특성을 말하며, 개별적 배려는 구성원 개개인에 대해 개별적인 배려를 하는 것이 리더의 특성이다. 특히 사회복지조직은 생존을 위해 외부환경에 대한 적응력을 높여야 하며, 아울러 외부환경에 대한 탄력적인 적응을 위해 부단한 혁신적인 노력이 요구된다. Austin(1989)은 사회복지기관 리더십 중 가장 적합한 모델은 상호작용(interaction) 리더십으로 관리자가 직원과 함께 문제해결을 위해 부단히 상호작용하는 형태가 바람직하다는 견해를 제시했다(황성철, 2003). Hasenfeld와 Schmid(1989)도 사회복지조직 운영모델을 제시하면서 기관의 성숙과 발전단계에 필요한 리더십은 변혁적 리더십이라고 밝히고 있다.

변혁적 리더십에서 리더는 직원들의 사기를 높이기 위해 미래 비전과 공동체적 사명감을 강조하고 이를 통해서 조직의 장기적인 목표를 달성하는 것을 핵심으로 하고 있기에, 단기적 성과를 강조하고 보상을 통해 구성원들의 동기를 유발하려는 거래적 리더십과는 분명 차이가 있다. 또한 거래적 리더십이 조직구성원의 현 상태에서 협상과 교환을 통해 동기를 유발시키는 것이 중점이었다면 변혁적 리더십은 조직구성원의 변화를 통해 동기부여를 촉진하고자 하는 것이다. 다만, 한 가지 주의할 점은 변혁적 리더십을 거래적 리더십보다 우월한 개념으로 이해해서는 안 된다. 거래적 리더십이 기본 전제가 되어있지 않은 조직에서 변화를 요구하는 변혁적 리더십만 주장한다고 해서 조직구성원들이 동기부여가 생기는 것이 아니라는 점을 분명히 인식할 필요가 있다. 그런데도 변혁적 리더십은 급변하는 환경 속에서 조직합병을 주도하거나 새로운 부서를 만들어 내며, 조직문화를 새롭게 창출해 내는 등 조직에서 변화를 주도하고 관리하는 것이 필요한 오늘날의 조직의 실정에 적합한 리더십 유형으로 판단되고 있다.

〈표 6-2〉 거래적 리더십과 변혁적 리더십 비교

구별기준	거래적 리더십	변혁적 리더십
개 념	리더와 조직구성원들은 각자의 관심사 및 타산적 이해관계에 의해 법적 제반규정에 따라 리더십과정에 참여	리더와 조직구성원들은 합의된 공동목표를 추구하고 구성원들에게 교육적 역할을 담당하며 필요에 따라 목표와 가치를 더욱 고차적으로 고양
변화관리	안정지향적, 폐쇄적	변동지향적, 개방체제적
초 점	하급관리자	최고관리층
동기부여	구성원의 이익 자극	영감과 비전 제시 및 구성원 전체가 공유해야 할 가치의 내면화
관리전략	리더와 구성원 간의 교환관계나 통제	업무할당 및 할당된 과제의 가치와 당위성 주지, 성공에 대한 기대 제공
이 념	능률지향	적응지향
조직구조	기계구조, 기계적 관료제에 적합	경제적응적 구조, 단순구조나 임시조직에 적합

(2) 카리스마적 리더십

'카리스마'라는 단어는 고대 그리스의 '선물'이라는 뜻을 지닌 단어에서 유래된다(Conger & Kanungo, 1988). Weber(1947)는 사회적 권위의 형태를 기술하기 위하여 카리스마라는 용어를 처음 사용하였는데, 어떤 사람의 힘이 다른 사람에게 정당하다고 인식되면 그 힘은 '권위'가 되어 다른 사람에 대한 지배력으로 작용한다고 언급하며, 권위에 의한 지배는 전통적 지배, 합법적 지배, 그리고 카리스마적 지배로 나눌 수 있다고 주장하였다(표춘미, 2011). 이에 따라 그는 카리스마에 대해 "한 개인의 독특한 자질"이라고 제시하며, "한 개인이 독특한 자질 때문에 비범하게 여겨지고 어떤 초자연적인, 초인간적인, 또는 최소한 특별히 비범한 힘 또는 자질을 부여받은 것으로 간주한다"라고 하였다.

Conger와 Kanungo(1988)는 비카리스마적 리더로부터 카리스마적 리더를 차별화시키는 특징을 크게 비전 제시, 개인적 위험, 환경적 민감성, 부하의 요구에 대한 민감성, 그리고 비인습적 행동의 다섯 가지로 구분하였다(이종건 외, 2008). 리더가 '이상화된 목표'로서 표현되는 비전을 제시한다는 것은 현재보다 더 나은 미래를 제안하는 것을 말하며, 리더의 개인적 위험은 비전 달성을 위한 높은 개인적 위험 감수, 높은 비용의 초래, 그리고 자기희생의 각오를 의미한다(고성규, 2018). 리더의 환경적 민감성은 환경적 압박과 변화를 가져오는 데 필요한 자원을 현실적으로 평가할 수 있는 능력을 말하며, 리더의 조직구성원 요구에 대한 민감성은 다른 사람들의 능력에 대하여 인식을 잘하고 그들의 요구와 기분에 잘 대응하는 것을 말한다(고성규, 2018). 리더의 비인습적 행동이란 리더가 기존의 틀에 반하며 참신하게 여겨지는 행동을 하는 것을 말한다(이종건, 2008).

House(1976)는 일반적으로 정치적 상황에서만 연구되던 카리스마적 리더십을 조직 행동 분야를 중심으로 최초로 연구하였는데, 그는 카리스마적 리더가 지니는 특성으로서 권력에 대한 강렬한 욕구 및 강한 자신감, 그리고 자신의 신념 및 이상에 대한 확신을 들고 있다. 이러한 특성은 구성원에게 영향력을 행사하려는 강력한 동기를 리더에게 부여하고, 조직구성원들에게 리더의 판단을 신뢰하게 만든다. Bass(1985)는 카리스마적 리더의 특성으로서 할당된 직무에 대하여 하급직원을 열중하게 하는 사람, 조직에 대하여 충성심을 불어넣어 줄 수 있는 사람, 모든 하급직원으로부터 존경을 받는 사람, 조직에 정말로 중요한 것이 무엇인지를 파악할 수 있는 재능을 지닌 사람, 조직의 사명감을 느끼고 있는 사람을 제시하였다(고성규, 2018).

한편 카리스마적 리더가 되기 위해서는 리더의 개인적 특성뿐 아니라 리더에 대한 구성원들의 반응도 중요하다. 구성원들이 감정적으로 리더에 빠지고 동일시하려 하며 믿음을 가질 때 카리스마적 리더가 될 수 있다. 그러나 카리스마적 리더십은 '카리스마의 어두운 측면(dark side of charisma)'이라고 불리는 여러 부작용을 야기한다. 카리스마적 리더는 자신이 유능한 리더처럼 보이는 이미지를 심어주기 위해 관리를 하지만, 이것이 도가 지나치면 오히려 조직구성원들의 충성을 이끌어내지 못할 수 있다. 또한 카리스마적 리더십은 본디 리더의 강한 영향력에 기초하기 때문에 조직구성원들에 대한 관심이나 배려는 부족한 경향도 있다. 이런 점은 조직구성원들과의 지속적 협력관계를 구축하는 것을 방해하는 요인으로 작용한다. 이 밖에 카리스마적 리더가 조직의 목표달성보다는 개인적 야망을 우선시하는 경우 조직구성원들을 목표달성을 위한 하나의 수단으로 이용하기도 한다.

(3) 서번트(섬김)의 리더십

서번트 리더십이란 개념은 1977년 미국의 경영연구가인 Robert K. Greenleaf에 의해 처음 제안되었다. 조직구성원들의 의견이나 요구에 주저없이 경청하고 고분고분한 태도로 조직원들을 돕는 사람이 결국 존경을 받을 뿐만 아니라 훌륭한 리더가 될 수 있다는 내용의 이론이다. 즉, 서번트 리더십 이론은 조직구성원들이 잘 따르는 존경받는 리더가 되기 위해서는 구성원들에 대해 인격존중과 헌신적인 봉사를 통해 그들 스스로 자기 능력을 발휘할 수 있도록 도와주는 리더십이어야 한다는 견해이다. Greenleaf의 견해에 따르면 서번트 리더십은 '타인을 위한 봉사에 초점을 두며, 종업원·고객 및 커뮤니티를 우선으로 여기고 그들의 욕구를 만족시키기 위해 헌신하는 리더십'이라 정의하고 있다(Greenleaf, 1970). 따라서 올바른 서번트 리더십을 발휘하기 위해서는 먼저 리더이기 전에 서번트(봉사자)가 되어야 하며, 구성원 스스로가 역량을 개발할 수 있는 환경을 조성해 줄 필요가 있다.

그리고 서번트 리더십 교육으로 가장 유명한 그린리프 연구센터의 연구소장인 Spears는 서번트 리더의 특성적 요소로 ① 경청하는 자세, ② 공감대 형성에의 노력, ③ 조직구성원들의 고통 치유에 관심, ④ 분명한 인식을 통해 대안 제시, ⑤ 맹종 아닌 설득에 의한 동반, ⑥ 폭넓은 사고를 통해 비전 제시, ⑦ 예리한 통찰력으로 미래예측을 하도록 도움, ⑧ 청지기적인 태도로 봉사, ⑨ 조직구성원들의 능력개발에 노력, ⑩ 조직구성원들 간 공동체 형성에 조력 등 열 가지를 들고 있다(Spears, 1995). 이상을 종합해 볼 때 서번트 리더로서 갖추어야 할 자격이나 태도로는 ① 헌신적 봉사자, ② 조직구성원들의 의견 조율자, ③ 방향 또는 비전 제시자, ④ 일과 삶을 지원해 주는 조력자로 요약해 볼 수 있다(박병기 외, 2020).

이처럼 서번트 리더십은 이타주의에 초점을 두면서 리더십에 대한 새로운 시각을 제시했다는 평가를 받는다. 실무적인 차원에서는 서번트 리더십 아이디어에 기초한 교육이나 훈련 프로그램들이 꾸준히 활용되고 있다. 그러나 서번트 리더십에 대한 개념 정의나 구성요소에 대한 연구자들의 합의가 이루어지지 않았으며, 리더십에서의 이타주의적 접근법이 실제 현실과는 거리가 있다는 비판적인 시각도 존재한다.

(4) 팔로워십

일반적으로 팔로워에 대해서는 두 가지 견해가 있다. 먼저 “다른 사람의 이상이나 명령에 따르는 사람 또는 추종하는 사람들, 타인의 가르침이나 의견을 따르며 타인을 모방하고자 하는 사람”(전수진 외, 2003)이라고 소극적으로 정의하는 견해가 있다. 이에 반해 리더를 좇아 업무를 보좌해서 원하는 방향으로 판단을 유도하기도 하며, 때로는 반대편에 서서 리더가 잘못된 길로 들어서는 것을 바로잡아 주는 사람들로 단순히 부하직원으로서가 아니라, 소신 있게 공동의 목표를 향해 리더를 물심양면으로 돕는 인물이라고 적극적으로 정의하기도 한다.

팔로워십은 리더십의 상대적인 개념으로 리더를 도와 조직의 목표를 달성함에 있어 팔로워가 가져야 할 역량과 바람직한 태도나 정신을 팔로워십(followership)이라 한다. 오늘날과 같은 무한경쟁 시대에 조직이 생존하고 발전을 도모하기 위해서는 훌륭한 리더가 존재해야 할 것은 말할 나위 없다. 그러나 변화무상하고 예측할 수 없는 환경 속에서 조직이 성장하기 위해서는 더욱 유능하고 적극적인 팔로워들이 요구되고 있다. 이는 일사불란한 관료제적 조직체계에서 팀제(team제)나 과업집단(태스크 포스) 등과 같은 유연하면서도 분권화된 조직으로 바뀌고 있기 때문이다.

팔로워십에 대해 오랫동안 연구해 온 미국의 경영학자 켈리(Robert E. Kelley) 교수는 팔로워를 크게 네 가지 유형으로 분류하고 있다(Kelley, 1988). 창의적인 사고와 적극적인 참여를 하며 태도가 좋은 직원은 모범형(star), 능력은 있지만 언제나 불평불만이 많은 직원은 소외형(alienated), 적극적인 헌신성은 있으나 능력이 부족한 직원은 순종형(yes-man), 단지 리더의 지시만 따르는 직원은 수동형(sheep) 등이 그것이다. 이 중에서 조직의 발전에 도움이 되는 팔로워의 유형은 모범형이라고 설명하고 있다. 모범형(the star)은 리더의 의사결정과정에 동의 또는 수긍할 때 최선을 다해서 적극적으로 참여하고, 동의하지 않는 경우라도 나름 대안을 제시하고 진취적인 모습을 보인다.

4. 사회복지조직 관리자의 역할

1) 관리와 리더십의 관계

리더십과 관리가 다르다는 사실은 대부분 알고 있지만 그 차이를 명확히 구분하지 못하는 경우가 많은데 리더로서 어떻게 해야 하는가를 배워가는 것도 중요하지만 리더십과 관리를 잘 구분함으로써 실행의 기준을 갖추는 것이 중요하다. 성공하는 조직은 잠재적인 리더를 찾아내고 그들의 능력이 개발되도록 경력계획을 세우며, 이를 통해 신중하게 선발되고 양성된 사람들이 조직 내에서 중요한 리더 역할을 할 수 있게 된다. 그러나 관리 능력이 없으면서 리더십만 강한 경우에는 다분히 위험이 따르기에 강한 리더십에 효율적인 관리를 접목시키는 것이 무엇보다 중요하다.

리더와 관리자의 역할에 대해 W. Bennis에 의하면 관리자는 훈련(training)을 통해 학습하는 반면에 리더는 교육(education)을 선호한다. 또한 관리자는 주어진 일을 수행하도록 하는 것인 반면에 리더는 해야 할 일을 하고 싶도록 만드는 역할을 수행한다. 무엇보다 관리자는 사람들이 특정 행위를 하도록 명령하는 반면에, 리더는 끌어당기며 상호 간의 의사전달을 촉진한다.

〈표 6-3〉 관리자와 리더의 특성

관리자	리 더
관리(administers)	혁신(innovates)
복제	원본
유지	발전
체제와 구조에 초점	사람에 초점
통제에 의존	신뢰의 유도
단기적 전망	장기적 조망
'언제, 어떻게'에 대한 질문	'무엇을, 왜'에 대한 질문
하한선에 초점	수평선에 초점
모방	창의
현상을 수용	현상에 도전
고전적인 훌륭한 병사	자아적 인간
일을 올바르게 처리	옳은 일에 수행

출처 : W. Bennis(1989). On Becoming a Leader. Reading, p. 45.

Daft(1999)는 관리와 리더십의 차이를 다섯 가지로 구분하여 제시하였다. 첫째, 방향제시(direction)와 관련하여 관리는 계획수립과 예산편성을 통해 과업에 집중하게 하는 활동인 데 반하여 리더십은 비전을 설정하고 전략을 수립하면서 장기적 관점에서 과업을 수행하는 활동이라 할 수 있다. 둘째, 과업 정렬(alignment)과 관련하여 관리는 조직화하여 담당자를 배치하고 지도와 통제 역할을 통해 과업을 명확히 한다면 리더십은 조직의 존재이유와 추구하는 가치를 기반으로 조직목표를 연계하고 구성원의 성장을 통하여 과업을 수행할 수 있도록 하는 활동이라 할 수 있다. 셋째, 관계(relationships)와 관련하여 관리자는 직위권력을 동원하여 상사역할로서 조직구성원이 과업을 완수할 수 있는 관계를 구축한다면 리더십은 개인권력에 입각하여 조직구성원 자체에 초점을 맞추고 동기부여되어 과업을 수행할 수 있도록 코치와 같은 관계를 형성하는 활동이라 할 수 있다. 넷째, 개인적 자질(personal qualities)과 관련하여 관리관점에서 개인적 자질은 과업을 강조하고 조직의 위계에 맞추어 솔선수범하며 과업에 집중하는 전문가적 마인드로 성과를 지향하는 것이라면, 리더십은 감정을 공유하고 조직의 제시기준 이상으로 활동함으로써 성장과 발전을 위한 개방적 마인드로 과업의 완결성을 지향하는 활동이라 할 수 있다. 다섯째, 과업성과(outcomes)와 관련하여 관리는 조직의 안정성을 추구하고, 리더십은 변화 창조를 추구하는 활동을 하는 것으로 볼 수 있다.

관리와 리더십의 개념과 관련된 연구자들의 공통적인 논의들을 종합적으로 정리해 보자면, 관리와 리더십은 어느 하나만이 강조될 수는 없고 함께 병행되어야만 하는 것임이 강조된다(Colvard, 2003, Young & Dulewicz, 2005). 즉, 조직에서 관리자는 리더십도 보유해서 관리적 기능을 충실하게 수행함과 동시에 리더십도 실천할 수 있어야 하는 것임이 강조되고 있다고 말할 수 있다.

2) 관리자의 역할

관리자는 기본적으로 조직목표를 달성하기 위하여 관리절차를 개발하고, 실행하고 그리고 통제하는 관리과정 역할을 수행한다. 관리자의 역할은 대인관계 역할(interpersonal role), 정보관리 역할(informational role) 그리고 의사결정 역할(decisional role)의 세 가지 기본 범주로 구성된다(Mintzberg, 1973).

(1) 대인관계 역할

첫째, 경영자는 회사를 대표하는 여러 가지 행사를 수행한다. 이때 그는 조직의 대표자로서의 상징적 역할을 맡게 된다. 둘째, 경영자는 조직의 리더로서 경영목표를 달성하기 위해 종업원들에게 동기를 부여하고 격려하며, 조직 내 갈등을 해소하는 역할을 담당한다. 셋째, 경영자는 상사와 부하, 회사와 고객, 사업부와 사업부 등의 관계에서 연결고리 역할을 한다.

(2) 정보관리 역할

첫째, 경영자는 외부환경과 관련된 정보를 지속적으로 수집하고 이를 관찰한다. 정보가 많을수록 경영자는 의사결정을 신속, 정확하게 할 수 있고 이를 통해 기업의 성과를 높일 수 있다. 둘째, 경영자는 수집된 정보를 조직 구성원들에게 충실하게 전달하는 전달자의 역할을 수행해야 한다. 셋째, 경영자는 기업 외부인들로부터 투자를 유치하고 기업을 홍보하기 위해 기업 내부의 객관적인 사실을 대변하는 대변인 역할을 수행한다.

(3) 의사결정 역할

첫째, 경영자는 새로운 아이디어를 내놓고 이를 종업원들과 공유하기 위해 자원활용과 기술개발에 대한 의사결정을 과감하게 내려야 한다. 자신이 직접 새로운 사업을 시작하지는 않더라도 조직 내에서 혁신적인 방법을 모색할 필요가 있다. 이런 의미에서 경영자는 창업자로서의 역할이 요구된다. 둘째, 경영자는 노사관계, 계약관계 등에 관한 문제를 다룬다. 따라서 조직 내 갈등을 극복하는 문제해결사로서의 능력을 갖추고 조직의 조화에 항상 신경써야 한다. 셋째, 자원분배 역할을 담당한다. 주어진 자원을 최대한 효율적으로 활용해 경영목표를 달성하기 위해 인사, 재무, 생산, 판매 등 기업의 각 기능 부문에 신중히 배분해야 한다.

넷째, 경영자는 협상에 많은 시간과 노력을 들이게 된다. 특히 외부와의 협상에서 경영자는 회사에 유리한 결과를 이끌어 내도록 최선을 다해야 한다.

관리자의 역할		내 용
대인관계 역할	조직의 얼굴	상징적인 방법으로 조직을 대표, 경조사 참석 등
	지도자	조직구성원들의 성과목표 설정에 도움
	연결자	외부 이해관계자와 연결하여 업무 처리

정보관리 역할	정보수집가	조직 관련 정보수집, 신제품 법적규제 정보수집 등
	정보전달자	확보된 정보를 내외부에 전달
	대변인	조직의 내부정보를 필요한 곳에 전달
의사결정 역할	기업가	조직에 새로운 기회 제공 및 변화주도
	동요처리자	예기치 못한 사건 처리 및 위기대응
	자원배분자	조직의 자원을 투입하고 활용 지시
	협상가	내외 이해관계자와의 협의회 협상 진행

출처 : Mintzberg(1973) 재구성.

최근 사회복지환경이 급변하는 과정에서 관리자의 통합적 모형의 필요성이 제기되고 있는데 이에 맞는 모형이 Quinn(1984)의 경쟁가치 모형(competing values model)이다. 이 경쟁가치 모형에 기초해서 사회복지조직 관리자의 유형을 제시하면 그림과 같다(Edwards & Austin, 1991).

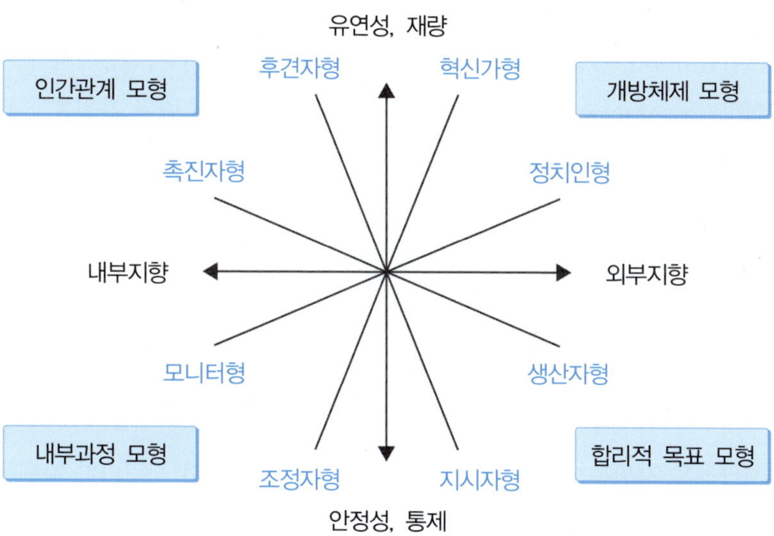

|그림 6-5| 사회복지조직 관리자 유형

위 모형은 사회복지조직에 있어 관리자의 유형과 역할을 이해하는 데 도움을 주는데, 조직상황 속에서 경쟁하는 가치들을 대표하는 두 차원에 따라 형성된 접근법이다. 이 차원들은 유연성 · 재량과 안정성 · 통제, 그리고 내부지향과 외부지향이다. 이 두 차원의 조합은 리더십 수행을 네 부문으로 구분한다. 그 각각의 부문은 일련의 관리자 역할을 나타내 주며 조직의 성과(제공되는 서비스의 질과 조직의 계속성)를 평가하는 데 유용한 기준이 된다. 이 모형은 모든 관리자(최고, 중간, 하위 관리층)에 대해 이 네 부문에서 꼭 같은 강조를 두는 것은 아니다. 리더십 수준에 따라 책임을 지는 부문이 다를 수 있다. 그러나 적어도 최고관리층은 네 부문 모두에서 조직성과에 대한 궁극적인 책임을 진다.

5. 자원봉사자 관리

1) 자원봉사 관리자의 기능과 역할

사회복지시설이나 비영리기관에서 자원봉사 관리자의 역할은 매우 중요하다. 자원봉사 관리자가 어떻게 자원봉사자를 관리하느냐에 따라 자원봉사자가 지속해서 참여하기도 하고 중간에 그만두기도 한다. 따라서 잘 훈련된 자원봉사 관리자가 필요하며 사회복지시설이나 기관의 특성상 모든 직원이 자원봉사자를 어떻게 활용해야 할 것인지 알고 있어야 한다. 가능하면 중 · 고등학생, 대학생, 그리고 성인들의 자원봉사자를 연령대 및 참여자별로 특성을 이해하고, 그들을 관리할 수 있어야 한다.

(1) 자원봉사에 참여하는 동기

왜 사람들은 자원봉사활동에 참여할까? 단순한 것 같지만 사람마다 자원봉사에 참여하는 동기는 매우 다양하다고 할 수 있다. 자원봉사자를 관리하는 데 사람들이 자원봉사에 참여하는 이유를 분석하고 관리한다면 자원봉사사업을 활성화하는 데 많은 도움이 될 것이다. 반대로 자원봉사자의 동기를 전혀 생각하지 않고 관리한다면 그 자원봉사사업은 명맥만 유지하는 자원봉사활동이 될 것이다.

일반적으로 사람들이 자원봉사에 참여하는 동기는 첫째, 가치와 철학으로 삶의 보람과 지역사회를 위한 발전, 종교적 이유나 가치 있는 시간을 보내기 위해 자원봉사활동을 하게 된다. 둘째, 사회관계성 향상으로 새로운 사람을 만나고 싶거나 다양한 사회의 조직과의 경험을 위해서이다. 셋째, 지식과 경력 공유로 지위나 소속을 얻고 싶거나, 공부하면서 실용적인 경험을 쌓으면서 자신의 재능과 기술을 사회에 환원하기 위해서이다.

자원봉사활동에 참여하는 이유는 위에서 제시한 여러 가지 이유 중 어느 한 가지에만 속하는 것이 아니라 몇 가지 사항이 중복된다고 할 수 있다. 자원봉사활동에 참여하는 동기를 잘 살펴 자원봉사자를 관리해 나가야 효과성을 높일 수 있다.

(2) 자원봉사자의 심리적인 특성

자원봉사자를 잘 관리하기 위해서는 그들이 가지고 있는 심리적인 특성을 잘 알고 있어야 한다. 사회복지 자원봉사 관리자가 고민하면서 자원봉사자들과 교류하는 방법을 자원봉사자의 심리적인 특성으로 분류하여 이해하도록 한다.

① 자발성에 관한 심리

자원봉사자들은 정말 다양한 동기에 의해 자원봉사활동에 참여하고 있다. 처음에 대부분 자원봉사자들은 자발적인 참여보다는 동료나 사회적인 권유(ask)로 참여하고 있다. 처음에는 권유나 요청 때문에 자원봉사활동에 참여하다가 자원봉사에 대한 매력을 느끼고 어느 정도 성숙단계에 되면, 자발적인 참여가 가능하다. 따라서 사회복지 자원봉사 관리자는 계속해서 주변 사람들에게 자원봉사의 참여를 권유 요청해야 한다.

② 공익성에 관한 심리

자원봉사활동은 공익적인 활동이다. 대부분 사람들은 개인의 이익추구 사익을 위한 활동에 치우쳐 활동하고 있다. 그런데 개인의 이익을 추구하는 활동을 계속하다 보면 큰 성취감이나 만족감을 느끼는 데에는 한계가 있다. 그런데 공익적인 활동에 조금씩 참여를 하다 보면 만족감, 성취감이 점점 더 커지게 된다. 따라서 자원봉사활동에도 비록 손해가 나는 것 같지만 참여하는 자가 증가하는 것이다.

③ 무보수성에 관한 심리

자원봉사활동은 무급성(non-paid) 또는 무보수성이다. 무급성이란 자원봉사활동을 하는 과정에서 생기는 여러 소요 경비를 자원봉사활동에 참여하는 자원봉사자가 스스로 부담하는 것이다. 그러나 외국에서는 최소한의 활동 경비를 보조받는 실비 자원봉사자(paid volunteer)라는 호칭을 사용한다. 자원봉사자에게 지급되는 실비의 비용은 봉사의 대가로 받는 것이 아니라, 봉사활동을 수행하는 데 필요한 최소경비로 생각하는 것이 좋다. 물론 순수한 자원봉사활동을 중요하게 생각하는 태도에서는 이를 비판할 수도 있다. 자원봉사활동의 무보수성, 무급성에 관한 쟁점은 시대의 변화에 따라 좀 더 유연하게 대처해 나가야 한다.

④ 지속적인 활동에 관한 심리

자원봉사활동에 있어서 지속성은 매우 중요하다. 자원봉사자가 봉사활동에 참여하기 시작한 후 지속해서 활동할 수 있도록 자원봉사자들에게 동기부여와 슈퍼비전을 함께 제공해야 한다.

2) 자원봉사 프로그램 기획

자원봉사 프로그램이란 자원봉사자들의 참여로 지역사회의 문제나 욕구를 해결하고, 타인을 돕기 위한 일련의 전략적인 과정으로 사전 조사, 기획, 자원봉사자의 모집을 위한 홍보와 교육, 활동 관리, 평가와 인센티브 등 전체의 과정을 포함한다. 이 모든 과정이 효율적으로 운영될 수 있도록 구체적인 내용을 설계하는 것을 자원봉사 프로그램 기획이라고 정의할 수 있다. 자원봉사 프로그램 기획에 대한 과정 모델은 여러 관점이 있으나 일반적으로 '초점 문제의 정의 → 목적 설정 → 목표 설정 → 활동과업 설정 → 대안 선택 → 실천방안 → 자원 배정 → 실행계획 수립 → 평가계획 수립' 등의 단계로 진행된다.

그리고 가능하면 프로그램의 전 과정을 한눈에 확인할 수 있는 '자원봉사 프로그램 기획 흐름도'를 사용하여 프로그램을 설계하면, 기획과정의 일관성을 높이고, 논리적인 흐름을 이해하는 데에 도움이 될 수 있으며 자원봉사자 교육이나 프로그램 관리 및 평가에 활용할 수 있다는 강점이 있다. 아울러 자원봉사 프로그램의 실행계획안은 정확하고 간결하게 기술되어야 한다. 또한 이 계획안을 바탕으로 자원봉사자들의 직무를 설계해야 하므로 명확한 표현을 사용해야 한다.

3) 자원봉사 직무개발과 설계

(1) 직무개발

직무개발(job development)이란 자원봉사자를 위해 직무를 설계하고 이와 관련된 과업을 개발하는 것, 또는 자원봉사 조직이나 기관의 관련 구성원들(사회복지사, 자원봉사자, 대상자 등)의 욕구를 충족시켜 주는 적절한 직무 배정을 통해 봉사자 개개인이 만족하도록 실행 체계를 구성하는 것을 의미한다.

직무개발은 조직 측면에서는 자원봉사자의 업무를 조직 업무의 일부분으로 설계해서 조직의 사명이나 목적을 달성하도록 한다. 자원봉사자로서는 개인적 욕구를 충족할 기회를 얻는다. 또한 자원봉사자가 해야 할 업무를 세부적이면서 명확하게 설명한다.

(2) 직무설계

자원봉사자에게는 의미와 보람, 만족을 제공하고 대상자에게는 질 높은 서비스를 제공함을 목적으로 자원봉사자를 모집하기 전에 자원봉사자가 왜 필요한지, 하게 될 자원봉사 업무는 구체적으로 무엇인지를 명확하게 기술하는 것을 직무설계(job design), 또는 업무설계라고 한다. 이것은 효과적인 자원봉사 프로그램의 관리를 위해 가장 중요한 과업 중 하나로, 앞서 실시한 전체적인 프로그램 기획안을 기초로 구체적인 직무설계를 시행하게 된다.

(3) 직무명세서

자원봉사 직무명세서(job description)란 자원봉사자 업무 내용이다. 설계된 직무를 구체적으로 명시한 것으로, 자원봉사자는 모두 이 직무명세서에 따라 모집 · 선발되어 활동하며 관리 · 평가된다. 직무명세서는 업무분장표, 직무기술서, 직무지침서, 업무설명서 등으로 불리기도 한다.

직무명세서에는 자원봉사자가 수행할 업무의 책임이나 업무를 수행할 자원봉사자의 자격조건, 관리 · 감독과 책임 체계 그리고 과업의 업적을 평가하는 방법에 관하여 기술한다. 또 직위와 자원봉사활동 시간 및 기간에 대한 설명, 자원봉사활동으로 얻을 수 있는 이점에 대한 설명이 포함되어야 한다.

4) 자원봉사 모집 및 선발과 면접

(1) 자원봉사자 모집

자원봉사자 모집(recruitment)은 자원봉사 프로그램에 기반하여 설계된 직무명세서에 따라 적절하게 필요한 자원봉사자를 발굴하여 자원봉사에 참여하도록 하는 것이다. 이는 자원봉사활동에 참여하고자 하는 자원봉사자의 동기나 욕구를 찾아내는 일이기도 하다. 따라서 단순한 인력의 모집이 아닌 자원봉사 프로그램이나 해당 업무에 가장 적합한 인적자원의 발굴을 의미한다.

(2) 자원봉사자 선발

자원봉사 모집 홍보 과정을 통해 접수된 자원봉사활동 참여 희망자들의 면접과 선발 과정은 자원봉사활동기관과 활동을 희망하는 예비 참여자가 처음 만나 앞으로의 활동에 대한 서로의 욕구와 기대치를 파악하는 데 목적을 둔다. 자원봉사관리자는 미리 주요 질문 목록을 준비하여 참여자들의 언어적 · 비언어적 표현을 모두 통합하여 적합한 자원봉사자를 선발하도록 한다. 앞서 작성한 직무명세서에 기반하여 프로그램의 특성과 필요 자원에 대한 정보를 고려하여 참여자의 과거 또는 최근의 자원봉사 참여 경험, 직업, 적성, 연령, 성별, 학력 수준이나 자격 등을 검토한다. 한편 서비스의 주요 대상자가 아동 · 청소년일 경우, 안전한 봉사환경을 조성하기 위해 의무화된 자원봉사자 신원조회[1] 및 질문 양식을 활용해 위험 요소를 필수적으로 사정할 것을 제안한다.

5) 자원봉사 오리엔테이션과 교육

(1) 자원봉사자 오리엔테이션

자원봉사자 오리엔테이션은 자원봉사자들이 해당 조직과 명확한 관계를 이해하도록 하기 위한 준비과정으로서 자원봉사기관과 자원봉사자 사이에 유대관계를 형성하는 역할을 한다. 새로운 환경에 적응하는 것을 돕기 위한 차원의 안내 겸 예비교육의 성격을 갖는 오리엔테이션은 기관의 전반적인 소개를 포함한다. 즉, 부서들의 소개와 방문, 관련 직원들의 소개 등이 이루어진다. 또한 자원봉사자의 권리, 직원과의 관계, 자원봉사 서비스와 경험 외 행정상의 방법에 관한 정보를 포함한다. 기관과 기관의 목적, 기관의 프로그램에 대한 오리엔테이션은 자원봉사자가 일을 시작하기 전에 이루어져야 한다. 오리엔테이션은 자원봉사자들에게만 필요한 것이 아니라 기관 측에도 필요하다. 특히 프로그램의 수행 과정에서 자원봉사자들 간 혹은 프로그램의 주요 운영 참여자들과 자원봉사자 간에 발생 가능한 대인관계 갈등이나 과업 수행과정의 여러 충돌, 부정적인 감정 발생에 대한 문제해결 훈련 등을 미리 실시하여 유연한 대처를 도울 수 있다(고경환, 2018).

(2) 자원봉사자 교육훈련

자원봉사 교육 · 훈련은 자원봉사활동에 참여하도록 동기를 부여하거나, 참여자들이 자원봉사활동을 효과적으로 수행할 수 있도록 하는 과정이다. 자원봉사교육은 교육의 시기 및 목적에 따라 구분할 수도 있다. 봉사활동 선발과 동시에 받는

1 최근 유치원, 어린이집, 아동복지시설, 청소년쉼터, 청소년활동시설, 의료기관 등에서 일하거나 봉사활동을 할 경우 안전한 활동을 위해, 「아동 · 청소년의 성보호에 관한 법률」 제56조 및 같은 법 시행령 제25조에 따른 성범죄경력 조회, 아동복지법 제29조의3에 따른 아동학대 범죄전력을 조회하는 경우가 있음

오리엔테이션(OT), 배치 및 업무수행 초기에 받는 기초교육 또는 업무교육(OJT : On-the-Job Training), 마지막으로 이미 활동에 참여하고 있는 자원봉사자들의 소진을 해결하고 지속적인 참여를 유지시키기 위한 목적의 재교육 등이 있다.

6) 자원봉사자 슈퍼비전과 동기부여

(1) 자원봉사자 슈퍼비전

자원봉사활동 영역에서의 슈퍼비전은 자원봉사자가 자원봉사 기관에서 담당하고 있는 본인의 역할을 잘 수행할 수 있도록 정보와 피드백, 필요한 도움을 지속적으로 제공하고 효과적인 활동 관리체계를 수립하여 관리의 효율성을 높이는 것을 말한다.

훌륭한 슈퍼바이저로서의 자원봉사 관리자는 자원봉사자의 개개인의 업무가 매우 유의미하고 가치 있는 활동이라는 것을 교육해야 한다. 그리고 자원봉사활동이 한 개인의 변화와 성장을 가져오게 하고 개인적인 의미와 가치를 실현하며 사회적·정서적·지적 성장의 계기를 마련해 준다는 것을 잘 알고 이를 효과적으로 전달해야 한다. 자원봉사자에 대한 슈퍼비전은 자원봉사자가 활동 기관에서 담당한 역할을 잘 수행하도록 돕는다는 의미에서 매우 중요하다. 자원봉사자를 돕기 위해 칭찬과 격려, 지지와 위로 등의 긍정적인 메시지로서 슈퍼비전을 전달하는 경우도 있을 수 있지만, 걱정과 우려, 경고나 권고와 같은 부정적인 슈퍼비전을 전해야 하는 경우도 있다. 부정적인 슈퍼비전은 명백하고 단호하며 가능하면 빨리 전달되는 것이 좋다. 처음에는 걱정과 우려로 전달되지만, 상황에 따라 경고되어야 하며, 활동 정지나 종결을 고민해야 할 수도 있다.

(2) 자원봉사자 동기부여와 관리

자원봉사 영역에서의 동기는 모집과정에서 잠재적 봉사 동기를 파악하고 이에 맞게 설득력 있는 홍보 메시지를 전달함으로써 모집 효과성을 확보하거나, 동기와 부합되는 봉사활동에 결합하여 만족도를 향상하는 등의 활동이 만족도와 지속성에 직접적인 영향을 미치는 것으로 알려져 있다. 자원봉사자의 동기에 대해 자원봉사 관리자가 고려해야 할 사항은 다음과 같다. 첫째, 자원봉사자가 자원봉사활동을 통해 사회발전에 기여하고 있다는 성취감을 가질 수 있도록 해주어야 한다. 또한 자원봉사자들을 격려하고 인정해 주는 데 최선을 다해야 한다. 둘째, 가시적인 인정제도를 제도화하여야 한다. 즉, 다양한 업무평가나 좌담회, 토의, 강의 등을 통하여 자원봉사자를 격려 · 시상하는 제도를 개발한다. 셋째, 자원봉사자 조직도 당연히 사람이 모인 집단이기에 그 속에서 사랑과 미움, 선의의 경쟁을 통해 다양한 갈등이 생긴다는 점을 잘 인식하고 이를 예방하기 위해 항상 노력하는 자세를 가지는 것이 필요하다.

(3) 자원봉사활동의 위험관리

자원봉사활동에는 다양한 참여자와 다양한 환경과 다양한 활동이 존재하기 때문에 크고 작은 사고나 갈등이 발생할 가능성이 언제나 어디서나 있다. 따라서 세심한 위험과 갈등관리를 통해 충돌을 미연에 방지하고 또 사건 · 사고가 났을 때를 대비한 대책을 세워두면 손실이나 손상을 최소화할 수 있다. 자원봉사기관에서 발생할 수 있는 위험요인은 차량, 장비 오작동 사고, 수해, 화재, 화상 등 물리적인 위험에서부터 자원봉사자와 대상자 간의 문제, 자원봉사자와 자원봉사자 간의 문제, 자원봉사자와 자원봉사기관 간의 문제까지 다양하게 발생할 수 있다. 따라서 자원봉사기관은 위험이 발생하였을 때, 사회적 책무와 사회적 신뢰를 확보할 수 있어야 한다.

자원봉사기관은 위험관리를 위해 자원봉사지침 및 운영규칙, 위험 시 대처방법을 계획하여 자원봉사 및 직원에게 교육해야 하며, 활동과정에서 수시로 점검할 수 있도록 점검표를 비치하도록 한다. 자원봉사활동 중에 위험에 대비해 변호사를 선임해 신속하고 전문적인 대처를 도울 수도 있다. 또한 사고 및 부상 등을 대비한 상해보험, 기관 차량을 자원봉사자가 운전할 경우를 대비한 운전 관련 보험, 1~2일 이상 기간 동안 워크숍, 캠프 등에 참여할 때 발생할 수 있는 사고에 대비한 여행자 보험 등도 활용할 수 있다.

〈표 6-4〉 자원봉사자 인정과 보상

유 형	제공 대상 및 적용 기준	인정보상의 예
정서적, 심리적 인정	• 모든 자원봉사자	• 감사편지, 연하장, 축하카드(생일, 성년 등) • 언어적·비언어적 감사의 표시와 관심 표현
기회 제공 (교육, 행사)	• 기준 : 봉사활동시간에 따라 적용 • 봉사자 욕구, 봉사 분야의 전문성 고려	• 전문교육, 워크숍 참석 • 해외연수, 선진지 견학 • 국내외 행사 참석 기회 • 새로운 경험과 업무 기회 • 문화행사 초대(음악회, 영화관람)
상징적 인정	• 기준 : 봉사활동시간에 따라 적용 • 자원봉사 관련 행사 • 봉사자의 역할 및 지위, 공헌도 고려	• 기념품, 활동조끼, 배지 • 자원봉사자 수첩, 명함 제작 • 이달의 모범 자원봉사자 선정
간접적 경제적 보상	• 기준 : 봉사활동시간에 따라 적용	• 주차권, 교통카드 제공 • 무료 건강 검진, 독감예방 접종 • 공공시설 프로그램 이용료, 가맹점 할인 • 식사·간식 제공
사회적 인정	• 기준 : 봉사활동시간에 따라 적용 • 공헌도 및 기여도 • 헌혈, 기부 등 자선적 활동 고려	• 인증서 및 자원봉사증 발급 • 우수 자원봉사자 표창 및 정부포상 추천 • 언론매체 홍보 • 진학, 취업 및 승진 시 경력 인정 • 자원봉사자 상해보험 가입

출처 : 한국사회복지협의회(2018). 사회복지자원봉사 관리자 교육 매뉴얼.

7) 자원봉사자 인정과 보상

자원봉사활동에서 자원봉사자에 대한 인정(recognition)과 보상(reward)은 자원봉사활동에 참여한 노고에 대한 감사를 전하는 것을 목적으로 그 노력의 가치를 인식하고 받아들이며 보람과 만족감을 더하여 오랫동안 활동 상태를 유지하도록 제공되는 유무형의 모든 방법을 포함한다. 자원봉사자 인정과 보상의 궁극적인 기능은 자원봉사자를 모집하고 유지하고 개발하는 과정에서 효과적이고 적극적인 과업수행을 위한 동기를 부여하는 것이며, 이는 가장 간단한 수준의 보상이다. 인정체계는 이미 자원봉사활동을 하고 있는 사람에게는 자신의 욕구와 동기를 만족시키는 역할을 하고, 향후 자원봉사활동을 하려는 사람에게는 자신의 욕구가 자원봉사활동을 통해 만족하는 것을 확인시키는 역할을 한다. 자원봉사활동 기관의 효과적인 보상 및 인정체계는 자원봉사자 개인의 특별한 욕구나 동기를 만족시키기 위해 가능한 모든 보상방법을 활용하는 것이 필요하다. 그러나 그 방법은 공식적이어야 하고 시기적절해야 하며 공정해야 하고, 그에 드는 비용이나 노력이 현실적으로 받아들이기 쉬운 것이어야 한다.

8) 자원봉사 프로그램 평가와 피드백

자원봉사 프로그램 평가는 프로그램의 성과 측정 방법, 그리고 분석기법 등을 통해 서비스 질과 효과·효율성을 높이는 데 기여한다. 또한 목표가 달성되었는가를 알아보는 것으로서 실시한 자원봉사 프로그램의 가치와 의미를 판단할 수 있게 한다. 이렇게 도출된 객관적이고 과학적인 평가결과는 자원봉사자들에게 그들의 기여와 노력이 만들어 낸 결과로 공신력 있는 인정 보상의 근거로 활용될 수 있다.

자원봉사 프로그램의 평가 시기는 프로그램 시작 직후, 진행 중, 종료 후 등 평가의 목적에 따라 언제든지 시행할 수 있다. 자원봉사자 개인의 성취나 만족에 초점을 두는 개인평가와 자원봉사 프로그램 자체의 효과성이나 효율성에 초점을 두는 프로그램 평가로 분류할 수 있다. 또는 과정평가, 결과평가, 영향평가 등으로 유형을 구분할 수도 있다.

자원봉사 프로그램의 평가는 평가 그 자체로도 큰 의미를 갖지만, 프로그램의 결과에 대한 실증적 자료를 제공함으로써 프로그램의 현재 또는 미래의 방향에 관한 결정을 내리게 하는 데 의미가 있다. 객관적으로 도출된 평가결과는 다음 프로그램을 계획할 때 기존 프로그램을 수정·보완할 것인지 아예 새로운 프로그램을 계획해야 할 것인지에 대한 근거를 제공하며 새로운 프로그램의 질을 높이는 자료로 활용된다. 평가결과에는 프로그램에 참여한 참여자들의 의견이 반영될 것이고,

실적과 목표 달성 정도가 포함될 것이며 지역사회의 문제와 욕구에 대응한 프로그램의 강점과 약점을 분석 가능하게 할 것이다. 이런 객관적인 정보에 근거한 최종적인 프로그램의 결과에 따른 평가의 피드백 기능은 자원봉사 프로그램의 평가가 기획과정에 영향을 미쳐 프로그램의 점진적 발전에 기여하게 한다.

Chapter summary

사회복지조직에서의 인적자원관리는 조직의 경영목표 달성을 위해 필요한 인적자원을 채용하고 이를 평가, 개발, 보상, 교육하는 활동을 계획 · 조직하고 통제하는 통합적 관리라고 할 수 있다. 먼저 인적자원관리의 정의와 필요성에 대해 정리하였으며, 구성요소로서 직원의 모집과 채용, 성과평가, 보상, 훈련과 개발 등으로 구분하여 살펴보았다. 그리고 사회복지조직의 직무분석을 위해 직무기술서, 직무명세서, 직무평가에 대해서도 파악함으로써 사회복지조직 운영의 효율성을 제고하고, 서비스의 질을 향상시키기 위한 인력관리에 대해서 살펴보고자 했다. 또한 조직에서 구성원들의 동기 요소를 분석하고 동기를 발생시키고 유지시키는 요인을 설명하는 이론에 대해 내용이론(Maslow의 욕구위계이론, Alderfer의 ERG 이론, Herzberg의 동기위생이론, McClelland의 성취동기이론)과 과정이론(Victor H. Vroom의 기대이론, Adams의 공정성이론, 목표설정이론)으로 구분하여 살펴보았다. 이와 더불어 사회환경변화에 따른 사회복지조직의 리더십 실천의 중요성을 모색하는 것이 중요하다. 이를 위해 리더의 특성을 중시하는지, 아니면 리더의 행동을 중시하는지에 따라 특성이론과 행동이론(Blake와 Mounton의 관리격자)을 정리하였으며, 조직이 처한 상황에 따라 리더십의 유형이 결정된다는 상황이론(Fiedler의 상황이론, Hersey와 Blanchard의 상황이론, House의 경로-목표이론)에 대해 잘 이해할 필요가 있다. 이와 더불어 최근 새롭게 등장하고 있는 현대적 리더십은 과거보다 실용적인 측면이 강조되고 있는데 대표적인 이론으로 변혁적 리더십, 카리스마적 리더십, 서번트(섬김) 리더십, 팔로워십 등이 있다. 사회복지조직 관리자는 조직목표를 효율적으로 달성하기 위해 크게 대인관계 역할, 정보관리 역할, 의사결정 역할을 통하여 조직을 통제하고 관리하는 역할을 수행한다. 아울러 사회복지조직에서 자원봉사 관리자는 자원봉사자의 심리적인 특성을 잘 헤아려 동기부여를 잘할 필요가 있으며, 프로그램 기획과정을 통해 효율적인 운영이 필요하다. 일반적으로 '초점 문제의 정의 → 목적 설정 → 목표 설정 → 활동과업 설정 → 대안 선택 → 실천방안 → 자원 배정 → 실행계획 수립 → 평가계획 수립' 등의 단계로 진행된다.

Case study

리더십 사례 : 인간경영의 신, 마쓰시타 고노스케

마쓰시타전기산업의 창업자인 마쓰시타 고노스케는 일본 최고의 경영인으로 평가받고 있다. 그는 유년기부터 가난하게 태어나 많은 고생을 겪었지만 수많은 노력을 통해 마쓰시타전기산업 등의 기업을 발전시켰다. 1929년 미국발 세계 대공황으로 일본의 시장도 큰 어려움을 겪을 때 단 한 명의 직원도 해고하지 않은 채 위기를 이겨내며 일본 국민들에게 용기를 주기도 했다. 이러한 마쓰시타가 어떻게 리더십을 발휘했는지 살펴보자.

1. 인덕

마쓰시타 고노스케는 경영자가 갖춰야 하는 것은 정보와 지식뿐만이 아니며 '인덕'이 중요하다고 생각했다. 고객과 직원, 사회와 여러 이해관계자들에게 이러한 '인덕'을 통해 대하면 경영은 반드시 성공할 수밖에 없다는 신념을 갖고 있었던 것이다. 그는 업무 현장이 곧 교육장이라 생각했으며 현장에서 직접 땀 흘리며 노력했다. 또한 경영자가 직원들의 거울이라는 생각과 함께 항상 경영자로서의 권위를 잃지 않고 모범을 보였다. 그는 이렇게 스스로 인덕을 갖추는 데 만족하지 않았으며 인덕을 갖춘 인재를 육성하는 데에도 적극적이었다. 그는 관대함과 엄격함을 적절히 행하면서 인재를 육성했는데, 직원의 장점에 대해 관대하게 격려함으로써 직원들이 능력 향상에 몰두할 수 있게 했다. 반대로 직원이 잘못했을 경우 엄격하고 시의적절하게 추궁함으로써 해당 직원을 육성했다.

2. 직원중심 경영

고객이 마쓰시타의 회사는 무엇을 만드는 회사냐고 물어보면 그는 항상 '우리 회사는 사람을 만드는 회사이지만, 전기제품도 만드는 회사입니다'라고 답했다. 그리고 이러한 말에 그치지 않고 실제로 회사 직원들을 위한 회사를 만들려고 노력했다. 또한 그의 인재 육성의 원칙도 남달랐다. 교육 위주의 다른 인재 육성과는 달리 마쓰시타는 교육 대상의 장점을 이끌어 내는 것을 기본으로 삼았다. 특히 그는 본인이 생각하는 우수한 인재가 갖춰야 할 세 가지의 타입을 정하고 각기 다른 타입을 3분의 1씩 채용했다. 여러 능력을 겸비한 사람을 찾기보다 한 가지 재주에 뛰어난 사람을 뽑고 그들이 모여 서로가 더욱 우수한 인재가 될 수 있게 하기 위함이었다.

3. 능력과 원칙 중시

마쓰시타는 경영의 모든 면에서 능력과 원칙을 중시했다. 마쓰시타전기에는 일반 회사들에 있는 정기 인사이동이 없었다. 시기를 정해두고 인사이동을 하는 것이 아니기 때문이었다. 마쓰시타는 다양한 방법으로 직원들의 능력을 평가하고 그런 능력에 기초해 적절한 시기에 필요에 따라 인사이동을 했다. 또한 젊고 유능한 직원들을 대상으로 해외연수 프로그램을 운영하며 자신들의 능력을 키울 수 있게 하기도 했다. 그리고 경영의 모든 면에서 원칙을 바탕으로 조직을 이끌어 가야 한다고 강조했다. 본인 스스로 원칙을 지킬 수 있도록 끊임없이 노력하고 그러한 모습이 직원들의 귀감이 되었다. 또한 직원들을 사랑하는 그였지만 비리나 부조리 등 원칙을 준수하지 않은 직원들은 엄하게 다스리는 모습을 보였다. 최고의 경영자이자 노동자들의 부모이고 우상이었던 마쓰시타 고노스케의 신념은 여전히 수많은 리더들의 훌륭한 나침반이 되고 있다.

출처 : 코리아비즈니스리뷰. www.koreabizreview.com

토론주제

1. 내가 조직에서 몰입할 수 있는 동기부여는 무엇인지 생각해 보자.
2. 우리 조직의 리더십 유형은 어떤지, 그리고 조직의 발전을 위해서는 어떤 리더십을 보완해야 할지 고민해 보자.

❙ 참고문헌 ❙

강영욱(2007). 호텔기업의 고몰입 인적자원관리시스템이 조직 냉소주의에 미치는 영향 연구. **관광레저연구**, 19(1), 한국관광레저학회.

고경환(2018). 사회복지 자원봉사 프로그램 개발연구. 한국보건사회연구원.

고성규(2018). 조직구조가 직무 태도에 미치는 영향 : 해군 간부를 중심으로. 연세대학교 대학원 석사학위논문.

노용승(2018). 기업의 징계사례 분석을 통한 공정한 징계관리방안에 관한 연구. 충남대학교 대학원 석사학위논문.

박병기 외(2020). **마음택트 리더십 : 4차 산업혁명시대, 서번트 리더십**. 거꾸로미디어.

박영국(2008). 사회복지조직 관리자의 리더십이 조직시민행동과 조직유효성에 미치는 영향. 대구대학교 대학원 박사학위논문.

박풍규(2004). 사회복지조직 최고관리자의 리더십에 관한 연구 : 리더십 유형·상황 및 효과성 간의 관계를 중심으로. 충북대학교 대학원 박사학위논문.

변희섭(2020). 목표설정 특성이 목표몰입을 통하여 종업원의 직무성과에 미치는 영향에 관한 연구. 한성대학교 지식서비스 & 컨설팅대학원 석사학위논문.

송상호(1997). 프로세스를 중심으로 한 새로운 직무분석방법에 관한 연구. **인사관리연구**, 21, 97-127.

신택현·박상언(1995). 직무분석의 현황과 과제. 대한산업공학회. 95년도 추계학술대회 자료집, 222-225.

양일선 외(1999). 학교급식 전담직원 배치 제도 개선방안에 관한 연구. 교육부.

유경하(2016). 사회복지기관의 인적자원관리 유형이 종사자의 조직몰입 및 경영성과에 미치는 영향. 우송대학교 경영대학원 석사학위논문.

윤철수 외(2006). 지역사회교육전문가의 직무분석과 직무표준안 개발. **청소년학연구**, 13, 221-246. 한국청소년학회.

이종건(2008). 리더십 스타일과 조직유효성 간의 관계. **대한경영학회지**, 21(4), 1,495-1,521.

전수진(2003). 상사-비서 간 교환관계가 비서의 직무태도에 미치는 영향. **비서학논총**, 12(1), 151-172.

정성모(2017). 디자인팀 역동성 분석을 통한 팀 창의성 연구. 서울대학교 대학원 박사학위논문.

차진아(1996). 직무분석에 의한 사업체 급식소 영양사의 직무 수행 특성 요인. 연세대학교 대학원 박사학위논문.

최상미(2012). 사회복지조직의 혁신 촉진제로서 최고관리자의 리더십. **서울도시연구**, 13(3), 115-132.

최소연(2003). 사회복지조직의 인적자원개발과 직무만족 관계에 관한 연구. 이화여자대학교 사회복지대학원 석사학위논문.

최우정(2015). 국가재난관리 표준프레임워크 구축 전략. 국립재난안전연구원.

표춘미(2011). 리더십 스타일이 조직역량에 미치는 영향. 서강대학교 일반대학원 박사학위논문.

하소연(2012). 사회복지조직의 리더십 연구경향 분석. **사회과학연구**, 28(2), 201-223.

한국사회복지협의회(2018). 사회복지자원봉사 관리자 교육 매뉴얼.

황대석(1990). 정원관리를 위한 직무분석에 관한 연구. 서울대학교 상경대학 논문집 3, 21-38.

황성철(2003). 사회복지기관 리더십 유형이 조직 효과성에 미치는 영향 : 변혁적 거래적 리더십을 중심으로. **한국사회복지행정학**, 5(1), 135-157.

Austin, M. J.(1989). The human service executive. *Administration in Social Work, 13*(3-4), 13-36.

Bass, B. M.(1985). *Leadership and Performance Beyond Exception*. New York : Free Press.

Blake, R, R, & Mouton, J. S.(1986). *The Managerial Grid : The Key to Leadership Excellence*. Houston, Tex. : Gulf Publishing Co.

Conger, J., & Kanungo, R.(1988). *Charismatic Leadership : The elusive factor in organizational effectiveness*. San Francisco : Jossey-Bass.

Drucker, P. F.(1990). *Managing the Non-Profit Organization : Practice and Principles*. New York : Harper Collins.

Fiedler, F. E.(1967). *A Theory of Leadership Effectiveness*. New York : McGraw-Hill.

Filippo, E. B.(1984) *Principle of Human Resources Development*(6th eds.)(pp. 50-84). New York : Mc Graw-Hill Inc.

Greenleaf, R.(1970). *The Servant as Leader*. Indianapolis : The Robert K. Greenleaf Center.

Hasenfeld, Y. & Schmid, H.(1989). The life cycle of human service organizations : An administrative perspective. *Administration in Social Work, 13*, 243-269.

Hersy, P. H., & Blanchard, K. H.(1993). *Management of Organizational Behavior*. Englewood Cliffs, NJ : Prentice-Hall.

House, R. J.(1976). A Path-goal Theory of Leader Effectiveness. *Administrative Science Quarterly, 16*.

Kelley, R. E.(1988). In Praise of Followers. *Harvard Business Review, 66*(6), 142-148.

Muchinsky, P. M., & Monahan, C. J.(1987). What is person-environment congruence, Supplementary versus complementary models of fit. *Journal of Vocational Behavior, 31*, 268-277.

Pecora, P. J., & Austin. M. J.(1987). *Managing Human Services Personal*. U.S.A. : Sage Publications.

Schein, E. H.(1980). *Organizational Psychology*(3rd ed.)(pp. 230-233). Englewood Cliffs, N. J : Prentice-Hall.

Spears, L. C.(1995). *Insights on Leadership : Service, Stewardship, Spirit, and Servant Leadership*. New York : John Wily & Sons, Inc.

Youndt, M. A., Snell, S. A., Dean, Jr. J. W., & Lepak, D. P.(1996). Human Resource Management, Manufacturing Strategy, and Firm Performance. *Academy of Management Journal, 39*(4), 836-866.

CHAPTER 07

사회복지조직의 마케팅

사회복지조직에 새로 부임한 관장은 조직의 이미지를 새롭게 창출하고, 외부 자원을 확보하여 효과적인 서비스 프로그램을 기획하기 위해 마케팅을 제안하였다. 조직의 직원들은 순수한 가치를 지향하는 비영리조직에 사람들을 현혹하는 마케팅은 어울리지 않는다고 반대의 목소리를 높였다. 차라리 마케팅 비용을 다른 서비스 프로그램에 투자하자고 하였다. 그러나 마케팅에 대한 비영리기관의 이러한 태도는 마케팅을 오해하는 데에서 비롯되었다.

사회복지조직을 포함하는 비영리조직은 자원 측면에서 정부 보조금이 지속해서 감소하고 있으며, 영리 또는 비영리조직 간 경쟁이 심화되고 있다. 아울러 사회복지조직은 점차 한정적인 자원을 통하여 클라이언트의 복잡한 서비스 욕구를 충족하도록 노력해야 하는 도전적인 상황에 직면하고 있다. 이러한 환경에서 사회복지조직이 생존하기 위한 수단으로 마케팅에 관한 관심이 커지고 있다. 그러나 아직도 비영리조직에서 마케팅에 대한 이해 및 마케팅의 다양한 전략의 적용방법에 대한 이해는 매우 부족한 상황이다. 이 장에서는 사회복지조직을 포함하는 비영리조직의 마케팅 적용을 위하여 마케팅에 대한 기본 개념을 소개하고, 다양한 마케팅 전략에 대하여 구체적으로 논의할 예정이다.

1. 비영리조직 마케팅의 필요성

비영리조직(NPO : Non-Profit Organization)은 사회를 유지 발전하는 데 매우 중요한 존재이다. 비영리조직은 조직의 소유주나 주주의 가치 실현을 위해 자본의 이익을 추구하지 않는 대신에 일정한 자본을 활용하여 비영리조직의 미션을 달성하고자 하는 단체를 말한다(Grobman, G. M., 2008). 따라서 비영리조직은 기업의 영리 추구의 목적이 아닌 공공 이익을 실현하기 위해 조직되고 운영된다. 이러한 비영리조직은 사회의 다양한 문제와 욕구를 해결하고, 인간의 삶의 질을 개선하기 위한 다양한 임무를 수행하고 있다. 우리나라의 비영리조직은 대표적으로 사회복지조직, 시민단체, 환경단체, 문화예술단체, 교육서비스조직 등으로 나타나고 있다.

현대 사회는 사회 전반에 걸쳐 다양하고 복잡한 사회문제와 욕구가 발생한다. 정부는 이러한 다양한 사회문제에 대한 요구에 대처하기 위해 다양한 정책과 제도를 시행한다. 그러나 정부 조직은 관료적이고, 조직구조가 계층적이며, 자신들이 속한 정당의 이익을 추구해야 하는 등의 독특한 속성으로 인하여 사회적 욕구에 신속하게 대처하기 어렵다. 따라서 민간 비영리조직이 정부를 대신하여 지역사회와 시민의 다양한 욕구 충족을 위하여 조직을 구성하고, 정책적 목적을 달성하기 위해 다양한 프로그램을 운영하고 있다. 이를 위해서는 비영리조직의 자원확보가 무엇보다 중요한 시점에 있다. 비영리조직은 자원확보를 위해 정부의 다양한 보조금을 확보하기 위해 노력하는 한편, 자원확보를 위해 마케팅을 적용해야 하는 필요성이 증가하고 있다.

비영리조직에서 마케팅 개념을 잘못 이해하는 경우가 많다. 먼저 마케팅은 영리기업을 위한 것이고, 비영리조직에서는 마케팅에 대한 이해 부족과 전문가의 부재 등으로 마케팅을 불필요한 것으로 생각하는 경향이 있다. 그리고 마케팅은 비영리조직을 시장화하여 그동안 쌓아온 명성을 떨어트릴 것이라는 오해를 한다. 아울러 마케팅을 실행하기 위해 사용되는 자원을 다른 곳에 투자하는 것이 더욱 현명하다고 주장하는 사람들도 있다. 또한 비영리조직은 본래의 도덕적 가치를 지키기 위해 광고업계와 같이 사람들을 끌어오기 위해 과장된 방법을 사용해서는 안 된다는 비판을 하고 있다. 그러나 비영리조직의 마케팅은 영리 추구의 목적이 아닌 비영리의 미션과 가치를 효율적으로 달성하기 위한 매우 효과적인 수단이다.

비영리조직의 마케팅은 인적 · 물적자원을 확보를 위해 조직의 효과성과 효율성을 증진해야 한다. 비영리조직은 마케팅 전략과 전술을 사용하여 인지도를 높이고, 자원을 확보하며, 비영리조직의 추구하는 미션을 효과적으로 달성하기 위해 노력해야 한다. 비영리조직에 마케팅이 필요한 이유는 다음과 같다(Mahnoor Sheikh, 2020).

첫째, 인지도 제고(create awareness)이다.

마케팅은 비영리에 주요한 이해관계자와 일반 대중에게 비영리조직이 추구하는 가치가 왜 중요하고, 이를 추구하기 위해 무엇을 하고 있는지를 교육하고 알리는 것을 돕는다.

둘째, 자원확보(raise funds)에 활용한다.

마케팅은 비영리단체를 운영하고 성장시키는 데 필요한 기부와 자금을 확보하는 데 도움을 준다. 비영리조직은 비영리단체가 돈을 어떻게 사용하고, 기부하는 절차는 어떻게 되는지와 같은 것을 마케팅의 다양한 방법을 통하여 알릴 수 있다.

셋째, 이미지 구축(establish an image)을 가능하게 한다.

비영리조직이 성장하기 위해서는 목표 고객에게 강력하고 신뢰할 수 있는 이미지를 구축해야 한다. 마케팅은 조직의 사명과 가치를 강화하여 시간이 지남에 따라 비영리단체 브랜드의 긍정적인 이미지를 형성하도록 한다.

넷째, 조직의 활동을 지원할 자원봉사자와 파트너를 찾도록(seek volunteers and partners) 돕는다. 마케팅은 더 많은 사람이 조직의 이벤트와 활동에 참여하도록 독려한다. 그리고 비영리조직의 가치를 증진하기를 원하는 잠재적인 기업의 관심을 끌거나, 다른 영리조직이나 비영리조직과 호혜적인 파트너십을 형성하는 데 도움을 준다.

다섯째, 사회와 정치변화를 주도(drive social and political change)한다. 비영리단체의 주요한 목적은 긍정적인 변화를 가져오는 것이다. 마케팅은 강력한 그룹과 의사 결정자에게 압력을 가하여 충분한 자원을 확보하고 이러한 변화를 주도하도록 돕는다.

비영리조직에서 다양한 목적으로 적용되는 마케팅 유형은 상업적 마케팅(commercial

marketing), 사회마케팅(social marketing), 모금 마케팅(fund-rasing marketing), 공익연계 마케팅(cause-related marketing) 등이 있다. 상업적 마케팅은 영리 영역에서 개발되었지만, 교육, 건강, 예술 등의 비영리조직에서 초기에 프로그램이나 서비스에 사람들을 끌어들이는 목적으로 사용하고 있다. 그리고 사회마케팅은 정부나 비영리조직에서 금연이나 비만을 감소시키고, 안전벨트 사용을 증가시키는 등 사람들의 행동 변화와 사회를 개선할 목적으로 시행하고 있다. 한편 비영리조직은 마케팅의 원리를 적용하여 모금 마케팅을 시행하고 있다. 아울러 공익연계 마케팅은 비영리조직의 기금을 마련하고, 영리조직의 제품 판매를 증가시키려는 의도로 영리조직과 비영리조직 간에 파트너십을 통하여 시행된다(Wroth, 2014).

비영리조직은 한정된 자원으로 추구하고자 미션을 효과적이고 효율적으로 달성해야 한다. 이를 위해 마케팅의 방법을 적용하여 후원자와 자원봉사자를 모집하고 관리해야 한다. 아울러 다양한 사회 구성원들의 욕구를 수렴하고, 때로는 이용자를 선정하고 모집하는 활동에 마케팅의 전략을 적절하게 활용할 수 있어야 한다. 다만, 사회복지조직은 사회적 약자에게 직접적인 서비스를 제공함으로써 사회적 가치를 창출하고 있기에 마케팅을 적용할 때, 조직이 추구하는 미션을 기반으로 조직의 윤리와 철학이 훼손되지 않도록 주의가 필요하다. 이러한 복잡한 과업환경 속에서 비영리조직에 마케팅은 영리조직보다 더욱 고려해야 할 요소가 다양하고 복잡하다. 따라서 비영리조직에 대한 마케팅을 적용하기 위해 마케팅에 대한 기본적인 개념과 전략에 대하여 충분히 이해할 필요가 있다.

2. 마케팅의 개념 및 변천과정

1) 마케팅의 개념

마케팅의 개념은 학자마다 조금씩 다르게 정의하고 있다. 그러나 일반적으로 마케팅은 시장을 활발하게 작용하도록 하는 총체적인 활동을 의미한다. 시장에는 상품과 서비스를 이용하는 소비자 또는 이용자들이 존재한다. 따라서 마케팅은 시장의 소비자나 이용자의 욕구를 발견하고 충족시키기 위해 개인과 집단들이 원하는 것을 획득하는 과정이라고 할 수 있다. 그리고 이러한 과정에서 교환(exchange)이 매우 중요한 개념이다.

마케팅 개념에 대한 정의는 다양하다. 미국마케팅협회(AMA : American Marketing Association)에서는 2007년 "마케팅은 소비자, 클라이언트, 파트너와 사회 전반에 가치를 제공하기 위해 창조되고, 의사소통하고, 전달하고, 교환하는 일련의 활동, 제도, 그리고 과정"이라고 정의하고 있다. 이는 마케팅에 대한 관점을 소비자나 고객에서 더욱 확대하여 사회 전반에 가치를 제공하는 활동이라고 말하고 있다.

한편 경영학의 아버지라 불리던 Peter Drucker는 그의 저서 『Management : Tasks, Responsibilities, Practices』에서 "마케팅의 목적은 판매 노력을 불필요하게 만드는 것이다"라고 주장하였다. 그는 진정한 마케팅은 고객을 이해하고, 제품과 서비스를 고객에게 맞춤으로써 제품이 판매 노력 없이 자동으로 팔려나가도록 해야 한다는 것을 강조하였다.

현대적 개념의 마케팅은 판매에만 국한되어 정의되지 않는다. Kotler(2016)는 "마케팅은 기업이 고객을 위해 가치를 창출하고 강한 고객 관계를 구축함으로써 그 대가로 고객으로부터 상응한 가치를 얻는 과정이다"라고 하였다. 최근 고객 중심의 마케팅 철학은 고객으로부터 출발하여 고객에게 진정한 가치를 제공하는 교환의 관계로 이해되고 있다. 따라서 기업은 고객의 욕구를 반영한 상품과 서비스를 개발하고 고객과의 지속적인 관계를 통하여 고객에게 상품과 서비스를 통한 가치를 제공하며 고객은 이에 대한 금전적 대가를 지급하는 교환의 관계가 이루어지는 개념을 말한다. 사회복지조직에서는 기부자가 사회복지관에 기부금을 제공하게 되고, 기부자는 기부 행동으로 인한 반대급부로 만족감이나 보람을 느끼는 것을 의미한다.

Kotler(2016)는 고객을 위한 가치 창출과 고객 관계 구축을 위한 마케팅을 위해서 다음과 같은 구체적인 과정이 필요함을 제시하고 있다. 첫째, 시장과 고객 욕구의 이해가 필요하다. 둘째, 소비자와 시장을 충분히 이해하고, '어떤 고객을 대상으로 할 것인가? 어떻게 고객을 선정할 것인가?'에 대한 응답을 반영한 고객 지향적 마케팅 전략을 설계해야 한다. 셋째, 목표 고객이 결정되고 나면 마케팅

4P(Product, Price, Promotion, Place)를 활용하여 마케팅 전략을 행동으로 전환하여 고객 관계를 구축해야 한다. 넷째, 수익성 있는 고객 관계의 구축이 중요함을 강조하고 있다. 이를 통하여 기업은 고객으로부터 자연스럽게 기업가치를 획득하게 된다. 이것은 기업의 성과인 매출, 시장점유율, 이익 등의 형태로 나타나게 된다. 즉, 기업은 고객가치 창출을 통하여 고객과의 관계를 구축하게 되고 이를 통하여 지속적인 보상을 얻게 되는 것을 의미한다.

2) 마케팅의 변천과정

마케팅(marketing)이라는 용어는 친숙하면서도 설명하기 어려운 용어이다. 이것은 마케팅이 외국어이고, 일반적으로 마케팅을 광고나 판매 행위로 이해하는 경우가 많기 때문이다. 특히 사회복지조직은 정부 보조금이나 후원을 통하여 사회복지 정책을 서비스로 제공하는 역할을 수행하는 데 마케팅에 대한 필요성을 크게 느끼지 못하였다. 그러나 점차 비영리조직에 미션을 효과적으로 달성하고, 자원을 확보하기 위해 마케팅의 역할은 점차 증가하고 있다.

마케팅의 이념과 개념은 시장에서 기업이 지속해서 성장하기 위해 마케팅 활동의 초점을 어디에 둘 것인가에 따라 그 역할과 함께 개념의 변화가 있었다. Worth (2014)는 |그림 7-1|과 같이 마케팅의 역사를 3단계로 설명하고 있다.

|그림 7-1| 마케팅 패러다임의 변화

출처 : 오단이 · 최칠성(2021). 사회적경제를 위한 마케팅 실무.

첫째, 생산지향적(product mind-set) 단계이다.

20세기 초에 마케팅 개념이 시장에 처음 등장했을 때 산업형태를 보여주고 있다. 이 시기는 소비자들에게 매력적인 상품을 만들면 자연적으로 판매되는 시기를 말한다. 그리고 기업들은 시장에 소비자들이 원하는 제품을 효과적인 생산하기 위한 관리가 매우 중요하였다. 따라서 마케팅의 역할도 신상품을 생산하는 수단으로 매우 소극적으로 적용되었다.

둘째, 판매지향적(sales mind-set) 단계이다.

기업들은 20세기 중반 이후 경기침체에 따른 심각한 수요부진과 대량 생산으로 인한 공급과잉의 상황으로 효율적인 생산구조만으로 생존하기 어려운 시장환경에 직면하게 되었다. 이러한 상황으로 시장은 기업들이 생산된 제품을 판매하기 위한 경쟁이 심화되는 현상이 나타났다. 기업들은 생존하기 위해 조직구조를 생산지향적 구조에서 판매지향적으로 변화시키는 계기가 되었다. 따라서 판매지향적 단계에서 기업은 생존을 위해 제품을 알리는 광고의 기능을 사용하였다. 또한 자신들의 상품이 다른 경쟁기업의 상품과 비교하여 우수함을 설득하는 전략이 중요한 마케팅의 수단으로 사용되었다. 즉, 마케팅과 판매가 유사한 개념으로 사용되었다. 그러나 이 시기에 기업들은 고객과의 적절한 의사소통을 크게 중요시하지 않았다.

셋째, 고객지향적(target-audience mind-set) 단계이다.

대중매체의 발달과 소비자들의 구매력 확대는 소비자들이 생산자에게 자신의 욕구를 충분히 반영하도록 요구하였다. 그러므로 기업들은 성장하기 위해 시장에서 소비자의 관리가 매우 중요함을 인식하게 되었다. 또한 기업들은 다양한 시장환경을 분석하고, 인구통계학적 기준, 지리적 기준, 심리적 기준 등 다양한 기준으로 시장을 세분화하며, 자신들의 자원을 가장 효율적으로 배분할 수 있는 목표시장을 선정하여 목표시장의 욕구, 선호, 인식, 만족 등을 연구하고, 이를 반영한 상품과 서비스를 개발하기 위해 노력하였다. 당시 마케팅의 열쇠는 목표관중에게 초점을 맞추는 것이라고 하였다(Andresen, 2006). 따라서 마케팅의 개념도 판매나 광고의 개념을 뛰어넘어 다양한 마케팅 수단을 통해 고객의 욕구를 이해하고, 이를 바탕으로 기업의 제품을 생산하며, 체계적인 고객관리를 통한 지속성장을 위한 중요한 수단으로 확대되었다.

최근의 마케팅은 고객지향적 마케팅을 기반으로 고객에게 가치를 제안하는 흐름으로 변화하였다. 이러한 기조를 Kotler(2010)는 그의 저서 『마켓3.0』에서 가치 중심의 3.0 시장으로 정의하고 있다. 가치 중심의 마케팅은 사회적인 기여를 중시하고, 브랜드가 제공하는 사회적 가치의 차별화가 중요한 경쟁력이 된다. 따라서 기업은 소비자를 이성과 감성, 영혼을 지닌 완전한 인간으로 인식하고, 기업의 미션과 가치의 실현을 통해 사회적 가치를 실현함으로써 고객과의 지속적인 관계를 형성하는 것이 매우 중요한 마케팅 전략이 되었다.

3) 마케팅 개념의 구성요소

마케팅의 개념에는 시장과 고객 욕구의 이해, 고객지향적 마케팅 전략, 고객 관계 구축 등의 개념을 이해할 필요가 있다. 이에 대하여 자세한 설명은 다음과 같다(Kotler & Armstrong, 2016).

① 시장과 고객에 대한 이해

마케팅의 첫 과정은 고객의 욕구와 고객들과의 거래가 성사되는 시장에 대한 이해에서 출발한다. 고객 및 시장과 관련된 핵심 개념은 사람의 욕구, 시장제공물, 가치와 만족, 교환, 시장의 개념이 존재한다.

첫째, 사람의 욕구는 기본적 욕구(needs)로 결핍을 느끼는 상태를 말한다. 여기에는 생리적(음식, 옷 등) 욕구, 소속과 애정(따뜻함, 안전 등)의 욕구, 지식과 자기표현을 추구하는 개인적 욕구를 포함하고 있다. 그리고 구체적 욕구(wants)는 문화와 개인이 개성의 차이에 의해 발생하는 구체적인 욕구를 말한다. 예를 들어, 일차적인 욕구가 음식이라면 이차적인 욕구는 설렁탕, 비빔밥 등의 개인적 선호가 반영된 구체적인 욕구를 말한다. 한편 수요(demand)는 구매력이 뒷받침되는 구체적인 욕구를 말한다. 소비자들은 구매력을 갖게 되면 시장에서 제품과 서비스가 가져다

줄 편익을 갖춘 제품을 구매하기를 원한다.

따라서 마케팅의 과정은 고객의 욕구를 구체적으로 이해하는 것에서부터 출발한다. 이를 위해 고객조사를 시행하고, 고객 자료 분석을 통하여 고객 욕구를 이해하기 위해 노력하고 있다.

둘째, 시장제공물(market offering)이다. 고객의 욕구는 시장제공물을 통해 충족된다. 시장제공물은 시장에서 거래되는 상품, 서비스, 정보, 경험의 조합과 같은 무형의 확장된 개념까지 고려된다. 소비자들은 시장에서 유형적인 제품만을 구매하는 것이 아닌, 이를 통한 서비스, 정보, 경험 등을 통해서도 편익을 느끼게 된다.

셋째, 가치와 고객 만족이다. 소비자들은 시장에서 원하는 제품과 서비스의 수많은 대안을 가지고 있다. 이러한 상황에서 소비자들이 선택하는 기준은 시장제공물이 자신에게 전달할 가치와 만족에 대한 기대이다. 여기서 만족한 고객은 긍정적인 경험을 통해 재구매하지만, 불만족한 고객은 이탈하게 된다. 따라서 고객가치와 고객 만족은 고객 관계를 구축하는 기본적인 토대가 된다.

넷째, 교환(exchange)이다. 마케팅은 거래 상대방에게 대상물을 얻는 대가로 이에 상응하는 대상물을 제공하는 교환의 과정이다. 소비자들은 시장에서 가치 있는 제품과 서비스를 얻기 위한 행위의 대가로 금전적인 비용이나 심리적 비용을 지불하게 된다. 그래서 마케팅은 고객들과 바람직한 교환의 관계를 구축하고 유지하는 활동이 매우 중요하다.

다섯째, 시장(market)의 개념을 이해해야 한다. 시장은 실제 구매자와 잠재적 구매자들의 집합을 의미한다. 고객은 시장에서 교환의 관계를 실행한다. 그래서 마케팅은 시장에서 잠재적 구매자의 욕구를 파악하고, 좋은 제품과 서비스를 설계하여, 이에 상응하는 가격을 결정하고, 다양한 촉진 활동과 소비자와의 접점을 위한 유통망을 통해 판매나 서비스가 이루어지는 과정을 말한다.

② 고객지향적 마케팅 전략

고객지향적 마케팅 전략은 시장과 고객을 충분히 이해하는 것을 전제로 한다. 고객지향성(customer orientation)은 고객과 관련된 정보와 고객 욕구를 신속하게 파악하고, 이러한 정보를 조직 전체가 조직 활동에 반영하여 고객서비스 향상을 위해 총체적으로 노력하는 활동을 의미한다. 고객지향 마케팅(customer orientation)은 고객의 요구를 미리 파악하고 예측하여 고객이 가진 욕구와 필요를 충족시키기 위하여 제품 개발, 광고, 판촉, 영업, 고객서비스 등에 이르는 모든 과정에서 고객의 관점에서 조정된 마케팅 활동을 수행하는 것을 의미한다(오단이 · 최칠성, 2021).

고객지향적 마케팅 전략을 위해서는 시장에서 목표 고객을 선정하고, 목표 고객에게 어떠한 가치를 제안할 것인지에 대한 명확한 정의가 필요하다. 시장에서 목표 고객의 선정은 시장을 특정한 기준(인구학적 특성, 지리적 특성, 행동유형에 따른 특성 등)으로 세분화하여 세분시장을 선택하는 과정을 통하여 이루어진다.

다음으로 목표 고객에게 무슨 가치를 제공할 것인가를 결정해야 한다. 이는 시장에서 제품과 서비스를 다른 경쟁자와 차별화하고 포지셔닝하는 것을 의미한다. 따라서 시장에서 목표 고객의 욕구를 충족하기 위해 제공하기로 약속한 편익을 제공하려는 마케팅 전략의 수립이 필요하다. 사회복지서비스를 이용하는 이용자는 서비스 자체에 대한 이용을 통해 개인의 특정한 욕구를 해결함으로써 가치를 제안받는 것이다.

기업이나 조직의 마케팅 전략은 시장에 목표 고객이 누구이고 그들에게 어떤 가치를 제공할 것인지를 결정한다. 그리고 목표 고객에게 의도하는 가치를 전달하기 위해 마케팅 믹스(marketing mix) 4P(Product, Price, Place, Promotion) 도구를 활용한 통합적인 마케팅 전략을 개발하는 것이 필요하다.

③ 고객 관계 구축

마케팅의 과정에서 고객 관계 구축은 조직의 수익성과 직결된다. 기업이나 조직은 고객과의 지속적인 관계를 구축을 통하여 현재와 미래의 매출, 시장점유율, 이익 등의 형태의 기업가치를 획득하게 된다. 이를 위해 고객 관계 관리(CRM : Customer Relationship Management)가 중요한 개념이다. CRM은 고객의 획득, 유지, 육성 등 고객 관계를 구축 유지함으로써 고객가치와 고객 만족을 제공하는 전반적인 과정을 의미한다.

이러한 고객관리의 체계가 구축되면 기업이나 조직에 탁월한 가치를 제공하는 고객을 구별하는 것이 필요하다. 이를 통하여 충성고객을 인식하고 지속적인 관계가 형성되도록 다양한 마케팅 전략을 수행해야 한다. 아울러, 고객 점유율[1]의 관점에서 고객의 생애주기에 걸쳐 고객의 구매액 중에서 자사의 제품과 서비스를 구매하는 비율을 향상시키기 위해 노력해야 한다.

요약하면 마케팅은 시장과 고객의 욕구를 정확히 파악하고, 이를 바탕으로 목표 고객에게 가치를 제안하는 고객지향적 마케팅 전략이 필요하고, 다양한 마케팅 믹스를 적절하게 혼합하여 통합적인 마케팅 전략을 수행해야 한다. 아울러 시장에서 고객과의 관계 구축을 통하여 고객가치와 고객 만족을 지속해서 제공함으로써 기업가치를 획득하려는 노력이 필요하다.

최근에 마케팅 환경은 매우 급격하게 변화하고 있다. 디지털 기술의 발전으로 의사소통의 방식, 정보의 공유, 쇼핑의 형태 등이 변모하고 있다. 마케팅 전략은 이러한 시장의 변화를 빠르게 인지하고 대처하는 것이 필요하다. 이러한 대표적인 마케팅이 디지털마케팅과 소셜미디어 마케팅이다. 따라서 새로운 마케팅을 효과적으로 활용하기 위해 전통적인 마케팅과 결합하여 시장에 맞도록 새로운 마케팅 전략을 창출하는 것이 필요하다.

4) 사회복지마케팅의 특징

우리나라는 1980년부터 사회복지기관들이 이벤트, 캠페인, 정기 후원자 모집 등에서 마케팅을 시작하였다. 1990년 이후 월드비전, 기아대책, 유니세프 등 대표적인 사회복지조직에서 DM, ARS 모금, 이벤트, 정기 후원자 개발 등에 마케팅을 적용한 본격적인 모금 활동을 시행하였다. 이 밖에도 다양한 민간단체의 출현과 사회서비스 바우처 제도의 시행으로 비영리조직에서 마케팅의 중요성이 점차 증가하였다.

1 고객 점유율(customer share)이란 장기간에 걸쳐 한 명의 고객에게 동일한 상품 및 서비스 카테고리 중 자사 제품을 구입하기 위해 지출하는 비율을 의미한다.

사회복지조직의 민영화의 추세에서 정부의 보조금은 지속해서 감소하고 있으며, 시장에 다양한 비영리조직 간에 자원확보를 위한 경쟁이 심화하고 있다. 마케팅은 영리조직에서 이윤을 극대화하기 위하여 사용된다. 그러나 비영리조직은 공익적 가치를 추구하고 있다. 따라서 비영리조직에서 적용되는 마케팅은 영리조직과 차이가 있다(우종모 외, 2004). 이에 대한 구체적인 내용을 설명하면 다음과 같다.

첫째, 고객에 대한 인식의 차이가 있다. 영리조직은 시장에서 단일한 고객이 존재한다. 그러나 비영리조직은 서비스를 받는 클라이언트와 조직을 후원하는 후원자 또는 기부자의 두 개 이상의 고객이 존재한다.

둘째, 생산과 소비가 발생하는 시점에 차이가 있다. 영리기업은 상품을 생산하고, 유통하여 시장을 통하여 소비가 이루어진다. 그러나 비영리조직의 상품은 생산과 소비가 동시에 일어나는 동시성을 가지고 있다. 사회복지조직의 프로그램은 클라이언트에게 서비스 생산과 동시에 소비가 이루어지는 특징이 있다.

셋째, 마케팅 목적에서 차이가 있다. 영리기업의 마케팅은 목표시장에서 사회에 이익을 부여함과 동시에 이윤 창출을 목적으로 한다. 비영리조직은 목표시장에서 공공의 이익을 실현하기 위해 마케팅을 활용한다. 따라서 교환의 형태도 영리기업은 화폐의 형태이나, 비영리조직은 무형(지지, 노력, 만족 등)의 형태로 이루어진다.

넷째, 상품에 차이가 있다. 일반적인 상품은 유형이다. 그러나 비영리조직이 제공하는 서비스는 대부분 무형성과 소멸성을 지닌다. 따라서 비영리조직의 마케팅은 무형의 서비스를 통하여 클라이언트나 후원자에게 만족을 주는 마케팅이 요구된다. 그리고 비영리조직의 서비스 소멸성은 상품과 같이 창고에 보관할 수 없으므로 서비스의 동질성과 질적 우수성을 확보하기 위해 노력해야 한다.

다섯째, 서비스의 다양성과 복잡성이다. 영리조직이 생산하는 상품은 표준화와 대량소비로 다양성이 부족하다. 그러나 비영리조직의 서비스는 클라이언트의 욕구에 따라 다양한 서비스가 필요하므로 마케팅 비용이 과다하게 소요된다.

〈표 7-1〉 영리와 비영리 마케팅 비교

기 준	영리마케팅	비영리마케팅
특 징	기업의 내부욕구 강조	복지조직을 둘러싼 내부 및 외부 욕구 강조
목 적	목표시장이나 사회에 이익을 부여하면서 동시에 이윤창출	이윤추구보다는 목표시장과 사회이익을 위해 봉사
노력의 초점	목표시장이 원하는 필요와 욕구를 충족시키기 위해 노력	목표시장의 태도와 행동을 변화시키기 위해 노력
마케팅 대상	아이디어를 수단으로 제품과 서비스를 마케팅	사회의 전반적인 이슈나 이념 등을 마케팅
관심사	상품과 서비스에 대한 관심	상품, 서비스뿐만 아니라 사람, 장소, 조직에 대해서도 관심
교 환	일반적으로 화폐의 형태	무형(지지, 만족, 참여 등)의 형태
목 표	일반적으로 재정적인 것이며 투자에 대한 이익, 판매, 보고의 형태로 진술	상당히 복합적이고 재정적인 이슈를 넘어서 다양함
이익, 지불	이익이 보통 고객의 지불과 관련됨	사회복지서비스의 이익은 수혜자, 후원자의 지불능력과 상관이 없는 경우도 있음
시장 분할	현재 또는 잠재적으로 가능성 있는 시장분할을 위해 노력	사회복지조직에서는 경제적으로 가능성이 없는 시장분할도 기대되거나 요구됨
고 객	단일한 고객시장이 존재	두 고객(수혜자와 후원자) 이상의 시장을 보유함

출처 : 우종모 외(2004) 재구성.

여섯째, 마케팅의 윤리성과 투명성의 기대가 다르다. 후원자들과 이해관계자들은 영리조직보다 비영리조직에서 후원 개발, 후원금의 사용 등에서 더욱 높은 윤리성과 투명성을 기대한다. 이러한 윤리성과 투명성의 결여는 사회적 비판과 함께 비영리조직의 존립을 어렵게 한다.

이 밖에도 마케팅이 제품과 용역이 아닌 사회의 전반적인 이슈나 이념을 대상으로 시행된다. 그리고 소비자의 지불 능력 관점에서도 영리기업에서는 중요한 고려대상이나 비영리조직은 지불 능력에 상관없이 서비스를 제공해야 한다. 또한 시장분할의 기준도 비영리조직은 경제적으로 가능성이 없는 시장도 마케팅을 시행해야 하는 특징 등을 가지고 있다.

3. 마케팅 과정(Marketing Process)

마케팅은 일정한 절차를 통해 체계적인 마케팅 전략을 수립한다. 마케팅의 과정은 학자들마다 다소 차이가 있지만, 시장의 환경을 분석하고, 세분화하여 목표시장을 선정한다. 그리고 목표시장에 고객에게 가치를 전달하기 위해 다양한 마케팅 도구를 활용하여 고객과의 관계를 강화하는 과정을 필요로 한다.

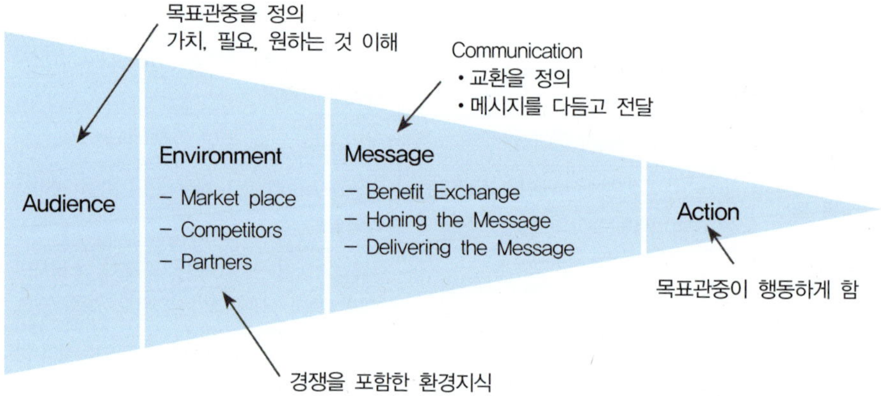

|그림 7-2| 마케팅 과정

출처 : Andresen, K.(2006). Robin Hood Marketing : Stealing corporate savvy to sell just cause, p. 10.

Andresen(2006)은 마켓의 과정에서 가장 중요한 첫 번째 단계로 목표시장의 고객을 정의하고, 고객의 가치, 필요, 원하는 것을 이해하는 것이 매우 중요함을 강조하고 있다. 아울러 목표시장을 이해하기 위해 시장 내에 경쟁자와 협력자를 분석하고 대응하는 것과 같은 경쟁을 포함한 환경 지식의 중요성을 나타냈다. 그리고 목표 고객에게 교환의 가치를 정의하고, 일관된 메시지를 전달하도록 관리해야 한다. 결국 마케팅의 이러한 과정은 목표 고객의 행동을 촉진하게 되어 기업의 가치로 환원되는 것이다.

한편 김상훈(2007)은 |그림 7-3|과 같이 마케팅 프로세스를 3C, STP, 4P, 실행 및 평가의 과정이라고 정의하고 있다.

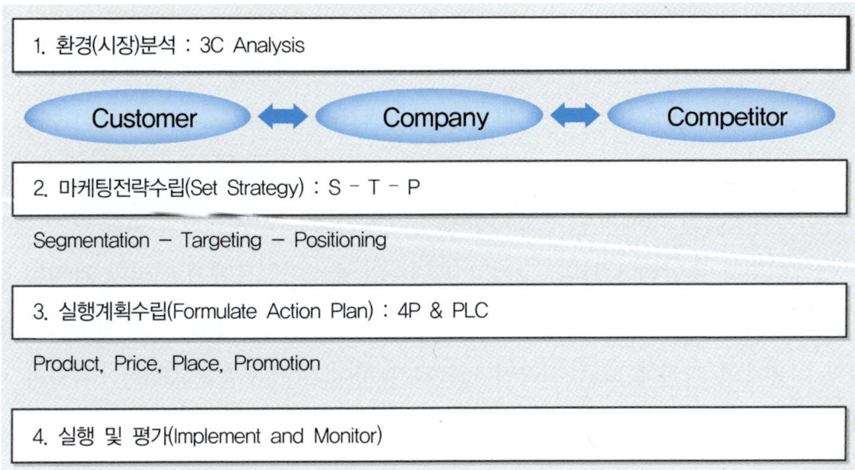

|그림 7-3| 마케팅 과정

출처 : 김상훈(2007). 마케팅 핵심원리와 실천 전략, p. 34.

첫 번째, 시장환경 분석으로 3C(Customer, Company, Competitor)의 분석이 필요하다. 이는 시장의 고객을 이해해야 하고, 자신의 기업의 역량을 분석해야 함을 의미한다. 그리고 경쟁자의 상황을 파악하는 것이 필요하다.

두 번째는 단계는 STP(Segmentation, Targeting, Positioning)이다. 즉, 시장을 인구학적, 지리학적, 소비자의 소비패턴 등 다양한 기준으로 세분화한다. 그리고 세분된 시장에서 기업의 자원을 효율적으로 활용할 수 있는 합리적인 시장을 선택하는 목표시장 선정(Targeting)이 필요하다. 이렇게 선정된 목표시장에는 고객들에게 우리의 제품과 서비스를 어떻게 인식시킬 것인지에 대한 포지셔닝 전략(Positioning)을 수립해야 한다.

세 번째로 STP 전략이 수립되면 마케팅 믹스를 통하여 마케팅 계획을 수립하고 구체적으로 관리하는 계획을 수립한다. 4P는 바로 Product, Price, Place, Promotion으로 제품에 관한 결정, 적정한 가격에 관한 결정, 어느 지역에 유통할 것인지에 대한 결정, 어떠한 홍보를 시행할 것인지에 대한 결정을 포함하게 된다.

마지막으로 이렇게 수립된 4P 전략을 실행하고 제대로 이행되고 효과가 있는지를 모니터링하는 단계를 통하여 마케팅이 이루어진다.

요약하면, 마케팅 프로세스는 시장과 고객 욕구의 이해에서 출발하여 마케팅 전략을 설계하고, 고객가치를 전달하기 위한 통합적인 마케팅 프로그램을 개발하고 실행함으로써 수익성 있는 고객 관계를 지속해서 구축하여, 고객으로부터 기업가치를 획득하는 과정이라고 할 수 있다.

사회복지조직의 마케팅도 목표시장에서 후원자와 클라이언트의 욕구를 이해하는 것에서부터 출발해야 한다. 그리고 후원자와 클라이언트에게 어떠한 가치를 전달할 것인지에 대한 명확한 정의가 필요하다. 그리고 프로그램을 기획하고 실행하면서 이용자의 관점에 따른 전략적 접근을 통하여 고객(후원자, 클라이언트)과의 관계를 지속해서 강화하려는 노력이 필요하다.

4. 마케팅 전략 수립

1) 환경 분석

마케팅 전략의 수립은 조직의 환경 분석으로부터 시작된다. 이 과정은 자기 조직에 대한 역량 진단과 시장 내에 고객과 경쟁자를 이해하는 과정을 포함한다.

먼저 조직에 대한 환경분석은 제도적 환경과 내부환경으로 구분하여 분석을 시행한다. 제도적 환경은 비영리조직의 활동에 근거를 제공하는 각종 법규와 정부 정책, 경제 상황 등을 종합적으로 분석해야 한다. 그리고 이러한 제도적 환경에 맞도록 마케팅 전략을 수립해야 한다. 조직 내부환경의 분석은 자기 조직이 가지고 있는 역량을 진단하는 것이다. 조직이 지향하는 것은 무엇인지에 중점을 두고, 가지고 있는 경쟁력과 시장에서의 기회 요인과 위협 요인들을 점검하는 것이 필요하다.

일반적으로 조직 역량 분석 시, SWOT(Strength, Weakness, Opportunity, Threat) 분석이 많이 사용된다. 이를 통하여 조직의 강점과 약점을 확인하고, 시장에서의 기회 요인과 위협 요인을 분석하고 있다. 이러한 과정을 통하여 자신의 조직의 인력, 자금, 시설, 시스템, 주요 고객기반에 대한 강점과 약점을 분석한다. 그리고 이런 분석을 통하여 시장에서 조직의 강점을 최대한 활용하는 것이 중요하다.

〈표 7-2〉 환경분석을 위한 SWOT 분석

구 분	강점(Strength)	약점(Weakness)
기회 (Opportunity)	강점-기회 전략 자사의 강점을 이용하여 외부 환경 기회의 활용 전략방안	약점-기회 전략 자사의 약점을 보완하여 외부 환경 기회의 활용 전략방안
위협 (Threat)	강점-위협 전략 자사의 강점을 이용한 외부 환경 위협에 대응 전략방안	약점-위협 전략 자사의 약점을 보완하여 외부 환경의 위협에 대응 전략방안

다음으로 시장에 고객과 경쟁자에 대한 이해가 필요하다. 목표시장에 고객의 행동과 욕구를 이해하고 이에 적합한 마케팅 활동을 수립하는 것이 필요하다. 고객이 사회복지서비스를 이용할 때, 이용자가 성장한 문화, 가족 환경, 종교 등에 영향을 받는다. 이러한 고객과 관련한 요인은 조직이 통제할 수 없는 외부요인이다. 사회복지조직의 고객은 한 명의 개인일 수도 있지만, 때로는 가족과 같은 집단을 함께 고려해야 하는 경우가 많다. 그러므로 사회복지서비스를 이용하는 고객은 당사자뿐만 아니라 고객을 포함하는 환경까지도 포함하여 필요와 욕구를 충족시키는 것이 필요하다.

〈표 7-3〉 3C 분석 요소

구 분	주요 내용
Customers	• 시장의 규모, 성장성, 성숙도 등을 분석한다. • 이용자, 후원자, 자원봉사자 등의 과업환경을 분석한다. • 서비스 이용자들의 환경을 분석한다.
Competitors	• 시장 점유율, 상품(프로그램), 이익, 경쟁력 등을 조사한다. • 경쟁 서비스의 장점, 단점 등 포괄적인 정보를 포함한다. • 시장에서의 진입장벽이나 경쟁의 강도를 분석한다.
Company	• 조직 활동에 영향을 주는 제도적 환경을 분석한다. • 조직 내 인적, 물적, 기술적 자원을 진단한다. • 조직 내 가지고 있는 강점과 약점을 분석한다.

또한 시장에서 후원자 및 다양한 이해관계자에 대한 분석도 필요하다. 후원자들은 다양한 이유로 기부를 결정하게 된다. 따라서 시장 조사를 통하여 후원자들이 기부를 통하여 얻고자 하는 가치가 무엇인지를 조사해야 한다. 그리고 기관의 미션과 가치에 관심의 수준이나 기부에 대한 의향이 있는지도 면밀히 검토해야 한다. 아울러 조직의 활동과 직접적으로 연관이 있는 정부, 이사회 등 이해관계자의 욕구를 수렴하는 것이 요구된다.

일반적으로 시장에서 경쟁자의 역할은 가격을 낮추고, 상품과 서비스의 품질을 향상하는 임무를 수행한다. 그러나 비영리에서 경쟁자의 관점은 조직의 서비스 품질향상에 초점을 두어야 한다. 사회복지조직을 포함한 비영리조직은 시장에서 경쟁의 개념이 도입되는 경우에 영리기업과 달리 항상 고객에게 혜택을 제공하지 않을 수도 있다. 그 이유는 비영리조직에서 제공하는 서비스가 영리기업과 같이 항상 낮은 가격에 많은 서비스를 제공하는 것이 아니기 때문이다(김용준, 1993). 따라서 시장 내 경쟁사의 장점, 단점과 제공하는 서비스를 포함하는 포괄적인 정보를 확보하는 것이 필요하다. 경쟁사의 정보는 기술 정보, 프로그램 정보, 재무 정보, 인사 정보, 마케팅 정보, 조직의 정보 등을 포함한다. 이를 통하여 경쟁사의 강점과 단점을 분석함으로써 시장에서 경쟁력 있는 체계적인 마케팅 전략 수립의 기초자료를 확보할 수 있다. 또한 급변하는 시장환경에 대한 지속적인 모니터링을 통하여 신속하게 마케팅 전략에 반영하도록 하는 노력이 필요하다.

2) 마케팅 전략 수립

마케팅 전략을 수립하는 과정에서 시장에 소비자(이용자, 후원자) 및 조직의 내외부 환경에 대한 분석을 통하여 시장의 특성과 자신의 조직 및 경쟁조직의 강점과 약점을 이해하게 된다. 이를 바탕으로 조직은 시장의 고객과 이용자의 욕구를 반영한 제품과 서비스를 제공하여 경쟁조직과 차별성을 확보하여 고객과의 관계를 강화하는 전략을 수립한다.

급변하는 시장환경에서 성공 확률을 높이기 위해서는 자원을 효율적으로 배분하고 사용하는 것이 필요하다. 조직들은 이를 위해 시장을 세분화하고, 세분시장 내에서 자신에게 적합한 표적시장을 선정하며, 제품이나 서비스의 포지셔닝의 전략을 수행한다. 이것이 마케팅의 S-T-P(Segmentation, Targeting, Positioning) 전략이다.

① 시장세분화

시장세분화(segmentation)는 전체 시장을 일정한 기준에 의해 몇 개의 동질적인 시장으로 구분하는 과정이다. 다시 말해, 시장의 잠재고객을 서로 다른 욕구를 갖는 구별된 집단으로 세분화하는 것이다. 사회복지조직의 모금시장에서는 접근 대상별로 세분화가 가능하고, 이용자 시장에서는 사회복지서비스 대상자별로 세분화가 가능하다.

시장을 세분화하는 이유는 첫째, 시장에서 고객의 욕구를 정확히 파악하고 변화하는 시장 수요에 적극적으로 대응하기 위해서이다. 둘째, 어느 시장에서 고객들이 마케팅 활동에 효과적으로 반응하는지 점검을 통하여 조직의 유한한 마케팅 자원을 효율적으로 배분하기 위해서이다. 셋째, 시장에서 경쟁자의 역량을 확인하고, 잠재적인 경쟁자의 진입 가능성 점검을 통해 조직의 경쟁목표를 명확히 하기 위해서이다. 넷째, 기업이 시장규모, 시장 성장성, 잠재 수요 등 세분시장의 매력도를 중심으로 유리한 표적시장을 선정하기 위함이다.

〈표 7-4〉 시장세분화의 주요변수

변 수	사 례
지리적 변수	국가, 지역, 도시, 인구밀도(도시, 지방), 기후
인구통계적 변수	나이, 생애주기, 성, 소득, 직업, 교육, 종교, 인종, 세대
심리적 변수	생활양식, 개성, 관계의 지속성
행동적 변수	지식, 태도, 반응, 사용률, 충성도 수준

일반적으로 시장을 세분화하는 기준은 〈표 7-4〉와 같이 소비자의 행동 특성을 설명하는 변수를 중심으로 결정된다. 시장의 변수는 지리적 변수, 인구통계학적 변수, 심리적 변수, 행동적 변수 등으로 구분된다. 지리적 변수는 국가, 지역 단위,

도시 단위, 인구밀도, 기후 등으로 구분한다. 인구통계학적 변수는 나이, 생애주기, 성, 소득, 직업, 교육, 종교, 인종, 세대 등에 따른 후원행위의 차이 등으로 나타난다. 심리적 변수는 생활양식, 개성, 관계의 지속성 등으로 구분된다. 마지막으로 행동적 변수는 이용자들이 상품(프로그램)에 갖는 지식, 태도, 반응 등을 말한다. 행동적 변수에 의한 기부자는 affiliators(회원기부자)와 같이 사회적 대의명분과 인도주의적 활동에 대한 심리적 보상을 얻는 기부자와 기부로부터 얻는 세금과 같은 실용주의적 혜택을 통해 행동하는 pragmatists(실용주의자)가 있고, 가족의 전통에 따라 기부를 실행하는 dynasty(지배자층)로 구분되며, 일정한 관계 유지를 위해 기부를 실행하는 repayers(보답자)로 구분할 수 있다(정무성 · 황정은, 2011).

시장세분화의 절차는 전체의 시장을 세분화하는 정도에 따라, 대량 마케팅, 세분화 마케팅, 틈새시장 마케팅, 미시적 마케팅으로 세분화의 수준이 결정된다. 세분화의 기준을 결정할 때에는 시장의 측정 가능성, 접근 가능성, 실질성, 안정성, 지속가능성 등을 고려해야 한다. 그리고 세분시장을 지리적 위치, 자원 수준, 구매 기준, 조직 규모 등을 통해 평가하고 표적시장을 선정하는 것이 필요하다.

사회복지조직을 포함한 비영리조직에서도 모금 활동에 있어 시장세분화 작업을 시행하고 있다. 기부자의 지리적 변수, 인수 통계학적 변수, 심리 묘사적 변수, 행동적 변수 등에 대한 분석을 통해 잠재적 기부자를 찾아 마케팅을 시행한다. 또한 후원사업의 경우에 사업의 성격에 따라 환경, 노동, 인권, 여성, 복지, 교통 등으로 구분할 수 있다. 그리고 후원대상에 따라 아동, 노인, 장애인 등 관심의 영역에 따라 잠재적 기부자를 발굴할 수 있다. 아울러 사회복지조직들은 종교, 연령층, 기부자 소득, 직업 등에 따라 기부의 참여 정도와 성향에 차이가 있음에 따라, 시장세분화 작업을 통하여 전략적으로 잠재적 기부자에게 접근하는 것이 필요하다.

② 표적시장 선정

적절한 시장세분화의 기준을 활용하여 전체 시장을 몇 개의 동질적 시장으로 분류한 이후에 표적시장을 선정해야 한다. 표적시장(target market)이란 기업이나 조직이 자신의 마케팅 노력을 집중할 수 있는 고객 집단을 의미한다. 기업이나 조직은 목표시장을 선정하여 상대적으로 구매요구가 높은 고객에게 초점을 맞추어 상품, 가격, 유통, 촉진의 정책을 사용함으로써 고객의 구매 행동을 촉진하고, 고객 관계를 강화한다.

〈표 7-5〉 세분시장 평가 기준 및 방법

3C	평가요소	평가기준	평가점수		
			1	2	3
고객 (Customer)	시장규모	해당 세분시장이 적절한 시장규모인가?			
	시장 성장성	성장 가능성이 높은 시장인가?			
	잠재수요	각 세분시장별 잠재수요는 어느 정도인가?			
경쟁사 (Competition)	현재의 경쟁사	현재의 경쟁사가 공격적이고 강력한가?			
	잠재적 경쟁사	새로운 경쟁자 진입 가능성이 높은가?			
자사 (Company)	조직목표	조직의 목표와 일치하는가?			
	자원	인적, 물적, 기술적 자원을 갖추고 있는가?			
	시너지 효과	기존의 브랜드 마케팅믹스 요소를 연계하여 시너지 효과를 가져올 수 있는가?			
전략적 우선순위(합계)					

출처 : 구자룡(2019). 지금 당장 마케팅을 공부하라.

표적시장을 선정하기 위해서는 각 세분시장의 매력도를 평가하여 이들 중에서 자신의 조직에 가장 매력적인 시장을 하나 혹은 그 이상을 선정한다. 시장의 매력도는 3C(Customer, Competition, Company) 분석을 통하여 시장 규모, 성장성, 잠재 수요와 현재의 경쟁자와 잠재적 경쟁자, 그리고 조직의 목표와 자원, 시너지 효과의 분석을 통하여 표적시장을 선정하게 된다. 〈표 7-5〉는 세분시장의 평가 기준 및 평가방법을 나타내고 있다.

표적시장을 평가하고 선정하는 과정에서 시장의 모든 소비자를 대상으로 할 것인지, 복수의 세분시장 모두를 공략할 것인지, 하나의 단일 시장만을 선정할 것인지에 따라 비차별 마케팅, 차별화 마케팅, 집중적 마케팅 전략을 선택할 수 있다. 비차별 마케팅 전략은 대중 시장을 겨냥하여 규모의 경제를 달성할 수 있으나, 고객의 다양한 욕구에 대응하지 못하면 고객으로부터 외면당하고, 경쟁에 노출되는 단점을 가지고 있다. 그리고 차별화 마케팅 전략은 모든 세분시장에 접근함에 따라 다양한 고객 욕구 충족으로 소비자 인식과 이미지가 강화되는 장점이 있으나, 마케팅 믹스가 복잡하고 많은 자원이 소요되는 단점을 가지고 있다. 마지막으로 집중적 마케팅 전략은 특정 세분시장에만 대응하는 것으로 한정된 자원을 효율적으로 이용하고, 마케팅 활동의 전문화를 통해 시장에서 고객의 욕구를 충족시킬 수 있으나, 고객 욕구 변화에 대처가 어렵고, 강력한 경쟁자가 진입하는 경우에 위협을 받을 수 있다.

사회복지조직의 모금에서 표적시장은 기부금을 기부한 대상자를 대상으로 접근하는 방법을 선호한다(정무성 · 황정은, 2011). 즉, 모금에서 기부금을 낸 고객이나 서비스를 이용한 대상을 중심으로 세분시장으로 접근하는 전략을 통하여 기존 고객을 유지하여 기부금을 늘리거나 서비스 이용을 늘리는 방향을 선택하게 된다. 한편 신규 기부자와 이용자를 늘리기 위해서는 추가적인 전환비용 등을 고려해야 함에 따라, 단기적 접근보다 장기적 접근의 방법을 통하여 잠재적 기부자와 이용자와의 지속적인 관계 구축이 요구된다.

③ 포지셔닝

포지셔닝(positioning)은 표적시장 내 고객들의 마음에 상품이나 서비스의 좋은 이미지를 자리매김하는 것을 의미한다. 좋은 포지셔닝을 위해서는 제품과 서비스에 차별점(appeal point)을 만들어 고객에게 분명한 차이를 느끼게 하는 것이 필요하다.

비영리조직에서도 서비스를 차별화하여 시장에서 이용자들에게 제공함으로써 다른 기관의 서비스에 비하여 이용자들이 차별적인 느낌이 들도록 하는 것이 중요하다. 즉, 표적시장에서 어떤 고객에게 어떠한 이미지를 어떤 방법으로 포시셔닝할 것인가에 대한 의사결정이 필요하다.

일반적으로 포지셔닝 전략의 유형은 다음과 같다(권익현 외, 1999).

- 제품 속성에 따른 포지셔닝
  자사 제품과 서비스의 차별적 우위를 직접 강조하는 방법으로 제품과 서비스가 가지고 있는 속성을 부각함으로써 고객과 이용자에게 제품이나 서비스의 우위를 나타내는 것이다. 예를 들어, 자동차 시장에 하이브리드 자동차나 전기차의 환경적인 강점을 집중적으로 강조하는 것을 말한다.
- 사용상황에 따른 포지셔닝
  제품과 서비스가 사용될 수 있는 적절한 상황과 용도를 연계하는 방법을 말한다. 예를 들어, 숙취해소제, 갈증 해소를 위한 이온 음료, 김치를 보관하는 김치 냉장고 등이 있다.
- 제품사용자에 따른 포지셔닝
  표적시장에서 소비자나 이용자에게 그들의 욕구를 가장 잘 충족시키는 제품과 서비스라는 것을 호소하는 것을 말한다. 예를 들어, 남성들을 위한 화장품, 여성들을 위한 향수와 같은 것이 있다.
- 경쟁제품에 따른 포지셔닝
  고객이나 이용자의 마음속에 강하게 자리 잡은 경쟁제품이나 서비스와 비교를 통하여 자사 제품이나 서비스의 우위를 강조하는 방법이다. 예를 들어, 인터넷, IPTV 등 설치가 경쟁사 대비 저렴하다는 것을 주장하는 광고가 여기에 속한다.
- 이미지에 따른 포지셔닝
  고객의 마음속에 자리 잡은 제품과 서비스에 대한 이미지를 중심으로 포지셔닝하는 방법이다. 예를 들어, '마몽드' 하면 산소 같은 여자, '스타벅스' 하면 품질 좋은 커피의 이미지를 연상하게 하는 것이다.

3) 마케팅 도구(Marketing Mix)

마케팅 믹스(marketing mix)는 기업이나 조직이 목표시장에서 고객으로부터 원하는 반응을 얻기 위하여 전술적으로 적용하는 마케팅 도구를 의미한다. 마케팅 믹스는 일반적으로 네 가지 구성요소인 제품(Product), 가격(Price), 유통(Place), 홍보(Promotion)를 적절하게 혼합하여 사용해야 함을 강조하고 있다(McCarthy, 1960). 그러나 Fine(1992)은 비영리기관에서는 전통적인 4P만을 가지고 최적의 마케팅 믹스를 도출하는 것에 무리가 있음을 주장하였다. 그는 비영리기관에서는 추가적인 3P(Producer, Purchaser, Probing)를 통한 마케팅 믹스가 필요함을 주장하였다.

① 제품(Product) : 서비스

제품은 서비스 또는 상품의 형태일 수 있으나, 유형이나 무형일 수도 있다. 기업이 지속하기 위해 표적시장에서 고객의 욕구를 명확하게 이해하고, 이를 반영한 제품 및 서비스를 생산해야 한다. 또한 핵심적인 제품 및 서비스뿐만 아니라 이와 관련된 부가적인 상품인 포장, 디자인 등 부가적인 가치도 함께 고려하는 것이 중요하다.

사회복지조직의 상품은 프로그램이나 서비스에 해당된다. 제품을 개발할 때 중요한 원천은 고객이다. 따라서 사회복지조직의 서비스는 클라이언트에게 어떠한 가치를 제공할 것인가에서 출발해야 한다. 사회복지조직은 클라이언트의 문제를 해결하고, 그들의 욕구를 충족시키기 위해 프로그램이나 서비스를 제공한다. 따라서 사회복지조직이 생산하는 프로그램이나 서비스는 차별화, 고객 맞춤 서비스, 지역 특성에 맞는 프로그램 등 고객지향적인 전략이 요구된다. 또한 잠재적 후원자에게는 소득공제나 기부 영수증과 같은 실제적인 혜택뿐만 아니라, 기부를 통한 사회적 가치를 창출하고 있다는 심리적 만족감에 대하여 적극적으로 알리는 것이 필요하다.

② 가격(Price) : 지불능력

가격은 제품과 서비스를 얻기 위해 지불하는 화폐가치를 의미한다. 가격은 수익과 직접 연결되고, 구매자의 선택에 중요한 요소로 작용한다. 일반적으로 가격을 결정하는 방법은 원가기반 가격 결정, 경쟁기반 가격 결정, 가치기반 가격 결정으로 구분된다. 원가기반 가격 결정 방식은 제품의 원가에 생산, 유통, 판매 등에 드는 비용과 마진을 포함하는 가격 책정의 방식을 말한다. 그리고 경쟁기반 가격 결정 방식은 경쟁자들의 가격을 고려하여 가격을 책정하는 방식이다. 마지막으로 가치기반 가격 결정 방식은 고객이 제품과 서비스를 통해 얻는 가치를 중심으로 가격을 책정하는 방식이다. 생산자는 가격을 결정할 때 상품과 서비스가 사람들에게 어떠한 가치를 제공하고 있는지 자세히 검토해야 한다. 다만, 사회복지조직은 취약계층에게 프로그램과 서비스를 제공하는 임무를 수행하고 있다. 따라서 가격을 결정할 때 반드시 이용자의 지불능력을 고려해야 한다. 지불능력이 없으면 사람들에게는 실비나 무료로 서비스를 제공하는 정책이 필요하다. 또한 후원자에게도 후원절차를 간소화함으로써 사회적 비용을 감소시키려는 노력이 필요하다.

③ 유통(Place) : 접근성

유통은 일반적으로 제품이나 서비스를 고객이 이용할 수 있도록 하는 장소를 말한다. 그러나 유통은 물리적인 장소만을 의미하는 것이 아니라, 고객이나 이용자의 심리적인 접근성까지도 고려되어야 한다. 특히 비영리조직에서는 프로그램이나 서비스를 어떤 장소에서 운영하느냐에 따라 클라이언트의 참여나 성과에 영향을 미치게 된다. 또한 후원자들에게도 다양한 채널을 통한 물리적 접근성을 향상하고, 재미있게 후원에 참여할 수 있도록 심리적인 접근성도 함께 고려해야 한다. 따라서 사회복지조직에서는 유통과 관련하여 클라이언트의 물리적 · 심리적 접근성이 쉽도록 고려하는 것이 필요하다.

④ 판촉(Promotion) : 홍보와 의사소통

판촉은 고객의 마음에 구매할 의도를 자극하기 위해 사용하는 모든 수단을 의미한다. 이는 홍보와 의사소통을 의미한다. 일반적으로 홍보에는 판촉, 광고, 개별판매, 공중관계, 인적판매, 전시회 등을 수단으로 활용한다. 광고는 후원사가 비용을 지불하고, 제품 및 서비스의 차별적인 요소를 통해 소비자를 설득하는 과정이다. 판매촉진은 단기적인 인센티브를 제공하여 매출을 증대시키는 전략이다. 공중관계는 조직이 공중과의 우호적인 관계를 구축하기 위한 커뮤니케이션 전략이다. 마지막으로 인적판매는 조직이 고객관계 구축을 위한 대면적 커뮤니케이션 전략이다. 인적판매로는 판매 설명회, 인센티브 프로그램 등이 있다. 이 밖에도 홍보는 제품 디자인, 색상, 매장 등 다양한 방법을 통하여 구매자에게 메시지를 전달하는 역할을 수행한다.

비영리조직에서는 프로그램이나 서비스를 잠재적인 클라이언트에게 전달하기 위해 창의적인 아이디어를 바탕으로 방송 매체, 신문, 현수막, 포스터, 게시판, 홈페이지, 이벤트 등의 수단을 통해 다양한 의사소통을 지속함으로써 클라이언트의 참여를 높일 수 있다.

⑤ 생산자(Producer) : 사회복지조직

생산자는 제품과 서비스를 생산하는 주체이다. 후원자 개발을 위한 마케팅에서는 사회복지기관이 생산자가 된다. 사회복지기관을 포함한 비영리조직은 지향하는 미션에 대한 가치를 고객이나 후원자들에게 설득하는 과정이 필요하고, 이들의 욕구를 충분히 고려하여 상품이나 서비스를 생산하는 책임있는 자세가 필요하다.

⑥ 구매자(Purchaser) : 고객 및 후원자

구매자는 시장의 잠재고객이나 후원자이다. 시장에 잠재적 고객이나 후원자의 적절한 관리를 위하여 특정한 기준에 따라 여러 범주로 나누어서 적절하게 관리하는 것이 필요하다. 이러한 시장세분화의 과정을 통하여 세분시장 내 고객 및 후원자의 요구에 신속히 반응하고, 조직의 특별한 인상을 호소하는 것이 필요하다.

⑦ 조사(Probing) : 마케팅 조사

소비자 조사는 마케팅 전략을 수립하기 위한 핵심적인 도구이다. 조사를 통하여 소비자와 시장의 환경을 이해함으로써 체계적인 마케팅 전략을 수립할 수 있다. 그러나 조사는 신중하게 접근해야 하고, 소비자의 정보 수집과 관리에 대하여 법적 이슈가 없도록 관리하는 것이 필요하다. 또한 소비자 조사는 정기적으로 수행하는 것이 필요하고 조사에 대한 정보의 연결성과 객관성을 확보하도록 노력하는 것이 필요하다.

오늘날 시장의 급격한 변화는 마케팅 믹스에 새로운 변화를 나타내고 있다. Kotler는 전통적인 마케팅 믹스 4P와 더불어 새로운 4C인 공동 창조(Co-creation), 통화(Currency), 공동체 활성화(Communal activation), 대화(Conversation)를 제시하고 있다(Kotler et al., 2017). 이는 SNS 등 네트워크의 발전에 따라 고객과의 소통을 통하여 고객에게 새로운 가치를 제안하는 것이 필요하며, 유연한 가격구조와 소비자와 커뮤니티 구축을 통한 지속적인 상호작용을 강조하고 있다. 비영리조직도 이러한 시장의 변화에 민감하게 반응해야 한다. 따라서 다양한 SNS 등 소셜미디어를 활용하여 프로그램과 서비스에 관여하는 고객과 후원자들과 지속적인 네트워크를 형성하고, 지속적인 대화를 통하여 가치를 제안하려는 노력이 요구된다.

4) 마케팅 실행 및 평가

마케팅 실행은 전략적인 마케팅 기획을 활동으로 옮기는 과정이다. 마케팅의 기획은 마케팅 목표를 설정하고, 이를 달성하기 위하여 시장을 세분화하여 표적시장을 선정, 포지셔닝하는 과정을 포함한다. 또한 효과적인 마케팅 목표 달성을 위해 다양한 마케팅 믹스 전략을 활용하여 고객이나 후원자들과 지속적인 관계를 형성하는 모든 과정을 포함한다. 이러한 효과적인 마케팅 실행을 위해 마케팅 정보시스템 등을 통하여 체계적으로 정보를 수집하고 전략을 개발하여 실행하는 것이 필요하다.

마케팅 평가는 마케팅 실행의 결과이자 새로운 마케팅 전략 수립의 시작이다. 마케팅 성과 평가는 마케팅 활동을 효과성과 효율성 측면에서 평가하는 것이다. 효과성 평가는 마케팅 목표를 얼마나 달성했는지를 측정하고, 효율성 평가는 투입 대비 달성된 성과를 평가하는 것을 의미한다. 이때 사용하는 지표가 ROI(Return On Investment), SROI(Social Return On Investment) 등이 있다.

마지막으로 평가 결과는 조직 내부에 공유되어 충분한 보상과 개선의 기회로 작용하는 것이 중요하다. 이를 통하여 조직의 새로운 마케팅 목표를 수립할 때 평가의 결과가 반영되도록 하는 환류의 과정이 요구된다.

5. 비영리조직의 마케팅 전략

비영리조직의 마케팅은 미션에 기반하는 가치의 교환을 의미한다. 마케팅은 비영리단체가 추구하는 조직의 목표를 효율적으로 달성하도록 돕는다. 또한 비영리조직은 마케팅 전략을 활용하여 고객의 욕구를 반영한 서비스 프로그램의 개선과 후원자 개발 및 관리, 홍보를 통한 비영리조직의 브랜드 이미지 개선 등에서 매우 큰 효과를 기대할 수 있다.

비영리조직은 다양한 다수의 대중을 대상으로 하여 마케팅 목표에 다중성을 지닌다. 그리고 마케팅의 교환이 물질과 서비스에 기반하는 것이 아닌 목표와 내용이 가치지향적이어야 한다. 또한 비영리마케팅은 다양한 집단(정부, 언론, 지역주민, 후원자, 전문가 집단 등)에게 투명성과 신뢰성을 확보할 수 있는 마케팅을 실행해야 한다(정익준, 1999).

다음에서는 비영리조직의 마케팅에 사회복지조직의 홍보와 후원자 개발 및 관리에 대한 마케팅 전략을 구체적으로 알아보고자 한다.

1) 사회복지조직의 홍보

홍보는 대중관계(PR)를 의미한다. PR(Pubilc Relation)은 정부, 정당, 기업, 개인 등의 마케팅 주체가 대중과의 호의적인 관계를 위해 노력하는 제반 활동을 의미한다. 홍보는 직접 금전적 이득을 목적으로 하지 않고 장기적으로 인지도를 높이고, 우호적인 관계를 형성하는 것으로 광고와 구별된다. 여기에 공중(public)은 단지 고객에 국한하지 않고 일반 대중, 언론, 정부, 사내 구성원, 이해관계자 등으로 구성된다. 사회복지조직은 조직에 영향을 미치는 다양한 이해관계자(클라이언트, 후원자, 정부, 지역사회 등)와 긴밀한 관계를 형성하기 위해 노력할 필요가 있다.

홍보를 위한 매체는 소셜미디어(SNS), 방송, 포털, 신문, 뉴미디어, 기타(책자, 팸플릿, 보고서, 유인물 등)로 매우 다양하게 활용할 수 있다. 따라서 홍보 매체를 선정하는 경우 매체의 특성을 잘 이해하고, 표적시장에 고객들이 선호하는 채널과 활용 가능한 내부 자원을 함께 고려하는 것이 필요하다. 한 PR 전문 매체의 조사에 따르면, 홍보 효과 측면에서 가장 영향력 있다고 생각하는 미디어는 SNS(54명, 44.6%), 방송(43명, 35.5%), 포털(42명, 34.7%), 신문(23명, 19%), 뉴미디어(19명, 15.7%), 기타 5명(4.1%) 순으로 나타났다. 이러한 현상은 전통적인 홍보 매체가 SNS 등 디지털 홍보 매체로 전환되고 있는 것을 보여주고 있다.

사회복지조직은 이런 홍보 매체를 활용하여 특정 이슈를 홍보하는 경우에 기관에 대한 인지도 제고, 잠재적 후원자의 확보, 사회문제 예방, 정책결정자에게 압력 등의 영향을 미칠 수 있다. 이러한 홍보 매체를 적절히 활용하기 위해서는 다음과 같은 사항을 유의해야 한다.

① 언론사의 다양한 사람들과 접촉하고 지속적인 관계를 유지해라.
② 특정 사회문제에 대한 전문기관임을 홍보 매체에 알려라.
③ 홍보 매체의 관계자가 쉽게 접근하도록 허용하라.
④ 언론매체별 특성을 숙지하라.
⑤ 홍보 자료는 특별한 조건이 없는 경우 모든 언론매체에 제공하라.
⑥ 실패에도 실망하지 말고, 계속 도전해라.
⑦ 유튜브, SNS 등 관심 분야가 같은 매체를 찾아라.
⑧ 흥미로운 이야기를 홍보의 매체로 활용하라.

사회복지조직을 포함한 비영리조직은 예산 부족, 전문인력 부족 등으로 효과적인 PR을 시행하는 데 어려움이 많다. 따라서 전문적인 홍보 업무를 수행할 조직을 만들어 전문가를 육성하는 것이 필요하다. 그리고 이러한 조직을 통하여 언론사 및 기자와의 지속적인 관계 구축 및 SNS 등 소셜미디어를 활용한 지속적인 홍보 콘텐츠를 생성, 관리의 역할을 수행하도록 노력하는 것이 필요하다.

2) 비영리조직의 후원자 개발과 관리

정부 지원의 축소, 비영리조직의 확대, 후원자들의 다양한 요구 증가 등은 비영리조직의 재정상태를 악화시키는 요인이다. 특히 사회복지조직은 정부 보조금의 의존

비율이 높다. 그러나 사회복지조직의 존속을 위해서는 마케팅 기법을 활용한 자원개발과 효율적인 후원자 관리가 요구된다. 마케팅을 활용한 사회복지기관의 후원자개발 및 관리를 위한 마케팅 과정은 다음과 같다(이병렬 · 최정규, 2006; 정무성, 1999).

첫째, 후원자개발 가능성 분석의 단계이다.

사회복지기관은 후원자개발을 위해 먼저 법규, 정부 정책, 경제 상황 등 제도적 환경을 분석해야 한다. 그리고 조직의 경쟁력과 조직 내 자원의 분석이 필요하다. 환경적 요인 분석은 일반적으로 SWOT(Strength, Weakness, Opportunity, Threat) 분석을 통하여 강점, 약점, 기회, 위협을 점검하고 전략을 수립하게 된다.

둘째, 시장 조사 단계이다.

마케팅 초기에 시장조사는 마케팅의 의사결정을 위한 정보를 획득하는 목적으로 자료를 저장하고 분석하는 과정을 말한다. 사회복지조직은 이러한 조사과정을 통하여 잠재적 후원자를 발굴해야 한다. 또한 잠재적 후원자와 그들의 욕구를 확인하는 것이 중요하다. 구체적으로 후원의 주체, 후원의 관심 분야, 후원의 시기, 후원하기 원하는 장소, 후원의 방법, 후원하는 이유 등에 대한 면밀한 조사가 필요하다.

셋째, 마케팅 목표 설정의 단계이다.

비영리 후원자개발의 목표는 기관의 미션에 기반해야 한다. 목표의 설정은 정확한 문제의 진술, 표적집단의 성격과 규모, 기관의 정책, 자원 동원 등의 변수들을 종합적으로 고려해야 한다. 이러한 목표는 미션, 비전, 전략, 목적, 목표가 일치하도록 설정하는 것이 중요하다. 목표는 장기적으로 달성될 결과를 의미하는 상위목표(goals)와 단기적인 하위 목표(objectives)로 구분된다. 그리고 하위목표는 SMART(Specific, Measurable, Attainable, Result-oriented, Time-bounded)하게 제시되어야 한다.

넷째, 시장세분화와 표적시장 선정 단계이다.

시장세분화는 소비자의 욕구를 일정한 기준에 따라 범주화하는 것을 말한다. 마케팅에서는 모든 제품이나 서비스에 대하여 시장이 여러 개로 세분화되고 있음을 전제하여 각 시장에 필요한 마케팅 전략을 시행한다. 사회복지조직의 후원자 개발에 있어서 후원자의 소득, 직업, 나이, 종교, 성 등에 따라 후원행위에 차이가 있다. 또한 심리적 변수인 개성, 생활 스타일, 소속감, 관계 등에 따라 기부행위에 영향을 미칠 수 있다. 그리고 행동적 변수인 지식, 태도, 사용반응 등에 기초해서 후원행위에 차이가 있을 수 있다. 따라서 사회복지조직은 일정한 기준으로 시장을 세분화하고 세분된 시장을 자세히 조사하여 잠재적 후원자가 많이 존재하고, 조직의 자원을 효율적으로 배분할 수 있는 표적시장을 선정해야 한다.

다섯째, 후원자개발 프로그램 수립의 단계이다.

사회복지기관의 후원자개발은 결연 후원자, 정기 후원자, 비정기 후원자, 프로그램 후원자 등으로 구분한다. 결연 후원자는 후원자와 클라이언트의 연결을 통하여 재정적 · 정서적 지원을 하도록 하는 것이다. 정기 후원자는 일정한 단위(월, 분기, 년)로 후원금을 내는 것이며, 비정기 후원은 후원금의 납부가 비정기적으로 이루어지는 형태를 말한다. 마지막으로 프로그램 후원은 사업이나 프로그램을 홍보하여 모금하는 방법이다. 최근에 프로그램 홍보는 소셜미디어를 많이 활용하고 있다.

후원자개발 프로그램은 후원자의 유형에 따라서 특성을 고려하여 수립되어야 한다. 후원자개발 프로그램은 후원자의 특성을 고려하여 결연 후원자, 정기 후원자는 지속적인 관계 유지 및 후원금의 증액을 고려해야 하며, 비정기 후원자는 정기 후원자로의 전환을 고려해야 한다.

마지막으로 마케팅의 실행 단계이다.

후원자개발을 위해서는 DM, 이벤트, 대중매체 광고, ARS, 소셜미디어 등의 방법을 사용한다. DM(Direct Mail)은 편지로 후원을 요청하는 전통적인 방식이다. 최근에 거의 사용하지 않는 방법이지만, 독특한 아이디어를 통하여 감사편지나 흥미로운 이야기, 이미지 등을 통한 활용이 가능하다.

이벤트는 특정 기간과 장소에서 사전계획을 통해 이루어지는 특별한 활용이다. 사회복지기관의 이벤트는 자선음악회, 모금만찬회, 전시회 등이 있다. 이러한 이벤트를 통하여 대중의 인지도를 높이고, 잠재적 후원자들과의 관계를 형성하도록 하는 것이 중요하다.

대중매체 광고는 주로 영리기업에서 사용하고 있으나, 최근에 비영리조직에서도 마케팅으로 활용하고 있다. 그러나 높은 광고비로 인하여 잘못하면 잘못된 인상을 줄 수 있으므로 신중하게 접근하는 것이 필요하다. 그리고 이러한 매체 광고와 함께 자동응답시스템(ARS)을 함께 활용하는 전략도 필요하다.

미지막으로 최근에 소셜미디어는 작은 조직도 쉽게 접근할 수 있는 후원자를 발굴하기 위한 강력한 홍보 매체이다. 사회복지조직이 많이 이용하는 것은 카카오의 '같이가치', 네이버의 '해피빈' 등이 대표적이다. 이 밖에도 유튜브나 SNS 등을 활용하여 잠재적 후원자에게 접근하는 전략이 필요하다. 이를 위해 무엇보다 잠재적 후원자의 필요가 무엇인지에 대한 접근에서부터 시작해야 한다. 직접적인 후원의 요청은 잠재적 후원자에게 거부감을 줄 수 있다. 따라서 잠재적 후원자의 흥미를 유발하고 관계를 지속하는 스토리 텔링과 같은 흥미로운 소재가 필요하다.

최근에 후원자의 개발과 관리를 위하여 정보통신기술(ICT)을 바탕으로 자동화 및 개인화가 진행되고 있다. 후원자의 데이터를 활용하여 홈페이지 접속자와 중도 이탈자, 접속자 수를 분석하고 마케팅 전략을 세우고 있다. 국내에서도 여러 가지 정보통신기술과 후원자 데이터를 활용한 '모금테크(fundrasing tech)'[2] 전략이 필요하다. 한편 이를 위한 제도적 장치 마련과 사회복지조직에 전문가 양성이 필요하다.

2 모금테크(fundrasing tech)는 모금을 도와줄 수 있는 다양한 정보통신기술을 총칭하는 신조어이다.

Chapter summary

비영리조직에 마케팅이 필요한 이유는 추구하는 미션을 효과적으로 달성하기 위한 수단이기 때문이다. 구체적으로 비영리조직에 인지도 제고, 자원확보, 이미지 구축, 자원봉사와 연계, 사회와 정치변화를 주도하기 위해 마케팅의 전략이 필요하다.

마케팅은 시장의 소비자나 이용자의 욕구를 발견하고, 이를 충족시키기 위해 개인과 집단들이 원하는 것을 획득하는 과정이라고 정의되며, 교환의 개념이 중요하다. 마케팅은 시대적 상황에 따라 그 개념이 변경됐다. 20세기 초에는 기업이 매력적인 상품을 만들면 자연적으로 판매되는 생산지향적 시장이었다. 이후 20세기 중반에 경기침체와 함께 심각한 수요부진과 대량 생산으로 인한 공급과잉 현상으로 인해 판매지향적 시장으로 변화하였다. 그리고 대중매체의 발달과 소비자의 소득수준 향상에 따른 구매력 확대로 인해 고객지향적 시장으로 변모하게 되었다. 따라서 마케팅 개념에는 시장과 고객 욕구의 이해, 고객지향적 마케팅 전략, 고객 관계 구축 등의 개념을 이해할 필요가 있다.

사회복지조직의 민영화의 추세에서 정부의 보조금은 지속해서 감소하고 있으며, 시장의 다양한 비영리조직과의 자원확보를 위한 경쟁이 심화하고 있다. 마케팅은 영리조직에서 이윤을 극대화하기 위하여 사용된다. 그러나 비영리조직은 공익적 가치를 추구하고 있다. 따라서 비영리조직에서 적용되는 마케팅은 영리조직과 차이가 존재한다.

마케팅의 과정은 시장의 환경을 분석하고, 세분화하여 목표시장을 선정한다. 그리고 목표시장의 고객에게 가치를 전달하기 위해 다양한 마케팅 도구를 활용하여 고객과의 관계를 강화하는 과정을 포함한다. 즉, 마케팅은 3C, STP, 4P, 실행 및 평가의 과정이라고 말한다. 마케팅 전략을 수립하는 과정은 3C 분석과 SWOT 분석을 통하여 환경을 분석하고, 시장을 일정한 기준으로 세분화하며, 적절한 표적시장을 선정하여 표적시장 내 고객들의 마음에 상품이나 서비스의 좋은 이미지를 자리매김하는 것을 의미한다. 그리고 마케팅 도구를 활용하여 마케팅을 실행하고 평가하는 과정을 포함한다.

사회복지조직을 포함한 비영리조직의 마케팅 전략은 미션에 기반하는 가치 교환이 중요하다. 사회복지조직은 홍보를 위해 고객에 국한하지 않고 일반 대중, 언론, 정부, 사내 구성원, 이해관계자 등과의 다양한 관계 형성이 중요하다. 또한 후원자 개발과 관리를 위해 마케팅의 프로세스에 따라 시장분석, 목표설정, 시장세분화와 표적시장 선정, 후원자 프로그램 수립, 마케팅 실행의 단계를 통한 마케팅 전략을 시행하는 것이 필요하다. 특히 최근에 소셜미디어나 정보통신기술을 활용한 모금 전략을 수립하여 시행하려는 노력이 필요하다.

Case study

월드비전의 '기아체험 24시간'

기아체험 24시간은 빈곤, 질병, 전쟁 등의 어려움으로 고통받는 지구촌 이웃들의 삶을 기아체험을 통하여 간접적으로 느껴보고, 주변에 이런 현실을 알리는 세계 최대 나눔 봉사 운동이다. 1975년 월드비전 호주에서 최초로 실시되었으며, 한국 월드비전은 1993년 '훼민(Famine) 24'라는 이름으로 처음 실행되었다. 현재 호주, 미국, 캐나다, 뉴질랜드, 홍콩, 대만, 말레이시아 등 전 세계 많은 나라가 함께 참여하고 있다.

기아체험은 개성 있고 재미있는 프로그램에 직접 참여할 수 있도록 다양한 형태로 여러 지역에서 기부활동, 물 절약, 후원자모집, 나눔 캠페인, 영상 만들기, 사랑의 빵, 글쓰기, 마라톤 등을 통하여 나눔과 봉사의 문화를 만들어 가고 있다. 이를 통하여 월드비전은 모금액 달성, 인지도 상승 등의 효과를 거두고 있다.

이러한 월드비전의 '기아체험 24시간'의 성공 근거는 기관 측면, 인력 측면, 전략 및 기술 측면에서 정리된다(김수연, 2011).

첫째, 기관 측면에서 월드비전의 비전을 잘 전달하고 있다. 월드비전의 비전은 "우리의 비전은 모든 어린이가 풍성한 삶을 누리는 것이며, 우리의 기도는 모든 사람들이 이 비전을 실현하도록 하는 것입니다"라고 규정한다. 그리고 사명은 "월드비전은 가난으로 억압된 사람들과 함께 일함에 있어 우리의 주이시며 구세주이신 예수 그리스도를 따라가는 것을 사명으로 하는 기독교인들의 국제협력기관으로서 우리의 사명은 인간의 변화를 위해 노력하고 정의를 구현하며 하나님 나라의 사랑을 실천하는 것입니다"라고 규정하고 있다.

기아체험 24시간은 이러한 월드비전의 정신을 잘 나타내고 있다. 빈곤, 질병, 전쟁 등의 문제로 고통받는 지구촌 이웃의 삶을 간접 체험하고 이를 통하여 봉사와 나눔을 확산하는 활동이기 때문이다.

둘째, 인력 측면에서 성공요인은 리더십, 자원봉사자 개발이다. 월드비전은 기독교 정체성을 가진 조직으로 헌신과 섬김의 리더십이 특징이다. 월드비전의 설립자 Bob Pierce 목사는 "제트기처럼 날아다니는 성직자"라는 별명처럼 현장에 직접 찾아가 솔선수범하는 모습을 보였다. 또한 기아체험 24시간에 담당자들도 주일학교의 경험 등으로 청소년들과 원활한 관계를 맺고 있어 프로그램을 성공적으로 이끄는 데 긍정적인 영향을 미쳤다.

다음으로 자원봉사자 개발을 위해 전국 대학에 협조 공문을 발송하고, 현장에서 설명회를 진행하여 신청서를 배부하였다. 초기에 건국대학교가 선정되어 레크리에이션학과 출신을 중심으로 봉사를 진행하고, 기아체험 24시간 봉사 활동을 학교의 실습과 연계하여 참여율을 높였다. 그리고 기아체험 24시간 홈페이지를 마련하여 지구촌의 사회적 이슈와 관련 교육자료를 꾸준하게 제공하였다. 또한 이전의 참여자 데이터를 파악하여 이메일, 문자 메시지 등을 통하여 재참여를 권유하였다. 이를 통하여 자원봉사자의 지속적인 참여가 가능하였다.

셋째, 전략 및 기술 측면에서는 마케팅 전략과 홍보, 기부자 관리가 있었다. 기아체험 24시간은 대형 언론기관인 중앙일보, 국민일보, 한겨레신문, 경향신문 등을 통한 홍보와 SBS 방송사와의 행사 프로그램을 통하여 모금 행사 등을 진행하였다. 그리고 건국대학교 레크리에이션학과 학생들의 참여 유도와 전국 중고등학교에 홍보와 후원자 리스트 작성을 통하여 기아체험 24시간 참여를 촉진하였다. 또한 365일 나눔 활성화를 위하여 자신이 개발한 프로그램을 홍보하고 사업을 진행할 수 있도록 사전 교육 및 차후 결과보고 방식을 도입하였다. 이러한 전략은 연세대학교 사랑의 빵 나누기, 두레 학교의 나눔 장터, 대전 송촌초등학교의 후원금 모금 운동 등의 사업으로 나타났다. 이처럼 월드비전은 방송, 연예인 등의 매체 수단과 대학, 학교, 청소년 등의 참여를 촉진하는 전략을 통해 성장하였다.

기부자들은 자원봉사, 참여자, 기부자에 대하여 기아체험 24시간 홈페이지를 통해 지속해서 관리하며 정보를 제공하고 있다. 또한 기존 참여자들의 데이터를 근거하여 다양한 행사에 재참여를 유도하여 지속적인 관계 구축을 진행하고 있다. 그리고 후원자는 별도의 관리시스템을 통하여 연령, 거주지역 등으로 그룹을 나누어 관리하고 있으며, 사업 안내자료와 매년 사업보고서, 소식지 등을 통해 활동 내용을 공유하고 있다. 그리고 기부자들을 위한 감사의 밤 행사, 감사 전화 등으로 기부 동기를 강화하고 있다. 이와 더불어 사랑의 동전밭, 기아체험 등의 다양한 행사를 통하여 잠재적인 후원자들의 참여를 지속해서 유도하고 있다.

토론주제

1. 사회복지조직에서 마케팅을 적용할 때 고려해야 할 것은 무엇인지 생각해 보자.
2. 사회복지조직에서 효과적인 마케팅 실행전략을 수립하기 위해 조직의 이해관계자(내부 구성원, 이사회, 후원자, 자원봉사자 등) 관리는 어떻게 해야 할까?

| 참고문헌 |

구자룡(2019). **지금 당장 마케팅을 공부하라**. 서울 : 한빛비즈.

권익현 · 임병훈 · 안광호(1999). **마케팅**. 서울 : 경문사.

김상훈(2007). **마케팅 핵심원리와 실천 전략**. 서울 : 크레듀.

김수연(2011). 비영리 단체의 모금 성공 사례 분석 : 월드비전, 아름다운 재단의 모금 사례 중심. **사회복지 실천과 연구**, 8, 5-37.

김용준(1993). 비영리조직의 마케팅 경쟁분석. 한국경영학회, **경영학연구**, 22(2), 363-392.

오단이 · 최칠성(2021). **사회적경제를 위한 마케팅 실무**. 경기 : 공동체.

우종모 · 김재호 · 조당호(2004). **사회복지행정론**. 경기 : 양서원.

이병렬 · 최정규(2006). 사회복지기관의 마케팅과정에 관한 연구. **한국자치행정학보**, 20(2).

정무성(1999). 사회복지기관의 후원자개발을 위한 마케팅 전략에 관한 연구. 가톨릭대학교 사회복지리뷰.

정무성 · 황정은(2011). **사회복지 마케팅**. 서울 : 도서출판 신정.

정익준(1999). **비영리조직 마케팅**. 서울 : 영풍문고.

황성철 · 정무성 · 강철희 · 최재성(2020). **사회복지행정론**(제4판). 서울 : 정민사.

Andreasen, A. R.(2006). *Social Marketing in the 21st Century*. Thousand Oaks, CA : Sage.

Andresen, K.(2006). *Robin Hood Marketing : Stealing Corporate Savvy to Sell Just Cause*(p. 10). San Francisco, CA : Jossey-Base.

Fine, S. H.(1992). *Marketing the Public Sector*. New Brunwick, NJ : Transaction Publishers.

Gary, M. Grobman(2008). *The Nonprofit Handbook : Everything You Need to Know to Start and Run Your Nonprofit Organization*. White Hat Communications.

Kotler Philip(2010). *Market 3.0*. 안진환 역(2010). 서울 : 타임비즈.

Kotler Philip, & Armstrong Gray(2016). *Principle of Marketing*(16th ed.). 안광호 · 유창조 · 전승우 공역(2017). **Kotler의 마케팅 원리**. 서울 : 시그마프레스.

Kotler Philip, & Gary Armstrong.(2016). *Principles of Marketing*(16th ed.). Harlow : Pearson Education.

Kotler Philip, Hernawan Kartajaya, & Iwan Setiawan(2017). *Market 4.0*. 이진원 역(2017). 서울 : 도서출판 길벗.

Mahnoor Sheikh(2020). *The Complete Guide to Nonprofit Marketing in 2020* – Vism(https://visme.co).

McCarthy, E. J.(1960). *Basic Marketing : A Managerial Apporoach*. Homewood. Ill., R. D. Irwin. Free Press.

Peter, F. Drucker(1993). *Management : Tasks, Responsibilities, Practices*. Toronto : HarperCollins.

Worth, Michael J.(2014). *Nonprofit Management : Principles and Practice*(3rd ed.). Los Angeless : SAGE Publiccation, Inc.

기아체험 24시간. https://www.famine24.net/new/Default.asp

미국마케팅협회. https://www.ama.org

반론보도(2017. 5. 23). PR인들이 말하는 홍보에 효과적인 매체. http://www.banronbodo.com

CHAPTER 08

사회복지 재정관리

사회복지조직의 재정관리는 서비스를 기획하고 실행하여 소기의 목적을 달성하는 과정과 매우 긴밀하게 연계되어 있으므로 안정적인 재정자원의 조달은 사회복지서비스의 성패를 좌우할 수 있다. 사회복지 재정관리는 사회복지기관 운영에 필요한 자금을 동원하고, 예산을 수립하여 효율적으로 집행하는 일련의 과정으로서 기업과 같은 영리조직이나 사회복지기관과 같은 비영리조직이나 원칙적으로 동일하다. 그러나 사회복지는 외부 자원에 대한 의존도가 높은 특징이 있어 정부 지원이나 모금 등 안정적인 재원확보에 많은 노력이 요구된다. 또한 사회복지조직의 다양한 재원 속성에 따라 사회복지서비스 품질에 미치는 영향이 다르게 나타나는데 재정관리 과정에서의 부정과 비리 등의 책임성 부재는 투명한 예산집행을 저해하고 결국에는 서비스 질 저하의 문제를 야기할 수 있다. 이러한 측면에서 사회복지조직의 재정관리 원칙과 과정은 매우 중요하다. 따라서 본 장에서는 재정관리의 개념 및 과정, 예산의 편성 및 집행과정, 모금 등을 중심으로 사회복지 재정관리 방안에 대해서 살펴보고자 한다.

1. 재정관리의 개념 및 과정

1) 재정관리의 개념 및 중요성

사회복지조직이 존재하는 이유 중 하나는 클라이언트의 욕구에 부응하는 질 높은 서비스를 제공하여 클라이언트의 복리를 증진하는 것이다. 이와 같은 목적을 달성하기 위해 사회복지조직은 한정된 재정자원을 관리하면서 이러한 자원들을 투입하여 서비스를 산출하게 된다. 이러한 측면에서 볼 때 재정자원을 안정적으로 확보하고 비용을 효과적으로 관리하는 것은 사회복지서비스를 향상함으로써 조직의 목적 달성도와 생존능력을 제고시키는 데 기여하는 핵심적 동인이다(홍현미라 외, 2014).

사회복지조직에서의 재정관리는 사회복지서비스 제공에 필요한 재정자원을 합리적이고 계획적으로 동원하며, 이에 근거해서 예산을 수립하여 효율적으로 집행하고, 재정자원을 법적 규정 및 사회복지 윤리성에 근거하여 통제하는 활동을 의미한다(황성철 외, 2014).

그러나 사회복지기관은 충분한 재원을 확보하는 데 어려움이 따르기 때문에, 한정된 자원을 효율적으로 사용하는 것이 중요하다. 재원의 관리와 통제는 사회복지행정의 가장 중요한 분야 중 하나이며(박용순 외, 2010), 사회복지조직에서의 재정관리의 중요성은 다음과 같다(강순화 외, 2019 재인용).

첫째, 재정관리는 사회복지기관의 생존과 직결된 사항이다. 사회복지기관은 자원 의존적인 특성이 있으므로, 기관의 존립 여부는 재원확보와 조달이 매우 중요한 요인이 된다. 사회복지조직은 외부의 재원을 확보하기 위해 다양한 이해관계자와 관계하며, 재정관리 역량을 향상해야 한다.

둘째, 투명하고 책임성 있는 재정운영은 사회복지조직에 대한 공신력을 향상시킨다. 국가와 민간 기부자 등을 비롯한 재원 제공자들은 사회복지기관의 재원에 대해서 관심을 두고 있으므로 사회복지 기관은 재정의 투명한 운영을 위해서 재정운영에 대한 원칙 설정과 통제가 필요하다.

셋째, 재정관리는 기관의 기획과정과 평가과정에서 매우 중요한 영향력을 갖는다. 이는 예산이 결정되어야만 기관의 기획과 평가에 대한 노력이 실행될 수 있기 때문이다. 따라서 기관의 미래 활동에 대한 기획과 실행 및 이에 대한 평가의 노력은 기관의 재정관리와 함께 다루어져야 한다.

2) 재정관리 특징 및 과정

사회복지조직의 재정관리는 영리기업과 다른 특징을 가지고 있다. ① 기업의 재무관리보다 훨씬 복잡하고 외부의존성이 크다는 것, ② 국민 생활에 미치는 영향이 더 크다는 것, ③ 많고 다양한 이해당사자가 관여하고 정치성이 짙다는 것, ④ 법적 · 관료적 제약을 더 많이 받으며 그만큼 경직성도 높다는 것, ⑤ 효율성 평가는 상대적으로 더 어렵다는 것 등이다(김제선 외, 2017; 오석홍, 2013).

사회복지 재정관리의 범위는 크게 수입과 지출로 설명될 수 있으며 보통 |그림 8-1|과 같이 ① 다양한 재원 확보, ② 예산안을 계획하고 확정하는 예산 수립, ③ 수립된 예산에 따라 실제로 집행하는 예산집행, ④ 예산을 집행하면서 기록하고 정리하는 회계, ⑤ 예산집행 내역을 정산하고 감사하는 결산평가의 5단계로 이루어진다.

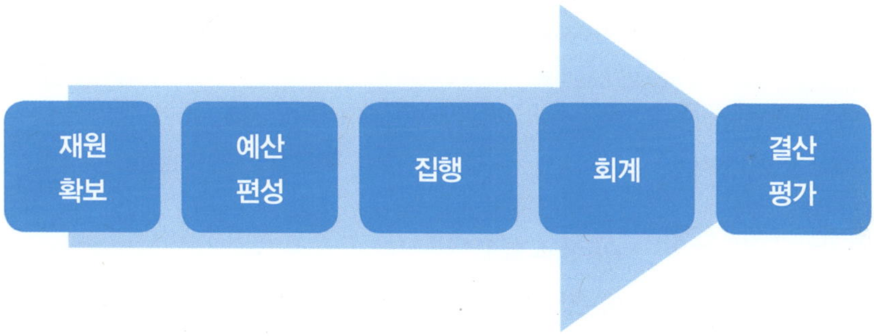

|그림 8-1| 재정관리의 과정

2. 예산의 집행과 결산

1) 예산의 개념

예산(budget)은 일정 기간에 걸쳐 계획된 지출과 그 지출을 위한 자금 조달 계획으로, 일반적으로 1년간 조직의 목표를 금전적으로 표시한 것을 말한다. 예산은 수입 · 지출의 종류 및 금액을 계통적 · 조직적으로 편성한 예정적 계산이며, 사업

계획의 내용과 방향을 계수적으로 표시하여 재정의 규모, 내용 및 방향을 알 수 있게 해준다. 사회복지조직의 예산은 법인(시설)이 일정한 규칙과 형식에 의하여 편성하고, 이사회 또는 예산(안)에 대한 심의·의결을 거쳐 확정된 1회계연도 기간(1/1~12/31) 동안의 재정계획으로 세입예산과 세출예산으로 구분된다.

- 세입예산 : 세출예산의 재원으로서의 예정 수입
- 세출예산 : 1회계연도 내에 지출할 수 있는 최고액 한도. 초과 불가능

2) 예산의 원칙

예산의 원칙이란 예산의 편성·집행에 있어서 준수되어야 할 원칙으로 〈표 8-1〉의 기준에 따라 편성되고 집행되어야 한다.

〈표 8-1〉 예산의 원칙

방 법	내 용
예산 총계주의 원칙	모든 세입은 세입 예산에, 모든 세출은 세출 예산에 계상해야 한다.
예산 통일의 원칙	예산은 일관된 질서를 가지고 계통적으로 종합·조정되어야 한다.
회계연도 독립의 원칙	당해 연도의 경비는 당해 연도 세입으로 조달하고, 세출은 다음 연도에 사용할 수 없다.
사전 의결의 원칙	예산은 회계연도 이전에 의결을 얻어야 한다.
공개의 원칙	민주적이고 효율적인 재정 운영을 위해 예산은 공개되어야 한다.
목적 외 사용 금지의 원칙	세출 예산이 정한 목적 외에 사용하지 못한다.
건전 재정 운영의 원칙	수입 범위 내에서 지출하여야 한다(수지균형의 원칙).

출처 : 강종수(2012).

3) 예산의 종류

예산의 종류는 예산의 성질에 따라 보조금(일반회계, 특별회계, 기금회계)과 법인 또는 시설 회계로 나뉘고, 예산의 성립 시기에 따라 본예산, 수정예산, 추가경정예산, 준예산으로 구분된다.

(1) 예산의 성질에 따른 분류

예산의 성질에 따라 회계를 분류하는 이유는 기본적으로 독립채산제의 의미가 있다. 즉, 각 기관의 회계를 원칙적으로 분리 운영하여 업무상 책임을 명확히 하고, 기관별 성과를 측정함으로써 자주성을 보장하는 한편 회계를 각각 구분한다는 뜻이다. 다만, 법인과 시설의 운영에 필요한 경우 제한적으로 자금 전출이 가능하다.

① 보조금

- 일반회계 : 주민의 일반적인 공공복지 증진을 위하여 운영되는 예산
- 특별회계 : 특정 목적을 달성하기 위하여 특정한 세입이나 자금으로 특정한 세출(사업)을 충당하고자 하는 경우 일반적인 세입·세출과 구분하여 경리하는 회계
- 기금회계 : 특수한 행정목적을 달성하기 위하여 일반적인 제약에서 벗어나 탄력적으로 운영하고자 하는 특정 사업을 위해 보유·운영하는 자금

② 법인 및 시설 회계

- 법인회계 : 법인 업무 전반에 관한 회계
- 시설회계 : 시설 업무 전반에 관한 회계
- 수익사업회계 : 법인이 수행하는 수익사업에 관한 회계
- 사회복지법인 이외의 자가 시설을 운영하는 경우에도 시설의 회계 : 각 시설별로 구분하여 관리

(2) 예산의 성립 시기에 따른 분류

① 본예산

사회복지법인의 대표이사 및 시설의 장은 회계에 속하는 예산을 편성하여 이사회의 의결 및 운영위원회 보고를 거쳐 확정한다. 다만, 법인이 설치·운영하는 시

설인 경우에는 시설운영위원회에 보고한 후 법인 이사회를 거쳐 확정한다. 이렇게 확정된 예산을 본예산이라고 한다.[1]

② 준예산

회계연도 개시 전까지 법인의 예산이 성립되지 않았을 때, 예산 성립 시까지 일부 경비에 대해 전년도 예산에 준하여 집행할 수 있는 예산을 준예산이라고 한다. 일부 경비는 임직원 보수, 법인 및 시설운영에 직접 사용되는 필수적인 경비, 법령상 지급의무가 있는 경비를 의미한다. 법인의 대표이사 및 시설의 장은 준예산 편성 전에 시장 · 군수 · 구청장에게 그 사유를 보고하여야 한다.[2]

③ 추가경정예산

예산 성립 후에 생긴 사유로 인해 이미 성립된 예산을 변경할 필요가 있을 경우에 편성되는 예산을 의미한다. 본예산과 추가경정예산은 별개로 성립되나 일단 성립되면 시설예산의 총 규모를 파악하기 위해서 하나로 통합되어야 한다. 법인의 대표이사 및 시설의 장은 추경이 확정된 날로부터 7일 이내에 예산서를 시장 · 군수 · 구청장에게 제출해야 한다.[3]

4) 예산편성의 과정

예산편성은 조직의 특정 목표를 달성하기 위해 필요한 비용을 추정하는 과정이다. 따라서 예산편성은 조직 활동의 기획 및 관리과정이며, 조직을 변화시키는 매우 광범위하면서도 포괄적이고 미래지향적인 과정이다. 본예산과 추가경정예산이 수립되기 위해서는 |그림 8-2|와 같이 예산(안)편성, 시설운영위원회 보고, 법인 이사회 의결, 지방자치단체 제출, 예산 공고(공개)의 과정을 거치게 된다.

1 사회복지법인 및 사회복지시설 재무회계 규칙 제10조(예산의 편성 및 결정절차)에 의거한다.
2 사회복지법인 및 사회복지시설 재무회계 규칙 제12조(준예산)에 의거한다.
3 사회복지법인 및 사회복지시설 재무회계 규칙 제13조(추가경정예산)에 의거한다.

주요 내용	주 체	일 정
시 · 군 · 구에서 법인 또는 시설에 특히 필요하다고 인정하는 사항에 관해 예산편성지침 통보 가능	법인 또는 시설 소재지 관할 시장 · 군수 · 구청장	회계연도 개시 2개월 전까지
법인은 법인과 법인 산하 시설의 예산편성지침을 결정	법인 대표이사	회계연도 개시 1개월 전까지
회계별 예산(법인회계, 시설회계, 수익사업회계) 편성	법인 대표이사 및 시설의 장	회계연도 개시 전까지
시설회계 예산안에 대한 시설 운영위원회 보고 ※ 법인이 설치 · 운영하는 시설의 경우에도 시설회계는 법인이사회 의결 전 시설 운영위원회에 보고 필요 ※ 법인회계 및 수익사업회계에 대해서는 불필요	시설의 장	예산안 편성 완료 시
법인의 회계별 예산(법인회계, 시설회계, 수익사업회계)안에 대한 의사회 의결, 예산안 확정 ※ 법인이 설치 · 운영하는 시설의 시설회계도 포함 ※ 법인이 아닌 경우에는 시설 운영위원회 보고로 예산안이 확정됨	법인 이사회	예산안 편성 완료 시
확정된 예산안을 시장 · 군수 · 구청장에 제출 ※ 법인은 법인의 회계별 예산(법인회계, 시설회계, 수익사업회계)을 법인 소재지를 관할하는 시장 · 군수 · 구청장에 제출하고, 시설의 장(법인이 운영하는 시설도 포함)은 해당 시설의 시설회계를 시설 소재지 관할 시장 · 군수 · 구청장에 제출	법인 대표이사 및 시설의 장	회계연도 개시 5일 전까지
법인과 시설의 회계별 세입 · 세출 명세서를 시 · 군 · 구, 법인, 시설의 게시판과 인터넷 홈페이지에 20일 이상 공고 ※ 사회복지사업법 제6조의2 제2항에 따른 정보시스템에 게재하거나 영유아보육법 제49조의2 제2항에 따른 공시로 갈음 가능	시장 · 군수 · 구청장, 법인 대표이사, 시설의 장	예산안 제출 20일 이내

|그림 8-2| 예산편성절차

출처 : 보건복지부(2021). 사회복지법인관리안내.

예산편성 및 결정 절차에 관해 「사회복지법인 및 사회복지시설 재무 · 회계 규칙」에 의하면 우선 법인의 대표이사는 회계연도 개시 1개월 전까지 예산편성 요령을 정하고, 이를 바탕으로 회계별 예산을 편성하여 이사회의 의결을 거쳐 확정하고, 이를 회계연도 개시 5일 전까지 관할 시장 · 군수 · 구청장에게 제출하여야 한다. 예산에 첨부되어야 할 서류는 다음과 같다.

- 예산
- 세입 · 세출 명세서
- 추정재무상태표
- 추정수지계산서
- 임직원 보수일람표
- 예산을 의결한 이사회 회의록 또는 예산을 보고받은 시설운영위원회 회의록

5) 결 산

(1) 결산의 의의와 목적

결산은 예산에 대응되는 개념으로 예산을 집행한 실적을 계획한 대로 잘 집행하였는지를 확인하는 정산을 의미한다. 회계연도 재정운영의 결과인 예산거래(세입, 세출, 예산집행)결과를 최종적으로 확정하는 절차로 "회계 처리의 결과 확정 및 재무보고"라는 의미를 내포한다. 결산은 예산집행을 취소할 수 없으나 평가를 통하여 차후 사업 계획을 개선하는 데 활용할 수 있다.

결산의 목적은 다음과 같다. 첫째, 지방자치단체 회계 처리 및 보고와 관련하여 통일성과 객관성을 부여한다. 둘째, 재정 투명성과 공공 책임성을 제고한다. 셋째, 결산 주체와 직 · 간접적으로 이해관계를 지니는 이해당사자(지역주민, 지방자치단체, 이용자, 후원자 등) 및 내부관리자가 회계연도의 재정상태와 운영성과를 파악하기 위함이다.

(2) 결산의 절차

① 출납의 정리

회계연도 말까지 출납을 완료하고 모든 장부를 마감한 후 수입과 지출금액을 정리하여 결산한다. 출납을 완료한다는 말은 당해 연도의 지출이 완료된다는 뜻이며 부득이 회계연도 안에 지출되지 않는 예산은 다음 연도로 이월한다. 증빙서류 확인 및 장부 마감은 다음과 같이 진행한다(강순화 외 2019).

- 예산과목의 적용에 착오가 있는 경우 절차에 따라 수정한다.
- 과목별 예산의 증감 사항이 모두 반영되었는지를 확인한다.
- 예산의 전용, 예비비 지출 등은 예산 총액의 증감에 영향이 없어야 한다.
- 후원금 및 후원 물품의 수입 지출 내역에 누락 및 착오 여부를 점검해야 한다.
- 수입 지출의 증빙서류 미비, 결재 누락, 세금 관련 등 미흡한 사항은 사전에 정리한다.
- 수기로 작성한 장부 등의 마감은 추가 기록을 할 수 없도록 줄을 그어 마감하도록 한다.
- 예금 잔액증명서는 12월 31일자로 발급받아야 한다.

② 결산보고절차

일정에 따라 확정된 결산보고서를 시장 · 군수 · 구청장에 제출해야 하며 절차는 |그림 8-3|과 같다. 먼저 법인의 대표이사 및 시설의 장은 법인회계와 시설회계의 세입 세출 결산보고서를 작성해야 한다. 그리고 시설의 장은 결산보고서를 시설의 운영위원회에 보고해야 한다. 그리고 법인 대표이사는 결산보고서를 법인 이사회에 의결을 통하여 확정해야 한다. 이렇게 확정된 결산보고서는 시장 · 군수 · 구청장에게 다음연도 3월 31일까지 제출해야 한다. 한편 결산보고서 제출 20일 이내에 법인과 시설의 세입 세출 결산서를 시설의 게시판이나 인터넷 홈페이지에 20일 이상 공고해야 한다. 다만, 사회복지사업법 제6조의2 제2항에 따른 정보시스템에 게재하거나 영유아보육법 제49조의2 제2항에 따른 공시를 하면 제외한다.

주요 내용	주 체	일 정
법인회계와 시설회계의 세입 · 세출 결산보고서 작성	법인 대표이사 및 시설의 장	출납 완료 시
결산보고서의 시설 운영회비 보고 ※ 법인이 설치 · 운영하는 시설의 경우에도 시설회계는 법인이사회 의결 전 시설 운영위원회에 보고 필요 ※ 법인회계 및 수익사업회계에 대해서는 불필요	시설의 장	결산보고서 작성 후
결산보고서의 법인 이사회 의결 ※ 법인이 설치 · 운영하는 시설의 시설회계도 포함 ※ 법인이 아닌 경우에는 시설 운영위원회 보고로 결산보고서 확정	법인 대표이사	결산보고서 작성 후
확정된 결산보고서를 시장 · 군수 · 구청장에 제출 ※ 법인은 법인회계, 시설회계, 수익사업회계 결산을 법인 소재지를 관할하는 시장 · 군수 · 구청장에 제출하고, 시설의 장(법인이 운영하는 시설도 포함)은 해당 시설의 시설회계 결산을 시설 소재지 관할 시장 · 군수 · 구청장에 제출	법인 대표이사 및 시설의 장	다음연도 3월 31일까지
법인과 시설의 세입 · 세출 결산서를 시 · 군 · 구, 법인시설의 게시판과 인터넷 홈페이지에 20일 이상 공고 ※ 사회복지사업법 제6조의2 제2항에 따른 정보시스템에 게재하거나 영유아보육법 제49조의2 제2항에 따른 공시로 갈음 가능	시장 · 군수 · 구청장, 법인 대표이사, 시설의 장	결산보고서 제출 20일 이내

|그림 8-3| 결산보고 절차

출처 : 보건복지부(2021). 사회복지법인관리안내.

결산보고서에 첨부되어야 할 서류는 다음과 같다. 단식부기로 회계를 처리하는 경우 1~3, 14~23호 서류만을 첨부할 수 있고, 소규모시설의 경우 1, 17호 서류만을 첨부할 수 있다.

1) 세입 · 세출 결산서	13) 각종 충당금 명세서
2) 과목전용조서	14) 기본재산수입명세서(법인만 해당)
3) 예비비사용조서	15) 사업수입명세서
4) 재무상태표	16) 정부보조금명세서
5) 수지계산서	17) 후원금 수입명세 및 사용결과보고서(전산 피일을 포함한다)
6) 현금 및 예금명세서	18) 후원금 전용계좌의 입출금내역
7) 유가증권명세서	19) 인건비명세서
8) 미수금 명세서	20) 사업비명세서
9) 재고자산명세서	21) 그 밖의 비용명세서(인건비 및 사업비를 제외한 비용)
10) 그 밖의 유동자산명세서(6~9 유동자산 외의 유동자산)	22) 감사보고서
11) 고정자산(토지 건물 차량운반구 비품 전화가입권)명세서	23) 법인세 신고서(수익사업이 있는 경우만 해당함)
12) 부채명세서(차입금, 미지급금 포함)	

출처 : 보건복지부(2021). 사회복지법인관리안내.

3. 사회복지조직의 재원별 특성

사회복지조직은 다른 형태의 타 조직과 달리 다양한 재정자원 원천을 지니고 있다는 특수성을 갖는다. 즉, 사회복지조직에서 재원으로는 정부로부터 직접 보조받거나 그 밖의 계약 형태로 지원받는 정부 보조금, 개인 · 기업 · 단체 등으로부터 제공받는 후원금, 공동모금회나 다양한 재단 등을 통해 사업별 지원방식으로 제공받는 민간 영역으로부터의 사업보조금, 서비스를 이용하는 사람들로부터의 서비스 이용료와 기타 수익사업에 의한 수익사업금, 기타자산 확보를 통한 전입금 등 다양한 원천을 갖는다. 사회복지기관의 세입과 세출 현황을 보면 사회복지조직의 재무를 알 수 있다. 우리나라 사회복지기관의 경우, 세입은 국고 및 지방비와 같은 정부 보조금이 전체 재정의 대부분을 차지하고 있고 세출은 인건비와 사업비가 가장 큰 비중을 차지한다는 특성이 있다. 사회복지조직의 재원의 종류 및 특성은 다음과 같다.

1) 정부 보조금

전통적으로 정부는 비영리조직을 재정적으로 지원해 왔으며, 지방정부가 관할 지역 내의 사회복지기관의 운영비를 지원하는 것이 오랜 관례였다. 보조금(grants)이란 사회복지를 수행하기 위하여 사회복지시설의 운영에 필요한 비용의 일부를 정부가 예산에서 지원하는 경우로서 대부분 사회복지조직의 재원 중에서 가장 큰 부분을 차지하고 있다. 정부가 해야 할 사회복지사업을 민간사회복지기관에 위임하며 보조금을 지불하는 이유는 정부조직의 관료주의를 피하고 민간조직의 장점인 전문성과 융통성을 살리기 위해서이다. 그리고 민간사회복지기관의 입장에서 정부 보조금은 전체 예산 대부분을 차지하는 매우 안정적인 재원이다.

우리나라의 경우 정부 보조금은 「보조금관리에 관한 법률」 제2조에 규정되어 있다. 이에 따르면 "보조금이란 국가 외의 자가 수행하는 사무 또는 사업에 대하여 국가가 이를 조성하거나 재정상의 원조를 하기 위하여 교부하는 보조금(지방자치단체에 교부하는 것과 그 밖에 법인 · 단체 또는 개인의 시설자금이나 운영자금으로 교부하는 것만 해당한다)과 부담금(국제조약에 따른 부담금은 제외한다), 그 밖에 상당한 반대급부를 받지 아니하고 교부하는 급부금으로서 대통령령으로 정하는 것을 말한다". 우리나라 정부 보조금의 경우, 지방자치제 실시 이후 사회복지시설에 보조하는 금액을 국가(지방정부)와 지방자치단체가 나누어 부담하고 있다.

정부 보조의 주요 내용으로는 첫째, 인건비 지원으로 해당 직종에 대한 인력의 인건비를 지원하는 것이다. 둘째, 관리운영비 지원이다. 다만, 사회복지시설의 유형에 따라 관리운영비의 지원율은 다르다. 셋째, 기능보강사업비 지원으로 시설의 신축이나 증축 및 개 · 보수비 지원 등이 이에 해당한다.

이러한 보조금의 특징은 다음과 같다(김제선 외, 2017). 첫째, 조직 운영에 있어 안정적이라고 할 수 있는 설립 초기에 승인된다는 점이다. 즉, 일차적으로 뚫는 것

(tapping)이 어려우나 점증주의 예산(incrementalism budget)방식으로 인해 지속적으로 지원될 가능성이 높다. 둘째, 그러나 국가예산은 엄격한 통제하에 있어 엄격하고 경직적인 감독을 받기 때문에 쉽게 전용할 수 없는 등 재량권이 축소되어 서비스의 질에 부정적인 영향을 미칠 수 있다. 셋째, 관리가 복잡하고 예산 배정이 지연되는 경우 현금 유동성의 문제가 발생할 수 있다.

2) 기부금(후원금)

기부금(contributions)이란 개인이나 단체가 사회복지기관이나 기관의 프로그램에 조건 없이 받은 금품 또는 기타의 자산으로 정의되며, 후원금으로도 불린다. 현금뿐만 아니라 음식, 의류, 물품 등 대가 없이 받은 자산 등으로, 즉 현금과 현물로 구분되며, 서비스 이용료와 마찬가지로 대부분의 기부금은 사회복지조직에 매우 유동적인 재원이나, 조직의 독립적 운영을 위해 안정적인 확보가 필요하다. 따라서 사회복지조직들은 기부금을 만들기 위해 다양한 전략을 추구하며, 이러한 전략은 특히 이사진의 적극적인 참여를 요구하는데, 이의 지속을 위해서는 조직 차원에서의 상당한 노력이 필요하다(원석조, 2018).

기부(후원)금의 종류는 두 가지가 있다. 첫째, 지정후원금이다. 이것은 후원자가 지정한 용도로만 사용해야 한다. 이에 대한 대표적인 예가 결연 후원금이다. 후원자는 지로, 자동이체, 무통장입금 등의 방식으로 후원금을 납부할 수 있다. 둘째, 비지정 후원금이다. 후원자가 사용 용도를 지정하지 않은 후원금을 말하는데, 흔히 일반후원금을 가리킨다. 다만, 후원자가 사용 용도를 지정하지 않았다고 해서, 무원칙하게 마음대로 사용할 수는 없다.

우리나라 사회복지기관의 후원금 관리는 「사회복지법인 재무 · 회계 규칙」에 규정되어 있다. 그에 의하면 후원금의 범위, 후원금의 영수증 교부, 후원금의 수입 및 사용내역 통보, 후원금의 수입 및 결과보고, 후원금의 용도 외 사용 금지의 사항을 담고 있다. 이에 대한 자세한 내용은 다음과 같다.

- **후원금의 범위** : 법인의 대표이사와 시설의 장은 아무런 대가 없이 무상으로 받은 금품 기타의 자산의 수입 · 지출 내용과 관리에 명확성이 확보되도록 해야 한다.
- **후원금의 영수증 교부** : 법인의 대표이사와 시설의 장은 후원금을 받은 때에는 별도의 양식에 의한 후원금 영수증을 후원자에게 즉시 교부하여야 힌다.
- **후원금의 수입 및 사용내역 통보** : 법인의 대표이사와 시설의 장은 연 1회 이상 해당 후원금의 수입 및 사용내용을 후원금을 낸 법인 · 단체 또는 개인에게 통보하여야 한다. 이 경우 법인이 발행하는 정기간행물 또는 홍보지 등을 이용하여 일괄 통보할 수 있다.
- **후원금의 수입 및 사용결과 보고** : 법인의 대표이사와 시설의 장은 매 반기(상반기, 하반기) 종료 후 10일 이내에 후원금 수입 및 사용결과 보고서를 관할 시장 · 군수 · 구청장에게 제출하여야 한다.
- **후원금의 용도 외 사용금지** : 법인의 대표이사와 시설의 장은 후원금을 후원자가 지정한 사용용도 외의 용도로 사용하지 못한다. 또한 후원금의 수입 및 지출은 예산안의 편성 및 확정절차에 따라 세입 · 세출예산에 편성하여 사용하여야 한다.

출처 : 보건복지부(2021). 사회복지법인관리안내.

기부금의 특징으로는 첫째, 재원 풀(pool)이 좁아서 조달되는 재원이 충분하지 않으며, 예측 가능성이 낮고, 모금하기 위해 많은 비용이 소요될 수 있다는 점이다. 둘째, 모금을 위한 노력들이 사회복지서비스 전문가가 대우받기보다 마케팅 전문가들의 영향력이 커지거나 외부에 알리기 좋은 사업에만 집중하는 등의 부작용이 나타날 수 있다. 사회복지공동모금은 1997년 사회복지공동모금법이 제정되어 국가가 공인한 대표적 민간모금활동이다. 사회복지공동모금회의 설립으로 기관이 모금을 하고 배분하고 또한 지역사회를 계획하는 일이 이루어지고 있다. 민간 참여의 폭 확대, 지역사회에 기반을 둔 공동체의식 개발, 사회복지서비스 개발과 전달의 효율성 제고 등이 나타나는 특징을 가지고 있다(김제선 외, 2017).

3) 이용료

이용료(fees)는 클라이언트 개인 또는 그 가족 등으로부터 사회복지기관의 서비스를 사용한 대가로 징수된 자금으로 사회복지조직이 서비스를 전달하는 재정 유입의 한 원천을 의미한다. 기부금, 보조금과는 달리 서비스 이용료의 가장 중요한 성격은 이용료의 질인데, 이는 제공되는 서비스의 양과 이용료 세입의 총액으로 측정한다. 사회복지기관의 이용료의 종류는 다음과 같다(원석조, 2018 재인용).

- 참가비(participation fees) : 사회복지기관의 프로그램에 참여할 때 지불하는 일정액을 말한다.
- 고정이용(fixed fees) : 특정 프로그램을 이용할 수 있는 권리를 구입하는 비용이다.
- 슬라이딩스케일 이용료(sliding-scale fees) : 클라이언트의 지불능력을 고려한 이용료이다. 일정 소득 이하의 클라이언트는 이용료를 면제해 주고, 그 이상의 소득을 가진 클라이언트에게는 누진적 이용료를 부과한다.
- 공평 부담이용료(fair fees) : 전체 비용을 참가자 수로 나눈 이용료이다. 예를 들어, 주말 여행경비 총액을 참가자 수로 공평하게 나누어 개인 이용료를 책정하는 방식이다.
- 3자 지불 이용료(third party fees) : 미국의 Medicare나 Medicaid, 우리나라의 장기요양보험(건강보험공단) 등과 같은 제3자가 사회복지기관의 서비스 이용료를 대신 지불하는 방식이다.

서비스 이용자인 클라이언트가 지불하는 이용료 수입은 사회복지기관이 해당 프로그램을 주체적 · 자율적으로 운영할 수 있도록 만들기 때문에 기관으로서는 선호할 만한 재원이다. 이러한 장점에도 불구하고 이용료는 유동적이고 불안정하다는 단점을 지니고 있다. 사회복지기관이 서비스 이용자의 이용료만으로 재정을 충당하는 프로그램을 운영한다고 할 때 참여 이용자의 수가 기대 이하이면 재정 적자라는 심각한 문제에 봉착하는 것이다. 이용료를 재정의 주요 수단으로 활용하는 기관의 경우 가장 중시해야 하는 것이 이용료 수입총액에 대한 예측 가능성이다. 이를 위해 기관은 가능하면 장기간 이용료를 지불하는 클라이언트를 확보하기 위해 노력해야 하며, 될 수 있는 대로 개인 클라이언트보다 집단 클라이언트를 이용자로 만드는 것이 좋다(원석조, 2018).

4) 법인전입금

법인전입금이란 사회복지시설을 위탁 · 운영하는 법인이 해당 사회복지시설에 전출하는 예산을 말한다. 종사자의 복리후생이나 교육 등의 세출 항목으로 사용 가능하며, 사회복지조직의 전체 재원 중에 가장 유연하게 사용할 수 있다는 장점이 있다.

5) 제3자 지불금

원리는 제3자 요금과 비슷한데, 일정한 표준액의 지불이 제공자의 실제 비용과 상관없이 제3자에게 지불되는 방식(계획요금)과 서비스 제공자가 클라이언트 인구의 크기에 비례해서 인원수당 미리 요금을 지불하는 방식 등을 합친 의미를 지니다. 예를 들면, 미국의 저소득층 의료보험(medicaid)방식이나 우리나라의 국민건강보험방식 등이다.

4. 사회복지조직의 모금관리

1) 사회복지조직에서의 모금의 의미와 필요성

모금의 사전적 의미는 기부금이나 성금 따위를 모으는 것이다(표준국어대사전). 「기부금품의 모집 및 사용에 관한 법률」에 의하면 '기부 금품'이란 환영 금품, 축하 금품, 찬조 금품 등 명칭이 어떠하든 반대급부 없이 취득하는 금전이나 물품을 말하며, '기부금품의 모집'이란 서신, 광고, 그 밖의 방법으로 기부 금품의 출연(出捐)을 타인에게 의뢰 · 권유 또는 요구하는 행위를 말한다.

모금은 사회복지기관의 재정 충당방법의 하나로서 조직목표를 달성하는 데 필요한 자금을 획득하는 것과 지역사회 주민을 모금 활동에 참여시킴으로써 조직목표에 관한 관심을 증진하는 것이 목적이다. 사회복지조직 활동의 독립성을 유지하기 위해서 정부에 대한 재정적 독립을 위해 노력해야 한다. 이러한 측면에서 모금은 사회복지조직의 안정적이고 독립적인 재원 마련 수단으로서 의의가 있다. 더불어 현대에 들어서 비영리조직의 모금은 자신들이 추구하는 가치를 홍보함으로써 그 가치에 동의하는 기부자를 모집하고 그들과의 관계 구축을 통해 기부자의 충성도를 끌어내는 '개발' 모금의 형태까지로 발전하였다. 즉, 오늘날 모금은 단순히 조직이 기부금을 모집하는 것에서 나아가 비영리조직이 추구하는 비전과 가치를 기부자와 공유하고 관계를 형성하여 조직의 안정적 발전과 성장을 도모하는 것을 의미한다(최상미 · 김아래미, 2020).

비영리조직이 보조금에 의존하지 말고 모금을 통해 다양한 재원을 확보해야 하는 구체적인 이유는 다음과 같다(Worth, 2013).

① 정부의 사회적 프로그램에 대한 지원의 감소와 바우처 사업으로의 이동 : 정부가 바우처 사업을 통해 사회적 프로그램을 지원하기 시작한 후, 비영리조직은 그들 간의 경쟁과 영리기업과의 경쟁을 해야 하는 상황에 놓일 수 있다.

② 수익의 다각화 : 전반적으로 기부는 증가하고 있지만 동시에 비영리조직의 수도 많아지고 있으며 그들의 도움을 필요로 하는 사람들도 증가하고 있다. 비영리조직은 그들의 사업을 안정적으로 운영하기 위해 수익을 다각화할 필요가 있다.

③ 목적 달성 : 비영리조직의 소득 창출은 단지 돈만의 문제가 아니며, 그들의 서비스 지속에 관한 문제다. 기업과의 파트너십은 비영리조직에게 새로운 수익의 창출뿐 아니라 파트너십을 통한 기업의 프로모션을 진행하여 지명도 증가를 가능하게 한다. 또한 비영리조직은 파트너십을 통해 새로운 자원 봉사자를 찾거나 경영 기술, 파트너로서 기업이라는 자원을 얻을 수 있다. 종합하여 보면 많은 비영리조직들은 모금 등을 통한 수익을 창출함으로써 그들의 미션의 효과적인 달성뿐 아니라 균형 잡힌 프로그램 목록의 구성을 이루어 낼 수 있다.

2) 모금의 유형 및 기부자의 특성

사회복지조직의 모금의 유형은 오프라인 모금과 온라인 모금으로 구분할 수 있다. 모금기법으로는 우편(DM : Direct Mail), 모금행사, 대중매체 광고 등이 있으며, 온라인 모금의 방법으로는 기관홈페이지, 모금 전용 사이트 및 크라우드 펀딩 사이트 등이 있다. 그 외에도 기업과 비영리조직이 연계하여 모금 활동을 하는 공익연계마케팅이 있다.

① 우편(DM) : 후원을 요청하는 편지를 잠재적 후원자에게 발송함으로써 후원자를 개발하는 방식이다. 불특정 다수에게 보내기보다는 표적시장을 선정하여 지역, 나이, 사회적 지위, 소득 등에 따라 대상자 목록을 확보하여 보내야 효과를 발휘할 수 있다.

② 모금행사 : 후원자들의 특정 동기를 부여하기 위하여 특정 기간과 장소에서 사전계획하에 특별한 활동을 벌이는 것이다. 이벤트는 기억에 오래 남는다는 장점은 있으나 비용이 많이 든다는 단점이 있다. 예로는 자선음악회, 모금만찬회, 전시회 등이 있다.

③ 대중매체광고 : TV, 라디오, 신문, 잡지 등을 활용하여 모금 광고를 하는 것이다. 주로 언론사의 협찬으로 공동모금을 하는 경우도 있지만 상업광고의 형태로 나가는 경우도 있다. 광고의 성과를 올리기 위해서는 6개월 이상 광고를 해야 한다.

④ 온라인 활용 : 인터넷을 활용한 후원자 개발은 점차 활성화될 전망이며, 온라인상에서 신용카드 계좌를 통하여 모금하는 방법과 게시판, 대화방, 동호회 등을 통해서 후원자를 개발하는 방법도 있다. 홈페이지나 크라우드 펀딩 사이트를 작성하여 모금을 하는 경우도 있다.

⑤ 공익연계마케팅 : 기업과 비영리조직이 연계하여 모금을 많이 하기 위한 마케팅 기법이다. 기업은 이미지를 제고할 수 있고 비영리조직은 모금을 통한 재원확보가 가능하다.

이러한 다양한 형태의 모금기법을 활용하여, 성공적인 기부금을 모집하기 위해서는 기부자의 유형별 특성을 이해하여야 한다. 기부자의 특성은 본성적으로 이타주의적인 사람, 어떤 결과를 위해 기부하는 사람으로 구분할 수 있으며, 기부자들의 동기는 이타심과 이기심이 혼합되어 있다. Russ Prince와 Karen File이 제시한 기부자의 일곱 가지 유형은 다음과 같다(Worth, 2013).

① 공동체를 위하는 사람들(communitarians) : 이들은 그들의 사업과 삶을 위해 기부가 더 나은 공동체를 만들 수 있다고 믿는다.

② 종교적 신념에 따르는 사람들(devout) : 이들은 자신의 종교적인 신념을 위해 기부한다(주로 종교를 지원하는 경향이 있다).

③ 투자가(investors) : 이들은 기부를 통해 얻을 수 있는 자산의 이득과 세금 등의 결과에 흥미를 가진다.

④ 사교성을 중시하는 사람들(socialites) : 이들은 기부가 사회적 상호작용을 위한 기회를 제공하는 것에 매력을 느끼며, 자선 행사에도 참가한다(주로 예술 조직을 지원한다).

⑤ 이타주의자(altruists) : 이기심이 없는 이 부류의 기부자들은 어떤 인정에 대한 욕망도 없이 기부한다.

⑥ 보답을 하려는 사람들(repayers) : 이들은 그들이 받았던 이익들을 나누기 위해 기부한다(주로 대학이나 병원에 직접 기부하는 경향이 있다).

⑦ 전통을 중시하는 사람들(dynasts) : 이들은 가족적 전통 때문에 기부를 유지한다.

3) 모금 과정과 모금담당자의 역할

Worth(2013)는 사회복지조직을 포함한 비영리조직에서의 성공적인 모금을 위해 모금과정을 다음 |그림 8-4|와 같이 우선순위의 설정과 모금의 개발, 대상의 설정과 평가, 관계 형성, 기부 요청, 인정과 보상의 제공을 통한 감사 표시, 기부자와의 관계 유지 및 강화의 6단계로 설명하였다.

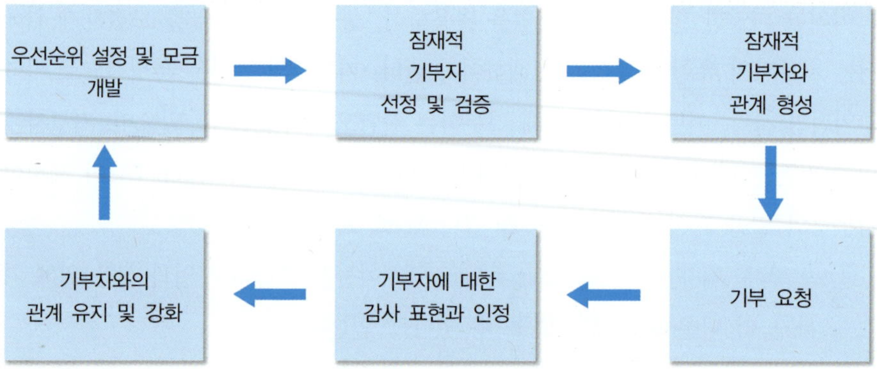

|그림 8-4| 성공적인 모금과정

출처 : Worth(2013), p 272.

① 1단계 : 우선순위의 설정 및 모금 개발

모금의 첫 번째 단계는 조직의 미션과 목표를 이루기 위한 우선순위를 설정하고 모금 활동을 기획하는 단계이다. 모금의 목표가 없는 기획은 기부자들의 참여 동기를 유도할 수 없으며, 사회와 개인이 동의할 만한 목표와 유대감이 필요하다. 이 단계에서 가장 중요한 것은 우리 조직이 왜 기부를 받아야만 하는지 구체적이고 논리적인 목표에 근거한 전략적 계획을 수립하는 것이다.

② 2단계 : 잠재적 기부자 선정 및 검증

목표와 계획을 수립한 이후 모금담당자는 기부 가능성이 있는 대상자를 선정하고 검증해야 한다. 잠재적인 기부자를 찾을 때는 기부 가능성이 있는 사람에게 집중할 필요가 있다. 이때 모금담당자는 기부자를 기부자의 자격 평가와 특성 파악의 두 가지 측면에서 검증한다. 먼저 자격 평가는 잠재적 기부자들이 실제로 기부할 수 있는 경제적 능력을 갖추고 있는지를 평가하는 것이며, 기부자 특성 파악은 잠재적 기부자 중 경제적 능력을 갖추고 있다고 판단된 기부자들의 주요 관심사, 지역사회에서의 활동 등을 파악함으로써 기관과의 관계 형성을 위한 가능성을 검증하는 것이다.

비영리조직은 개인 기부자와 기업들에게 조직의 미션과 비전을 명확하게 제시하여 그들의 관심에 맞도록 기부할 수 있도록 유도해야 하며, 기부자들의 기부경험이나 이슈를 검토해야 한다. 기업들의 주요 관심이 무엇인지는 해당 기업의 활동 내용을 파악하는 것을 통해 가능하며, 개인 기부자들의 관심은 그들이 과거에 기부했던 조직 및 내용 등을 통해 파악할 수 있다. 예를 들어, 여성 화장품을 제조하는 회사는 여성과 환경 문제를 해결하고자 하는 조직의 활동에 관심이 있을 확률이 높다.

③ 3단계 : 잠재적 기부자와 관계 형성

세 번째 단계는 잠재적 기부자와의 관계를 형성하는 단계이다. 연인이 첫 만남에서 프러포즈하지 않고 관계를 형성하기 위해 시간과 노력을 쏟아 프러포즈를 받아들일 가능성을 높이는 것처럼, 모금담당자는 기부자들에게 기부를 요청하기 전에 이들과의 관계를 발전시키기 위해 노력해야 한다. 모금담당자는 잠재적 기부자와의 관계를 형성하기 위해 우편, 전화, 메일, 방문, SNS 등 다양한 수단과 과정을 활용할 수 있다.

④ 4단계 : 기부 요청

어느 정도 관계가 형성된 이후 비영리조직의 모금담당자는 기부를 요청하기 위해 다양한 온오프라인 수단을 활용하는데, 일반적으로 사적인 연락일수록 더 효과적이다.

⑤ 5단계 : 기부자에 대한 감사 표현과 인정

기부자들의 감사표현과 적절한 포상은 다음 기부를 이끌어 내는 중요한 요인이다. 기부자에게 기부를 받은 후 모금담당자는 조직 내부 기준에 따라 기부자에게 다양한 방식으로 감사를 표현할 수 있다. 기부자에게 감사편지나 웰컴 키트(기관소개서, 소식지, 감사 카드, 소정의 선물 등이 포함된 키트)를 발송함으로써 감사를 표현하는데, 웹사이트나 연간 보고서에 그들의 실명을 공개하거나 고액 기부자의 경우에는 시설명이나 기금에 그들의 이름을 사용하는 방법 등이 있다.

⑥ 6단계 : 기부자와의 관계 유지 및 강화

기존의 기부자들이 더 확실한 미래의 잠재적 기부자라는 점에서 비영리조직의 모금담당자는 기부자와의 관계를 유지를 위해 지속적으로 노력해야 한다. 모금담당자는 조직의 다양한 사업의 내용과 성과를 기부자들에게 지속적으로 제공함으로써 기부금이 본래의 목적에 맞게 잘 사용되고 있음 지속적으로 알려야 한다.

4) 모금과정에서의 윤리적 이슈와 과제

비영리조직의 신뢰성을 떨어뜨리지 않기 위해서는 개인뿐 아니라 조직, 기부자를 포함하는 다양한 관계 속에 도덕적 이슈가 복합적으로 고려되어야 한다. 모금에서 발생할 수 있는 도덕적 이슈들은 다음과 같다(Worth, 2013).

① 기부자와 상호작용하는 직원의 행동에 대한 문제 : 직원이 기부를 요청하기 위해 조직의 성과를 확대하여 안내한다거나, 기부자를 오해하게 만들거나, 기부자가 받을 수 있는 인정에 대해 부풀려 말하는 것 등의 문제

② 비영리조직과 기부자 사이의 문제 : 비영리조직이 어떤 요건에 맞춰 기부자를 선정할 것인지에 대한 문제로, 기부자의 비도덕적인 상황을 비영리조직이 수용하여야 하는지에 대한 것과 관련이 있다(예를 들어, 한 기업이 사회적으로 불미스러운 일을 행했을 때 비영리조직은 그들의 기부를 받아주어야 하는가?, 기부자가 불법적인 일을 저질렀다면 조직은 그를 기부명단에서 삭제해야 하는가?).

③ 조직의 행동에 대한 문제 : 비영리조직이 자신의 미션과 비전에 부합하지 않는 프로그램에 참여해야 하는지에 대한 문제와 예산의 한계와 프로그램의 지속에 대한 문제들이 해당된다. 이것과 관련된 하위 문제로는 '기부자가 비영리조직에게 영향력을 행사할 수 있는가'에 대한 것이 있다.

④ 기부자의 모집에 있어서의 개인정보 문제 : 잠재적 기부자들의 개인 정보를 어디서 어디까지 보관, 공유, 수집할 수 있을 것인지에 대한 이슈와 관련이 있다.

비영리조직을 운영하는 데 다양한 도덕적 이슈들이 발생할 수 있다. 이러한 다양한 상황 속에서 발생할 수 있는 문제들을 비영리조직의 원래 미션과 비전에 입각하여 판단할 수 있도록 비영리조직들은 그 자체의 존립 이유에 대해 명확하게 인식하여야 한다.

앞서 검토한 모금에 대한 이해와 윤리적 이슈를 바탕으로 사회복지조직들이 모금의 과정을 통해 모금을 수행해야 하는 데 있어서 해결해야 할 과제는 다음과 같다(최상미 · 김아래미, 2020).

첫째, 사회복지조직의 투명성과 책무성을 강화해야 한다. 최근 발생한 일련의 기부금 오남용 및 횡령 사건[4]은 시민들의 비영리조직 활동 및 존재 목적에 대한 신뢰를 악화시키고 있다. 기부금품 모집 및 사용 내역을 투명하게 공개하고, 기부자들이 제공한 기부금품이 사회복지조직과 서비스 이용자들에게 어떠한 긍정적 변화를 가져왔는지 공개하여야 한다. 또한 제도적 차원에서 정보의 투명한 공개를 의무화하고, 기부금품의 횡령, 오남용 처벌에 대한 법적 강화와 모니터링을 강화하는 것이 비영리 영역의 투명성 강화를 위한 대안일 수 있다.

둘째, 모금 인프라 구축을 위한 노력이 필요하다. 모금담당자는 모금의 기획부터 기부자의 사후관리에 이르기까지 포괄적인 모금 과정을 관리하는데, 이때 모금담당자는 기부자와의 관계 구축을 위한 체계적이고 종합적인 인간관계 기술의 습득이 필요하다. 모금전문가 양성을 위한 민간 아카데미가 운영되고 있지만, 교육과정의 전문성 확보 및 체계화는 여전히 부족한 실정이다. 이와 관련하여 조직의 설립 취지에 부합하는 모금을 기획하고, 모금 채널 개발, 기부자 관리 방안을 마련하는 등의 체계적인 모금 기획 및 기부자 관리가 조직의 우선적 과제라 할 수 있다. 또한 성공적인 모금 방법과 정보에 대한 지식공유가 활발하게 이루어질 수 있도록 모금담당자의 네트워크 구축 및 역량 강화 방안을 위한 연구, 교육, 훈련이 체계화되어야 할 것이다.

---

4 2010년 사회복지공동모금회 직원의 성금 유용 사례, 2017년 희귀병에 걸린 딸의 병원비를 목적으로 받은 기부금 대부분을 딸의 치료비가 아닌 본인의 호화로운 생활을 위해 사용한 어금니 아빠 이영학 사건 등이 있다.

Chapter summary

사회복지조직에서의 재정관리는 사회복지서비스 제공에 필요한 재정자원을 합리적이고 계획적으로 동원하며, 이에 근거해서 예산을 수립하여 효율적으로 집행하고, 재정자원을 법적 규정 및 사회복지 윤리성에 근거하여 통제하는 활동을 의미한다.

사회복지 재정관리의 범위는 크게 수입과 지출로 설명될 수 있으며, 재정관리 과정은 다양한 재원 확보, 예산안을 계획하고 확정하는 예산 수립, 수립된 예산에 따라 실제로 집행하는 예산집행, 예산을 집행하면서 기록하고 정리하는 회계, 예산집행 내역을 정산하고 감사하는 결산평가의 5단계로 이루어진다.

예산편성은 조직활동의 기획 및 관리과정이며, 조직을 변화시키는 매우 광범위하면서도 포괄적이고 미래지향적인 과정이다. 본예산과 추가경정예산이 수립되기 위해서는 예산(안) 편성, 시설운영위원회 보고, 법인 이사회 의결, 지방자치단체 제출, 예산 공고(공개)의 과정을 거치게 된다.

결산은 예산에 대응되는 개념으로 예산을 집행한 실적을 계획한 대로 잘 집행하였는지를 확인하는 정산을 의미한다. 회계연도 재정운영의 결과인 예산거래(세입, 세출, 예산집행) 결과를 최종적으로 확정하는 절차로 "회계 처리의 결과 확정 및 재무보고"라는 의미를 내포한다.

사회복지조직의 재원의 종류로는 정부 보조금, 기부금과 후원금, 이용료, 법인전입금, 제3자 지불금으로 구분된다.

모금은 사회복지기관의 재정 충당방법의 하나로서 조직목표를 달성하는 데 필요한 자금을 획득하는 것과 지역사회 주민을 모금활동에 참여시킴으로써 조직목표에 대한 관심을 증진시키는 것이 목적이다. 모금기법으로는 우편, 모금행사, 대중매체광고 등이 있으며, 온라인 모금의 방법으로는 기관홈페이지, 모금 전용 사이트 및 크라우드 펀딩 사이트 등이 있다.

비영리조직에서의 성공적인 모금을 위해 모금 과정은 우선순위의 설정과 모금 개발, 대상의 설정과 평가, 관계 형성, 기부 요청, 인정과 보상의 제공을 통한 감사 표시, 기부자와의 관계 유지 및 강화의 6단계로 이루어진다. 사회복지조직들이 모금의 과정을 통해 모금을 수행해야 하는 데 있어서 수행해야 할 과제는 사회복지조직의 투명성과 책무성 강화와 모금 인프라 구축을 위한 노력이 필요하다.

Case study

기업 및 개인 등 사회복지시설 기부자에 대한 감사 표현과 인정 사례(스롤라인)

- 영리기업 T회사의 지원으로 정신장애인 직업재활시설 '스롤라인'이 2호점을 개소하게 되어, 복지 TV 방영을 통한 기업 홍보 효과

스롤라인 2호점 '스롤라인 경리단'이 복지TV에 방영되었습니다!

31 3월 **스롤라인 2호점 '스롤라인 경리단'이 복지TV에 방영되었습니다!**

Posted at 10:35h in story by srolanh ■ 0 Likes ■ Share

스롤라인 2호점인 '스롤라인 경리단'카페가 **[복지TV 휴먼다큐 희망인 144회]** 에 방영되었어요~

텐마인즈의 사회공헌과 스롤라인의 가치를 아름다운 영상으로 만나볼 수 있습니다^^

함께 유튜브에서 감상해 보아요^^

• 스롤라인 개인 기부자에 대한 감사패 및 감사편지

출처 : 스롤라인 홈페이지.

토론주제

1. 모금과정에서의 윤리적 이슈와 관련된 사례 분석을 통해 사회복지조직의 투명성과 책무성을 강화하는 방안을 주제로 토론해 보자.
2. 잠재적 기부자들과의 관계 형성 및 증진 방안에 대해 논의해 보자.

| 참고문헌 |

강순화 · 이경진 · 안수경(2019). **사회복지행정실무의 이해**. 서울 : 신정.

강종수(2012). **사회복지행정의 이해**. 서울 : 학지사.

김제선 · 고강호 · 강석주 · 김재원 · 이규태(2017). **사회복지행정론**. 경기 : 양서원.

박용순 · 김성철 · 김세원 · 이명남(2010). **사회복지행정론**. 서울 : 창지사.

보건복지부(2020). 사회복지법인 및 사회복지시설 재무 · 회계 규칙.

_________(2021). 사회복지법인관리안내.

오석홍(2013). **행정학**. 서울 : 박영사.

원석조(2018). **사회복지행정**. 경기 : 양서원.

최상미 · 김아래미(2020). **사회복지행정론**. 서울 : 학지사.

홍현미라 · 정진경 · 이은정 · 심선경 · 김가율 · 함수연(2014). **사회복지행정론**. 경기 : 공동체.

황성철 · 정무성 · 강철희 · 최재성(2014). **사회복지행정론**. 경기 : 정민사.

Worth, M, J.(2013). *Nonprofit Management : Principles and Practice*(3rd ed.). CA : Sage.

CHAPTER 09

사회복지 정보관리체계

정보화시대 정보기술의 발전은 사회복지행정에도 큰 영향을 주고 있다. 사회복지기관의 모든 문서와 재무가 컴퓨터 프로그램으로 관리되고 있으며, 업무 연락이나 문서 교환은 이메일이나 메신저를 활용하고 기관의 홍보는 SNS(Social Network Service), 업무회의나 프로그램 제공에 영상회의가 확대되고 있다. 4차 산업혁명 시대로 가고 있는 현대 사회에서 정보시스템의 활용은 선택이 아닌 필수이며, 정보관리체계는 대량의 복잡한 정보를 신속히 효율적으로 활용하여 효과적 관리를 가능하게 해준다. 사회복지기관은 방대한 양의 정보를 수집하여 기록해 두어야 하고, 필요할 때 이를 정부 및 이사회, 클라이언트 등 다양한 이해당사자 등에게 제공해야 한다. 사회복지 분야에서 요구되는 정보관리 역량은 사회복지시설정보시스템 등 프로그램과 정보를 체계적으로 관리하는 기술을 요구한다. 이에 따라 적은 비용과 합리적 수준에서 그러한 요구를 감당할 수 있는 정보시스템에 대한 사회복지기관들의 관심도 높아지고 있다. 따라서 이 장에서는 사회복지기관의 정보관리체계에 대하여 살펴보고, 사회복지조직의 정보관리와 관련된 이슈에 대한 시사점을 살펴보고자 한다.

1. 정보관리체계의 개념 및 필요성

1) 정보관리체계의 개념 및 특징

사회복지정보란 사회복지 활동에서 생산되고 체계적으로 축적, 가공, 전달, 활용되는 제반 지식, 자료 또는 메시지이며, 이는 사회복지 공급자의 의사결정이나 클라이언트의 행동을 위해 사용될 수 있는 의미 있는 내용이다(한국복지행정학회, 2014). 그리고 이러한 정보관리(information management)는 조직의 효과적 운영을 위해, 정보의 획득, 조직, 통제, 전파, 사용, 저장 등에 관한 원칙을 정하는 활동을 뜻한다(Wilson, 2002).

정보관리체계(information management system)는 정보체계의 구조나 설계특성을 중심으로 하나의 실체화된 시스템으로서의 정보체계에 관심을 두는 설계지향적 개념과 정보체계의 이용 측면이나 사용자를 중심으로 정의하는 이용지향적 개념에 따라 다르게 정의된다(김제선 외, 2017). 먼저 정보관리체계의 설계지향적 개념은 조직의 운영과 관리에 필요한 자료를 저장, 검색하기 위한 여러 가지 절차, 방법, 조직, 소프트웨어, 하드웨어 등의 요소로 이루어진 시스템이다. 한편 정보관리체계의 이용지향적 개념은 조직의 의사결정자들에게 적절한 시기에 정보를 제공해 줌으로써 조직의 계획, 운영 및 통제기능을 지원해 주는 시스템이다. 이러한 측면에서 정보관리체계란 조직의 목표달성을 위해 개발된 정보통신기술을 이용하여 필요한 정보를 산출 및 제공하는 시스템으로 정의할 수 있다.

사회복지현장에서 정보는 조직, 실무자 등과 같은 주체와 이용자와 같은 의사결정과 업무지원과 지역주민들이나 클라이언트 등 복지서비스 이용자에게 도움이 되어야 하며, 가치가 있어야 한다(강순화 외, 2019). 국내 사회복지학계에서는 지난 1990년대 후반경 미국 등 일부 선진국들의 영향을 받아 어떻게 하면 정보화 및 정보기술을 활용하여 사회복지전달체계를 더 효율적이고 효과적으로 개선할 수 있는가에 관심을 가졌다. 이후 사회복지 분야에서는 사회복지전달체계와 관련된 조직, 인력 관리를 위한 대안과 장애인이나 노인과 같이 이동이 불편한 대상자들에 대한 원격진료나 원격교육 등의 정보기술을 통하여 더 많은 복지혜택을 지원할 수 있도록 하기 위한 정보기술의 활용이 주목받았다(김제선 외, 2017 재인용).

최근 COVID-19(코로나바이러스감염증-19)[1]의 발생으로 대면서비스의 어려움과 복지사각지대로 인한 사회복지서비스 대상자에 대한 비대면 화상서비스 상담 및 정보공유 등에 대한 이슈가 부각되고 있으며, 인권과 개인정보관리 등에 대한 중요성은 더욱 확대되고 있다.

사회복지조직의 정보관리 특징은 다음과 같다(심상용, 2017).

첫째, 사회복지정보는 사회복지활동 과정에서 생산되고 사회복지업무를 지원할 수 있는 정보다. 여기에는 정책적 업무, 관리적 업무, 임상적 업무, 일상적 업무가 포함된다. 사회복지정보는 그 자체가 목적이라기보다 수단적, 지원적, 이차적 기능을 갖는다.

둘째, 사회복지정보는 지식, 자료, 메시지 등 정보의 일반적 순환과정을 거친다.

셋째, 사회복지정보는 사회복지활동의 주체인 사회복지조직과 사회복지사 등 공급자 측은 물론 수요자인 클라이언트를 위해서도 사용될 수 있어야 한다.

넷째, 사회복지정보는 정보사용자의 의사결정이나 행동을 위해 의미가 있어야 하고, 의사결정이나 행동의 변화에 영향을 줄 수 있어야 한다.

2) 정보관리체계의 필요성

정보화시대를 넘어 4차 산업혁명 시대로 가는 시기에 있는 상황에서 사회복지조직은 많은 양의 정보를 획득하여 활용하고 있다. 현재 사회복지정보는 사회복지조직 내의 부서 · 계층 및 개인별로 발생되는 욕구와 조직의 외부에서 발생하는 문제를 해결하는 방안 수립, 당면과제의 추진과 목표달성을 위한 의사결정, 현재 상황에 대처하는 데 필요한 지식의 확보와 상황 인식, 판단, 결정, 대응, 예측 등 다

1 2019년 12월 중국 후베이성 우한시에서 발생하여 세계적으로 확산된 새로 발견된 신종 코로나바이러스에 의한 호흡기 감염질환

양한 목적을 위해 사용되고 있다. 사회복지조직에게 필요한 핵심 정보의 획득과 관리는 서비스 책임성과도 관련이 있으며, 사회복지조직에서 정보관리체계가 필요한 구체적인 이유는 다음과 같다(심상용, 2017).

① 사회복지조직의 활동은 정보관리가 요구되는 특징을 갖고 있다.

사회복지조직은 단편적인 현금지원보다는 서비스 제공을 주된 활동 영역으로 삼는다. 따라서 사회복지조직에서는 서비스 제공 활동과 관련된 기획, 실천 과정, 평가 등에 대한 기록이 중요하다. 나아가 클라이언트에 대한 자료의 기록, 분석, 보관도 중요하다.

② 정보관리체계는 사회복지조직의 책임성과 효과성 입증에 도움이 된다.

지역사회는 공적 자원을 활용해 서비스를 제공하는 사회복지조직의 활동에 대한 검증을 점점 더 요구하고 있다. 사회복지조직은 정보관리시스템을 통해 자신의 활동정보를 체계적으로 관리함으로써 이와 같은 요구에 부응할 수 있다.

③ 정보관리체계는 클라이언트가 정보자원의 성과를 활용하는 데 도움이 된다.

최근 민영화, 계약, 이용권 제도, 영리화 등으로 사회복지서비스의 분절화가 확대되고 있다. 정보관리체계는 서비스 정보에 대한 클라이언트의 통합적인 접근성 제고에 도움이 되고, 궁극적으로는 정보불평등과 정보양극화를 극복하는 데 유용한 자원으로 활용될 수 있다.

④ 정보관리체계는 사회복지조직 구성원들의 욕구를 충족시키는 데 도움이 된다.

조직구성원들은 클라이언트의 문제해결과 욕구 충족에 기여해 만족을 얻으려는 욕구를 갖고 있다. 정보관리체계는 효율적인 업무 수행을 지원함으로써 서비스 제공 활동의 성과를 극대화하는 데 기여한다.

⑤ 정보관리체계는 사회복지조직이 제공하는 서비스의 내용과 품질을 개선하는 데 기여한다.

적절한 정보관리체계는 조직이 제공하는 사회복지서비스를 평가하고 환류를 제공하는 데 필요한 체계적인 정보를 제공한다.

2. 정보관리체계의 기능 및 유형

1) 정보관리체계의 기능

사회복지조직의 정보관리체계는 조직구성원의 인지능력과 시간적 한계성을 극복하도록 도와주며, 대량의 복잡한 정보를 신속하고 효율적으로 활용하는 데 긍정적인 영향을 준다. 일반적인 정보관리체계의 기능은 다음과 같다(김제선 외, 2017 재인용).

① 자료의 거래 및 처리기능

기관에 입·출력되는 자료들을 거래관계별로 처리해 주며, 자료가 입력, 기록, 전달, 보고되는 과정들을 일괄적으로 처리할 수 있게 해준다. 전통적으로는 한 조직 내에서의 자료의 거래와 처리가 주된 관심이었으나, 네트워크의 급속한 발달로 인해 조직 간의 자료 거래와 처리에 컴퓨터 활용이 급증하고 있다.

② 자동화된 작업 기능

전산화된 시스템은 수동작업들을 작동화된 작업환경으로 바꾸어 주며, 그로 인해 비용 절감의 효과를 유발하고, 서비스 인력과 자원들을 보다 직접적인 서비스에 충실하게 해준다.

③ 정보 활용 기능

조직업무의 전산화를 바탕으로 다음과 같은 두 시스템을 통해 활용방안이 높아지게 된다. 경영정보시스템은 경영에 필요한 정보들을 자동적으로 제공하기 위한 시스템이며, 결정지원시스템은 경영에 관한 의사결정-행동을 뒷받침하기 위한 자료분석을 제공하는 시스템이다.

④ 사회-기술연계기능

휴먼서비스 조직들에서 컴퓨터의 행정관리에 의한 연계는 일종의 복잡한 사회기술체계를 의미한다. 따라서 사회-기술체계란 사람, 컴퓨터 관련 하드웨어와 소프트웨어, 자동화된 데이터베이스 분석 처리 등에서 주된 기능을 발휘한다.

⑤ 자료분석기능

통계적이고 수량화된 자료 분석이다. 자료분석은 주로 컴퓨터를 활용하여 이루어지는데 컴퓨터는 빠른 속도로 계산해 낼 수 있는 능력으로 인해 수량적인 자료분석이나 데이터베이스 분석 처리 등에서 주된 기능을 발휘한다.

⑥ 업무자의 개인용도 기능

데스크탑(desktop) 컴퓨터의 개념으로, 사용자들이 쓰기 간편한 운영체계 환경과 몇몇 사무용 프로그램들로 인해 더욱 친숙한 개념으로 활용된다. 스프레드시트, 워드프로세서, 개인자료 관리, 데스크탑 퍼블리싱, 캘린더-스케줄러, 컴퓨터 그래픽, 프로젝트 관리, 멀티미디어 프레이션, 자료 분석 등 그 용도는 매우 다양하다.

이러한 기능 중 사회복지조직에서의 정보관리체계는 재정자원의 관리와 같은 내부 운영의 통제 목적으로 쓰이고, 재정자원의 관리와 같은 내부 운영의 통제 목적을 위해 사용된다.

〈표 9-1〉 정보관리체계의 기능

기 능	내 용
자료의 거래 · 처리 기능	• 입력, 기록, 전달, 보고되는 과정의 일괄 처리
자동화된 작업기능	• 수동작업을 자동화된 작업환경으로 전환

정보활용 기능	• 경영 필요 정보 제공 • 자료분석능력 제공 → 의사결정
사회-기술 연계 기능	• 사람 - 컴퓨터 - 데이터 등의 상호 작용
자료분석 기능	• 통계화 · 수량화된 자료분석
개인 용도 기능	• 사무용 프로그램 제공

2) 사회복지정보의 유형

사회복지조직에서 필요로 하는 사회복지정보는 ① 지역사회정보(인구통계학적 정보, 사회적 · 경제적 특성에 관한 정보, 서비스를 제공받고 있는 대상자의 신원 확인 정보, 실질적인 서비스와 재원의 목록 등), ② 클라이언트 정보(클라이언트의 현재 문제, 개인력, 서비스 수혜 유형, 서비스 기간, 사회경제적 · 가족적 특성, 고용상태, 만족도 측정과 서비스 성과에 대한 정보 등), ③ 서비스 정보(사회복지조직이 제공하는 서비스의 단위, 클라이언트의 수와 서비스가 종결된 클라이언트의 수, 서비스와 관련된 활동에 대한 설명 등), ④ 직원 정보(사업수행에 참여한 시간, 원조를 제공한 클라이언트의 수, 서비스 제공의 양, 서비스의 차별성 등), ⑤ 자원할당정보(전체 비용, 특정 서비스의 비용, 예산 및 결산보고서 작성을 위해 필요한 정보 등) 등이 있다(황성철 외, 2014).

사회복지정보의 유형은 크게 클라이언트 정보체계, 조직 정보체계, 수행성과 정보체계로 구분된다(김영종, 2013; 박용순 외, 2010; 최성재 · 남기민, 2016; Gates, 1980; Lewis, 2001; Schoech, 1995). 이 세 가지 정보시스템들은 서로 연결되어 있으며, 수행성과 정보시스템은 클라이언트 정보시스템과 조직 정보시스템을 결합시켜 생성한다. 따라서 정보관리에서 각 시스템을 유기적으로 결합하여, 통합적 정보체계를 구축하는 것도 중요 과제다.

(1) 클라이언트 정보체계

클라이언트 정보체계는 클라이언트 및 클라이언트와 프로그램의 상호작용에 관한 정보의 생산 · 조직 · 보급과 관련된 정보를 말한다. 이는 클라이언트와 프로그램 간 상호작용 등의 정보를 생성하고, 조직하고, 보고하기 위한 것이다. 클라이언트 정보체계는 클라이언트의 사회복지서비스 이용과정의 활동들을 반영하여 '누구에게, 누가, 언제, 어느 정도로, 무엇을 했는지'에 초점을 맞춘다. 클라이언트가 사회복지시설에 등록하거나 사례관리 대상자가 발굴되는 시점부터 서비스 종료에 이르기까지 조직과정의 흐름의 단계는 일반적으로 다음과 같다.

① 서비스 대상자 확인

서비스의 잠재적 수요자 명단을 확인한다. 또한 다른 기관들에 의뢰하고 비공식적인 접촉을 하며 다양한 아웃리치(outreach)활동 등을 통해서 이용자를 확인한다.

② 초기면접(intake)

개인이나 가족에 관한 개인력의 자료를 검토하고 해결될 필요가 있는 문제에 관한 자료 등을 점검한다.

③ 서비스 이용 자격 여부의 결정

해당자의 프로그램에 대한 자격 여부를 판단하는 데 적합한 자료를 활용한다. 정부기관, 보험회사, 의뢰기관, 혹은 클라이언트 자신 등이 지불해야 하는가를 결정한다.

④ 사정(assessment)

문제, 욕구, 계획들 간의 관계에 대한 기록을 사정한다. 문제사정은 가끔 구술형식으로 하되, 반면에 치료계획, 개인적 혹은 사례의 목표들을 보다 구체적으로 기록한 자료를 통해 진단한다.

⑤ 서비스 제공

언제, 누구에 의해, 어떤 서비스가 제공되는지 등이다. 연결된 서비스들의 경우 그 과정에 대한 자료도 포함한다.

⑥ 서비스 제공 점검

활동계획과 실질적으로 제공된 서비스를 비교하여 사례를 모니터링한다.

⑦ 사례평가

사례 혹은 개인의 서비스 결과에 관한 정보를 평가한다. 그리고 케이스 종료 직전 혹은 종료 후에 발생되는 정보를 평가한다.

⑧ 사례종결

사례 종료의 시점과 이유에 관한 정보이다. 케이스 종료는 자발적 중단, 목표의 성공적인 성취 혹은 실패, 다른 지역으로의 이전 등과 같은 자료를 포함한다.

각 단계에서 얻어진 정보는 다른 단계들에서도 사용될 수 있어야 한다. 한 조직 내에서뿐만 아니라 다른 조직들에 이러한 정보가 전달될 수 있는 상황이라면, 조직 간의 정보공유와 연계까지도 가능하게 된다.

(2) 조직정보체계

조직정보체계는 사회복지 행정의 기획, 예산, 비용, 통제, 보고 등과 같은 기본적인 행정적 기능을 보조해 주는 역할을 한다. 조직정보체계에서 지원하는 전형적인 기능들은 조직의 욕구 조사, 시설 및 운영기획, 예산, 인사, 회계, 재정통제 등에 관한 정보다. 주로 조직의 관리층과 외부 재정지원기관들과 관련된 정보들을 수집하는 경우에 활용되고 있다. 조직정보체계에서 지원하는 전형적 기능들은 다음과 같다.

- 시설 및 운영에 관한 기획
- 예산
- 조사연구
- 직원 및 임금 대장
- 회계 및 비용통제
- 통계 보고 및 예측

조직정보체계는 '누가, 어떤 자금으로, 어떤 목적을 위해, 얼마나 사용했는가'에 초점을 두고 있다. 조직정보에서 재정관리의 지출항목은 인건비, 운영비, 임차료, 계약, 물품구입비, 사업비 등과 같이 기본 자료들로 구성되어 있다. 따라서 조직정보는 분류되고 산출되면서 집합적으로 이루어진다. 특히 조직운영과 관련한 다양한 자료들이 어떤 정보로 집계되고 제출되는가는 정보요구자의 입장에 의해서 대부분 결정된다.

(3) 수행성과 정보체계

수행성과 정보체계는 의사결정의 향상이나 프로그램의 생산성·효과성의 다양한 측면을 평가하는 데 필요한 정보다. 수행성과 정보체계는 클라이언트정보와 조직정보를 결합함으로써 얻을 수 있다. 사회복지조직 환경에서는 상부나 외부로부터 보고의 내용이나 형식에 관한 욕구가 수시로 변하고, 새로운 프로그램이나 서비스들도 계속해서 더해지거나 감해지고 있다.

이러한 환경에서 사회복지기관은 조직의 수행성과를 지속해서 내·외부에 확인시키는 과업 비중이 커질 수밖에 없다. 수행성과에 대한 이러한 요구들을 기관이 처리하기 수월하게 만드는 것에 수행성과 정보시스템의 목적이 있다. 수행성과 정보체계가 다루는 정보들은 크게 기획과 평가라는 두 가지 목적으로 구분될 수 있다.

- 기획 정보 : 기획 정보는 조직의 장기적 계획을 수립하는 데 필요한 정보들로서, 장기간에 걸친 데이터의 축적이 필요하다. 기획 기간 내에 욕구를 가진 인구(표적 인구)와 서비스 인구(클라이언트 인구)를 예측하는 데 필요한 정보가 이에 속한다. 예를 들어, 지역사회조사, 서비스 이용자기록 등에 관한 자료들이 활용되고 있다. 그리고 기획 정보는 자원, 비용 등 기관의 서비스 역량에 관한 정보도 포함하고 있다. 예상되는 서비스 인구에 대한 자원과 비용의 문제를 제시해 줄 수 있는 것이 필요하기 때문이다. 예를 들어, 케이스 부담률에 대한 예상, 인력과 시설비용, 서비스와 물품 구입비증을 계측하는 정보가 제시될 수 있다.

• 평가 정보 : 평가 정보는 서비스 성과와 비용에 관한 정보들이다. 예를 들어, 서비스 효율성과 관련한 서비스 단위당 비용의 적절성 문제, 업무자의 전문성과 기술력에 관한 정보, 이용자 만족도, 사회복지사와 클라이언트의 상호작용 과정에 대한 정보 등이 해당된다. 서비스 이용자들은 복수의 문제와 욕구들을 소유하고 있을 가능성이 높으며, 이들은 각기 다른 여러 기관들의 서비스를 이용하는 것이 일반적이다. 서비스 효과성을 평가하기 위해서는 자신의 기관에서 제공한 서비스 정보뿐만 아니라, 클라이언트가 이용한 다른 기관들에서의 다양한 서비스 경력에 관한 정보들도 요구된다. 단, 이를 위해서는 다른 기관이나 프로그램들과 정보체계의 호환성과 통합성이 필요하다. 이때 개인정보가 침해되지 않도록 세심한 주의가 요구된다.

3. 정보관리체계와 관련된 이슈

1) 정보화 관리 시 고려 사항

사회복지조직에서 정보화를 할 때에 고려할 사항은 다음과 같다(최상미 · 김아래미, 2020).

첫째, 수요자 중심의 정보화가 필요하다. 수요자가 필요로 하는 정보는 이용자, 제공자, 자원봉사자 등이 포함된다.

둘째, 온라인과 오프라인상에서 사회서비스를 연계해야 한다. 홈페이지나 SNS 관리가 필요하다.

셋째, 이용자와 제공자의 정보를 보호해야 한다. 이용자 정보의 경우 원조목적의 전문가에 대해서만 정보를 공유하는 것이 필요하다.

넷째, 사회서비스 영역별 정보 연계가 필요하다. 현재 노인, 아동, 장애인, 저소득 가정 등 이용자별로 서비스 전달체계가 구성되어 정보시스템이 구축되어 운영되고 있는데, 이러한 정보의 분절성은 서비스 전달체계의 비효율성을 초래할 가능성이 크다. 예를 들어, 정신장애인이면서 저소득인 이용자는 정신건강복지 서비스나 저소득 관련 서비스를 이용하기 위하여 두 번 사정해야 하는 상황에 놓일 수 있다. 또한 제공자 간 정보 공유가 어려워서 서비스 중복이나 누락의 문제가 발생할 수 있다.

다섯째, 정보의 접근성을 강화해야 한다. 디지털기술 변화와 코로나19 상황 등으로 일상생활을 크게 변화시키면서 사회복지 영역에서도 온라인상의 서비스 전달체계가 확대되고 있다. 그러나 노인이나 장애인층의 경우 정보 접근성이 낮아질 우려가 있으므로 정보 취약계층의 정보 접근성을 높이는 방안을 고려해야 한다.

2) 정보관리체계와 개인정보보호

(1) 개인정보보호 개요

사회복지정보체계는 사회복지서비스 제공자들에게 사용자 이름, 주소, 성향, 특성 등 개인정보를 공유하는 데 용이하도록 하며, 사회복지현장에 긍정적 영향을 주고 있다. 그러나 최근 사회복지기관에서 관리하는 정보의 양이 많아지고 다양한 정보를 활용할 수 있게 되면서, 사회복지 서비스 이용자들의 개인정보 침해의 위험성을 증가시키면서 역기능 또한 심화되고 있다. 이에 2011년 9월 30일 개인정보보호법이 개정·시행되면서 개인정보 수집 이용 등 처리절차, 정보 주체 및 개인정보처리자 등에 대한 규제가 강화되었다.

〈표 9-2〉 개인정보보호 대상 정보

ㅇ 개인정보 : 생존하는 개인에 관한 정보로서 당해 정보에 포함되어 있는 성명, 주민등록번호 및 영상 등의 사항에 의하여 당해 개인을 식별할 수 있는 정보 – 당해 정보만으로는 특정 개인을 식별할 수 없더라도 다른 정보와 용이하게 결합하여 식별할 수 있는 것을 포함 • 생활 가족관계 : 성명, 주민등록번호, 주소, 가족관계 등 • 심신상태 : 건강상태, 질병, 장애, 병력, 신체적 특징 등 • 사회 경제관계 : 학력, 직업, 소득, 재산 등

출처 : 사회보장원 홈페이지.

사회복지 분야에서도 사회보장기본법, 사회복지사업법, 「사회보장급여 이용·제공 및 수급권자 발굴에 관한 법률」 등에서 클라이언트 등의 개인정보를 보호하도록 강화되었다. 개인정보보호법의 규율대상이 350만 개 모든 공공기관과 사업자를 대상으로 확대되며 적용대상은 공공기관뿐만 아니라 비영리 단체 등 민간기관까지 적용 범위가 확대되었다. 개인정보보호법은 일반법이므로 다른 법률에 특별한 규정이 있는 경우를 제외하고는 이 법을 적용한다. 사회복지 관련 법령에 따른 사회복지 자원봉사활동 등을 위한 개인정보 수집·열람·제공은 사회복지 관련 법령이 우선 적용된다. 사회복지 관련 법령에 규정되어 있지 않은 사항은 개인정보보호법에 따라 처리한다. 영상정보처리 기기 설치 운영 제한, 유통 통지제, 집단분쟁 조정제, 권리침해중지 단체소송 등은 사회복지 관련 법령 수범자에게도 모두 적용된다.

(2) 개인정보보호 내용 및 준수사항

① 개인정보의 수집·이용

개인의 동의를 받아야 정보 수집·이용이 가능한 경우는 다음과 같다. 첫째, 14세 미만의 아동은 법정대리인의 동의가 필요하다. 법정대리인의 동의를 받기 위한 필요 최소한의 정보는 해당 아동으로부터 직접 수집할 수 있고, 수집하는 개인정보 처리자의 신분과 연락처, 법정대리인의 성명과 연락처를 수집하고자 하는 이유를 해당 아동에게 고지해야 한다. 둘째, 홈페이지 회원 개인정보 수집 시 정보 주체의 동의가 필요하다. 온라인 가입 시에는 정보 주체의 동의가 필요하며, 정보 주체의 홍보를 위한 경우에는 반드시 별도의 동의가 필요하다. 홈페이지 회원정보로 주민등록번호는 수집하지 않도록 해야 하며, 건강정보와 민감한 정보 수집 시에는 별도의 동의가 필요하다. 개인정보동의서의 예시는 〈표 9-3〉과 같다.

〈표 9-3〉 개인정보 수집 및 이용 동의서 예시

서비스이용자의 등록 및 서비스 이용에 관한 개인정보 수집 및 이용 동의서

본 복지시설에서는 회원의 등록 및 서비스 이용과 관련하여

1) 취득한 개인정보에 대해서 "개인정보보호법"에 명기된 개인정보보호규정을 준수하며 정보제공자의 권익을 보호하고자 노력하고 있습니다.
2) 아래의 개인정보 및 민감정보의 수집 · 이용에 대한 내용을 자세히 읽어보신 후 동의 여부를 결정하여 주시기 바랍니다.

개인정보 수집 항목 및 이용목적 등

수집 · 이용하려는 개인정보의 항목	수집 · 이용 목적	보유 및 이용기간
이름, 성별, 나이, 전화번호(집전화 또는 휴대전화번호), 주소, 학력, 종교, 의료보장형태, 장애등록여부, 경제상황, 상담 및 서비스 등 내용	• 회원의 등록, 서비스 이용 및 사회복귀 훈련 지원 • 회원의 사회복귀를 위한 당사자, 가족, 주치의, 관련자 또는 기관과의 의사소통 • 시설운영상의 프로그램 기록, 보고업무, 시설평가, 사회복지시설정보시스템 이용, 정신건강정보관리시스템(MHIS) 이용 등의 행정처리	• 정신건강사업안내에 명시된 "정신재활시설의 장부비치 및 관리"의 내용을 준수합니다. • 이용자의 명단, 생활상태, 진료 · 투약, 생활 · 취업훈련 내용에 관한 서류 : 10년

※ 위와 같이 개인정보를 수입 · 이용하는 데 동의를 거부할 권리가 있습니다. 그러나 동의를 거부할 경우 일부 서비스를 제공받으실 수 없습니다.

※ 만 14세 미만 아동 또는 법적 의사결정 능력이 없는 자의 경우 반드시 법적 대리인의 동의가 필요합니다.

❍ 위와 같이 개인정보를 수집 · 이용하는 데 동의하십니까? 동의 ☐ / 미동의 ☐

민감정보의 수입 및 이용목적 등

수집 · 이용하려는 민감정보의 항목	수집 · 이용 목적	보유 및 이용기간
병력, 입원력, 가족력, 치료약물 등	• 회원의 등록, 서비스 이용 및 사회복귀 훈련 지원 • 시설운영상의 프로그램 기록, 보고업무, 시설평가, 사회복지시설정보시스템 이용, 정신건강정보관리시스템(MHIS) 이용 등의 행정처리	• 정신건강사업안내에 명시된 "정신재활시설의 장부비치 및 관리"의 내용을 준수합니다. • 이용자의 명단, 생활상태, 진료 · 투약, 생활 · 취업훈련 내용에 관한 서류 : 10년

※ 위와 같이 개인정보를 수집 · 이용하는 데 동의를 거부할 권리가 있습니다. 그러나 동의를 거부할 경우 일부 서비스를 제공받으실 수 없습니다.

※ 만 14세 미만 아동 또는 법적 의사결정 능력이 없는 자의 경우 반드시 법적 대리인의 동의가 필요합니다.

❍ 위와 같이 개인정보를 수집 · 이용하는 데 동의하십니까? 동의 ☐ / 미동의 ☐

※ 본 기관은 개인정보보호법 제25조의 범죄예방, 시설 안전 및 화재예방을 위해서 건물출입구, 테라스, 흡연실 등 일부 공간에 영상정보처리기기를 설치하고 있습니다. 이는 설치 목적과는 다르게 사용되지 않으며 개인정보보호법을 준수합니다.

본인은 위의 개인정보 수집 및 이용목적 등의 내용을 숙지하였으며, 이에 동의합니다.

년　　　월　　　일

동의인 :　　　　　　(서명/ 인)

② 개인정보 제3자 제공

정보 주체의 동의를 받아 제3자에게 제공해야 한다. 그리고 제3자 정보를 제공하기 위해 이용자에게 알려야 하는 사항은 제공받는 자, 제공받는 자의 개인정보 이용목적, 제공하는 개인정보 항목, 제공받는 자의 개인정보 보유 및 이용기간, 동의거부 권리 및 동의 거부에 따른 불이익이 있는 경우 그 내용 등이다. 주로 클라이언트가 사회복지시설 등 기관 등록을 통해 서비스를 이용하거나, 사례관리 초기 면담 시 개인정보 수집에 대한 동의를 미리 받아야 한다. 주의할 점은 업무상 알게 된 개인정보 누설 또는 권한 없이 다른 사람이 이용하도록 제공하는 행위는 금지된다는 점이다.

③ 개인정보의 위탁관리

개인정보처리 위탁 시 문서화에 포함되어야 할 내용은 위탁업무 목적 외 개인정보 처리금지에 관한 사항, 개인정보의 기술적·관리적 보호조치에 관한 사항, 위탁업무의 목적 및 범위, 재위탁 제한에 관한 사항, 개인정보에 대한 접근 제한 등 안전성 확보조치에 관한 사항, 위탁업무 관련 개인정보의 관리현황 점검 등 감독에 관한 사항, 수탁자가 준수하여야 할 의무 위반 시 손해배상 등 책임에 관한 사항 등이다. 개인정보처리를 위탁할 때는 그 사실을 인터넷 홈페이지 및 사업장 등 보기 쉬운 장소에 게시해야 하며 위탁에 대한 관리 감독 시 개인정보 분실, 도난, 유출, 변조, 훼손되지 않도록 수탁자가 개인정보보호법을 위반하여 손해배상 책임이 있는 경우 개인정보처리자(위탁자)의 소속직원으로 간주한다.

④ 개인정보의 안전한 관리

안전성 확보에 필요한 관리적·기술적·물리적 조치를 하여야 한다. 관리적 조치는 내부관리계획 및 시행 등이다. 기술적 조치는 접근권한의 관리, 비밀번호 관리, 접근통제시스템 설치 및 운영, 개인정보 암호화, 접속기록의 보관 및 위·변조 방지, 보안 프로그램의 설치 및 운영 등이다. 물리적 조치는 개인정보의 안전한 보관을 위한 보관시설, 잠금장치 설치 등이다.

그리고 내부관리 계획을 수립하고 시행해야 하는데, 이때 포함되어야 할 내용은 개인정보 보호책임자의 지정에 관한 사항, 개인정보 보호 책임자 및 개인정보 취급자의 역할 및 책임에 관한 사항, 개인정보의 안전성 확보에 관한 사항, 개인 정보취급자에 대한 교육에 관한 사항, 그 밖에 개인정보보호를 위하여 필요한 사항 등이다.

접근권한 관리에서는 업무별 사용자 그룹별 접근권한 설정, 접근권한 부여, 변경, 말소 내역 기록 등이 포함되어야 한다. 비밀번호 관리는 안전한 비밀번호의 작성규칙을 수립 및 적용하고 비밀번호 분실 시 SMS 등 본인확인 절차로 비밀번호를 재설정해야 한다.

⑤ 개인정보의 파기

개인정보의 파기 대상은 개인정보의 수집·이용 목적이 달성된 경우, 개인정보의 보유 및 이용 기간이 끝난 경우, 이용자가 동의를 철회한 경우, 사회복지시설 사업을 폐업한 경우 등이다. 파기방법으로 개인정보가 기록된 출력물, 서면 등은 파쇄 또는 소각해야 하며, 전자적 파일 형태는 복원할 수 없도록 영구 삭제하는 방법이 있다. 사회복지기관에서 보존 기간 이후에도 개인정보 파기를 하지 않아서 발생할 수 있는 개인정보 침해사례는 다음과 같다.

〈표 9-4〉 개인정보를 미파기하여 발생할 수 있는 개인정보 침해사례

복지시설 이용자 정보 문서 무단 방치	복지시설 이용자의 개인정보가 기재되어 있는 대량의 문서가 박스에 담겨 무단으로 적치되어 있음. 문서에는 이용자 이름, 전화번호, 과거병력 등이 포함
복지관 이용자의 개인정보가 포함된 문서 이면지 활용	복지관에서 상담한 후 주의사항이 적힌 서류를 받음. 그런데 그 서류 뒷면을 보니 다른 복지관 이용자의 이름, 추천인, 전화번호, 주민등록번호 앞자리 정보가 있는 서류를 이면지로 사용
복지시설 홈페이지 게시자 개인정보 미파기	홈페이지 게시판에 게시글을 등록하는 경우 게시자의 개인정보를 5년간 보유한다고 규정하고 있음에도 불구하고 등록 이후 5년이 경과하여도 게시자의 개인정보를 파기하고 있지 않음

4. 사회복지조직의 정보관리시스템

1) 사회복지시설의 업무 전자화

사회복지정보관리시스템이란 조직의 목표달성을 위해 개발된 정보자원을 활용해 각종 정보를 산출 및 제공하는 시스템으로 정의된다. 정부는 2010년부터 사회복지시설 업무의 전자화를 시행하고 있다. 사회보장정보원에서 주관하여, 사회보장정보시스템, 사회복지시설정보시스템, 사회서비스 전자바우처, 보육통합정보시스템, 지역보건의료정보시스템 등을 운영하고 있다. 주요 대상으로는 보건복지부 소관 사회복지시설과 한부모 가족, 성매매, 성폭력, 가정폭력시설 등 여성가족부 소관시설이 적용되고 있다. 사회복지시설 업무 전자화 체계 구축은 사회복지서비스의 전달에 있어서 조직 간 연계관계를 형성하고 자원의 효율적 이용을 극대화함으로써 클라이언트의 복합적 욕구를 효과적으로 충족한다는 측면에서 필요성을 지닌다.

2) 사회복지 관련 시스템의 소개

(1) 사회보장정보시스템(행복e음)

사회보장정보시스템(행복e음)이란 사회보장기본법 제37조 제2항 규정에 의거하여 정부 각 부처에서 분산되어 운영되고 있는 복지사업과 사회보장수급권자 선정 및 급여 관리 등에 관한 정보를 통합 · 연계하여 처리 · 기록 및 관리하는 시스템이다. 지방자치단체의 복지업무 처리를 지원하기 위해 기존 시 · 군 · 구별 새올 행정시스템의 31개 업무 지원시스템 중 복지 분야를 분리하여 개인별, 가구별 DB로 중앙에 통합 구축한 것이 특징이며, 5개 부처의 기초연금, 영유아보육, 기초생활보장 등 120개 복지사업에 대한 정보가 포함되어 있다. 사회보장정보의 시스템 구성도는 다음과 같다.

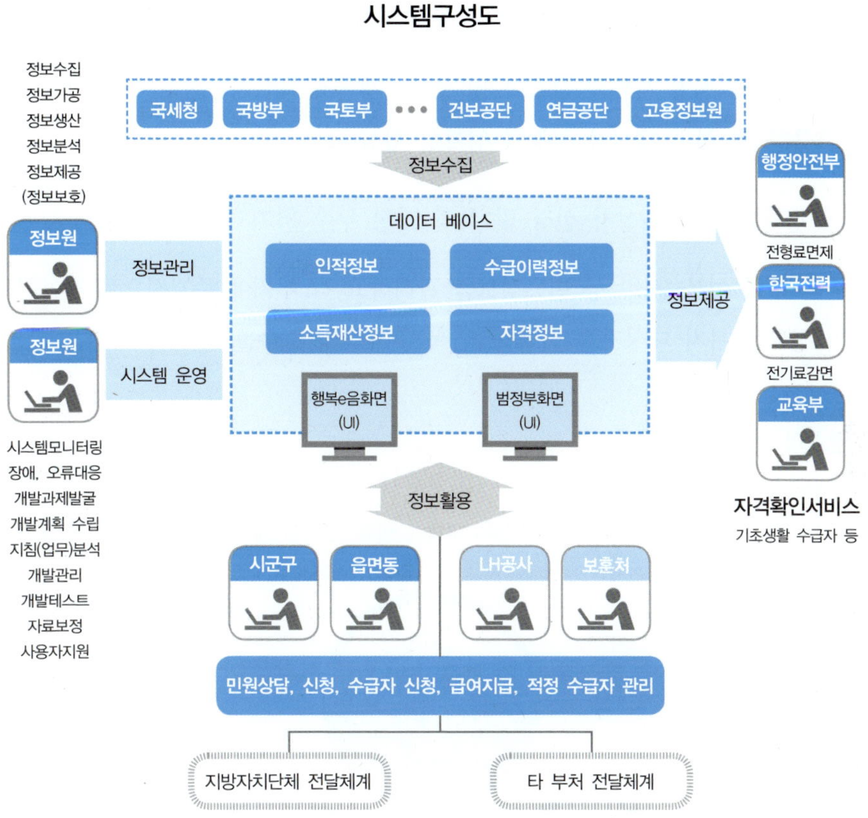

|그림 9-1| 사회보장정보시스템(행복e음) 구성도

출처 : 한국사회보장정보원 홈페이지.

사회보장정보시스템(행복e음)은 수급자 선정의 정확성 제고 및 담당공무원의 업무수행 편의성을 제고시킨다. 사회보장정보시스템(행복e음)의 운영의 효과는 다음과 같다.

① 수요자 중심의 맞춤형 복지서비스 제공

복지 · 보건 · 일자리 · 교육 · 돌봄 · 주거 등 각 부처 및 지방자치단체 복지서비스를 수요자의 생애주기별, 욕구별 맞춤형으로 제공

② 지방자치단체 및 각 부처 복지 행정업무의 효율화

복지서비스 신청 서류의 간소화 및 소득 · 재산조사의 자동화로 복지 행정업무의 효율화 및 복지 대상자 선정의 정확성 향상

③ 정확한 복지 대상자 선정 및 복지 재정 누수 방지

중복 수급 여부, 사망 등 변동정보를 관리하고 각 부처에 주기적으로 제공함으로써 정확한 복지 대상자를 선정하고, 복지 재정의 누수를 방지

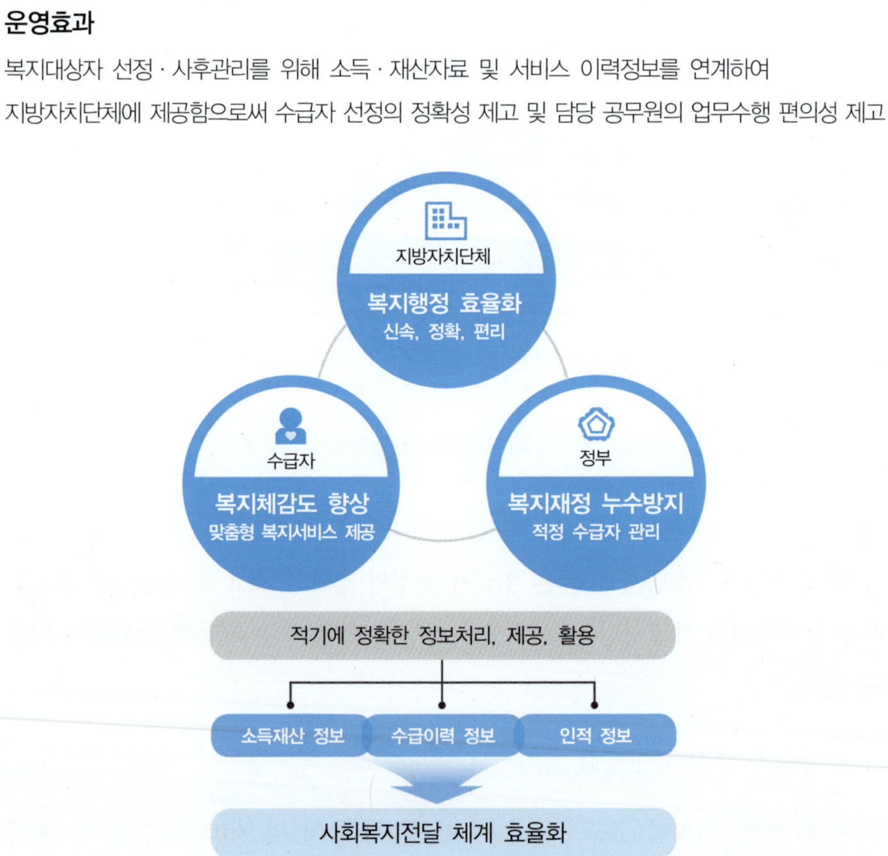

|그림 9-2| 사회보장정보시스템(행복e음) 운영효과

출처 : 한국사회보장정보원 홈페이지.

이러한 사회보장정보시스템(행복e음)의 운영효과에도 불구하고 복지서비스 대상자의 증가, 복지서비스의 변화 등을 시스템이 따라가지 못하는 어려움이 존재한다. 그런데도 그동안 사회보장 및 서비스와 관련한 정책 경험과 이를 바탕으로 축적된 광범위한 정보는 빅데이터 분석에 필요한 기술적 역량 증대에 힘입어 상기의 도전에 대응하기 위한 하나의 대안점을 가능하게 하고 있다. 빅데이터에 기반한 정책 수요의 예측과 사회적 위험에 대한 선제적 대응책의 모색은 한정된 예산의 효율적 배분과 정책 성과를 높이는 데 기여할 수 있다는 점에서 많은 관심을 모으고 있다. 특히 한국은 사회보장과 관련한 자료의 축적과 관련한 행정 인프라가 우수하고 축적된 정책 관련 데이터 또한 상당하다는 점에서 큰 가능성을 지니고 있다(노법래 외, 2020).

이러한 측면에서 보건복지부는 '차세대 사회복지스템' 구축을 추진하고 있다. 차세대 사회보장정보시스템의 구축전략은 다음과 같다(최상미 · 김아래미, 2020). 첫째, 국민에게 필요한 서비스를 찾아서 맞춤형 서비스를 안내할 계획이다. 공무원의 직권신청을 활성화함으로써 신청주의의 완화가 기대된다. 둘째, 공공과 민간이 협력을 가능하게 하여 사람 중심의 통합서비스를 제공한다. 공통사례관리 플랫폼, 사회서비스 종합시스템, 사회보장자원 통합 틀을 구축하여, 업무협력과 자원공유를 가능하게 할 계획이다. 셋째, 일선 복지현장을 도와주는 스마트 시스템을 구축하여 업무 효율성을 높인다. 넷째, 사회보장 정보를 도와주는 스마트 시스템을 구축하여 업무 효율성을 높인다. 다섯째, 사회보장정보를 활용하여 빅데이터 기반 정책 결정 지원시스템을 구축한다. 여섯째, 미래 환경변화에 유연한 시스템을 구축하여, 편리하고 안정적인 시스템으로 변화시킬 계획이다.

(2) 사회복지시설정보시스템

사회복지시설정보시스템은 사회복지시설 업무의 표준화, 투명화 및 사회복지업무의 전자화를 위한 사회복지시설 통합업무관리시스템이다. 회계, 관리, 세무, 고객관리, 시군구 보고, 이력, 후원 등 고객관리의 서비스를 제공하며, 다양한 서비스를 쉽게 검색할 수 있다. 사회복지시설 제반 업무의 간소화를 통해 시설관리 업무의 표준화와 편의성 증진, 보조금 집행의 투명성을 높이고 있는 사회복지시설정보시스템의 발달 배경은 다음과 같다.

① 공공 영역과 민간 영역 간의 연계망 취약

- 서비스의 중복, 누락, 지연 등의 부작용 발생

② 2007년 전국적으로 장기요양보험 서비스 시행 후 민간 개인시설의 급속적인 증가

- 사회복지시설의 운영체계, 업무, 행정의 혼선, 시스템의 미활용, 오류 발생
- 사회복지서비스의 질 저하
- 사회복지시설정보시스템의 활용에 대한 사용자들의 오류 발생
- 투명성, 신뢰성, 시설 종사자들의 업무 만족도 저하

③ 사회복지법인 회계의 수작업

- 사회복지시설의 투명성, 신뢰성 저하
- 사용자들의 만족도, 업무 효율성 저하

④ 개인시설의 증가

- 사회복지시설의 공공성과 질 향상의 필요성 증진

⑤ 시스템 활용을 위한 전문교육 부족

사회복지시설정보시스템은 2009년 6월 국가복지정보시스템으로 시작하여, 사회

복지시설정보시스템으로 이름을 변경하고, 시설의 사용 의무화를 실시하였다. 그리고 web을 활용한 종합정보체계 구축 사회복지시설 정보시스템으로 발전하였다.

사회복지시설정보시스템은 다음의 목적을 가지고 도입되었다. 첫째, 사회복지시설 업무의 표준화이다. 아동시설, 노인시설, 장애인시설, 부랑인시설, 정신요양시설, 모·부자 시설의 내부 관리업무 분석 및 단일 표준화를 통해, 시설의 종별에 관계없이 모든 생활시설 및 이용시설에서 공통으로 사용 가능하다. 둘째, 업무처리 간소화와 효율화이다. 한 시설 내 수기문서 관리 및 복잡한 업무처리를 간소화하고, 시스템 내 모든 업무가 연결성을 갖고 처리되어 업무의 중복을 방지한다. 또한 과거의 자료 조회의 간편성 제공, 필요한 통계자료 산출의 자동 수행을 가능하게 한다. 셋째, 외부 제출자료 작성의 편의성이다. 표준화된 사회복지시설정보시스템은 외부 제출자료 작성의 편의성을 증진시키고, 기본적이고 다양한 감사자료 및 사용자의 목적에 맞게 다양한 별지서식(세입세출명세현금 및 예금명세서 등)을 제공한다. 넷째, web기반 시스템으로서의 기능을 수행한다. 처음 이용 시, 별도의 시스템 설치가 필요 없으며, 인터넷에 접속하여 시설코드, 아이디, 비밀번호를 입력하여 사용한다. 인터넷 기반으로 출장지나 퇴근 후에도 시스템에 접근하여 사용 가능하며, 국가 IDC의 철저한 보안체계 속에 백업시스템이 24시간 가동되고 있다. 사회복지시설정보시스템의 시스템 구성도는 |그림 9-3|과 같다.

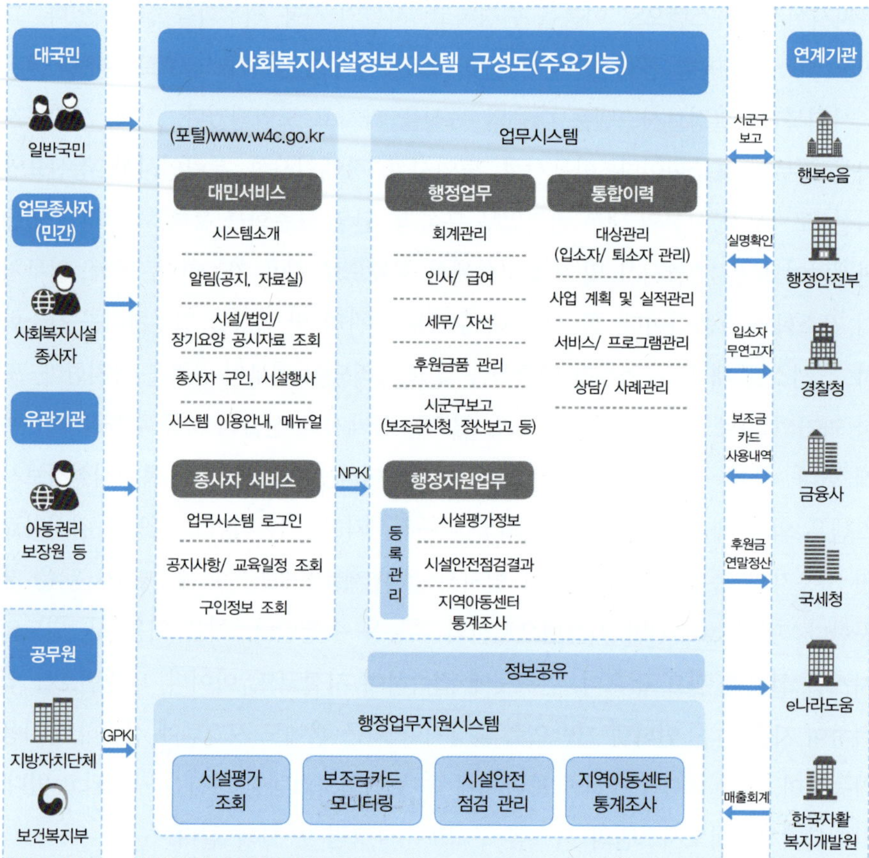

|그림 9-3| 사회복지시설정보시스템

출처 : 한국사회보장정보원 홈페이지.

〈표 9-5〉 사회복지시설정보시스템의 주요 기능

1) 회계
전표의 입 · 출력, 검색, 보고서 출력 거래내역 관리(지출결의서, 수입결의서 등) 예산 관리 및 예산실적/ 잔액 관리 인사 · 급여 · 자산 관리 임 · 직원의 인사관리/ 근태관리

임 · 직원의 급여관리/ 퇴직적립금관리
비품 · 소모품 등 자산관리

2) 세무

원천세 관리
사업소득, 기타소득 관리
각종 세무자료 출력 지원

3) 후원관리

후원자 등록, 후원금 입력, 영수증 발행 등
후원자 및 결연자 정보 관리
후원금 입금/ 지급 관리 및 CMS

4) 이력

서비스종별 서비스 이력관리 기능
생활자(이용자)등록, 검색, 입 · 퇴소의 정보 관리 등
대상자관리, 상담관리, 일지관리, 프로그램관리, 급식관리 등의 상세정보 관리

5) 시 · 군 · 구 보고

사회복지시설 소관 시 · 군 · 구로 문서 보고
사회복지시설 보조금 교부금 신청 및 정산보고, 정기/ 수시 보고
예산서, 추경예산서 작성 및 세입세출 결산 보고 등

사회복지시설정보시스템의 성과와 의의는 다음과 같다. 첫째, 사회보장정보망을 통해 복지 사각지대에 놓인 대상자 발굴을 강화하여 더욱 촘촘한 사회보장망을 실현했다. 둘째, 정부 부처, 지방자치단체, 사회서비스 제공기관, 어린이집, 사회복지시설, 보건기관 등에 실시간 정보를 제공하여 복지 행정의 효율을 높였다. 부적정 수급방지를 통한 복지재정을 절감하고, 공적 자료, 금융재산, 업무처리, 소요일자 단축을 통해 복지 행정 정확성 및 신속성을 향상했다. 셋째, 수요자 중심의 국

민 맞춤형 복지 실현에 기여했다. 보건복지부 외 타 부처 복지사업에 대한 복지업무 처리 지원을 통해 임대주택사업, 국가장학금 등 국민이 필요한 혜택을 맞춤형으로 제공하고 있다. 넷째, 구축된 데이터를 기반으로 효과적인 사회복지 정책수립 지원과 대국민 시설이용 편의성을 증대했다. 사회보장 정보의 전산화로 사회보장 선진화를 통한 국민의 삶의 질을 향상하기 위해 노력하고 있다.

반면 사회복지시설정보시스템의 개선과제로는 사회복지시설정보시스템의 핵심 기능 및 역할을 토대로 성과지표 구성 및 관리가 필요하며, 사회복지시설정보시스템을 기획 및 보완하면서 민관의 긴밀한 협력과 의견반영 통로를 구축하여야 할 것이다.

이 밖에도 사회보장정보원은 사회복지 급여 및 서비스 지원 대상자의 자격과 이력에 관한 정보를 통합 관리하고, 지방자치단체의 복지업무 처리를 지원하기 위해서 다양한 시스템을 운영하고 있다(한국사회보장정보원).

첫째, 지역보건의료정보시스템은 전국 약 3,500여 개 보건기관(보건의료원, 보건소/지소, 보건진료소)의 업무를 통합 운영하도록 구축한 정보시스템이다. 정보화를 통해 보건기관의 업무를 효율화하고 국민 모두에게 언제, 어디서나 질 높은 의료 및 보건서비스를 편리하게 제공하도록 지원함으로써 국민 건강증진에 기여하고 있다.

둘째, 사회서비스전자바우처 시스템은 돌봄, 일상생활 지원, 사회적응지원, 문화체험 등 정부와 지방자치단체의 사회서비스에 대한 신청, 이용, 비용 지불정산 등의 전 과정을 전산으로 처리하는 수단을 의미한다.

셋째, 보육통합정보시스템은 전국 어린이집 원장, 보건복지부 · 지방자치단체 보육담당자, 유관기관 업무담당자, 보육교사가 사용하고 있다. 주요 서비스로 아동관리, 교직원관리, 설치운영정보관리, 보육서비스 이용 및 국민행복카드 결제 기능과 지방자치단체 인허가 및 보조금 승인, 지도 점검의 서비스를 제공하고 있다. 또한 대국민 지원서비스로 어린이집 찾기, 국민행복카드 신청 및 보육료 결제의 서비스가 가능하다.

넷째, 취약노인지원시스템은 독거노인 장애인 가정에 화재 가스사고 등의 발생 시 신속하게 대처할 수 있도록 응급상황 모니터링, 안전 확인 및 대응조치 등 독거노인 장애인의 안전생활을 지원하기 위한 운영시스템이다. 주요 서비스는 취약 노인 가정에 설치된 장비를 통해 응급상황을 감지하여 관할 소방서에 응급상황 정보를 연계하고, 관할 지역센터는 응급상황에 대한 모니터링과 댁내장비 설치 점검을 관리하고 있다.

다섯째, 노인맞춤돌봄시스템은 만 65세 노인 등에게 적절한 돌봄서비스를 맞춤형으로 안정적으로 제공하기 위해 방문조사와 대상자 자격 결정, 서비스 등을 제공하는 시스템이다. 주요 서비스는 대상자의 방문조사(선정조사, 서비스 제공 계획 수립) 결과에 따라 자격(일반, 중점)을 승인요청하고 서비스를 제공하기 위해 제공인력(생활지원사) 등을 대상자에게 연결하여 적절한 서비스를 제공 및 실적관리를 제공한다.

이 밖에 복지로를 통한 복지서비스 정보를 제공하고 있으며, 공공보건 포털을 통하여 보건 관련 정보 및 서비스를 종합적으로 제공하고 있다. 이를 통하여 건강정보 제공 및 온라인 제증명 발급, 검사결과 조회 등 대국민 편의성 증진을 위한 보건의료서비스를 제공한다.

사회복지조직의 운영에 정보시스템의 운영은 불필요한 자원의 낭비를 방지하고, 업무를 효율적으로 수행함으로써 업무성과를 제고하며, 서비스의 질을 향상시키는 효과가 있다. 그러나 사회복지조직도 개인정보보호 법령에 적용을 받으므로 조직 내 종사자와 이용자, 이용자 가족 등의 정보를 보호할 수 있는 체계를 구축하여 시행하는 것이 필요하다.

Chapter summary

정보관리체계란 조직의 목표달성을 위해 개발된 정보통신기술을 이용하여 필요한 정보를 산출 및 제공하는 시스템으로 정의할 수 있다. 사회복지조직에서 정보관리체계가 필요한 이유로는 무형의 복지서비스 제공, 조직의 책임성과 효과성 입증, 정보자원의 성과 활용, 사회복지 구성원의 욕구 충족, 복지서비스의 내용과 품질 개선 등이 있다.

사회복지조직의 정보관리체계는 조직구성원의 인지능력과 시간적 한계성을 극복하도록 도와주며, 대량의 복잡한 정보를 신속하고 효율적으로 활용하는 데 긍정적인 영향을 준다. 정보관리체계의 기능은 자료의 거래 및 처리기능, 자동화된 작업 기능, 정보활용 기능, 사회-기술연계기능, 자료분석 기능, 업무자의 개인용도 기능으로 구분된다.

사회복지정보의 유형은 클라이언트 정보체계, 조직 정보체계, 수행성과 정보체계로 구분되며, 각 시스템을 유기적으로 결합하여 통합적 정보체계를 구축하는 것이 중요하다. 사회복지조직에서 정보화를 할 때에 고려할 사항으로는 수요자 중심의 정보화, 온라인과 오프라인상에서 사회서비스를 연계, 이용자와 제공자의 정보 보호, 사회서비스 영역별 정보 연계, 정보의 접근성 강화가 있다.

사회복지정보관리시스템이란 조직의 목표달성을 위해 개발된 정보자원을 활용해 각종 정보를 산출 및 제공하는 시스템으로 정의된다. 주요 시스템으로는 사회보장정보시스템, 사회복지시설정보시스템 등이 있다. 사회복지시설 업무 전자화 체계 구축은 사회복지서비스의 전달에 있어서 조직 간 연계 관계를 형성하고 자원의 효율적 이용을 극대화함으로써 클라이언트의 복합적 욕구를 효과적으로 충족한다는 측면에서 필요성을 지닌다.

이 밖에도 사회복지서비스 대상자의 정보를 통합 관리하고, 지방자치단체의 복지업무 처리를 지원하기 위해서 다양한 사회복지 정보시스템이 운영 중이다.

Case study

코로나19 상황에서, 기관에 나오지 못하는 복지서비스 이용자, 가족, 후원자에 대한 온라인 정보공유의 실례(태화샘솟는집)

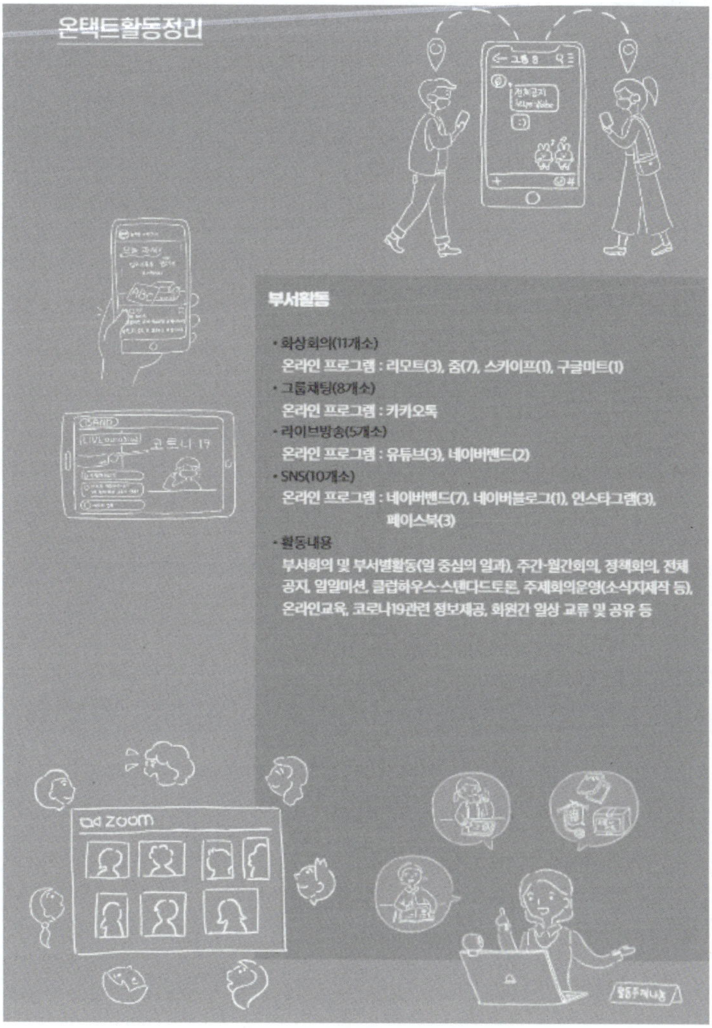

코로나19 상황에서 태화샘솟는집의 온택트활동

태화샘솟는집

라이브 의사결정회의

함께 결정하는 문화

< 라이브 의사결정 회의란 >

관장이 매주 1회 SNS 라이브 방송으로 태화샘솟는집의 현황을 공유한다. 실시간 댓글로 회원과 직원이 질문, 고민 또는 의견을 전달하면 관장이 답하기를 반복하여 기관의 정책, 제도를 모두가 공유하고 의사결정을 합의하는 시간이다.

< 지향점 >

클럽하우스는 직원과 회원이 파트너십을 바탕으로 클럽하우스의 운영방식, 정책, 논점을 토론하고 합의하고 결정한다. 직원만 참여하는 회의나 직원끼리 결정하는 사안은 없다.

< 도입 필요성 >

코로나19로 기관의 운영이 지자체의 명령에 따라 변경, 결정되었다. 클럽하우스의 오랜 전통이자 가치인 함께 결정하는 회의가 불가능하고 회원과 직원은 일방적으로 정보를 전달받는 상황이 되었다. 이에 구성원이 결정

+ 운영일시 : 2020년 4월 ~ 현재
+ 운영방법 : 매주 1회 SNS(네이버밴드) 라이브 방송으로 진행, 라이브 방송 종료 후 해당 영상을 게시하여, 취업 등 개인 사정으로 참여하지 못한 회원도 확인할 수 있도록 하였다.
+ 참여인원 : 태화샘솟는집의 회원과 직원 누구나(평균 약 40명)

할 수 없다면, 최대한 빠르게 상황을 전달하고, 어떠한 과정을 통해 생긴 결과인지 충분히 알리며, 구성원의 궁금증을 청취한 후 정확하게 설명하는 것이 공동체의 가치를 지키는 것이라 판단하였다.
기관의 개방, 휴관결정을 제외하고 회원과 직원이 모든 논의점을 공유, 토론, 합의하여 결정하고자 라이브 의사결정회의를 시작하였다.

Tip

- 구조화된 온라인 공동체 구축하기

초기에 샘솟는집이 운영하는 유튜브 채널을 활용해 라이브 의사결정회의를 계획했으나 일부 회원의 경우 불특정 다수가 접속하는 유튜브에서 개인정보가 노출될 것을 우려했다. 이에 샘솟는집 회원과 직원만 이용하는 폐쇄성을 기준으로 매개체를 선정하였다(네이버밴드). 편안하고 활발한 의견 공유를 통해 의사결정을 할 수 있도록 안전한 환경을 만드는 것이 필요하다.

출처 : 늘푸름 외(2020). 클럽하우스 실록.

토론주제

1. 최근 개인정보 침해 사례가 자주 보도되고 있다. 사회복지시설에서 개인정보의 침해 사례를 찾아서 원인을 분석하고, 개인정보가 침해되지 않도록 하기 위해서는 어떠한 방법들을 시행할 수 있을지 논의해 보자.
2. 코로나(COVID-19) 사태 이후, 사회복지조직의 정보관리체계의 중요성과 서비스 이용자와의 정보공유 활성화 방안에 대해 설명해 보자.

❙ 참고문헌 ❙

강순화 · 이경진 · 안수경(2019). 사회복지행정실무의 이해. 서울 : 신정.

김영종(2013). 사회복지행정. 서울 : 학지사.

김제선 · 고강호 · 강석주 · 김재원 · 이규태(2017). 사회복지행정론. 경기 : 양서원.

노법래 · 성은미 · 전재현 · 주영수(2020). 통합사례관리빅데이터활용방안연구. 사회보장정보원.

늘푸름 외(2020). 클럽하우스 실록. 서울 : 새벗클럽하우스.

박용순 · 김성철 · 김세원 · 이명남(2010). 사회복지행정론. 서울 : 창지사.

심상용(2017). 사회복지행정론. 서울 : 학지사.

최상미 · 김아래미(2020). 사회복지행정론. 서울 : 학지사.

최성재 · 남기민(2016). 사회복지행정론. 경기 : 나남.

한국복지행정학회(2014). 사회복지행정론. 경기 : 양서원.

황성철 · 정무성 · 강철희 · 최재성(2014). 사회복지행정론. 경기 : 학현사.

Gates, B. L.(1980). *Social Program Administration : The Implemntation of Social Policy*. Englewood Cliffs, NJ : Prentice-Hall.

Lewis, J. A., Lewis, M. D., Packard, T., & Souflee Jr., F.(2001). *Management of Human Servise Programs*(3rd ed.). Belmont, CA : Brooks/ Cole.

Schoech, D.(1995). Information System. In National Association of Social Worker(Ed.), *Encyclopedia of Social Work*(19th ed.). Washington, DC : National Association of Social Workers.

Wilson, T. D.(2002). Information Manacement. In J. Feather & P. Sturges(Eds.). *Internationam Encyclopedia of Information and Library Science*. London : Routledge.

한국사회보장정보원. http://www.ssis.or.kr

CHAPTER 10

사회복지 프로그램 기획 및 관리

사회복지조직의 존립목적은 사회복지서비스를 생산하고 전달하기 위한 것이다. 사회복지 프로그램은 사회복지행정의 실천을 위한 주요 수단으로 서비스를 기획하고, 실행하고, 평가하는 과정을 포함한 총체적인 활동체계이다. 사회복지행정은 사회 정책이나 목적을 서비스 실천으로 연결하는 과정으로, 그러한 과정에서 구체적인 설계가 사회복지 프로그램들을 통해 나타난다. 정책이 주로 '무엇이 되어야 하는가'라는 당위성을 다루고 있다면, 프로그램은 '어떻게 그것을 실현할 것인가'에 대한 방법론을 담고 있다. 프로그램 수행에 필요한 재원 확보를 위한 수단인 프로포절 작성은 재정지원 단체 또는 개인이 사회복지기관에 제공하는 기금배분의 투명성과 프로그램의 질을 평가하기 위해서 필요한 과정으로 사회복지 현장에서 매우 중요한 프로그램 개발 역량을 요구한다. 이 장에서는 프로그램 기획이 의미하는 바와 프로그램 기획이 가지는 성격에 관해서 설명하고, 급변하는 사회복지환경에서 프로그램을 전략적으로 기획하여 관리 기법을 다루는 기술을 향상할 방안을 소개하고자 한다.

1. 사회복지 프로그램의 개념 및 유형

1) 사회복지 프로그램의 개념 및 중요성

(1) 사회복지 프로그램의 개념

사회복지 프로그램은 사회복지의 이념과 정책을 구체적인 사회복지서비스로 전환하여 실천하기 위한 목적과 역할을 추구하기 위해 쓰이는 도구로(강종수, 2012) 사회복지 관련 시설 혹은 기관의 활동 목표를 달성하고, 프로그램 참여자의 긍정적 변화와 성장을 촉진하기 위한 활동을 의미하며 활동의 계획, 실시, 평가를 포괄한다(최상미 · 김아래미, 2020).

사회복지 프로그램은 학자에 따라 다양하게 정의되어 왔는데, Rapp과 Poertner(1992)는 사회복지 프로그램이란 특정 목표를 달성하기 위해 유도된 행동들의 집합체라고 하였다. Royse 등(2001)은 프로그램을 특정 목적을 달성하기 위해 설계된 활동의 조직화라고 정의했다. 강종수(2012)는 사회복지의 목적 달성을 위한 인적 · 물적 자원이 집합된 조직적 활동을 사회복지 프로그램으로 정의하였다. 김상곤 등(2012)은 사회복지 프로그램을 "특정한 목적과 목표를 성취하기 위해 설계된 조직적인 활동으로서 사회복지사와 사회복지조직의 사명을 실현하는 수단"으로 정의하고 있으며, 황성철(2005)은 프로그램을 "특정한 목적 달성을 위하여 자원과 기술이 투입되어 일정한 절차에 따라 이루어지는 조직의 계획적 활동체계"로 정의하고 있다.

이상의 다양한 학자들의 정의를 기반으로 사회복지 프로그램은 "사회복지서비스 제공기관에서 사회복지의 목적과 목표, 희망하는 성과를 달성하기 위해, 사회복지적 가치, 지식, 기술을 활용하여 계획적인 서비스를 실현하는 총체적인 활동체계"라 할 수 있다.

(2) 사회복지 프로그램의 중요성

사회복지조직은 다양한 프로그램을 통해 사회구성원의 욕구를 충족시키고 만족을 높이기 위해 노력하고 있다. 사회복지 프로그램은 즉흥적으로 만들어진 것이 아닌 의도적으로 만들어진 계획적 활동체계이며, 사회복지 인력들은 사회복지 프로그램 제공을 통해, 업무만족도와 성취감을 갖게 된다(최성재 · 남기민, 2016). 사회복지기관은 사회복지 프로그램이 서비스 이용자에 효과적으로 전달되어 사회복지 조직이 희망하는 성과를 달성하기 위한 노력을 해야 하며 사회복지 프로그램의 중요성은 다음과 같다(강순화 외, 2019; 박용순 외 2010).

첫째, 사회복지 프로그램은 사회복지조직의 효과성 및 효율성을 증진한다. 프로그램이 없는 진행보다는 정밀한 프로그램을 가지고 사업을 진행하는 것이 사회복지 대상자의 욕구를 충족하고 삶의 질을 향상시키는 등 목표를 달성하는 데 더 효과적이다. 또한 사회복지 프로그램은 목표를 담고 있고 그 목표를 달성하기 위한 구체적인 실행방법을 담고 있는바, 더욱 효율성을 높이는 실행방법을 사전에 만들어 실행함으로써 효율성을 높일 수 있다.

둘째, 사회복지 프로그램은 기관과 종사자의 역량을 강화한다. 프로그램의 작성과 실행에 철저한 훈련이 된 기관의 직원들은 업무를 어떤 목적을 가지고 처리하고 어떻게 수행하는지를 잘 알게 되고, 프로그램을 성공적으로 운영하기 위하여 협업하는 과정에서 책임감과 협동 의식을 느끼게 된다. 종사자의 성취감과 소속감 증진을 통하여 사회복지 전문가로서 역량을 강화할 기회가 될 수 있다. 또한 프로포절 자원을 확보하기 위한 사회복지 프로그램 기획과 진행 역량은 외부의 자원을 확보하는 데 중요한 도구가 되고 지지를 받는 근거가 된다.

셋째, 사회복지 프로그램은 사회복지 조직원의 업무만족도 및 책무성을 향상시킨다. 사회복지 프로그램은 사회복지사의 업무만족을 높일 수 있다. 프로그램이 기획되지 않고 주먹구구식으로 진행된다면 사회복지사의 업무 혼란을 야기할 것이다. 그러나 사회복지사 프로그램의 기획된 방향을 따라 업무를 추진할 때 시행착오도 줄일 수 있고 업무만족도 높일 수 있다. 한편 사회복지 프로그램은 외부자원을 확보하는 데 매우 중요하다. 사회복지조직은 국민, 정부, 후원자 등이 제공한 자원을 투명하고 책임감 있게 사용하여야 할 책무성을 지니고 있다. 책무성은 특정 과업에 대한 책임뿐만 아니라 수행과정에 대한 정당성까지도 포함하는 개념으로 사회복지 프로그램 평가의 객관적인 증거를 입증할 수 있어 사회복지조직의 책무성을 확인할 수 있도록 해준다.

2) 사회복지 프로그램 유형

사회복지 프로그램의 유형은 학자와 실천 현장의 특성에 따라 매우 다양하다. 황성철(2005)은 사회복시 프로그램의 유형을 프로그램 성격 및 정책별 유형, 표적집단별 유형, 기능별 유형으로 구분하여 제시하였다.

(1) 프로그램 성격 및 정책별 유형

프로그램 성격 및 정책별 유형으로는 사회화와 발달적 욕구 충족을 위한 프로그램, 문제를 가진 개인 또는 가족의 치료, 보호, 지원 서비스 프로그램, 서비스 접근성 확보를 위한 안내 및 의뢰 프로그램 등이 있다.

- 사회화와 발달욕구 충족을 위한 프로그램 : 아동양육 · 보육 프로그램, 청소년 성장 프로그램, 노인의 사회참여 강화 프로그램 등 개인의 생애에 걸쳐 나타나는 욕구를 충족시키기 위한 프로그램이다.
- 문제를 가진 개인 또는 가족의 치료, 보호, 지원서비스 프로그램 : 입양 가정 보호 프로그램, 위기가정 상담 및 집단 프로그램, 보호관찰 청소년 선도 프로그램 등 개인과 가족의 사회적 관계와 적응상의 문제점을 해결하기 위한 프로그램이다.
- 서비스 접근성을 개선하기 위한 안내 · 의뢰 프로그램 : 홍보 · 정보제공 또는 접근성 향상을 위한 프로그램, 클라이언트 의뢰나 신규 대상자 접수 관련 프로그램 등 홍보, 정보제공, 연계서비스를 목적으로 하는 프로그램으로 대부분 부수적인 활동 프로그램이다.

(2) 표적집단별 유형

개인, 가족, 집단, 조직, 지역사회, 전체 사회 등 표적집단, 즉 변화의 대상 집단을 기준으로 분류되는 프로그램이다.

- 임상 프로그램 : 상담, 치료, 재활, 정보제공, 의뢰서비스 등 클라이언트의 대면관계에서 제공하는 직접적 서비스 프로그램이다.
- 제도적 프로그램 : 조직, 지역사회, 전체 사회 등 매크로(macro) 집단을 대상으

로 하는 사회복지행정, 지역사회조직 관련 프로그램이다. 사회복지기관을 재구조화하는 프로그램과 학습조직 프로그램 등 사회복지기관의 구조와 제도를 근본적으로 변화시키는 프로그램과 사회복지시설 직원의 역량강화를 위한 직원능력개발 프로그램이 여기에 속한다.

(3) 기능별 유형

사회복지시설의 프로그램은 기능별로 구분되며, 사회복지시설에서 가장 많이 사용하는 것이 기능별 유형이다. 아동복지기관의 입양 프로그램과 상담 프로그램, 공동모금회의 모금 프로그램과 배분 프로그램, 사회복지기관의 가족 기능 강화 프로그램, 지역사회 보호 프로그램, 지역사회조직 프로그램이 좋은 예이다.

한편 김희성(2009)은 사회복지 프로그램을 문제해결을 위한 전문 임상 프로그램, 문화 및 여가생활 프로그램, 발달 및 성장 프로그램 등 여섯 가지로 분류하고 있다.

- 문제해결을 위한 전문 임상 프로그램 : 개인이나 가족 등 개별화된 대상의 심리적 문제해결이나 감소를 돕기 위한 전문적 개입 프로그램(예 심리상담, 가족치료 등)
- 문화 및 여가지원 프로그램 : 보편적인 삶의 질을 높일 수 있는 문화 및 여가 관련 프로그램(예 예술작품 관람, 문화 체험, 여행 등)
- 발달 및 성장 프로그램 : 단계별 인간 발달에 필요한 욕구를 충족시키거나 사회화나 발달을 돕는 프로그램(예 사회성 향상 프로그램, 자립생활 훈련 등)
- 사회연계 프로그램 : 지역사회를 중심으로 필요로 하는 이들에게 자원을 발굴하고 연결시켜 주는 프로그램(예 자원봉사 프로그램, 멘토링 활동 등)
- 사회운동 프로그램 : 정책이나 제도 등의 변화를 위한 프로그램(예 권익옹호 활동, 법률개정 운동, 지역공동체 프로그램 등)
- 소득보장 프로그램 : 소득 유지나 증진을 위한 프로그램(예 직업훈련, 취업연계 지원 프로그램 등)

2. 사회복지 프로그램의 기획 과정 및 기법

1) 사회복지 프로그램 기획의 개념 및 특징

(1) 사회복지 프로그램 기획의 개념 및 필요성

사회복지 프로그램은 재정적인 측면과 클라이언트 삶의 변화에 이르기까지 외부 환경의 영향을 크게 받으며, 그로 인한 불확실성을 내포하고 있으므로 성공적인 사회복지 프로그램 수행을 위해서는 치밀한 프로그램 기획이 전제되어야 한다. 프로그램 기획이란 '현재와 미래의 환경변화에 대응하기 위한 것으로, 프로그램의 목적 설정, 수단의 선택, 실행, 평가에 이르는 제반 프로그램 과정에서의 합리적인 의사결정과 활동'이라 할 수 있다(김영종, 2013). 프로그램 기획은 '프로그램의 목적을 성취하기 위해 프로그램에 대한 전체적인 계획을 수립해 나가는 과정'이고, 프로그램 계획은 '프로그램 기획을 통해 도출된 결론'이라는 점에서 차이가 있다(양정하 외, 2011). 기획은 계획을 수립하는 과정 전체를 의미한다는 점에서 계획을 포함한다. 즉, 계획(plan)은 어떤 것을 하거나 만들기 위해 사전에 마련된 구체적인 방법을 의미하며, 이러한 계획을 수립하는 전반적인 과정을 기획(planning)으로 정의할 수 있다.

사회복지 영역에서 프로그램 기획이 필요한 이유는 다음과 같다. 사회복지 분야에서 프로그램 기획은 합리성과 책임성 증진을 위한 목적으로 시행된다. 기획은 결과 성취에 동원되어야 할 방법들을 찾아내는 데 합리성 측면을 강조한다. '합리성'이란 목적(결과)에 대한 수단(방법)의 적합성을 과학적(경험적)인 방법으로 추구하는 것이다. 휴먼서비스의 속성상 결과를 과학적으로 증명하기 어렵고, 정치경제적 맥락이 사회복지 프로그램에 영향을 미치기 때문에, 사회복지 프로그램의 합리성을 완벽하게 제시하는 것은 한계가 있다. 그럼에도 외부의 불합리한 영향에 대응하는 논리를 갖추기 위해서라도, 사회복지 프로그램 과정의 과학적 합리성을 갖추는 노력이 필요하다(York, 1982).

사회복지 기획의 필요성은 책임성에서도 드러난다. '책임성'이란 일반적으로 조직이나 프로그램의 정당성을 합리화할 수 있는 효과성이나 효율성에 관련된 체계적, 경험적 분석이나 설명을 제시하는 것이다. 사회복지조직은 정부의 인가를 받아 정부, 서비스 이용자와 후원자 등으로부터 재원을 지원받고 있으므로 조직이 목표하는 서비스를 효과적이고 효율적으로 제공할 책임을 지고 있다(Skimore, 1995). 따라서 기획을 통한 책임성 추구는 사회복지조직과 프로그램을 둘러싼 제반 이해관계자들이 합법성과 자원 공급의 정당성을 지속시키게 해준다. 기획이 합리적이지 못할 경우, 책임성의 문제도 적절히 대처하기가 어렵다. 사회복지 기획에서 합리성과 책임성은 긴밀하게 연결되어 있으며, 사회복지 기획이 필요한 이유라고 할 수 있다.

또한 프로그램 기획은 실무자의 사기를 진작시키고 관련자의 이해를 돕는다. 프로그램 기획에는 조직 성원의 참여를 통해 자신들이 조직에 기여하였고, 자신들의 생각이 프로그램 진행에 반영되었다는 것에 대해 타인으로부터 인정받고 성취감도 얻을 수 있다. 프로그램 참여자와 지역사회 관계 인사들도 사회복지기관의 프로그램에 직간접적으로 참여하며 적극적인 관심을 끌게 되고 프로그램 자체가 이용자의 요구에 맞게 개발되고 적용될 수 있다. 이러한 측면에서 조직원들에게는 직무의 성취감과 만족도를, 내외부 관련자들에게는 프로그램의 이해와 관심을 촉진시킬 수 있다(Skimore, 1995).

(2) 사회복지 프로그램 기획의 특징

사회복지 프로그램 기획은 일반적으로 사용되는 기획과 비교하여 역동적인 사회 환경의 변화와 밀접한 관련이 있고, 사회문제와 클라이언트의 다양한 욕구를 주제로 한다는 특징이 있다. 사회복지 프로그램 기획은 프로그램에 대한 신뢰를 확보하고 사회복지실천과정에 요구되는 전문성, 효과성 등에 대한 책임성 제고를 위한 수단으로서 중요성을 가진다. 이러한 사회복지 프로그램 기획에 대한 학자들의 정의로부터 도출한 사회복지 프로그램 기획의 일곱 가지 특징은 다음과 같다(박용순 외, 2010; 정무성, 2005; 최상미 · 김아래미, 2020).

첫째, 사회복지 프로그램 기획은 미래지향적인 활동이다. 프로그램 기획은 프로그램이 달성하고자 하는 목적 혹은 목표를 위한 미래 활동을 현재에 수립하는 것이다. 과거에 있었던 사실을 기술한다거나, 이미 결정 내려진 것에 대한 정당성을 부여하는 등의 행동은 기획이라고 할 수 없다.

둘째, 사회복지 프로그램 기획은 지속과정적인 활동이다. 프로그램 기획은 계획과 달리 일회성이 아닌 계속적인 과정이다. 기획을 통해 계획이 수립되었다고 하더라도 기획 활동은 끝난 것이 아니며, 계획이 시행되는 동안에 상황이 변하게 되면 수정을 위한 모니터링과 환류는 계속된다.

셋째, 사회복지 프로그램 기획은 목표지향적인 활동이다. 프로그램 기획은 적절한 수단을 통해 프로그램의 목표를 지향점으로 두고 그 지향점으로 나아가는 방향을 수립하는 과정이다. 분명한 목표하에 논리적이고 체계적인 접근에 근거한 기획이 이루어져야 프로그램이 방향성을 가지고 수행될 수 있다.

넷째, 사회복지 프로그램 기획은 의사결정과정이다. 프로그램 기획의 목적은 정책결정과정을 용이하게 하는 것이며, 정책결정 과정에 합리적인 방법과 체계적인 절차를 부여하는 데 있다. 합리적인 방법과 체계적인 절차를 통해 프로그램의 이해관계자들이 언제, 어디서, 무엇을 어떻게 해야 하는지 결정하는 것을 돕는다.

다섯째, 사회복지 프로그램 기획은 현장 중심적이다. 프로그램 기획은 클라이언트와의 상호작용과정에서 파악되는 욕구에 대한 사회복지사의 냉철한 문제 인식에서 출발한다. 이를 위해서는 사회복지사의 사회적 문제와 클라이언트의 욕구, 지원방안에 대해서 지속적인 관심과 고민을 이어가야 한다.

여섯째, 사회복지 프로그램 기획은 개방 변화적이다. 기획된 프로그램은 수행되는 과정에서 많은 돌발변수가 발생할 수 있으며, 이에 대처하기 위한 대응성과 가변성을 갖추거나 준비해야 한다. 기획이 가지고 있는 개방성은 다양한 아이디어 창출과 수용에 있어서 유연성을 가져야 함을 의미하며, 기존의 것을 효과적으로 보완 및 발전시킬 수 있어야 한다.

일곱째, 사회복지 프로그램 기획은 학습지향적이다. 프로그램 기획과정에서 지역 문제를 검토하고, 새로운 사업이나 개선을 검토하는 활동 자체가 중요한 학습의 과정이다. 기획을 통하여 구성된 내용은 프로그램 실행의 토대가 되며, 프로그램의 수행을 통해 얻은 경험의 체계화, 문서화 과정은 담당 인력의 전문성 향상에 관리능력 성장의 밑거름이 되는 것이다.

2) 프로그램 기획의 유형

(1) 프로그램 사용 용도에 따른 기획 유형

프로그램 사용 용도에 따른 프로그램 기획 유형은 ① 사용처에 따라 내부용 기획, 외부용 기획으로, ② 개별동기에 따라 개선형 기획, 개발형 기획, 홍보마케팅 기획, 학습형 기획으로, ③ 의사소통에 따라 하의상달형 기획, 상의하달형 기획으로, ④ 사업목적에 따라 문제해결형 기획, 역량강화형 기획, 삶의 질 개선형 기획, 보조원조형 기획 등으로 구분할 수 있다(우수명, 2004).

〈표 10-1〉 사용용도에 따른 프로그램 기획 유형

분 류	종 류	내 용
사용처별	내부용 기획	프로그램의 내부승인이 목적
	외부용 기획	프로그램의 외부승인이 목적
개별 동기별	개선형 기획	기존 프로그램을 유지하면서 발전 추구하는 기획
	개발형 기획	새로운 프로그램 수행 위해 실시하는 기획
	홍보마케팅 기획	홍보, 외부자원개발, 기금마련을 위한 기획
	학습형 기획	훈련, 과제, 실습을 위한 기획
의사 소통별	하의상달형 기획	실무자의 문제의식이나 전문성으로 나온 기획
	상의상달형 기획	기관장이 실무자에게 문제나 과제를 제시하여 나온 기획
사업 목적별	문제해결형 기획	클라이언트가 당면한 욕구나 문제해결을 위한 기획
	역량강화형 기획	클라이언트의 권익이나 자조 능력을 향상하기 위한 기획
	삶의 질 개선형 기획	클라이언트의 삶의 질 향상을 위한 기획
	보조원조형 기획	사회적 취약계층 지원을 위한 기획

(2) 프로그램 기획방법에 따른 기획 유형

프로그램 기획방법에 따른 프로그램 기획 유형은 ① 욕구중심 기획, ② 문제해결중심 기획, ③ 자원활용중심 기획, ④ 참여중심 기획 등으로 구분할 수 있다(정무성, 2005).

〈표 10-2〉 기획방법에 따른 프로그램 기획 유형

분 류	내 용
욕구중심 기획	계획을 세우기 이전에 프로그램에 참여할 대상을 통하여 무엇을 원하는지를 사전에 측정·조사하여 프로그램 기획에 반영
문제해결중심 기획	대상 집단이 가지고 있는 어려운 문제들을 나열하고 이러한 문제가 발생하는 원인을 근본적으로 해결하기 위해 프로그램을 기획
자원활용중심 기획	관련지역이나 집단이 보유하고 있거나 구할 수 있는 인적·물적자원을 최대한 활용할 수 있도록 계획을 수립
참여중심 기획	프로그램에 관련된 사람 모두가 함께 기획에 참여하는 방법, 집단이 너무 크면 대표들로 구성된 위원회를 활용

3) 프로그램 설계 및 개발과정

프로그램 설계는 프로그램의 목표를 달성하기 위해 구체적인 실행절차와 자원을 연결해 일관성 있는 계획으로 완성하는 작업이다(심상용, 2017). 우리가 사용하는 모든 생산물은 설계를 통해 만들어지고 우리는 완성품을 이용하게 된다. 예를 들어, 우리가 사용하는 스마트폰을 만들기 위해서는 스마트폰 설계의 많은 구성요소와 생산과정들을 검토하여야 한다. 스마트폰 설계를 잘못하면 좋은 제품이 나오지 않듯이 설계가 잘못된 사회복지 프로그램은 프로그램 참여자의 만족도와 프로그램 성과에 부정적 영향을 미칠 것이다.

프로그램 설계 시, 전체 사회, 클라이언트, 프로그램 담당 직원 간에 각각의 요구사항이 체계적으로 어우러질 수 있도록 고려되어야 한다. 사회복지 프로그램은 참여자가 잠재력이 있고 시간이 지남에 따라 성장과 변화를 성취할 수 있다는 사회복지 핵심가치에 근거해서 설계되어야 한다. 사회복지 프로그램 개발 시 고려해야 할 다섯 가지 사항(5P : Purpose, Person, Problem, Process, Place)은 다음과 같다(신복기 외, 2008).

① 합목적성과 목표의 일관성(Purpose) : 프로그램의 내용은 목적이 제시하는 바로 그 내용에 적합해야 한다. 예를 들어, 참여자의 관계증진을 프로그램 목적과 목표로 세워놓고, 프로그램 내용에 경쟁에 관한 활동 내용만 포함시켰다면 그 내용은 목적과 목표에 일치하지 못하는 것이다. 따라서 프로그램 내

용에 지나치게 치중하여 수단이 목적이나 목표에 전도되는 '목표전치' 현상이 발생하지 않도록 유의해야 하고 프로그램 진행 과정에서 중간 목적과 목표를 점검해야 한다.

② 참여자 역량 수준과 흥미 적합성(Person) : 프로그램 내용선정에 있어서 가장 중요한 것이 대상자에 대한 고려이다. 프로그램 내용이 대상자의 필요와 흥미 또는 능력 수준을 고려하여 주제의 내용과 방법이 적합하고 친밀감 있는 것으로 선정해야 한다. 예를 들어, 한부모 가정의 초등학생 대상 프로그램에 학습 위주의 내용만 포함하기보다는 놀이, 체험, 가족캠프 등을 포함할 때 참여자의 참여가 적극적으로 이루어질 수 있을 것이다. 프로그램 성격에 따라 대상자에는 참여자와 그 가족들을 포괄할 수 있는 것이 더욱 바람직하다.

③ 문제해결을 위한 프로그램의 통합성(Problem) : 프로그램에 참여하는 대상자의 문제해결이나 목표달성을 위하여 단편적인 프로그램을 제공하는 것이 아니라, 인간의 경제적 · 사회적 · 문화적 제반 문제들을 통합적으로 고려하는 프로그램을 제공하여야 한다. 예를 들어, 프로그램 성과가 단순히 정신장애인의 재입원 방지 및 사회복귀에만 미치는 것이 아니라 이와 더불어 프로그램 참여자와 그 가족의 사회적 관계망을 유지하거나 회복시켜 주고 정서적 안정과 자립을 촉진할 수 있는 대인적 서비스의 병행이 고려되어야 한다.

④ 프로그램의 지속성과 네트워크화(Process) : 프로그램은 일시적이고 일회적인 접근으로 이루어져서는 안 되며, 장기적이고 체계화된 일정 계획 아래 지속적이고 제도화된 프로그램이 되어야 한다. 또한 프로그램을 구성할 때, 다양한 성격의 서비스 기관들이 참여할 수 있도록 해야 한다. 예를 들어, 범죄자의 재발방지나 사회복귀를 위해서는 공공기관, 기업, 종교단체 등 다양한 인적 · 물적자원을 연결시키는 체계적인 서비스 지원시스템을 구축하여 프로그램의 네트워크를 구성할 수 있도록 노력해야 한다.

⑤ 지역적 특성(Place) : 프로그램을 실시하는 기관의 지역적 · 문화적 상황이 다르기 때문에 프로그램의 내용선정에서도 지역적 특성을 반영하고, 각 지역의 독특한 특성을 발굴해야 한다. 특히 그 지역의 문화적 특성이나 전통, 관습,

방언 등을 발굴하여 프로그램명이나 집단명으로 활용할 때, 프로그램 참여자나 지역사회 주민들이 프로그램에 보다 쉽게 접근할 수 있고 관심도를 불러일으킬 수 있는 이점이 있다.

이러한 다양한 다섯 가지 특성을 고려하여 프로그램이 개발될 수 있을 때, 사회적으로 공인된 목적을 달성하고, 지역사회자원을 바람직하게 이용하여 프로그램 과정에서 합리적인 의사결정과 활동을 할 수 있을 것이다. 프로그램 개발과정을 도식화하면 다음과 같다(강종수, 2012; 김영종, 2013, 심상용, 2017 재구성).

〈표 10-3〉 프로그램의 개발과정

단계	내용
문제 확인과 욕구 사정	기획의 첫 단계로 프로그램 개발의 필요성과 타당성이 객관적으로 이해될 수 있는 문제/ 욕구의 규모와 필요성을 제기하고 현존하는 서비스들의 중복이나 결함을 파악한다. 이를 통해 프로그램 전략들을 도출하는 근거를 마련한다.
▼	
목적과 목표의 설정	목적과 목표설정은 프로그램을 통하여 변화시키거나 해결하고자 하는 상황이나 문제에 대한 지향점과 기준을 명확히 하는 단계이다. 이는 프로그램 기획자에게는 구성방향을, 실천가에게는 행동지침을, 평가자에게는 평가의 기준을 제시한다.
▼	
개입 전략 선정	설정된 구체적인 목표들을 단계별로 달성하기 위해 적절한 대안을 선정하는 단계이다. 개입 전략은 설정된 목표와 밀접한 관련이 있어야 한다. 문제를 해결하고 목표를 달성하기 위해서는 복합적 수준에 초점을 맞춘 개입 전략이 필요하다.
▼	
프로그램 구성	목표를 달성하기 위하여 구체적으로 실천계획을 설계하는 단계이다. 세부목표별로 어떤 단위 프로그램을 제공할 것인가가 정해지면 서비스 전달 방법과 예산 등을 결정한다. 프로그램 내용의 선정과 조직, 프로그램 실행과 관리에 관한 계획을 포함한다.
▼	
프로그램 평가 계획	프로그램 평가는 설정된 목표가 달성되었는가를 알아보기 위한 과정이며, 실행한 프로그램의 가치와 의의를 판단하는 것이다. 이를 통해 수량적으로 평가할 수 있는 목표 달성, 월별 업무수행 상황 점검 및 한계 분석, 평가 결과를 지속적으로 피드백할 수 있도록 계획한다.

4) 사회복지 프로그램 발전방안

완벽하게 설계되지 못한 프로그램은 다음과 같은 문제점을 발생시킬 수 있다(정무성, 2005). ① 애매한 프로그램의 목표, 개입의 불명확한 성격, 미션과 관련된 성과기준 결여, ② 일부 전문가들이 관습이나 편안함만을 추구하며 서비스를 제공하게 되는 점, ③ 다루기 편하고 열심히 하는 클라이언트만을 선정하여 서비스가 필요한 대상자는 제외하는 문제, ④ 외부기관의 지원 동기 결여, ⑤ 직원들의 낮은 직무만족도 등이다.

사회복지 프로그램의 설계과정에서 나타나는 문제점에 따른 개선점을 제시하면 다음과 같다(박용순 외, 2010). ① 사회복지서비스의 단발성 프로그램보다는 지속성과 장기적인 프로그램 개발이 이루어져야 한다. ② 지역주민의 참여를 통해 그들을 위한 프로그램의 개발이 추진되어야 한다. ③ 프로그램의 평가를 위한 실적 쌓기보다는 클라이언트의 문제 해결에 초점을 두어야 한다. ④ 사회복지 전문인력의 확보와 프로그램 수행에 필요한 재정을 확보해야 한다. ⑤ 프로그램의 기획에서 다른 프로그램을 일방적으로 모방하기보다는 지역 특성에 맞는 프로그램을 고안해야 한다. ⑥ 지역주민을 위해서 협력적이고 일체감 있는 프로그램이 되도록 노력해야 한다.

이러한 문제점을 최소화하기 위해, 프로그램을 잘 설계한다면 ① 프로그램 수행에 대한 책임성이 증가하고, ② 프로그램의 효율성과 효과성이 증가할 수 있다. ③ 자원 제공자에 대한 확실한 프로그램 활동계획을 보여주고, ④ 다른 조직, 전문가, 서비스 이용자 및 대중이 프로그램의 목적과 목표를 알게 된다. ⑤ 관련 직원의 역할과 역할 기대가 분명해지고, ⑥ 직원의 직무만족도가 높아지며, ⑦ 지역사회 자원을 무절제하게 이용하는 것을 방지할 수 있을 것이다.

3. 사회복지 프로포절 기획 및 실행 전략

1) 사회복지 프로포절의 이해

사회복지 분야에서 프로포절(proposal)이란 클라이언트의 문제 해결과 욕구 충족을 위해, 사회복지기관들이 수행하고자 하는 프로그램의 내용을 설명하는 사업제안서를 의미하며, 사회복지기관의 프로포절 작성 능력은 프로그램 수행에 필요한 재원 확보를 위한 유용한 수단이다. 프로포절 작성은 재정지원 단체 또는 개인이 사회복지기관에 제공하는 기금배분의 투명성과 프로그램의 질을 평가하기 위해서 반드시 필요한 과정이다.

국내에서는 1991년 삼성복지재단이 사회복지 현장에서 필요한 프로그램을 개발 및 시행할 수 있도록 소요 사업경비를 지원하는 것을 처음 실행하였으며, 이후 1999년 사회복지공동모금회에서 모금된 기금을 배분하는 방식을 도입하여 현재까지 운영하고 있다. 이 외에도 기업복지재단이나 민간지원단체에서도 사회복지시설에서 제안한 프로포절을 받아 평가하고 재원을 지원하는 공모방식을 도입해 왔다(강순화 외, 2019).

현재 사회복지기관들은 외부로부터의 재정적 지원을 확보하기 위하여 자체적으로 프로그램을 개발하고, 개발한 프로그램을 기반으로 프로포절을 해당 단체에 제출한다. 프로포절이 채택되면 약정된 재정을 지원받아 프로포절에 작성된 내용대로 프로그램을 실시한다. 예산이 충분하지 않은 사회복지기관들은 재정의 확보가 프로포절에 좌우되기 때문에 많은 시간과 인력을 투입해 좋은 프로포절을 만들기 위해 노력하고 있다.

최근에는 사회복지공동모금회뿐만 아니라 중앙의 복지단체나 지방협회 등 사회복지 유형과 분야별 중간 지원조직에서도 프로포절 지원 사업을 수행하며, 프로포절 지원방식이 다양화되고 있다. 앞으로도 사회복지시설의 복지자원을 확보하고 사업 운영의 효율성과 효과성을 높이며 사회복지 인력의 전문성을 판단할 수 있는 중요한 수단으로 프로포절 공모사업은 계속해서 확대될 것으로 보인다.

2) 프로포절 기획

프로포절은 재정을 지원하는 공모기관에게 제안하는 프로그램의 정당성과 타당성을 보여주는 기획안이다. 프로포절에 당선되어 재정지원으로 이어지기 위해서 프로포절은 사회복지의 가치가 반영되어 있어야 하며, 내용의 창의성, 실현 가능성, 기관의 준비성, 기록의 신뢰성 등을 제시할 수 있어야 한다(정무성, 2005). 그리고 사업비를 지원해 주는 기관의 목적에 따라 선호하는 프로그램이 다를 수 있으므로 일차적으로는 사업비를 제공하는 기관이 관심을 갖는 분야나 재정을 지원하는 목적과 의도를 파악하는 것이 중요하다. 또한 기관별로 신청 절차나 양식에도 차이가 있으므로 각 공모 기관의 홈페이지 공지사항을 잘 확인하여 신청기한, 지원 금액, 별첨 서류 등 주의사항을 잘 확인하여 프로포절을 작성하고 기간 내 제출하도록 한다. 국내에서 시행되고 있는 주요 공모사업의 시행기관, 지원분야, 지원규모와 지원내용 등은 시기별로 달라질 수 있으므로 반드시 확인 후 작성하여야 한다.

사회복지기관이 프로포절을 작성하는 데는 몇 가지 단계를 거친다. 성공적인 프로포절을 작성하기 위해서는 사회복지 프로그램을 개발하는 역량을 갖추어야 하며, 프로그램 개발 단계별 필요 역량을 살펴보면 다음과 같다(김상곤 외, 2017 재인용).

〈표 10-4〉 프로그램 개발 단계별 필요 역량

단 계	성공적인 프로포절 작성을 위한 필요 역량
준비단계	• 프로그램 기획의 의미와 필요성을 이해하는 능력 • 프로그램 기획의 전반적인 단계를 이해하는 능력 • 프로그램의 근거가 되는 이론과 전략을 명확히 제시하는 능력 • 질 높은 프로그램 개발과 평가를 위해 프로그램 관련 이론을 적용하는 능력 • 프로그램 기획에 필요한 선행연구를 탐색하는 능력 • 논리모델을 이해하고 적용하는 능력
작성단계	• 문제와 상황을 분석하는 능력 • 욕구를 파악하고 조사하는 능력 • 프로그램 목표를 수립하는 능력 • 목표에 대한 평가방법을 제시하는 능력 • 프로그램 논리와 전략 등을 간략한 도식화(표와 그림)를 통해 표현하는 능력

	• 프로그램 목표를 성취하는 전략적 활동을 구성하는 능력 • 프로그램 홍보방법을 제시하는 능력 • 프로그램 수행에 적합한 예산안을 작성하는 능력 • 제안서를 타인이 잘 이해할 수 있게 작성하는 능력 • 제안서를 효과적으로 발표하는 능력
평가단계	• 각 프로그램의 실행과 결과를 구체적으로 기록하는 능력 • 프로그램 만족도를 평가하는 능력 • 개별 클라이언트(변화)를 평가하는 능력 • 집단 프로그램의 효과성 평가를 위한 실험설계 능력 • 질적 방법을 활용한 프로그램 평가 능력 • 프로그램 과정 평가 능력 • 평가 척도 선정 및 활용 능력 • 프로그램 평가지표, 목표값, 평가도구, 평가방법을 선정 및 제시하는 능력

다음으로 프로포절 작성에서 준수해야 할 일반적인 원칙과 심사기준의 주안점을 제시하면 다음과 같다(강종수, 2012).

〈표 10-5〉 프로포절 작성 시 원칙과 심사기준

프로포절 작성의 일반적 원칙	프로포절 작성의 심사기준
• 읽기 쉽고 명료하게 작성할 것 • 어법과 문법에 맞는 정확한 문장을 사용할 것 • 최대한 짧게 작성할 것 • 긍정적 의미로 작성할 것 • 확인되지 않은 가정을 피할 것	• 프로젝트/ 프로그램의 목적 및 목표 • 프로젝트/ 프로그램의 실행 가능성 • 프로젝트/ 프로그램에 대한 지역사회 욕구 • 프로포절 제출 기관의 책임성 • 프로포절 제출 기관의 역량

TIP 공동모금회 우수 프로그램 사례

사회복지공동모금회 지원사업 중 지역사회의 욕구를 잘 반영한 사례를 묶어 매년 사례집을 발간하고 있다. 홈페이지를 방문하면 E-Book으로 받아 볼 수 있다.

프로그램 공모에 제안한 프로포절이 탈락한 사유는 다음과 같이 정확하지 않은 문제 파악, 불명확한 예산편성, 비논리적 내용 전개 등으로 정리할 수 있다.

〈표 10-6〉 프로포절 탈락 사유

구성요소	탈락 사유
문제상황	• 제기한 문제가 별로 심각하지 않음 • 문제의 성격이 명료하지 않음 • 문제 제기방식의 부적절함 • 문제에 대한 부적절한 증거서류 • 문제 분야에 대한 기관의 실적 부재 • 지역사회가 배제된 기획과정
투 입	• 돈 쓰임새의 불명확성 • 명확하게 측정할 수 없는 목표
활 동	• 문제의 범위에 적합하지 않은 대처방법 • 합리적이지 않은 일정표 • 다룰 수 있는 것보다 복잡한 문제
산 출	• 불명료한 평가계획

3) 프로포절 작성의 실제

사회복지공동모금회 배분사업 신청 유형은 프로그램, 기능보강 두 가지로 구분되며, 프로그램은 성과중심형, 성과확산형, 산출중심형 세 가지 유형으로 분류된다. 이 장에서는 성과중심형 사업을 중심으로 작성방법을 살펴보고자 한다.

〈표 10-7〉 성과중심형 사업 작성방법

사업유형		내 용	신청양식
프로그램 사업	성과 중심형	• 성과 목표달성을 통해 사업참여자의 의미 있는 변화를 추구하고, 나아가 지역사회 변화의 기초를 다지는 사업 • 주로 단년도 형태를 띠며, 사업 참여자의 역량강화 또는 소규모의 지역사회 네트워크 구축 등의 사업을 포함	배분신청서 신청기관현황 사업계획서
	성과 확산형	• 2년 이상 계획하는 다년도 사업으로 사업 참여자의 의미 있는 변화뿐만 아니라 지역사회, 나아가 우리 사회에 파급력을 미치는 것을 지향하는 사업	배분신청서 신청기관현황 3개년사업계획서 1차년도 사업계획서
	산출 중심형	• 현재 당면한 지역사회 이슈 및 개인(또는 가족)의 문제 해결을 위한 지원사업으로 성과목표 달성보다는 사업 수행과정에 중점을 두는 사업	배분신청서 신청기관현황 사업계획서
기능보강사업		• 기능보강을 통해 현재의 문제를 해소하거나 보다 의미 있는 사업을 향후 수행하고자 하는 사업 • 장비보강, 개보수, 자동차 구입 등이 해당	배분신청서 신청기관현황 사업계획서

(1) 배분신청서 작성

배분신청서는 신청기관과 신청사업에 대한 기본 정보를 요약하여 한 페이지로 정리한 문서이다. 배분신청서를 통해 전체 프로포절의 내용을 확인할 수 있어 매우 중요한 부분이다. 주로 사업명, 프로그램의 대상, 목적, 방법, 사업비, 담당자 등을 제시한다. 사업명에는 대상자, 사업의 목적, 개입방법이라는 세 가지 요소가 포함되도록 기술하는 것이 바람직하며, 상징적으로 표현하는 부제를 붙이기도 한다.

(2) 신청기관 현황

신청기관의 기관명, 소재지, 연락처, 직원 현황, 주요 사업과 같은 기본 정보와 기관 현황 등을 작성한다. 한편 외부 공모를 통한 지원금 현황을 기재하도록 되어 있어, 사회복지기관 간 지원금 편중을 예방하고, 프로포절 당선 기회의 형평성을 고려하고 있다. 예산현황, 신청기관 현황은 공모사업을 수행할 기관의 역량과 공신력을 보여주는 중요한 양식이므로 정확하게 기록하도록 한다.

(3) 사업계획서 작성

사업계획서는 제안하는 프로그램의 세부 내용을 작성하는 부분으로 사업명, 사업 내용 및 추진 전략, 예산편성, 문제의식, 사업의 필요성, 목표 및 평가, 사업 종료 후 지향점을 작성한다. 사업 내용과 예산은 프로포절 사업의 효율성과 효과성, 실현 가능성이 제시될 수 있는 근거가 되므로 정확하게 분석되고 논리성을 갖추어야 한다. 또한 지원금 제공기관에서는 목적-산출목표-성과 목표를 제시할 수 있도록 요구하고 있으므로 현실적이고 측정 가능한 성과가 제시될 수 있는 다양하지만 일관된 평가방식을 추구해야 한다. 다음은 실제 사회복지시설의 프로포절 작성 사례이다.

2020년 지역사회 정신장애인 자립생활 강화 지원사업
Mental Health IL 공모 신청서

<table>
<tr><td>사 업 명</td><td colspan="7">정신장애인의 자립생활 역량 강화를 위한 Living net '가치자립'</td></tr>
<tr><td rowspan="2">사업
기본 정보</td><td>대상 지역</td><td colspan="2">서울특별시 ○○구</td><td colspan="2">사업수행 인력</td><td colspan="2">4명</td></tr>
<tr><td>사업 기간</td><td colspan="6">2020년 1월 1일~2020년 10월 31일 (총 10개월)</td></tr>
<tr><td>사업
참여자</td><td>핵심 참여자</td><td colspan="2">본 시설의 입소회원과 퇴소 후
자립생활 중인 회원</td><td colspan="2">인원수</td><td colspan="2">12명</td></tr>
<tr><td>사업목표</td><td colspan="7">입・퇴소 회원 간 동료지지 활동을 통해 입소회원의 자립생활 역량을 강화하고, 퇴소회원의 자립생활 유지를 위한 네트워크를 구축하여 정신장애인의 성공적인 자립생활을 촉진한다.</td></tr>
<tr><td rowspan="4">주요
사업 내용</td><td>세부 사업명</td><td colspan="6">주요 내용</td></tr>
<tr><td>'가치자립'
꿈을향해
(자립생활
준비지원)</td><td colspan="6">• 자립준비를 위한 자립 계획 수립 및 점검
• 주거복지 정보 및 자립생활 역량강화 교육</td></tr>
<tr><td>'가치자립'
꿈을나눔
(자립생활
전환지원)</td><td colspan="6">• 자립생활주택 및 지원주택 방문
• 자립지원 방안 가족 상담 및 교육
• 가치자립 연합 워크숍</td></tr>
<tr><td>'가치자립'
함께꾸는꿈
(자립생활
유지지원)</td><td colspan="6">• 자립회원과 입소회원 간 자조 모임
• 찾아오는 동료지원 멘토링 활동
• 자립회원 홈커밍데이
• 찾아가는 자립생활 사례관리</td></tr>
<tr><td>사업비</td><td>총 사업비</td><td colspan="2">10,000,000원</td><td>신청금액</td><td colspan="3">9,100,000원</td></tr>
<tr><td rowspan="2">신청금액
세부내역</td><td rowspan="2">사업비</td><td>8,500,000원</td><td rowspan="2">인건비</td><td>천원</td><td colspan="2" rowspan="2">관리
운영비</td><td>600,000원</td></tr>
<tr><td>93.4%</td><td>%</td><td>6.6%</td></tr>
<tr><td rowspan="2">담당자</td><td>성 명</td><td>전○○</td><td>직통전화</td><td></td><td colspan="2">E-mail</td><td></td></tr>
<tr><td>직 위</td><td>자립지원팀 팀장</td><td>휴대폰</td><td></td><td colspan="2">FAX</td><td></td></tr>
</table>

위와 같이 20○○년도 지역사회 정신질환자 자립생활 강화 지원사업을 신청합니다.

20○○년 ○월 ○일

기관대표자 : ○○○(인)

한국정신재활시설협회장 귀하

◈ 신청기관 현황

<table>
<tr><td>시설명</td><td>○○○○○</td><td>대표자</td><td colspan="4">○○○</td></tr>
<tr><td>시설유형</td><td>정신장애인시설</td><td>전화번호</td><td colspan="4">○○○-○○○○</td></tr>
<tr><td>E-mail</td><td>○○○@○○○○</td><td>FAX</td><td colspan="4">○○○-○○○○</td></tr>
<tr><td>홈페이지</td><td></td><td>설립연월일</td><td colspan="4">○○○○년 ○월 ○○일</td></tr>
<tr><td>주 소</td><td colspan="6">서울시 ○○구</td></tr>
<tr><td>기관 주요사업</td><td colspan="6">1) 회원지원 : 정신장애인 이용안내, 초기면접, 등록, 적응 기간지원, 의뢰결과보고 및 협의, 건강검진, 상담 및 월별기록
2) 생활훈련 : 주거회의, 독립생활훈련, 건강관리, 여가생활훈련, 자립준비월례모임
3) 취업지원 : 취업정보 제공, 취업유지, 자립자금 확보
4) 가족지원 : 가족관계 강화, 가족스트레스 해소
5) 자립회원지원 : 퇴소계획수립, 주거관련정보제공 및 확보지원, 지역사회자원연결, 사후관리</td></tr>
<tr><td rowspan="3">외부지원금 현황 (최근 2년간)</td><td>연 도</td><td>수행기간 (년월)</td><td>사업명</td><td>지원금</td><td>지원주체 (정부/ 민간)</td><td>평가결과</td></tr>
<tr><td>없음</td><td></td><td></td><td></td><td></td><td></td></tr>
<tr><td></td><td></td><td></td><td></td><td></td><td></td></tr>
</table>

◈ 사업계획서

1. 프로젝트명 : 정신장애인의 자립생활 역량 강화를 위한 Living net '가치자립'

2. 사업 내용 및 추진 전략

1) 사업 참여자 모집 전략

(1) 참여 대상 및 인원

핵심 참여자	본 시설에 입소중인 정신장애인과 퇴소하여 지역사회에서 살아가고 있는 정신장애인 12명
주변 참여자	정신장애인의 가족, 지역사회 협력기관 및 종사자

(2) 참여자 선정 기준

- 본 시설에 입소 중인 정신장애인과 본 시설을 퇴소하여 지역사회에서 자립생활 중인 정신장애인 중 자립생활의 욕구가 있는 사업 참여 희망자

(3) 사업 내용 및 사업 집행 전략

성과목표	프로그램	활동 (수행방법)	시행 시기	진행 횟수	참여 인원	횟수 시간
입소회원의 자립생활에 대한 동기부여 및 역량 강화	'가치자립' 꿈을향해 (자립생활 준비지원)	• 자립준비를 위한 자립 계획 수립 및 점검	1월 ~10월	10회	6명	3h
		• 주거복지 정보 및 자립생활 역량강화 교육	1월 ~10월	10회	6명	2h
입소회원의 자립전환율 향상	'가치자립' 꿈을나눔 (자립생활 전환지원)	• 자립생활주택 및 지원주택 방문	5월, 10월	3회	12명	2h
		• 자립지원 방안 가족 상담 및 교육	4월, 8월	2회	6명	4h
		• 가치자립 연합 워크숍	4월, 8월	1회	12명	8h
퇴소회원의 자립생활 역량 및 유지율 향상	'가치자립' 함께꾸는꿈 (자립생활 유지지원)	• 자립회원과 입소회원 간 자조 모임	1월 ~10월	40회	5명	4h
		• 자립회원 홈커밍데이	7월, 10월	2회	14명	4h
		• 찾아오는 동료지원 멘토링 활동	매주	100회	3명	8h
		• 찾아가는 자립생활 사례 관리	1월 ~10월	5회	6명	4h

(4) 담당인력

이 름	담당부서 및 직위	경력(년)	역 할	자격증 (신청사업관련)
○○○	자립지원팀장	15년	사업총괄 및 슈퍼비전	정신건강사회복지사 1급 사회조사분석사 2급
○○○	자립지원팀 선임사회복지사	8년	사업운영	정신건강사회복지사 2급
○○○	자립지원팀 사회복지사	3년	사업운영	사회복지사 1급

(5) 프로그램 진행일정

기간 내용	2020년 1월	2월	3월	4월	5월	6월	7월	8월	9월	10월
자립준비를 위한 자립 계획 수립 및 점검	○	○	○	○	○	○	○	○	○	○
주거복지 정보 및 자립생활 역량강화 교육	○	○	○	○	○	○	○	○	○	○
자립생활주택 및 지원주택 방문			○			○			○	
자립지원 방안 가족 상담 및 교육				○				○		
가치자립 연합 워크숍								○		
자립회원과 입소회원 간 자조 모임	○	○	○	○	○	○	○	○	○	○
자립회원 홈커밍데이							○			○
찾아오는 동료지원 멘토링 활동	○	○	○	○	○	○	○	○	○	○
찾아가는 자립생활 사례관리		○		○		○		○		○

(6) 지역사회 자원활용 계획

자원명	활용계획	비 고
서울시정신재활시설협회	정신재활서비스 활용 및 네트워크 구축을 위한 정보공유	업무협조
자립생활주택	정신장애인 자립생활에 대한 동기부여를 위한 기관방문/퇴소회원 자원제공 및 연계	업무협조
○○구 장애인 자립생활센터	자립생활 교육 및 프로그램 연계	업무협조
○○복지관	주거복지모델 교육협조 및 스터디 자료 공유/ 지원주택 방문 및 자원연계	업무협조

3. 문제 의식(사업 필요성)

1) 사업 계획 배경

정신장애인 공동생활가정 서비스 제공의 궁극적인 목적은 정신장애인의 성공적인 자립 전환 및 자립 생활 유지이다. 그러나 공동생활가정에 입소 중인 정신장애인들은 제도적인 한계로 자립 생활 준비에 있어서 다양한 제약을 받고 있다. 국가인권위원회 자료에 따르면, 장애인들이 평균 전월세 보증금을 마련하는 데 55개월이 소요되는 것으로 보고되었지만, 서울시 내 공동생활가정의 입소기한은 최대 3년까지로 제한되어 있다(○○○, 2020).

이처럼 공동생활가정 이용기간과 자립 생활을 준비하는 데 필요한 기간의 격차는 정신장애인들이 자립 생활 준비를 충분히 하지 못한 상황에서 퇴소하게 된다는 점을 시사한다. 이러한 환경 속에서 공동생활가정의 입소회원들은 개별적으로 당면한 자립 전환의 장애요인과 현실적 준비과제를 구체화하고, 자립 생활을 준비할 필요성이 있다.

한편 시설을 퇴소하고 독립거주지로 이주 후 정신장애인들의 지속적인 자기관리를 통한 자립 생활 유지를 위해서는 통합적인 서비스 제공이 필요하다. 자립 생활 지원 서비스가 준비, 전환, 유지 단계의 과정을 체계적으로 제공하여야 정신장애인이 성공적인 자립 생활이 가능할 수 있다(○○○, 2017). 특히 정신장애인의 자립 생활 유지에 가장 중요한 요인 중 하나는 지역사회 내에서의 관계망이다. 사회적 관계망이 협소한 정신장애인들은 지역사회 자원연계에 있어 당사자 동료 네트워크가 중요한 비중을 차지한다. 자조모임을 통해 정신장애인들이 서로 도우면서 각자의 역량이 강화되어 지역사회에서 살아갈 역량을 갖게 되는 것이다. 이러한 자조적인 활동은 이미 자립생활을 하고 있는 정신장애인 당사자의 경험을 활용하는 것과 연결된다(○○○, 2019). 자립 생활을 준비하는 입소 정신장애인들이 자립 생활을 하는 정신장애인의 경험과 정보를 공유한다면 자립 생활의 시행착오를 줄여 좀 더 안정적으로 자립 생활을 유지할 수 있을 것이다. 또한 퇴소 후에도 입소회원 및 자립 생활 중인 회원을 돕는 동료 지원가의 역할 부여를 통해 자립 생활 유지에도 긍정적인 역할을 줄 수 있을 것이다.

이러한 문제 의식을 기반으로 「정신장애인의 자립생활 역량 강화를 위한 Living net '가치자립'」(이하 '가치자립') 사업을 기획하게 되었다. '가치자립' 사업은 기존 전문가 중심의 서비스에서 발전된 입·퇴소 회원 간 네트워크 구축을 통한 동료지원 자립 프로그램이다. 자립을 준비하고 있는 정신장애인의 통합적인 서비스 제공뿐만 아니라 자립 이후에도 정신장애인의 역량 강화와 전문기관 간 연계를 통해 정신장애인의 성공적인 자립 생활을 촉진하고자 한다.

2) 사업 수행으로 인한 기대 효과

(1) 입소회원의 자립에 대한 동기부여와 역량강화를 통한 자립 전환율 향상

(2) 자립생활을 위한 준비, 과정, 퇴소회원 사후관리 체계 구축

(3) 동료지원활동을 통한 퇴소회원의 자립생활 유지율 향상

4. 예산 편성

(단위 : 원)

<table>
<tr><th rowspan="2">목</th><th rowspan="2">세목</th><th rowspan="2">세세목</th><th rowspan="2">계</th><th rowspan="2">산출근거</th><th colspan="5">예산조달 계획</th></tr>
<tr><th>신청금액</th><th>비율
(%)</th><th>자부담</th><th>비율
(%)</th><th>자부담
재원</th></tr>
<tr><td colspan="3">총 계</td><td>10,000,000</td><td></td><td></td><td></td><td></td><td></td><td></td></tr>
<tr><td rowspan="7">사
업
비</td><td>자립생활
준비지원</td><td></td><td></td><td>식사 및 다과비
150,000원×1회×10개월</td><td>1,200,000</td><td></td><td>300,000</td><td></td><td></td></tr>
<tr><td rowspan="3">자립생활
전환지원</td><td></td><td></td><td>자립/ 지원주택 방문 시, 기념품구입 및 식사비
100,000원×1회×3기관</td><td>300,000</td><td></td><td></td><td></td><td></td></tr>
<tr><td></td><td></td><td>가족상담 및 교육 진행비(대관료 및 강사료 포함)
25,000원×8명×2회</td><td>400,000</td><td></td><td></td><td></td><td></td></tr>
<tr><td></td><td></td><td>가치자립 워크숍 진행비
100,000원×12명×1회</td><td>1,200,000</td><td></td><td></td><td></td><td></td></tr>
<tr><td rowspan="2">자립생활
유지지원</td><td></td><td></td><td>입퇴소회원 자조모임 진행비
식사 및 다과비
10,000원×5명×40회</td><td>2,000,000</td><td></td><td></td><td></td><td></td></tr>
<tr><td></td><td></td><td>자립회원 홈커밍데이
식사비 10,000원×14명×2회
다과비 5,000원×14명×2회
장소대여비 90,000원×2회</td><td>600,000</td><td></td><td></td><td></td><td></td></tr>
</table>

				찾아오는 동료지원 멘토링 활동 지원비 10,000원×100회	800,000		200,000		
				찾아가는 자립생활 사례관리 식사 및 선물구입비 200,000원×자립회원 5명	1,000,000				
	보고서 제작			성과 보고서 및 봉투제작 7,000원×200부	1,000,000		400,000		
	소 계		9,400,000		8,500,000	91.4	900,000	9.6	
관리운영비	유류비			프로그램 시 차량 주유비 및 통행료 (연합야유회, 자립생활 사례관리, 유관기관방문)	220,000				
	기관 운영비			유관기관 방문 시, 기념품 20,000원×4개기관	80,000				
	사무용품비			사무용품비	50,000				
	보고서 발송비			자립성과 보고서 발송 2,500원×100부	250,000				
	소 계		600,000		600,000	100.0			

5. 목표 및 평가

1) 산출목표

세부 사업명	산출목표	모니터링 방법
'가치자립' 꿈을향해 (자립생활준비지원)	1) 기초독립생활기술 사전사후 5% 향상 2) 자립생활역량 사전사후 5% 향상	사전사후 설문조사
'가치자립' 꿈을나눔 (자립생활전환지원)	1) 자립생활 목표 66% 이상 달성 2) 자립생활 가족교육, 워크숍 만족도 3) 자립전환율 퇴소회원의 20% 이상	통계분석 설문조사 통계분석
'가치자립' 함께꾸는꿈 (자립생활유지지원)	1) 자립생활로 전환한 퇴소 정신장애인 중 6개월 이상 자립생활을 유지한 장애인의 비율 70% 이상 2) 사회적 지지 척도 사전사후 5% 향상 3) 동료지원 멘토링 활동 회원의 자기효능감 사전사후 5% 향상	통계분석 사전사후 설문조사 사전사후 설문조사
	1) 자립성과 분석 및 보고서 제작 2) 자립성과 보고서 발송 및 보급	자립성과보고서 제작 및 보급

2) 성과목표 및 평가 방법

성과목표	평가 도구 및 방법	측정 시기
입소회원의 자립생활에 대한 동기부여 및 역량 강화	기초독립생활기술척도 자립생활역량척도	1) 사전 : 1월 / 사후 : 10월 2) 사전 : 1월 / 사후 : 10월
입소회원의 자립전환율 향상	재활서비스계획서 가족교육, 워크숍 만족도 퇴소자 현황 및 퇴소사유서	1) 사전 : 1월 / 사후 : 10월 2) 교육 및 워크숍 진행 시 3) 사업종결 시 : 10월
퇴소회원의 자립생활 역량 및 유지율 향상	1) 사후관리일지 2) 사회적 지지 척도 3) 자기효능감 척도 4) 자립성과보고서 제작 및 보급 여부	1) 사업종결 시 : 10월 2) 사전 : 1월 / 사후 : 10월 3) 사전 : 1월 / 사후 : 10월 4) 사업종결 시 : 10월

Chapter summary

사회복지 프로그램은 사회복지서비스 제공기관에서 사회복지의 목적과 목표, 희망하는 성과를 달성하기 위해, 사회복지적 가치, 지식, 기술을 활용하여 계획적인 서비스를 실현하는 총체적인 활동체계라 할 수 있다. 사회복지 프로그램의 중요성으로는 사회복지조직의 효과성 및 효율성 증진, 사회복지조직의 역량 강화, 사회복지 조직원의 업무만족도 및 책무성 향상이 있다.

사회복지 프로그램의 유형은 프로그램 성격 및 정책별 유형, 표적집단별 유형, 기능별 유형으로 구분할 수 있다. 프로그램 성격 및 정책별 유형으로는 사회화와 발달적 욕구 충족을 위한 프로그램, 문제를 가진 개인 또는 가족의 치료, 보호, 지원 서비스 프로그램, 서비스 접근성 확보를 위한 안내 및 의뢰 프로그램 등이 있다. 표적집단별 유형으로는 개인, 가족, 집단, 조직, 지역사회, 전체 사회 등 표적집단을 기준으로 분류되는 임상 프로그램과 제도적 프로그램이 있다. 기능별 유형으로는 아동복지기관의 입양 프로그램과 상담 프로그램, 공동모금회의 모금 프로그램과 배분 프로그램, 사회복지기관의 가족 기능강화 프로그램, 지역사회조직 프로그램 등이 있다.

프로그램 기획이란 '현재와 미래의 환경변화에 대응하기 위한 것으로, 프로그램의 목적 설정, 수단의 선택, 실행, 평가에 이르는 제반 프로그램 과정에서의 합리적인 의사결정과 활동'이라 할 수 있다. 계획(plan)은 어떤 것을 하거나 만들기 위해 사전에 마련된 구체적이 방법을 의미하며, 이러한 계획을 수립하는 전반적인 과정을 기획(planning)으로 정의할 수 있다. 프로그램 기획의 필요성은 합리성과 책임성 증진, 프로그램 기획은 실무자의 사기를 진작시키고 관련자의 이해를 돕는 것이다.

프로그램의 개발과정은 문제 확인과 욕구 사정–목적과 목표의 설정–개입 전략 선정–프로그램 구성–예산편성–프로그램 평가 계획으로 이루어진다. 프로그램 개발 시 고려해야 할 다섯 가지 사항으로 합목적성과 목표의 일관성, 참여자 역량 수준과 흥미 적합성, 문제해결을 위한 프로그램의 통합성, 프로그램의 지속성과 네트워크화, 지역적 특성이 있다. 이러한 다양한 다섯 가지 특성을 고려하여 프로그램이 개발될 수 있을 때, 사회적으로 공인된 목적을 달성하고, 지역사회자원을 바람직하게 이용하여 프로그램 과정에서 합리적인 의사결정과 활동을 지원할 수 있을 것이다.

사회복지 분야에서 프로포절이란 클라이언트의 문제 해결과 욕구 충족을 위해, 사회복지기관들이 수행하고자 하는 프로그램의 내용을 설명하는 사업제안서를 의미하며, 사회복지기관의 프로포절 작성 능력은 프로그램 수행에 필요한 재원 확보를 위한 유용한 수단이다. 프로포절 작성의 순서는 배분신청서 작성–신청기관 현황–사업계획서 작성으로 이루어진다.

Case study

코로나19 상황에서, 사회복지시설에 나오지 못하는 이용자를 위한 온라인을 활용한 사회복지 프로그램 개발 사례(늘푸름)

• 늘푸름 온택트 프로그램 개발 및 활동 요약

늘푸름 온택트 활동 요약

① 활동기간 : 2월-9월

② 활동내용

구분	내용
부서활동	• 화상회의(리모트미팅) : 부서회의 및 평가회, 주간업무회의, 정책회의 등 • 라이브방송 : 늘푸름 TV • 네이버밴드 : 프로그램, 주간, 부서별 활동 및 공지, 일상생활미션, 토론, 교육 등 • 페이스북 및 홈페이지 : 일일공지문, 늘푸름 주간 소식 카드뉴스
회원지원	• 일반전화상담 : 안부, 코로나증상 확인, 외부활동 및 일상확인 • 영상통화 : 안부, 일상생활 점검
여가지원	• 여가관련 키트제공 : ① 반려식물 키우기 (콩나물, 미니 텃밭, 마리모), 유화그리기 키트 ② 대여: 도서, 운동기구, 간편 조리도구 • 건강지원사업 '만나고 보고 기운내자' : 회원들의 각 거주지를 거점으로 만나 만보기를 활용하여 운동 • 착한거리 공동체 '마실카페' 운영 : 늘푸름 앞마당 개방, 안전거리 확보한 벤치, 캠핑장을 구성해 음료제공 및 쉴 수 있는 공간 마련 • 늘푸름 온라인 놀이터(화상) : 주 3회 게임 및 레크레이션 진행
아웃리치	• 식사지원 : 자립생활회원 도시락 지원 • 방역물품전달 : 코로나19 키트 전달(마스크, 손소독제 등) • 일상생활지원 : 전화, 모바일사용이 어려운 경우 교육 지원 • 외래동행지원 : 대중교통 이용을 최소화 할 수 있도록 관차지원
취업지원	• 안내문/정보공유활동 : 취업정보, 교육자료 공유, 취업교육-화상회의 • 상담 : 취업회원 정서지원, 취업장 고용주 연락 및 상담 • 가정의달 행사 : 취업 지원 과정 및 면접 동행, 취업자 자조모임 진행
가족지원	• 안내문/정보공유활동 : 코로나19로 인한 기관 운영 방침안내 • 상담 : 가정 내 도움 필요한 부분확인, 정서지원 • 가정의달 행사 : 가족단위별로 프로그램(상담, 교육, 공동활동, 미션 등으로 구성)
주거지원	• 정보공유활동/상담 : 주거 정보 관련 자료 SNS 공유, 정서지원 • 자립생활자 지원 ① 1:1 동행 지원 (주민센터 행정지원, 이사 관련 등) ② 자립생활자 모은 화상회의 및 유무선, 가정방문을 통한 지원
교육지원	• 정보공유활동/상담 : 교육지원 관련 정보 공유, 정서지원 • 학습지원 : 대학교 강의 등 온라인 교육을 위한 장소 제공(1인 이용), 온라인 교육방법 안내, 자격과정 회원 지원-시험장 동행 및 응원 • 늘푸름 아카데미 : 커피학개론 / 심플잉글리시 운영
문화예술지원	• 라이브방송 : '늘푸름 TV' 유튜브 방송 / 늘푸름 19주년 기념식 • 영상제작 : 가상 클럽하우스 관련 홍보 영상 제작, 정신장애인 인식개선 웹드라마 제작 이론교육 온라인·오프라인 동시 진행

• 늘푸름 사이버 아카데미 프로그램

교육지원사업

회원들이 대학 시스템을 간접 경험하기 위한 늘푸름 아카데미 사업은 올해 초 과목 선정 및 수강신청을 완료하였으나 코로나19로 인해 중단되면서 온라인(비대면)으로 수업을 진행할 수 있는 방법을 모색하게 되었다. 각자의 가정에서 교재를 갖고 리모트 미팅을 활용한 사이버 강의로 진행되었으며, 아카데미에 참여하는 회원들이 큰 어려움 없이 활발하게 진행 될 수 있었다.

출처 : 늘푸름 외(2020). 클럽하우스 실록.

토론주제

1. 사회복지 프로그램을 전략적으로 기획하고 평가를 실시해야 하는 이유는 무엇일까?
2. 코로나19 시대에, 사회복지기관에 나올 수 없는 이용자들을 위한 비대면 온라인 프로그램을 기획해 보자.
3. 사회복지 영역 중 관심분야를 선정해서 사회복지 프로포절을 작성해 보자.

❙ 참고문헌 ❙

강순화 · 이경진 · 안수경(2019). **사회복지행정실무의 이해**. 서울 : 신정.

강종수(2012). **사회복지행정의 이해**. 서울 : 학지사.

김상곤 · 최승희 · 안정선(2017). **사회복지 프로그램개발과 평가**. 서울 : 학지사.

김영종(2013). **사회복지행정**. 서울 : 학지사.

김희성(2009). **사회복지 프로포절 작성법**. 경기 : 공동체.

늘푸름 외(2020). **클럽하우스 실록**. 서울 : 새벗클럽하우스.

박용순 · 김성철 · 김세원 · 이명남(2010). **사회복지행정론**. 서울 : 창지사.

신복기 · 박경일 · 이명헌(2008). **사회복지행정론**. 경기 : 공동체.

심상용(2017). **사회복지행정론**. 서울 : 학지사.

양정하 · 임광수 · 김치영 · 황인옥 · 이종운 · 박남철(2011). **사회복지 프로그램 개발과 평가**. 경기 : 정민사.

우수명(2004). **사회복지프로그램 개발과 평가**. 서울 : 인간과 복지.

정무성(2005). **사회복지프로그램 개발론**. 경기 : 학현사.

최상미 · 김아래미(2020). **사회복지행정론**. 서울 : 학지사.

최성재 · 남기민(2016). **사회복지행정론**. 경기 : 나남.

황성철(2005). **프로그램 개발과 평가**. 경기 : 공동체.

Rapp, Charles A. & John Poertner(1992). *Social Administration : a Client-Centered Approach*. Longman Pub.

Royse, D., Thyer, B. A., Padgett, D. K., & Logan, T. K(2001). *Program Evaluation : An introduction*(3rd ed.). Belmont, CA : Brooks/Cole.

Skidmore, R. A.(1995). *Social Work Administration : Dynamic Management and Human Relationship*. Allyn & Bacon.

York, R.(1982). *Human Service Planning : Concepts, Tools, and Method*. Chapel Hill, NC : The Univercity of North Carolina Press.

CHAPTER 11

성과관리 및 평가

Peter Drucker[1]는 "측정할 수 없는 것은 관리할 수 없다"라는 유명한 말을 남기며 조직 성과관리의 중요성을 강조한 바 있다. 이처럼 비영리조직에서의 성과관리는 중요한 이슈이다. 최근 증거기반 실천의 강조 및 수행성과 관리방식의 도입 등과 같은 환경 변화로 인해, 사회복지 성과관리에 대한 관심이 더욱 커지고 있다. 성과관리란 구성원들이 조직의 요구에 부응하여 가능한 한 효율적이면서도 효과적으로 업무를 수행하고 성과를 향상할 수 있도록 관리하고 지원하는 체계적인 조직관리 방법을 말한다. 사회복지 프로그램을 기획하여 서비스를 제공하는 사회복지조직은 프로그램의 정당성을 대내외적으로 제시해야 한다. 이는 사회복지조직과 관련된 외부 환경의 요구뿐만 아니라, 전문적 프로그램의 이론적 타당성과 성과를 입증해야 하는 것이 사회복지전문직 자체에 내재된 본연의 책임 때문이기도 하다. 이와 관련하여, 최근 사회복지 영역에 투입되는 자원의 증대와 함께 자원사용에 대한 책임성 검증 압력, 자원 확보를 위한 경쟁의 심화, 자원의 효율적 사용에 대한 강조와 함께 그 중요성이 증대되고 있는 사회복지조직의 성과관리 방안에 대해 논의해 보고자 한다.

1 Peter F. Drucker(1909~2005)는 오스트리아 빈에서 태어났다. 1931년 독일 프랑크푸르트대학교에서 법학 박사학위를 취득한 후 1933년 런던으로 이주하여 경영평론가가 됐다. '경영을 발명한 사람'이라는 칭송을 비롯해 현대 경영학의 아버지로 불리는 Drucker는 39권의 저술들을 통해 20세기 후반에 등장한 새로운 사회 현상들을 예고했는데, 그중에는 민영화, 분권화, 경제 강국으로서 일본의 등장, 마케팅과 혁신의 결정적 중요성, 정보사회의 등장과 그에 따른 평생학습의 필요성 등이 있다. 또한 생산과 분배, 생산요소의 변화, 지식근로자의 탄생, 인간의 수명 증가 등을 예측한 선견지명은 일선 경영자들이 기업을 경영하고 자기관리를 하는 데 큰 통찰력을 제공했다. [네이버 지식백과]

1. 성과관리의 개념과 목적

성과(outcome)란, 일련의 과정을 거쳐 이루어 낸 결실로 목표달성의 실적과 유사하지만, 이보다 훨씬 다차원적이고 구체적인 의미를 담고 있는 개념이다. 성과에 대한 정의는 분야별로 의미가 조금씩 다른데 경제 분야에서는 과거의 실적(past accomplishments), 현재의 기능(current function), 이들의 결과인 미래의 이익(future benefit)을 의미하며, 사회복지 용어사전에는 성과에 대해 사례관리, 기타 사업을 통해 얻은 성공적 실행을 확인하는 것으로 정의하고 있다.

일반적으로 영리조직의 성과는 재무적인 관점에서 측정하고 있으며, 구성요소는 매출액, 순자산, 주식 시장가치 등을 활용한다. 그러나 비영리조직은 사람을 대상으로 서비스를 제공하는 조직으로, 재무적인 기준만으로 성과를 측정할 수 없으며 비재무적인 기준까지 포함해야 한다. 그래서 비영리조직의 기준에서 성과를 정의하고 측정하는 것은 매우 어려운 작업이다(이영광 · 지은구, 2020).

성과는 성취된 결과물, 성취한 것 등과 같이 결과를 의미하는 개념으로 볼 수 있지만, 단순히 결과만을 의미하는 것은 아니다(지은구, 2012). 비영리조직은 영리조직과 다르게 조직의 가치가 실현되었는지를 확인해야 하므로 공공의 가치 및 사회적 가치의 실현이라는 측면도 성과에 포함할 수 있다. 성과관리에서 성과는 관점의 차이에 따라 결과 중심, 과정 중심, 가치 중심 관점을 토대로 나누어 볼 수 있다(최상미 · 김아래미, 2020 재인용).

첫째, 결과 중심의 관점은 성과의 결과 또는 생산의 측면을 강조한다(Harbour, 2009). 이 관점에서 성과는 효율성과 효과성에 초점을 두고 조직이 기대하는 결과물과 실제 산출한 결과물을 비교한다. 따라서 결과 중심의 성과를 강조하는 조직에서는 결과물의 생산 증대를 통한 효율성 및 효과성 강화를 지향한다.

둘째, 과정 중심의 관점은 결과중심의 관점과 대조적으로 생산을 위한 과정을 강조한다(Armstrong & Baron, 2005). 이 관점은 과정을 중시하므로 조직의 목적 달성을 위한 서비스의 질과 내용, 서비스 전달 과정, 구성원의 역량 강화를 위한 노력, 고객의 만족도와 고객 응대의 즉시성 등 성과에 영향을 미치는 모든 조직행동과 과정을 고려한다.

셋째, 가치 중심의 관점은 조직 가치의 실현을 강조한다. 이러한 관점에서 성과는 생산물을 만드는 과정과 결과로부터 발생한 가치의 실현이다(Van Dooren & Van de Walle, 2016). 이 관점은 조직의 활동과 성과가 궁극적으로 조직의 목적 달성에 기여한다고 보며, 대체로 사회적 가치 실현을 목적으로 존재하는 공공 및 비영리 조직에서 채택하여 사용한다.

2. 사회복지조직의 특성과 성과관리 도구

1) 성과관리와 관련된 사회복지조직의 특성

비영리조직이 옳은 일을 하는 것(doing the right things)이 그 조직의 미션을 효과적으로 달성하는 것을 보장하지 못한다면, 결과(result)를 평가하는 기준이 필요할 것이다. 비영리조직에서 성과가 어떻게 정의되고 측정되어야 하는지는 끊임없는 논의의 대상이지만 여전히 시각의 차이가 존재하고, 일관성 없는 용어사용이 지속되고 있다(Worth, 2013). 그래서 사회복지조직의 성과를 효과적으로 관리하고 명확하게 측정하기 위한 노력이 필요하다.

그러나 사회복지조직은 타 영역과는 다른 조직특성을 지니고 있어서, 사회복지조직의 성과 측정과 관리를 위해서는 사회서비스의 비분리성, 개별성, 무형성, 소멸성 등 다양한 특징을 이해해야 한다(최상미 외, 2020). 비분리성은 서비스 생산이 소비자의 상호작용을 전제하며, 동일한 생산자가 같은 서비스를 다수의 소비자를 대상으로 제공하더라도 소비자의 가치관, 참여, 상호작용, 정도 및 방식에 따라 결과물과 성과가 달라질 수 있음을 의미한다. 반대로 같은 소비자가 동일한 서비스를 받을지라도 서비스 제공자가 달라지면 서비스가 달라질 수 있는 개별성을 가진다. 또한 사회서비스는 사람을 투입하여, 사람을 통한 프로세스를 거쳐, 사람이라는 결과물을 도출하는 무형성과 서비스 제공 직후 소멸하는 소멸성이라는 특징을 가진다.

이러한 특성으로 인해, 사회서비스는 표준화가 어렵고, 사회복지조직의 성과관리 및 측정에 대한 한계가 존재한다(이정주, 2007). 첫째, 사회복지서비스의 특성상 명확한 성과가 나타나기까지 장기간 소요되거나 아예 나타나지 않을 수 있다. 둘째, 사회복지조직의 목표 또는 성과에 대한 '측정 모호성(evaluative ambiguity)'으로 인해 객관적이고 측정 가능한 성과 측정이 어려울 수 있다. 셋째, 사회복지조직은 외부환경에 많은 영향을 받고 있어 사업 재원, 인력운영 등에서 자율성을 확보하기 어렵다. 이러한 이유에서 사회복지조직의 종사자들은 성과 관리제 도입에 대해 부정적 견해를 취하기도 한다. 그러나 최근 사회복지 영역에 투입되는 자원의 증대와 함께 자원사용에 대한 책임성 검증 압력, 자원 확보를 위한 경쟁의 심화, 자원의 효율적 사용에 대한 강조와 함께 그 중요성이 증대되고 있는 사회복지조직의 성과관리는 시대적 요청이라 할 수 있으며, 사회복지기관들은 성과관리를 위한 노력을 지속하며 발전시켜 나가야 한다.

2) 성과관리 도구

성과관리는 조직을 관리하는 도구이자 일련의 과정이며, 이를 위해서는 측정할 수 있는 기준과 도구가 있어야 한다. 기존 사회서비스에 대한 성과평가는 전통적으로 효과성과 효율성에 초점을 두어왔으나, 이후 총체적 품질경영, 질 산출 등 이용자 관점에서 서비스 질에 초점을 둔 관점과 평가방법이 제안되었다. 사회복지영역에서 효과성과 효율성 중심의 평가가 지닌 한계를 보완하는 대표적인 접근인 서비스 질 관점을 반영한 평가방법으로 총체적 품질관리(Total Quality Management) 및 SERVQUAL(service quality) 등이 활용되어 왔다. 최근에는 사회복지조직들은 산출된 성과를 증명하기 위한 다양한 방법을 모색하고 있다. 그 과정에서 제안된 도구 중 재무적 성과와 비재무적 성과를 균형 있게 모두 고려해야 한다는 관점을 반영한 균형성과표(BSC : Balanced Score Card)와 사회적 가치 달성 수준으로 평가하는 사회적 투자 수익률(SROI : Social Return On Social Investment) 등이 제안 · 적용되고 있다. 다음은 사회복지조직의 성과관리를 위한 다양한 성과관리 기법 및 도구에 대한 소개이며, 사회복지조직에서의 적용을 검토하고자 한다.

(1) 총체적 품질관리(Total Quality Management)

총체적 품질관리(TQM : Total Quality Management)는 생산물(서비스)에 대한 품질을 강조하는 관리 방식이다. TQM은 1980년대 초반 기업조직에서 처음 제안한 것으로 기업의 경영에 있어 품질을 중심으로 하고, 모든 구성원의 참여와 고객 만족을 통한 장기적 성공지향을 기본으로 하여 조직의 구성원과 사회에 이익을 제공하는 목적으로 시작되었다. TQM은 조직의 모든 기능(마케팅, 재정, 생산, 고객 서비스 등)을 통합해서 소비자 욕구와 조직의 목표를 충족시키는 데 매진하는 것을 목표로 한다(김영종, 2013).

TQM에서는 여섯 가지의 원칙을 중요하게 다룬다(김제선, 2017). 첫째, 무엇보다 고객이 궁극적으로 품질을 결정한다. 둘째, 품질은 생산 또는 서비스 과정의 마지막 단계 이전인 초기단계부터 고려되어야 한다. 셋째, 품질이 변질되지 않도록 예방하는 것이 고품질 생산에 있어 핵심이다. 넷째, 품질은 조직구성원의 개인적 노력보다는 조직 체계 내에서 함께 일하는 사람들로부터 생겨나는 것이다. 다섯째, 품질은 투입과 과정의 지속적 개선으로부터 생겨나는 것이다. 여섯째, 품질의 개선은 모든 조직구성원의 참여와 헌신이 필요하다.

사회복지조직들이 TQM 모델을 활용한 성과관리에 관심을 두는 이유는 다음과 같다(Martin, 1993). 첫째, 현대사회의 사회복지조직은 클라이언트, 대중, 후원자로부터 신뢰성을 상실하는 품질의 위기를 경험하고 있다. 둘째, 양질의 서비스는 기관이 필요로 하는 고객을 확보할 수 있도록 해주며, 이는 잃어버린 신뢰성을 회복하는 계기를 만들 수 있게 해주기 때문이다. 셋째, 양질의 서비스 확보는 추가적 비용이 있어야 하는 것은 아니기 때문이다. 넷째, 과거의 다른 관리기법과는 달리 품질관리는 전통적 사회복지의 가치와 양립하는 이유이다.

사회복지 분야에서는 근래에 서비스 공급방식이 급속도로 변화하고 있다. 특히 재정 공급의 방식이 포괄보조금에서 바우처나 서비스구매계약 방식 등으로 바뀌면서, 기관 간 경쟁을 유발하는 제도적 환경이 조성되고 있다. 이는 비용 효과적으로 사회복지 서비스 품질 경쟁을 유도하겠다는 취지이므로 사회복지조직들은 TQM과 같은 성과관리 기법에 관심이 쏠릴 수밖에 없다. 다만, 일반산업 조직에 주로 적용됐던 TQM 모델을 활용한 성과관리 도구가 모든 사회복지조직에 변용할 수 있는지에 대한 논의와 고민이 필요하다.

(2) SERVQUAL

서비스 품질은 추상적이고 주관적이어서 객관적인 평가방법을 개발하는 것은 어려운 일이기 때문에, Parasuraman 등(1985)은 "고객이 경험하는 불만을 포착하기 위해, 서비스 제공자들은 현장에서 무엇이 벌어지는지 당신 눈으로 직접 확인하고, 그걸 습관으로 만들어야 한다"라고 주장하며, SERVQUAL이라는 서비스 측정항목들을 개발하였다. 이러한 측정항목으로 고객들의 서비스에 대한 기대와 성과를 각각 측정하도록 성과관리 도구가 구성되었고, 이들 간의 차이를 바탕으로 서비스 품질을 측정하도록 하였다.

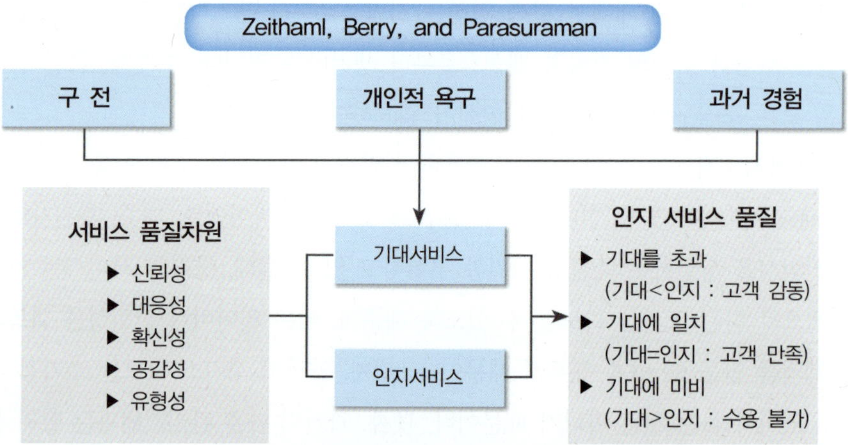

|그림 11-1| SERVQUAL 모델

출처 : Parasuraman et al.(1985).

SERVQUAL 모델은 초점집단면접을 통해 서비스에 영향을 미치는 다섯 가지 요소로 신뢰성, 대응성, 확신성, 공감성, 유형성을 제안하였다.

- 신뢰성 : 약속한 서비스를 정확하고 믿을 수 있게 수행하는 능력
- 대응성 : 고객을 기꺼이 돕고 신속한 서비스를 제공하는 것
- 확신성 : 서비스 수행 지식 및 기술, 서비스 제공자의 예절, 정직성 등
- 공감성 : 고객들의 욕구를 파악하기 위한 노력, 커뮤니케이션, 쉬운 접근성 등
- 유형성 : 물리적 시설, 장비, 서비스 제공자의 용모 및 복장

SERVQUAL 모델에 따르면, 고객이 인지한 서비스 질은 기대 수준과 실제로 인지된 서비스 질의 부합 정도에 의해 결정되므로, 높은 서비스의 질을 위해서는 고객의 기대에 부응하거나 그보다 높은 수준의 서비스를 제공해야 한다. 따라서 기대 수준 또한 서비스를 결정하는 중요한 요소인데, 고객의 기대 수준은 구전(입소문)이나 개인적 욕구 수준, 과거의 경험, 외부와의 커뮤니케이션 등에 의해 결정된다.

SERVQUAL 모델은 서비스 질의 개념과 구성요소를 규정하고 성과측정도구를 제안했다는 점에서 의미를 갖는다. 하지만 기대와 인지의 불일치를 통해 서비스의 질을 설명함으로써 기대의 중요성을 지나치게 강조한다는 점, 서비스 질을 결정하는 요소를 일부만 반영한다는 점 등은 한계로 지적된다(최상미 외, 2020).

(3) 균형성과표(Balanced Score Card)

균형성과표(BSC : Balanced Score Card)는 다양한 차원의 조직성과를 고려한 지표로 구성된 도구로서 Kaplan과 Norton(1992)이 재무적 지표 중심의 전통적 성과평가시스템의 한계를 극복하고자 개발하였다(Worth, 2013). 전통적 성과평가시스템은 단기적 관점을 가지고 있는 반면, BSC는 종래의 재무적 성과 이외에 지식역량, 고객만족, 조직의 전문성, 성장 가능성 등 무형의 가치를 평가할 수 있는 성과관리기법을 제시한다. 또한 BSC는 ① 균형적인 성과측정시스템, ② 비전달성을 위한 전략적 조직관리 시스템, ③ 조직구성원의 참여와 합의를 중시하는 의사소통 도구라는 세 가지의 개념적 특징을 가지고 있다.

BSC는 네 가지 측면을 고려하여 조직의 성과를 측정한다. BSC의 네 가지 측면은 재무성과지표를 포함한 재무적 관점(financial perspective), 소비자 만족도를 포

함한 고객 관점(customer perspective), 조직의 효율성과 질의 측정을 포함한 내부 프로세스 관점(internal process perspective), 환경에 변하는 조직능력의 측정을 포함한 학습과 성장 관점(learning & growth perspective)에서 성과를 다룬다(Kaplan & Norton, 1992). 네 가지 차원별 각 관점의 주요 질문과 측정지표와 구성은 |그림 11-2|, 〈표 11-1〉와 같다.

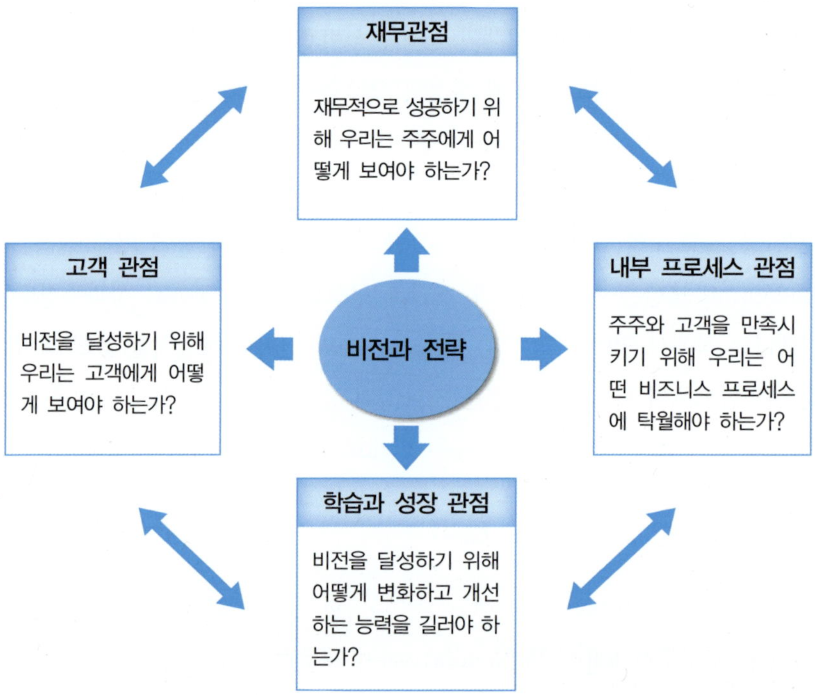

|그림 11-2| BSC의 네 가지 관점과 비전 · 전략

출처 : 이정주(2007).

BSC 도입을 위해 사회복지조직이 고려할 사항은 다음과 같다(이정주, 2007).

첫째, BSC 도입범위를 명확히 설정해야 한다. 사회복지조직은 BSC 추진범위를 처음부터 전체 조직단위로 실시하지 말고 우선 조직의 핵심 프로그램 단위에서 BSC를 시행하면서 조직구성원들에게 BSC에 대한 운영경험을 축적하게 하고 BSC의 실효성에 대해 신뢰하도록 하는 것이 중요하다.

둘째, 최고관리자가 BSC를 추진하는 데 절대적인 지지와 관심을 가져야 한다. 특히 BSC를 구축하고 이에 따른 실행성과를 확보하려면 인력과 재원의 지원이 필수적이다. 따라서 이를 적극적으로 지원할 수 있는 최고관리자의 관심은 절대적이다. 특히 성과관리와 관련된 각종 교육 및 워크숍에 직접 참여하여 성과관리에 대한 공감대 형성과 수용성을 높이는 것이 중요하다.

셋째, BSC를 실효성 있게 운영하려면 조직별 중장기전략계획, 중기인력계획, 발전계획 등 보편적인 중장기 전략계획이 먼저 내실화되어야 한다. 중장기경영혁신전략을 수립하여 BSC 도입의 타당성을 검증하고, BSC의 성과지표를 구성하는 데도 조직의 중장기 전략과 연계하는 기준을 확보함으로써 BSC 도입의 안정성을 도모할 수 있다.

〈표 11-1〉 BSC의 주요 질문과 측정지표

관 점	주요 질문	측정지표
학습과 성장	(비전을 성취하기 위해) 어떻게 우리의 능력을 변화시키고 개선할 수 있도록 유지하는가?	구성원의 역량, 구성원의 만족, 정보의 이용 가능성
내부 프로세스	(고객들을 만족시키기 위해) 어떤 과정을 추진해야 하는가? 우리가 반드시 해야 하는 것은 무엇인가?	고객 관리, 조직 운영, 조직 규범, 조직문화
고 객	(우리의 비전을 성취하기 위해) 우리는 고객들에게 어떻게 보여야 하는가? 우리의 주된 고객은 누구이며, 그들에게 서비스를 제공하는 데 있어 우리의 중심가치는 무엇인가?	고객 만족도, 고객 확보율, 고객 유지율
재 무	(재무적으로 성공하기 위해) 우리는 주주들에게 어떻게 보여야 하는가?	이익률, 원가 절감, 자산 활용

출처 : 최상미 · 김아래미(2020).

넷째, BSC를 구축하는 과정에서 반드시 조직의 비전과 전략목표를 명확하게 설정해야 한다. 설정한 비전과 전략목표에 따라 중장기 전략과 단기적 실행전략이 도출되어야 함은 당연한 일이다. 대부분 사회복지조직은 단기간 사업계획을 중심으로 사업을 진행하는 관행 때문에 설령 중장기 전략이 수립되었다 하더라도 전략적 행위를 내실 있게 수행하지 못할 수 있다. 이를 극복하기 위해 사회복지 행정가는 조직의 비전과 전략목표를 조직구성원에게 잘 알리는 방안을 마련하여야 한다.

BSC는 무형의 가치를 측정할 수 있는 성과관리기법으로 사회복지조직이 다루는 클라이언트 만족도, 사회복지전문가의 전문성, 내부 프로그램 운영의 효과성 등 무형적 가치를 성과관리하는 방법론이라는 점에서 사회복지조직의 적용 가능성이 크다. 또한 조직구성원의 참여와 합의를 요구하는 일련의 BSC 구축과정에서 사회복지행정가의 리더십도 학습되고 성장할 것이다. 반면 BSC가 무형의 가치를 측정할 수 있는 도구이지만 사회복지조직이 다루는 무수한 무형적 가치를 모두 관리할 수 있을 것인지는 보장할 수 없다. 조직의 비전을 재정립하고 달성 가능한 조직목표를 설정한다고 하더라도 이를 측정 가능한 지표로 바꾸는 데는 어려움이 따를 수 있다(이정주, 2007).

(4) 사회투자수익률(SROI : Social Return On Social Investment)

사회투자수익률(SROI : Social Return On Social Investment)은 조직이 창출하는 사회적·환경적·경제적 가치의 산출을 유형의 화폐화된 가치로 환산하여 보여주는 평가기법이다. SROI는 로버츠기업개발기금(REDF : Roberts Enterprise Development Fund)에 의해 2000년에 처음 시작되었으며, 영국의 신경제 재단(New Economic Foundation)이 이를 지원 및 공동 개발하였다. 2003년 New Economic Foundation은 해들리 신탁(Hadley Trust)의 지원으로 SROI가 영국의 상황에서 검증 및 개발될 수 있는 방법을 연구하기 시작했고, 현재 그 유용성을 입증해 전 세계 비영리기관과 단체들에게로 SROI 기법을 확산시키고 있다(조영복·류정란, 2010).

SROI의 목적은 불평등과 환경파괴를 줄이고 사회적·환경적·경제적 비용과 효익을 결합하여 복지를 증진시키는 것이다. SROI는 사회적·환경적·경제적 결과물을 측정함으로써 만들어진 변화에 관해 이야기하고, 그것들을 상징하기 위해 금전적 가치를 사용하여 표현한다. 예를 들어, 3 : 1의 비율은 100만 원을 투자하여 300만 원의 사회적 가치를 얻는 것을 나타낸다. SROI는 '돈(money)'에 관한 것이라기보다는 '가치(value)'에 관한 것이다.

전통적인 투자자본수익률(Return On Investment)과 SROI의 차별성은 〈표 11-2〉와 같이 현재 가치에 경제적 가치에 사회적 가치를 포함하여 평가하는 것이다. SROI는 각 요소의 편익을 구한 뒤 총합을 통해 성과를 가시적으로 보여준다. 재무적 가치는 높은 가치를 창출하지만, 재무적 가치에만 초점을 맞춘다면 사회적으로 더 중요하게 여겨지고, 많은 중요한 것들을 놓칠 수도 있다. 이러한 측면에서 SROI는 조직 활동의 사회적 영향력을 화폐가치로 표현하는 방법론을 제시하기 때문에 일반기업이나 사회적기업뿐 아니라, 사회적 · 환경적 성과를 내는 다양한 비영리단체, 공공기관 등에 높은 활용성을 가진다(이승규 · 라준영, 2010).

〈표 11-2〉 ROI와 SROI의 비교

ROI(Return On Investment)	SROI(Social Return on Investment)
시장에서 발생한 수익/총투자	기업가치(경제적 가치+사회적 가치)/총투자
어떤 조직의 성과 창출 능력을 파악하고 이해하는 여러 방법 중, 가장 기초적인 지표로 활용되고 있다.	조직의 사회적 성과에 대한 투자 수익률, 즉 비용대비 창출되는 사회적 가치를 파악하는 것이 SROI이다.
A와 B 모두 10억 원의 수익을 냈다 해도 투자자본이 A는 50억, B는 60억이라면 A가 더 효율적으로 경영했다. 이를 수치화한 것이 ROI이다.	한 조직이 창출하는 사회적 · 환경적 · 경제적 가치의 산출을 유형의 화폐화된 가치로 환산하여 보여주는 방법이다.

출처 : 영국 제3부문처(Office of the Third Sector)에서 발간한 『SROI : 사회적 투자수익률 측정 가이드(A guide to Social Return on Investment)』를 한국사회적기업연구원에서 번역한 내용을 기준으로 작성함.

SROI의 구체적인 유용성은 다음과 같다(조영복 · 류정란, 2010). 첫째, 조직의 전략적 토의를 촉진하고 하나의 활동이 만들어 내는 사회적 가치를 이해하고 최대화하도록 도움을 준다. 둘째, 긍정적이든 부정적이든 예상하지 못했던 결과들을 관리하는 적절한 자료로 활용될 수 있다. 셋째, 변화를 만들어 내는 데 이바지하는 다른 다양한 조직이나 사람들과 함께 일하는 것에 대한 중요성을 인식시켜 준다. 넷째, 조직이 달성하고자 하는 것과 조직의 이해관계자들이 원하는 것 사이의 공통적인 기본적 이해를 확인할 수 있고, 사회적 가치를 최대화하도록 기여한다. 다섯째, 회계에 대한 서비스를 받을 수 있도록 하고 서비스 설계에 의미 있게 참여하도록 이해관계자들과의 공식적인 대화 창구를 만든다.

SROI 측정가이드(Measuring Value : A Guide to Social Return on Investment)에서 제시하고 있는 SROI 분석의 6단계는 다음과 같다.

〈표 11-3〉 SROI 분석의 6단계

1단계. 범위 설정과 핵심 이해관계자 확인

SROI 분석을 수행할 범위와 그 분석 과정에 참여할 이해관계자의 범위와 방법에 관해 명확한 경계를 설정하는 것은 중요하다.

2단계. 결과물 맵핑

이해관계자를 참여시키는 것을 통해 투입물(inputs), 산출물(outputs), 결과물(outcomes)의 관계를 보여주는 영향력 지도(impact map)나 변화 이론(theory of change)을 개발할 수 있다.

3단계. 결과물을 명시하고 가치 매기기

이 단계는 결과물이 실제 일어났는지의 여부를 보여주는 자료를 찾고 그것에 가치를 산정하는 일을 수반한다.

4단계. 영향력 확정하기

결과물에 대해 수집된 증거와 화폐화된 가치를 가지고 그러한 변화가 일어난 것으로 확정하든지 아니면 다른 요인의 결과로 고려대상에서 제외할 수있다.

5단계. SROI 산출하기

이 단계는 모든 편익을 합하고, 부정적인 사항들을 공제하고, 투자에 대한 결과를 비교하는 일을 수행한다. 또한 결과에 대한 민감도도 검토할 수 있다.

6단계. 보고 및 활용, 그리고 내재화

잊어버리기 쉬운, 중요한 마지막 단계는 이해관계자들과 결과를 공유하고, 그들의 질문에 응답하고 모범적인 결과물 처리과정과 보고서의 검증을 내재화하는 것을 포함한다.

출처 : 조영복 · 류정란(2010).

SROI 분석은 다양한 목적을 충족시킬 수 있다. 전략적 계획화, 개선(improving), 영향력 설명, 투자 유치 혹은 투자의사 결정을 위한 도구로서 유용하다. 경영자들에게는 시간과 돈을 지출하는 의사결정에 직면했을 때 선택을 위한 지침으로도 유용할 수 있다. 하지만 이러한 장점들에도 불구하고 사회적 가치라는 무형의 성과를 측정하는 데에서 오는 어려움 때문에 정교한 산출식의 개발과 적용은 활발한 논의에 비해 쉽게 이루어지지 않고 있다.

이처럼 다양한 성과관리 기법과 도구가 있음에도 불구하고, 사회복지조직 적용의 한계는 있다. 그러나 사회복지조직에 있어 성과관리에 대한 도입은 필수적이다. 사회복지조직의 성과관리 도구라는 부담을 가지고 접근하기보다는 새로운 관리 철학으로 접근하면 성과관리에 대한 이해가 쉬울 것이다. 현대조직은 영리나 비영리성 여부를 떠나 생존을 목적으로 하고 있다. 따라서 구성원의 업무성과를 높이고 고객과 이해관계자를 만족시키는, 즉 조직 효과성을 높이는 관리기법은 일종의 생존을 위한 도구이다. 이러한 점에서 사회복지조직도 그동안 취해온 성과관리에 대한 소극적인 태도를 개선해야 할 필요가 있다.

3. 사회복지시설 평가의 현실과 대책

1) 사회복지시설평가제도의 도입배경 및 목적

사회복지시설평가제도는 사회복지서비스 분야의 양적 팽창에 따라 "투입된 공공자금에 대한 책임성" 검증에 대한 압력이 높아지면서 그 필요성이 대두되었으며, 사회복지시설의 투명성과 서비스의 질 제고를 통한 서비스 이용자의 삶의 질 향상을 목적으로 하고 있다. 1998년 당시 IMF라는 국가적 경제 위기 아래에서 사회복지 분야에 대한 재정 지출은 늘었으며, 사회복지 서비스 공급의 양적 확대에 따라 시설 운영 합리화, 서비스 품질 향상, 사회복지 재원의 효율적 사용 등 평가의 당위성이 제기되었다.

사회복지시설의 평가는 1996년 서울시의 사회복지관 평가 도입에 따라 최초 시행되어 1998년 개정된 사회복지사업법 및 시행규칙에 근거하여 전국 사회복지시설에 대한 평가 업무를 제도화하였으며, 1999년부터 사회복지시설에 대한 평가가 3년 주기로 시행되어 오고 있다. 사회복지서비스는 지속적으로 발전하여 이용자 중심, 인권 및 안전 중시의 사회복지 패러다임 변화를 반영한 평가 체계가 필요하게 되었으며 현재까지 8기 평가가 진행되었다.

사회복지시설평가는 사회복지사업법 제43조의2 및 같은 법 시행규칙 제27조의2에 의하여 3년마다 사회복지시설에 대한 평가를 시행하고 있다.

사회복지사업법	사회복지사업법 시행규칙
제43조의2(시설의 평가) ① 보건복지부 장관과 시·도지사는 보건복지부령으로 정하는 바에 따라 시설을 정기적으로 평가하고, 그 결과를 시설의 감독, 지원 등에 반영하거나 시설 거주자를 다른 시설로 보내는 등의 조치를 취할 수 있다.	**제27조의2(시설의 평가)** ① 보건복지부장관 및 시·도지사는 법 제43조의2의 규정에 의하여 3년마다 시설에 대한 평가를 실시하여야 한다.

이러한 배경과 의도를 가지고 도입된 사회복지시설평가가 도입되는 사회복지시설평가의 목적은 다음과 같다(사회복지시설정보시스템 홈페이지). 첫째, 사회복지시설에 대한 평가를 통하여 사회복지시설의 운영 효율화 및 서비스의 질을 제공함으로써 사회복지시설 이용자, 생활자에 대한 사회복지서비스의 질 향상을 도모한다. 둘째, 합리적 평가지표와 평가체계의 개발을 통한 사회복지시설에 대한 객관적인 평가 틀을 마련한다. 셋째, 전국적인 사회복지시설 평가를 통하여 사회복지시설 운영수준에 대한 지역별·시설 종류별의 차이를 파악하고, 이의 개선을 위한 사회복지시설 운영수준의 균형화 대책 마련을 위한 기초 자료를 확보한다. 넷째, 사회복지시설 증대에 따른 사회복지시설 운영 상태에 대한 정보제공으로 사회복지시설에 대한 국민의 선택권을 확대 및 보장한다. 다섯째, 국민에게 직접 복지서비스를 제공하는 사회복지시설의 기능 강화를 통해 사회안전망을 강화하고 시설 운영의 선진화를 통하여 국민의 복지 수준 향상에 기여한다.

2) 사회복지시설평가의 역사 및 평가절차

사회복지시설평가는 시설의 유형별로 실시되어 2019년까지 제7기 평가가 마무리되었고, 2020년부터 제8기 평가가 실시되었다. 지금까지의 평가 시행 현황은 〈표 11-4〉와 같다.

〈표 11-4〉 사회복지시설평가 실시 현황

<table>
<tr><th>시행기관</th><th>아 동</th><th>장애인</th><th>여 성</th><th>성 인</th><th>노 인</th></tr>
<tr><td>한국보건사회연구원
(1~2기)</td><td rowspan="4">- 아동복지시설</td><td rowspan="4">- 장애인복지관
- 정신요양시설
- 정신재활시설 (구 정신지체 시설 ⇒ 사회 복귀 시설)
- 장애인거주시설
- 장애인단기거주 시설
- 장애인공동생활 가정
- 장애인직업재활 시설(구 장애인 복지시설)</td><td rowspan="4">- 한부모가족복지 시설(구 여성생 활시설 ⇒ 모자복지시설 ⇒ 모부자복지 시설)</td><td rowspan="4">- 사회복지관
- 노숙인복지 시설</td><td rowspan="4">- 노인요양시설
- 양로시설
- 노인복지관
- 노인생활시설
- 노인복지회관
* 노인요양시설은 장기 요양기관 평가로 전환 : 1기 이후 시설평가에서 제외)</td></tr>
<tr><td>한국사회복지협의회
(3~6기)</td></tr>
<tr><td>사회보장정보원
(7~8기 ~'21년)</td></tr>
<tr><td>중앙사회서비스원
(8기 '22년~)</td></tr>
</table>

- 1999~2003년 : 1~2기 평가는 한국보건사회연구원의 학술용역과제로 시행하였으며, 7개월 또는 9개월의 연구기간 내 실시하도록 발주되는 방식으로 5년간 평가제도 실시
- 2004년 7월 : 사회복지사업법 개정을 통해 사회복지시설평가에 대한 평가위탁 근거 마련
- 2004~2016년 : 3~6기 평가는 한국사회복지협의회에서 위탁받아 수행
- 2017~2021년 : 7~8기(2021년)까지 사회보장정보원에서 위탁받아 수행
- 2022~ : 8기(2022년)부터 중앙사회서비스원에서 평가 업무를 수행

사회복지시설의 평가 절차는 평가준비, 평가수행, 평가공표의 단계로 추진되며, 평가수행과정의 시작인 자체평가에서 평가결과에 대한 통보까지 사회복지시설정보시스템을 통해 진행되고 있다.

단 계	내 용	세부내용	일 정
1. 평가준비	사회복지시설 평가위원회 개최	평가운영 평가지표개발논의	2월
	대상시설 통보	시 · 도 및 대상시설	3~4월
	현장평가위원 검증 · 위촉	추천 및 위촉(시 · 도) 검증(정보원)	5~6월
2. 평가수행	자체평가	평가대상시설	5~6월
	현장평가	현장평가팀(3인 1팀) 평가대상시설 준비	7~8월
	이의신청	이의신청 접수 및 처리	7~8월
	1차 평가결과 분석	현장평가데이터 분석	8월
	확인평가	우수시설 및 이의신청 시설 등	9~10월
3. 평가공표	최종분석	유형별 평가결과 분석	11~12월
	사회복지시설 평가위원회 개최	평가결과 확정 등	12월
	평가결과 공표	결과발표	12~1월

|그림 11-3| 사회복지시설 평가 업무절차

- 자체평가 : 평가대상 사회복지시설은 배포된 평가지표 편람을 이용하여 각 기관의 자체평가 실시 후, 해당 평가서를 사회보장정보원의 '사회복지시설정보시스템 내 평가시스템'에 입력
- 현장평가 : 각 기관의 해당 일정에 따라 시 · 도에서 위촉된 현장평가위원이 대상시설 방문 후 기관별로 제출한 자체평가서를 기초로 하여 평가근거자료를 확인하고, 자체평가 내용과 다른 사항은 조정하여 점수 부여

- 현장평가 점수를 토대로 정량지표 분석 기준을 적용하여 유형별 데이터 분석, 각 현장평가단, 지역별 평가결과 및 편차를 분석하여 확인평가 자료로 활용

• 확인평가 : 현장평가 종료 후 평가위원 만족도 조사 및 이의신청에 따라 실시, 현장평가위원 종합소견 및 평가위원 만족도 등을 종합적으로 검토하여 확인평가 대상시설 선정 및 확인평가 수행[2]

- 확인평가는 이의신청을 한 시설, 평가위원 만족도 점수가 낮은 시설, 동일 지역 내 동일 현장평가단 평가결과 점수 차이가 큰 시설, 전 평가점수 대비하여 평균 향상 폭이 큰 지역의 시설 등이 대상

• 결과분석 및 공개 : 사회복지시설정보시스템 내 시설평가시스템을 통해 시설별 평가결과 통보(등급, 강점 및 취약지표, 종합소견, 등급분포 등)

• 평가결과 보고 및 정책제안 : 포상, 인센티브 지원 등에 활용 등 사후조치 시행[3]

3) 평가결과 활용

평가결과는 다양하게 활용되고 있는데, 구체적으로 살펴보면 다음과 같다.

• 우수시설 인센티브 지원 : 평가결과 우수 및 개선시설에 대한 인센티브 지급

• 취약시설에 대한 품질관리지원 강화 : 사회복지시설 운영상 취약한 분야에 대한 역량교육 등 실시

- 복지서비스 품질지원단을 구성, 운영하여 평가결과 하위시설의 운영 개선사항에 대한 자문 실시
- 시설유형별 우수 사례발표 및 특강, 인권교육 등 노하우 공유 유도

• 시설종사자 직무교육 교과개발 : 사회복지시설 평가결과, 사회복지시설 운영 취

2 확인평가자는 평가시설의 유형 분야 학계위원, 사회보장정보원 담당자로 구성되어 실시하고, 현장에서 시설평가에 대한 평가위원의 모든 평가가 종료되면 최종결과는 현장에서 바로 시설 담당자 및 책임자에게 전달함. 한편 결과에 대해 이의를 제기하는 기관 및 평가팀 간 편차가 큰 시설을 중심으로 확인평가 시행

3 평가결과는 우수시설과 개선시설로 구분
우수시설 : 당해연도 평가 대상에 대해 시 · 도 및 권역별 상위 5~10% 이내
개선시설 : 이전평가 대비 20점 이상 상승한 시설

약부분에 대한 교육과정을 개발하여 사회복지시설 운영자와 종사자를 대상으로 하는 교육을 시행함으로써 사회복지시설 운영의 선진화 지원

- 사회복지시설 발전과제 제시 : 사회복지시설 평가 데이터를 활용하여 사회복지시설 발전 관련 정책개발 후속 연구 실시

4) 사회복지시설 평가의 한계와 과제

사회복지시설의 평가의 여러 가지 긍정적인 효과와 효용성에도 불구하고, 사회복지시설 평가가 갖는 한계와 개선방안은 다음과 같다(최기정, 2018).

(1) 현행 사회복지시설 평가의 한계

① 평가지표의 양적과다와 사회보장사업 중복평가 지속으로 시설의 평가 부담이 과중하다.

- 1999년 한국보건사회연구원의 시범사업 평가를 시작으로 각 사회복지시설은 3년 주기로 평가대상이 되었으며, 특히 여러 유형(사회복지, 전자바우처, 장기요양 등)의 사업을 실시하는 경우 연내 2회 이상, 또는 매년마다 평가대상이 되는 사례 발생
- 안전관리, 회계, 재정 투명성, 환경기준 등의 경우는 복지시설의 다른 사업의 평가지표에도 중복되며, 법적 의무사항과 관련된 지방자치단체 현장지도점검과도 대체로 중복되는 경우가 많아 평가 자체를 위한 시설의 행정력 낭비가 고착화되어 있는 상태임

② '시설(하드웨어)' 및 운영법인 감독에 맞춰진 평가지표라는 한계성이 제기된다.

- 현행 사회복지시설 평가지표들은 사업 종별 구분 없이 모두 적용되는 공통지표와 사회복지서비스 및 대상자의 특성에 따른 개별지표로 구분되어 있으며, 공통지표는 당해연도 평가대상 모든 분야에 적용하는 기본적인

지표로 시설관리 부분, 재정(보조금사용 및 법인 운영금 등) 및 조직운영, 직원관리 등이 중심내용임

- 외향적으로 규모가 큰 기관이나, 법인의 안정성과 체계적인 정도의 여부가 위탁을 맡아 운영하는 소관 사회복지사업 관리 전반에 이점을 가질 수 있지만, 동일한 서비스의 경우에도 이용자의 특성에 따라 개별적인 서비스로 인식되는 사회복지서비스의 다양성을 고려할 필요가 있음
- 시설의 하드웨어 관련 지표는 초기 시설 운영에 중요한 평가요소였으나, 대부분 법적 의무사항으로 여러 사업에 중복되어 있는 실태이며 효율적 운영검토가 필요함

③ 평가결과와 상반되는 인권침해 등 사회문제를 발생을 반영하는 것이 기존 평가방식으로는 한계가 있다.

- 사회적으로 문제가 되는 인권침해의 문제가 사회복지시설에서 종종 발견되어 매스컴을 통해 확인되고 있음. 특히 인권침해의 문제로 지탄을 받은 일부 기관 중에는 우수기관으로 평가된 기관도 있어 현행 평가지표에 한계가 있음이 드러나고 있음
- 물론 예상되는 모든 문제를 지표에 포함시켜야 하는지의 논의는 검토 주제이지만, 인권에 대한 부분을 현행 지표로만 확인하기에는 한계가 있어 최근 벌어지는 인권침해 문제에 대한 사전 정비가 확인되는 데 어려운 상태라고 볼 수 있음

(2) 사회복지시설 평가 운영 개선방안

① 사회복지시설 서비스 평가에 실효성 있는 지표 구성 및 평가지표를 간소화하여야 한다.

- 사업의 특수성과 관계없이 공통적으로 이루어져야 하는 시설 자체의 편의성, 법적 의무화가 명시된 소방안전 및 응급상황, 화재예방 등 일반적 시

설 안전 방침과 관련된 지표는 시설평가 외에 지방자치단체 지도점검을 통해 안전성 확보가 가능한지를 검토하여 개선방안을 제시할 필요 있음

- 그에 따라 시설 평가와 내용 및 시기가 유사할 경우, 해당 지표에 대한 삭제 방안을 재논의하여 시설평가 외에 다른 사업 간의 평가지표의 중복제거 방안을 시설평가지표에서 적용할 필요가 있음
- 재정운영 및 법인 안정성 등에 대한 지표의 경우, 사회복지시설 위탁 등 해당 사업의 중장기적 지속과정에 검토되어야 하는 중요 요소이나, 운영법인 관련 지표결과와 실제 효과적 사업 운영 간에 상관관계를 검토해 보고 그 실효성에 맞는 지표로 재구성하는 것이 요구됨

② 사회복지시설 평가 객관성과 실효성 확보 방안이 필요하다.

- 시설의 운영관리 및 서비스 질이 평가결과에 가장 큰 영향을 미치고 있으나, 당해 연도 평가지표에 대한 시설 담당자의 인지 정도 여부에 따른 사전 준비, 서면 자료 마련이 좋은 평가점수에 영향을 미칠 수 있다는 것은 이미 공공연하게 나타나고 있음
- 지표만으로는 사회적으로 이슈가 되고 있는 인권침해의 문제 등을 자세히 살펴볼 수 없는 구조로 현행사회복지시설 평가에 대한 평가 방식의 전반적 검토가 필요한 시기이며, 기관 – 종사자, 종사자 – 이용자, 기관의 서비스 – 이용자 등의 여러 측면을 골고루 검토할 수 있는 평가 방식 제고가 필요함

③ 실질적으로 사회복지시설을 포함한 다른 제도와의 관계를 분석해서 지표를 개발하고 체계를 구성하기 위해서는 평가 전반을 아우르는 전담기구가 필요하다.

- 평가 전담기구가 설치될 경우 각 흩어진 사업별 평가 지표에 대한 다각적인 분석과 각 분야별 외부 현장평가 수행 인력에 대한 관리 등이 종합적으로 운영될 것으로 예상
- 평가 전담기구에 대한 사회적 합의를 통해 국가 재정이 확보된다면, 인력

관리의 기능을 강화한 해당 기관 내에 각 사업별 분야별 평가 전담직원을 두고 운영하여 실제 기관의 평가가 사업별 평가로 운영하되, 수행하고 있는 사업 전반을 전담기관을 통해 통합시스템으로 평가체계가 구상된다면, 수감기관 및 주관기관의 업무 효율성이 예상됨

- 평가 전담기구를 통한 사업별 체계화된 구조로 평가제도가 실시될 경우 그 결과에 대한 사업별 세부적인 결과의 신뢰성이 강화되며 이는 이용자의 기관선택 활용에 유용한 기제로 작용할 것임

이러한 사회복지시설 평가의 한계를 극복하고 사회복지시설에서 발생하는 인권 유린 등의 문제를 해결하고, 시설 서비스의 질을 높이기 위해 사회복지시설 평가의 방식이 더 고도화되고 있다(양난주, 2014).

실례로 제8기 사회복지시설평가부터 일부 공통지표가 삭제 · 통합되고, 소규모 시설 평가체계를 개선하여 시설 부담을 낮추었으며, 시설운영 전반에 대한 질적 평가가 포함되는 등 다양한 변화가 일어나고 있다. 지난 20여 년간 추진해 온 사회복지시설 평가의 목적은 효율적인 기관 운영에 초점이 맞춰졌다면, 앞으로는 사회복지서비스에 대한 사회서비스 개념 확대를 발판삼아, 점차 서비스의 질, 성과평가 및 이용자와 종사자의 인권 보호에 대한 확인평가가 될 수 있는 전환을 유도하고 구체화에 대한 고민이 필요하다.

4. 사회복지 프로그램 평가

1) 사회복지 프로그램의 성과 및 평가의 이해

사회복지 활동에서 평가는 중요한 의미를 띤다. 사회적으로 귀중한 자원을 할당받아 활동하는 처지에서는 그에 따른 정당성과 책임성을 제시할 당연한 의무가 있으며, 평가는 일차적으로 그러한 대내외적으로 책임성을 제시해야 할 필요성과 결

부되어 있다. 사회복지행정에서 평가의 의의는 서비스, 조직, 프로그램, 전달체계의 관점에서 각기 자기-성찰의 메커니즘을 제시하는 것에 있다. 이러한 의미에서 사회복지서비스의 책임성 증진을 위해 노력을 기울이는 것은 사회복지조직의 본원적 소명이라 할 수 있다(김영종, 2013).

사회복지 프로그램을 평가하기 위해서는 먼저 성과측정을 해야 한다. 프로그램 성과를 측정한다는 것은 프로그램들의 효율성, 품질, 효과성 등에 대한 정보를 규칙적으로 수집하고 보고하는 것이며, 성과측정의 주요 질문은 다음과 같다.

- 프로그램이 성공적으로 그것이 목표로 하는 것을 성취하였는가?
- 수혜자들이 프로그램으로부터 서비스를 받은 이후 어떻게 달라졌는가?

즉, 사회복지 프로그램 성과는 프로그램 후에 발생하는 개인, 집단, 가족, 조직, 지역사회에 대한 의도된 변화나 개선을 의미한다. 성과는 산출과 다른 의미이며, 명백히 구별해야 하는 개념이다. 산출이 프로그램 제공자 입장에서의 결과 기대라면, 성과는 대상인구 참여집단에 기대되는 결과를 말한다. 예를 들자면, 성과와 산출은 〈표 11-5〉처럼 구분된다.

〈표 11-5〉 산출과 성과의 구분

구 분	산출(output)	성과(outcome)
개 념	제공자의 입장에서 행해진 노력, 실적에 가까운 개념	프로그램이 표적대상에 가해진 개입을 통해 개입 이전과 비교해 다르게 나타나는 변화를 의미
예 시	• 지역사회 자원봉사자들을 훈련시킨다. • 장애인들을 직업재활 훈련에 참여시킨다. • 자활사업 참여자들에게 재정관리 기술을 가르친다.	• 지역사회의 인적자원 역량이 증가한다. • 장애인들의 직업역량과 취업률이 향상된다. • 자활사업 참여자들이 재정관리를 효과적으로 한다.

휴먼서비스의 특성상 성과가 인간 변화에 밀접하게 연관되어 있기 때문에 사회복지 프로그램의 성과를 개인이나 개별 클라이언트 차원에 국한된 것이라고 보는

경향이 있다. 그러나 사회복지 프로그램의 개입수준에 따라 개인, 집단, 가족, 조직, 시스템, 지역사회 차원에서 나타날 수 있다.

〈표 11-6〉 개입수준에 따른 성과 차원의 예

초점의 차원	예
개 인	장애인이 지역사회에 적응한다.
집 단	지역사회집단이 '마을만들기' 사업에 참여한다.
조 직	기관 내 의사소통 방식이 바뀐다.
시스템	개별서비스들에 대한 통합 시스템을 만든다.
지역사회	지역사회의 빈곤율이 감소한다.

한편 프로그램 개입의 성격, 개입시간 등에 따라 단기 · 중기 · 장기로 구분되어 확인될 수 있다. 〈표 11-7〉의 예는 단기와 중간, 최종 성과를 '학습 → 행동 → 임팩트'와 같은 교육학적 논리로 구분하고 연결시킨 경우다. 이러한 성과 논리를 가진 프로그램은 대개 초기 성과인 '학습'을 위한 서비스 활동과 산출에 관련된 개입 전략을 갖출 것이다.

〈표 11-7〉 개입시간에 따른 성과구조의 예

단기(즉시) 성과	중간 성과	최종 성과
가족들이 지출계획을 어떻게 세울지를 안다.	가족들은 지출계획을 사용한다.	가족들이 저축을 늘리고, 빚을 줄인다.
생산자들은 지역과 거시 시장을 분석할 수 있는 지식과 능력이 커진다.	생산자들은 보다 근거 있는 마케팅 결정을 내린다.	생산자들은 시장 점유율을 늘린다.
지역 주민들은 지역사회 아동보육의 필요성을 보다 더 인식하게 된다.	주민들이 대안을 논의하고, 합동계획을 작성한다.	지역의 가족들은 지역사회 내 아동 보육의 욕구가 충족된다.

출처 : 김영종(2013).

사회복지 프로그램 평가란 '논리적이고 과학적인 사정방법을 사용하여 사회복지 프로그램과 개입 기술이 목표하는 바를 어느 정도 달성하였는지를 측정하는 것'이라 할 수 있다. 프로그램 평가의 목적은 평가대상으로서의 사회복지 프로그램, 조직, 혹은 정책에 대한 가치판단, 개선, 효용성 판단, 운영의 효과성 증진, 책임성 제고를 촉진하는 것이며, 사회복지 프로그램 평가의 기능은 다음과 같다.

- 프로그램의 계획이나 운영에 필요한 정보를 제공받는다.
- 기관 운영의 책임성을 확보하고, 기관 활동의 정당성을 입증할 수 있다.
- 향후 해당 프로그램의 확대, 유지, 축소, 중단 등에 대한 의사결정의 근거가 된다.
- 프로그램의 기획이나 개발에 필요한 지식기반 정보를 획득할 수 있다.
- 증거기반 자료를 구축해 사회복지의 이론 형성에 기여한다.

2) 프로그램 평가의 절차, 종류, 기준

프로그램 평가의 절차는 평가기획 및 설계단계, 평가자료 수집 및 분석단계, 결과 진단과 활용의 단계로 이루어진다. 각 단계별 주요 과업과 수행 내용은 〈표 11-8〉와 같다.

〈표 11-8〉 프로그램 평가 절차

단 계	주요 과업	수행 내용
평가기획 및 설계단계	• 평가의 목적 확인 • 평가방법과 도구 결정	• 평가의 대상과 범위 설정 • 평가 절차와 일정 확인
자료수집 및 분석단계	• 자료의 출처 확인과 선정 • 자료수집방법에 따른 체계적 수집 • 평가결과의 종합 정리	• 지표의 정리 및 선정 • 적절한 분석방법과 기법의 활용
결과 진단과 활용의 단계	• 평가결과의 추론과 가치판단 • 평가결과의 활용	• 평가보고서의 작성과 제출

첫째, 평가기획 및 설계단계이다. 이 단계에서는 평가의 목적을 확인하고 평가방법과 도구를 결정한다. 이를 위하여 평가의 대상과 범위를 설정하고 평가 절차와 일정을 확인한다.

둘째, 자료수집 및 분석단계이다. 이 단계에 주요 과업은 자료의 출처를 확인하고, 자료수집방법에 따른 체계적인 수집을 수행한다. 이를 통하여 지표를 정리하고 선정하며, 적절한 분석방법과 기법을 활용하는 것이 요구된다.

셋째, 결과 진단과 활용의 단계이다. 이 단계의 주요 과업은 평가결과의 추론과 가치 판단이다. 그리고 평가 결과를 어떻게 활용한 것인지를 결정해야 한다. 이러한 내용은 평가보고서를 통하여 구체적으로 기술된다.

한편 프로그램 평가는 목적, 평가주체, 평가규범, 자료형태와 조사방법에 따라 〈표 11-9〉와 같이 구분할 수 있다.

〈표 11-9〉 프로그램 평가의 종류

기 준	종 류	내 용
목 적	형성평가	• 프로그램의 개발이나 시행 중에 개선을 위해 실시하는 평가
	총괄평가	• 프로그램 종료 후 계속성의 여부나 수정 여부 등의 총괄적인 의사결정에 활용함
	통합평가	• 형성평가나 총괄평가를 통합한 평가
평가주체	내부평가	• 프로그램을 집행한 담당자 혹은 조직 내의 다른 구성원이 행하는 평가
	외부평가	• 교수나 연구기관 등 외부의 제3자가 행하는 평가
평가규범	효과성평가	• 프로그램의 목표가 실제로 달성된 정도를 평가하는 것
	효율성평가	• 투입과 산출의 비교, 즉 프로그램의 비용과 그 효과를 비교·평가하는 방법
	형평성평가	• 프로그램의 효과와 비용이 사회집단 간에 또는 지역 간에 공평하게 배분되었는지를 평가하는 방법
자료형태와 조사방법	양적평가	• 자료가 계량화되어 연역적 방법으로 분석되며 주로 결과 내지 성과에 초점을 맞춤
	질적평가	• 자연스러운 상황에서 수량화되지 않은 자료를 수집해 귀납적으로 자료를 분석하며 주로 과정에 초점

출처 : 강종수(2012).

프로그램 평가의 기준은 평가를 위한 준거 또는 척도를 의미하며, 평가의 대상이 되는 프로그램 성공 여부를 판단하는 기준을 말한다. 평가의 기준으로는 노력성, 효과성, 효율성, 만족도, 영향, 서비스의 질, 과정, 형평성을 들 수 있다.

〈표 11-10〉 프로그램 평가의 기준

기 준	종 류	내 용
노력성	프로그램 활동의 양	• 단위 활동 수 • 이용자 수 • 전문지식과 기술의 소유와 활용 정도(전문인력 수) • 프로그램 예산 및 자원 • 프로그램 기간 및 하위 활동의 단위 기간 • 프로그램 활동에 대한 전문인력 투입 시간 등
효과성	프로그램 목표의 달성 정도	• 이용자의 인지적·감정적 변화 • 이용자의 행동상 변화 • 이용자의 사회적 변화 등
효율성	산출 대비 비용 정도	• 프로그램 노력(노력의 평가요소)에 대한 비용 • 프로그램 결과(효과성 평가요소)에 대한 비용 등
만족도	이용자의 프로그램 만족도	• 이용자의 프로그램 만족도
영 향	사회문제나 이용자 변화에 미친 영향	• 위기집단과 표적집단 내에서의 변화 정도 • 사회 지표상의 변화에 대한 실증적 기대 정도 등
서비스의 질	프로그램 전문성	• 서비스 인력의 전문자격 소유 여부와 정도 • 프로그램에서 활용하고 있는 전문지식과 기술의 정도 등
과 정	프로그램 결과의 경로	• 세부 목표(수단적 목표)의 달성 정도와 연계성 • 세부 목표와 프로그램 결과 사이의 영향 정도 차이 등
형평성	프로그램 배분의 공정성	• 대상 집단에 동일한 접근 기회가 주어지는지 여부 및 정도 • 프로그램 활동이 지역 내에 균등하게 배분되는 정도 등

출처 : 원석조(2018); 한동우(2000) 재구성.

(1) 노력성

프로그램에 투입된 자원과 활동의 양을 말한다. 예를 들어, 프로그램에 참여한 클라이언트의 수, 사회복지사의 수, 자원봉사자의 수, 예산 규모, 상담 횟수, 가정 방문 횟수 등을 평가하는 것이다. 노력이 사회복지기관의 프로그램 평가에서 잘 사용되는 이유는 사회복지 프로그램의 결과와 효과를 평가하기 곤란한 경우가 많기 때문인데, 예컨대, 장기간 이어지는 상담 프로그램의 경우 중도 탈락한 클라이언트에 대한 성과평가가 불가능하다. 그래서 프로그램에 투입된 여러 자원으로 그 노력을 평가하는 것이다.

(2) 효과성

프로그램이 의도했던 목표를 얼마나 달성했는가를 확인하는 작업이다. 사회복지기관의 가장 중요한 프로그램 효과는 클라이언트의 변화이다. 예를 들어, 비행청소년 심리재활 프로그램의 경우 클라이언트의 정서적 · 행동적 변화 정도, 클라이언트 가족의 사회적 기능의 변화 등을 측정하는 것이다. 때로는 의도하지 않았던 부수적 효과도 확인한다. 이를 토대로 프로그램의 중단 또는 확대를 판단한다.

(3) 효율성

투입 대비 산출의 비율로서 프로그램에 투입된 자원이 얼마나 경제적으로 활용되었는가를 판단하는 기준이다. 프로그램의 결과로 얻게 된 성과가 프로그램에 투입한 자원과 비교하였을 때 어느 정도인지, 즉 최소 비용으로 얼마나 많은 산출을 얻어 냈는지에 관심을 둔다. 효율성은 효과를 비용으로 나눈 것이다(효율성 = 효과 / 비용 = 산출 / 투입). 투입비용 대비 효과를 분석하면 비용효과분석이 되며, 투입비용 대비 이윤을 분석하면 비용편익분석이 된다.

(4) 만족도

프로그램 만족도 조사는 사회복지 프로그램이 시행되어 서비스가 제공되는 과정에서 클라이언트의 다양한 기대가 어느 정도 충족되고 있는지에 관해 서비스 소비자의 관점에서 프로그램을 평가하는 방법이다. 객관적이고 합리적인 평가를 위해서는 프로그램 만족도 조사는 프로그램의 목표달성 여부, 이용 편의성, 접근 용이성, 지속성과 계속성 등 다양한 차원에서 조사되어야 하고, 다양한 조사방법이 사용되어야 하며, 다양한 시점에서 조사되어야 한다.

(5) 영향

프로그램이 지역사회의 사회문제 해결에 어떤 영향을 주었는지, 사회문제 해결에 얼마나 기여했는지를 평가하는 것이다. 예를 들어, 어떤 지역에 아동학대예방센터를 신설했다면 그로 인해 아동학대가 얼마나 감소했는지, 아동학대 예방 효과는 얼마나 있었는지 등을 평가하는 것이다.

(6) 서비스의 질

프로그램 운영이 얼마나 전문적이었는지, 제공된 서비스의 수준이 어떠한지를 평가하는 것이다. 프로그램 운영인력의 교육 수준, 자격증 소지 여부, 경력 등 프로그램을 운영하는 사회복지사의 역량과 관련이 깊으며, 일반적으로 가장 우수하다고 인정되는 지식이나 기술이 프로그램 운영에 얼마나 활용되었는지를 평가한다. 예를 들어, 장애인복지관의 장애인 심리재활 프로그램을 평가하는 데 사회복지사의 자격요건이나 경력, 검사 도구 등을 점검하여 제대로 된 서비스가 제공되었는지를 판단하는 것이다.

(7) 과정

서비스가 제공되는 과정에 대한 평가는 해당 프로그램의 성패 여부를 판가름하는 기준으로, 프로그램의 속성(프로그램의 접근 및 실행 방법, 관리자의 활동), 이용자, 프로그램 제공 조건, 프로그램 효과의 성격 등의 측면이 평가된다.

(8) 형평성

프로그램을 통해 제공된 사회서비스의 효과나 비용이 대상 집단에게 공평하게 분배되었는가와 관련있는 개념으로, 필요한 대상자들에게 프로그램에 참여할 기회나 혜택이 적절하게 분배되었는가를 평가한다. 형평성은 대체로 정책 혹은 프로그램의 기획 차원에서 정치적인 고려에 의해 채택된다.

3) 논리모델과 프로그램 평가

(1) 논리모델 개념과 기능

논리모델(logic model)은 시설, 조직 등이 수행하는 사업 및 프로그램에 대한 기대와 예측 그리고 확인하기에 유용한 모형이다(이영광 · 지은구, 2020). 논리모델(logic model)은 성과중심 프로그램의 기획 · 관리 · 평가를 위해 고안된 도구이므로, 성과에 대한 경험적 확인 가능성과 성과 측정을 강조한다. 논리모델은 프로그램의 기획과 평가를 위한 도구로서, 문제해결에 필요한 자원, 프로그램 활동, 산출과 성과를 논리적으로 연계한 프로그램의 준거 틀을 말한다. 논리모델은 문제해결을 위해 필요한 자원의 유형과 규모를 결정하고, 활동의 성격과 내용을 규정하며, 사업 수행으로 인한 산출물과 대상자의 변화를 예측하도록 하고, 다양한 이해관계자들에게 사업을 알기 쉽게 설명하며, 서로 간에 명확한 합의를 도출해 내도록 하는 데 유용한 의사결정의 도구로 활용된다(강종수, 2012).

논리모델은 프로그램 기획과 평가의 핵심을 제시한다. 프로그램 이론을 논리적으로 드러내서, 구성 요소들 간 관계에 대한 논리적 타당성뿐만 아니라 실행과 평가에서 필요한 측정 요인들도 확인해 준다. 이와 같은 논리모델은 소규모 프로그램뿐만 아니라, 대규모 조직의 기획을 위해서도 활용될 수 있다. 또한 새로운 프로그램의 기획을 위해서뿐만 아니라, 기존 프로그램의 평가를 위한 분석틀로도 사용 가능하다.

사회복지 프로그램의 기획과 평가에서 논리모델을 주목하고 있는 이유는 다음과 같다(심상용, 2017). 첫째, 논리모델은 프로그램의 목적과 목표를 분명히 인식하는 데 도움을 준다. 둘째, 프로그램 진행 과정을 시각적으로 표시하기 때문에 프로그램의 전 과정을 이해하는 데 유용하다. 셋째, 잠정적인 성과와 최종 성과를 구분하기 때문에 과정평가와 성과평가를 통합적으로 운영할 수 있는 장점이 있다. 넷째, 일련의 활동 및 평가를 통해 성과를 평가하고 환류를 제공해 조직적인 고성과 달성을 위한 성과관리의 기반을 제공한다.

(2) 논리모델의 구성

논리모델은 체계이론에 입각해서 프로그램의 투입, 전환, 산출, 성과와의 관계를 연결해 프로그램을 논리적으로 재구성하는 것이다. 그러므로 논리모델의 구성요소 서로 간에 논리적으로 연결되어야 한다. 논리모델은 상황, 투입, 활동, 산출, 성과 다섯 가지 요소로 구성되어 있고, 인과적으로 연결된 양상으로 제시되어야 한다. 특정한 목적을 전제로 해서 ① 자원을 투입하면, ② 어떤 활동을 할 수 있고, ③ 그러면 산출이 나오며, ④ 그 산출은 단기성과에 영향(변화)을 주고, ⑤ 그로 인해 중간성과가 변하며, ⑥ 궁극적으로 장기적 성과가 나타난다. 논리모델은 이러한 구성요소들의 연결이 과연 '말이 되는지', 즉 '논리적'인지를 검토하는 것이다(김영종, 2013). 논리모델의 구성요소와 흐름도는 |그림 11-4|와 같다.

<table>
<tr><td colspan="13">▷▷▷▷▷▷▷▷▷▷기획</td></tr>
<tr><td rowspan="2">상황</td><td rowspan="2">▶</td><td rowspan="2">투입</td><td rowspan="2">▶</td><td rowspan="2">활동</td><td rowspan="2">▶</td><td rowspan="2">산출</td><td rowspan="2">▶</td><td colspan="5">성과</td></tr>
<tr><td>단기 성과</td><td>▷</td><td>중간 성과</td><td>▷</td><td>최종 성과</td></tr>
<tr><td colspan="13">◁◁◁◁◁◁◁◁◁◁평가</td></tr>
</table>

|그림 11-4| 논리모델의 구성과 흐름

- 상황(situation) : 프로그램이 필요한 문제와 상황을 말한다. 해결되어야 할 사회적 문제나 특정 인구집단의 어려움, 이를 해소시켜야 할 긴급성 등에 대한 구체적인 상황을 묘사한다. 구체적인 통계를 활용하고 수치를 제시하는 것이 바람직하다.

- 투입(input) : 프로그램에서 사용할 자원의 내용과 분량을 나타낸다. 인적자원(전문가, 자원봉사자), 물적자원(돈, 시설, 장비), 서비스 등이 해당되며, 휴먼서비스의 공동생산 특성을 감안하면 클라이언트 자원도 투입 요소로 간주될 수 있다.(예 사회복지시설 10개소에 연 1,000만 원 사업비 지원)
- 활동(activity) : 미션을 달성하기 위한 투입물과 함께 한 프로그램으로, 투입이 산출로 전환되는 서비스 절차와 개입과정이다. 서비스 생산자의 서비스 제공자의 행동을 주로 제시한다.(예 사회복지사가 한 장애가족 집단이 추진하는 '그룹홈 만들기' 사업의 컨설턴트 역할 관계 수행에 60시간을 소요. 요양보호사 10인이 800시간의 케어 서비스 제공. 사회복지전담공무원 5명이 1,000건의 기초수급자 신청 건수를 처리)
- 산출(output) : 투입과 활동에 의해 나타나는 일차적인 결과로서, 프로그램 활동의 종료 시에 만들어지는 산출물을 나타낸다. 참여자의 수, 프로그램 시간 등 주로 사업 대상에 대해 나타나는 결과로 표시한다.(예 '그룹홈 만들기' 사업에 참여하는 15인의 가족이 총 30시간의 컨설팅 서비스를 받음. 5명의 노인이 시설케어 서비스를 받음. 700건의 수급자 책정과 300건의 탈락 케이스가 처리됨)
- 단기성과(immediate outcome) : 산출 시 즉시적으로 기대되는 성과를 나타낸다. 산출이 의도하는 서비스의 일차적 성과로서, 서비스 활동의 종료 시에 산출과 함께 확인될 수 있을 것이다.(예 다문화 가구의 한국문화에 대한 이해 증대와 한국어 능력 향상)
- 중간성과(intermediate outcome) : 단기성과와 장기성과를 이어주는 논리적 중간 과정의 성과를 나타낸다. 일종의 매개변수로 간주된다. 모든 논리모델이 중간성과를 필요로 하지는 않으므로, 필요에 따라 생략될 수도 있다.(예 다문화 가구의 지역사회 교류 활동 증진)
- 최종성과(ultimate outcome) : 프로그램으로 인해 참여자들이 얻게 될 편익 및 성과이다. 프로그램이 궁극적으로 의도했던 목적에 해당하는 성과를 나타낸다.(예 다문화 가구의 한국 사회 적응)

논리모델은 사회복지 프로그램 평가를 위한 목적에 적합하게 쓰일 수 있다. 특히 논리모델이 제시하는 프로그램 이론의 명확화 기능으로 인해, 다양한 주체들의 관점이 합의적으로 처리되어야 하는 휴먼서비스 성과관리를 위한 도구로서의 유용성이 크다. 사회복지 프로그램 평가에 있어서 논리 모델을 활용하는 것은 이해당사자들에게 투입하는 자원, 활동과 함께 의도된 변화와 결과를 보여줌으로써 프로그램 운영에 정당성을 부여할 수 있다는 장점이 있다.

그러나 사회서비스 제공을 주요 활동으로 하는 사회복지조직의 성과를 계량적으로 측정하기가 쉽지 않고, 사회복지를 비롯한 사회서비스 영역에의 적용에는 어려움을 가지기도 한다. 사회복지 프로그램으로 인한 성과가 발생하더라도 많은 다른 요인이 성과에 개입되어 영향을 줄 수 있기 때문에, 투입과 활동, 성과 간에 인과성을 직접 경험적으로 입증하는 것에는 한계가 있는 이론적 모델이라는 것을 감안해야 한다. 논리모델이 사회복지 프로그램 평가에 중요한 역할을 담당하는 것은 사실이지만, 우리는 항상 '우리가 옳은 일을 하고 있는가?'에 대한 질문이 담긴 사회복지 프로그램에 대한 고민과 노력이 필요할 것이다.

Chapter summary

성과는 공공의 가치 그리고 조직의 가치를 실현으로 볼 때 조직의 목적을 달성하기에 필요한 도구로 활용되며, 과정과 결과를 모두 중요한 요소로 측정하여야 함을 의미한다. 성과관리에서 성과는 관점의 차이에 따라 결과 중심, 과정 중심, 가치 중심 관점을 토대로 나누어 볼 수 있다.

사회복지조직의 서비스 질 관점을 반영한 평가방법으로 총체적 품질관리(Total Quality Management), SERVQUAL(service quality), 균형성과표(BSC : Balanced Score Card), 사회적 투자 수익률(SROI : Social Return On Social Investment) 등이 있다.

총체적 품질관리(TQM)는 생산물(서비스)에 대한 품질을 강조하는 관리 방식이다. SERVQUAL은 신뢰성, 대응성, 확신성, 공감성, 유형성 등 고객들의 서비스에 대한 기대와 성과를 각각 측정하도록 성과관리 도구를 구성하고, 이들 간의 차이를 바탕으로 서비스 품질을 측정한다. 균형성과표(BSC)는 네 가지 측면을 고려하여 조직의 성과를 측정한다. BSC의 네 가지 측면은 재무성과지표를 포함한 재무적 관점, 소비자 만족도를 포함한 고객 관점, 조직의 효율성과 질의 측정을 포함한 내부 프로세스 관점, 환경에 변하는 조직능력의 측정을 포함한 학습과 성장 관점에서 성과를 다룬다. 사회적 투자 수익률(SROI)은 조직이 창출하는 사회적 · 환경적 · 경제적 가치의 산출을 유형의 화폐화된 가치로 환산하여 보여주는 평가기법이다.

사회복지시설의 평가는 1999년부터 사회복지시설에 대한 평가가 3년 주기로 시행되어 오고 있으며 현재까지 8기 평가가 진행되었다. 사회복지시설 평가는 서비스의 질, 성과평가 및 이용자 및 종사자의 인권보호에 대한 확인 평가가 될 수 있는 방식으로 고도화되고 있다.

사회복지 프로그램 평가란 '논리적이고 과학적인 사정방법을 사용하여 사회복지 프로그램과 개입 기술이 목표하는 바를 어느 정도 달성하였는지를 측정하는 것'이라 할 수 있다. 프로그램 평가의 목적은 평가대상으로서의 사회복지 프로그램, 조직, 혹은 정책에 대한 가치판단, 개선, 효용성 판단, 운영의 효과성 증진, 책임성 제고를 촉진하는 것이다.

논리모델은 프로그램의 기획과 평가를 위한 도구로서, 문제해결에 필요한 자원, 프로그램 활동, 산출과 성과를 논리적으로 연계한 프로그램의 준거틀을 말한다. 논리모델(logic model)은 성과중심 프로그램의 기획 · 관리 · 평가를 위해 고안된 도구이므로, 성과에 대한 경험적 확인 가능성과 성과 측정을 강조한다. 논리모델은 상황, 투입, 활동, 산출, 성과 다섯 가지 요소로 구성되어 있으며, 사회복지 프로그램 평가를 위한 목적에 적합하게 쓰일 수 있다.

Case study

금정구 노인복지관의 BSC를 활용한 성과관리 사례

전 략	성과목표	성취과제	성과지표
고객참여 확대전략	노인복지관 정체성 확대인식	• 기관이해정보 제공활동	
	노인복지 네트워크 강화	• 네트워크 협력 강화 및 지속 • 네트워크 사업 활성화	• 전체 사업 중, 네트워크 활용건수 • 연계 확대율 • 신규 자원 확대율, 자원 지속율
	이용자 주체성 강화	• 이용자 주도적 역할 확대	• 공익성에 기반한 요청 건수
	자원개발	• 홍보 강화 • 자원개발확대 • 연계지원 협력적 관계 강화	• 자원확대율 • 자원지속율(80% 이상)
윤리경영 실천전략	고객만족도 향상	• 노사협의회 구축 및 운영 • 종사자 인권 강화 • 고객불만처리 및 공개	• 직원고충 처리율 • 고객불만 처리율
	윤리경영 실천	• 윤리경영 실천체계 유지	• 윤리경영 인식수준 향상
	윤리경영 학습과 활동 강화	• 내외부 인식 확산 • 윤리적 민감성 제고 • 윤리경영실천 우수 직원·이용자 시상	
	팀워크시스템 구축	• 매트릭스 조직운영 • 슈퍼비전 실시 • 의사소통체계 구축	• TQM 실행체크리스트 만족률(팀워크, 협동적 조직 분위기, 효과적 커뮤니케이션)
	건강한 조직문화 강화	• 집중근무시간제 도입 • 자율 활동제 도입 • 다양한 보상제도 마련 및 시행	
	학습조직운영	• 내부학습 • 운영경력직 리더십교육 • 직원워크숍	• 직원별 교육이수 시간
	시설이용안전 강화	• 재난대비 실전모의훈련	
	비용효율성 점검	• 시설점검 관리계획 수립 • 단위사업별 자원연계 확대	• 비용절감률

<table>
<tr><td rowspan="4">맞춤형
서비스
개발 전략</td><td rowspan="2">고객서비스 접근성 강화</td><td>• 프로그램별 이용자와의 주도적 참여 확대
• 정기적 욕구파악과 반영</td><td>• 이용자 의견 반영률(평균 70% 이상)</td></tr>
<tr><td>• 찾아가는 복지 확대</td><td>• 지역거점 확대율</td></tr>
<tr><td>사회환경변화
대응력 강화</td><td>• 노인복지정책이슈 제공
• 돌봄기능 강화
• 치매 안전망 구축</td><td>• 노인복지정책 관련 이슈 반영 정도</td></tr>
<tr><td>당사자 참여평가</td><td>• 당사자 평가결과 반영</td><td>• 단위사업 수행률</td></tr>
<tr><td rowspan="4">통합형
서비스
확대전략</td><td>사회참여 활성화</td><td>• 지역사회 기여활동 다양화
• 사회참여 교육 확산
• 노인일자리 참여자의 인식개선</td><td>• 사회참여 활동률
• 사회참여 인식변화율</td></tr>
<tr><td>지역사회 체계기반
실천 역량 강화</td><td>• 고령친화도시 인식 확산
• 커뮤니티케어에 대한 역할정립
• 지역자원인프라 개발과 구축</td><td>• 지역단위 개입 참여 건수</td></tr>
<tr><td>지역사회 내
노인인식 개선</td><td>• 노인권익교육 및 인식 확산
• 세대 통합 프로그램 운영</td><td>• 주민인식 변화율</td></tr>
<tr><td>특화사업개발</td><td>• 주민조직화사업 운영
• 베이비부머 세대 프로그램 운영
• 의사소통향상 프로그램 개발
• 신규개발 사업 아이디어 회의 진행</td><td>• 개발 건수
• 특화사업 성과달성률</td></tr>
</table>

출처 : 금정구 노인복지관 홈페이지. https://www.geumjeongsilver.kr

토론주제

1. 사회복지조직에서 성과관리의 중요성이 강조되는 이유는 무엇인지 논의해 보자.
2. 사회복지조직의 성과와 관련된 사회복지서비스 질 관리는 어떻게 이루어져야 하는가?
3. 성과관리 도구 중 하나를 선택하여, 사회복지시설의 성과를 분석해 보자.

참고문헌

강종수(2012). **사회복지행정의 이해**. 서울 : 학지사.

김영종(2013). **사회복지행정**. 서울 : 학지사.

김제선 · 고강호 · 강석주 · 김재원 · 이규태(2017). **사회복지행정론**. 경기 : 양서원.

심상용(2017). **사회복지행정론**. 서울 : 학지사.

양난주(2014). 사회복지시설평가 15년을 평가한다. 한국사회복지행정학회. 학술대회 자료집.

원석조(2018). **사회복지행정**. 경기 : 양서원.

이승규 · 라준영(2010). 사회적기업의 사회경제적 가치 측정 : 사회적 투자 수익률(SROI). **벤처경영연구, 13**(3), 41-56.

이영광 · 지은구(2020). 장애인복지관 성과관리모형 개발에 관한 탐색적 연구. **한국사회과학연구, 39**(1), 367-402.

이정주(2007). BSC 성과관리 모델의 사회복지조직 적용 가능성 고찰 : K기관의 적용사례를 중심으로. **사회복지행정학, 9**(1), 1-27.

정무성(2005). **사회복지프로그램 개발론**. 경기 : 학현사.

조영복 · 류정란(2010). **SROI 사회적 투자 수익률 측정 가이드**. 사회적기업 연구원. 서울 : 시그마프레스.

지은구(2007). **사회복지행정론**. 서울 : 청목출판사.

______(2012). **비영리조직 성과관리**. 서울 : 나눔의집.

최기정(2018). 사회복지시설평가의 주요현황과 개선방안 : 사회보장정보원의 평가업무위탁에 따른 향후 추진방향 중심으로. 사회보장정보 이슈리포트. 사회보장정보원.

최상미 · 김아래미(2020). **사회복지행정론**. 서울 : 학지사.

한동우(2000). 사회복지프로그램 평가의 방향과 실천. 한국사회복지행정학회. 추계학술자료집.

A. Parasuraman, Valarie A. Zeithaml, & Leonard L. Berry(1985). A Conceptual Model of Service Quality and Its Implications for Future Research. *Journal of Marketing, 49*(4), 41-50.

Armstrong, M., & Baron, A.(2005). *Managing Performance : Performance Management in Action*. CIPD publishing.

Harbour, W.(2009). The Relationship Between Institutional Unit and Administrative Features of Disability Services Offices in Higher Education. *Journal of Postsecondary Education and Disability, 21*(3), 138-154.

Kaplan, R., & D. Norton(1992). *The Balanced Scorecard : Measures That Drive Performance*. Harvard

Business Review.

Martin, L. L(1993). *Total Quality Management in Human Service Organizations*. New Burry Park : Sage Publications – Sage Human Services.

Van Dooren, W., & Van de Walle, S.(Eds.)(2016). *Performance Information in the Public Sector : How it is used*. Springer.

Van Dooren, W., Bouckaert, G., & Halligan, J.(2015). *Performance Management in The Public Sector*. London : Routledge.

Worth, M, J.(2013). *Nonprofit Management : Principles and Practice*(3rd ed.). CA : Sage.

네이버 지식백과. https://terms.naver.com

사회보장정보원. http://www.ssis.or.kr

사회복지시설정보시스템. http://www.w4c.go.kr

CHAPTER 12

의사소통

종합사회복지관에 관장이 새로 부임하였다. 새로 부임한 최 관장은 공부를 많이 해서 다양한 지식을 가지고 있었지만, 사회복지조직에 근무한 경험이 많지 않았다. 최 관장은 '내가 관장이니 복지관 직원들에게 권위 있는 모습을 보여야겠다'라고 생각하였다. 그리고 매주 월요일 아침에 회의를 소집하여 자신이 아는 어려운 용어를 사용하며 업무지시를 내렸다. 그런데 시간이 갈수록 직원들의 업무수행 결과는 자신이 지시를 내린 것과 다르게 나타났으며, 그 이유를 알기 어려웠다. 최 관장은 이런 고민을 사회복지시설 운영의 경험이 많은 인근 행복복지관 전 관장에게 이야기하였다.

"관장님, 제가 관장이 되어 조직구성원과 대화하는 방법에 문제가 있는 것 같습니다. 제 지시사항이 잘 전달되지 않고, 복지관 직원들이 자신의 의견을 잘 표현하지 못하는 것 같습니다." 인근 행복복지관의 전 관장님은 다음과 같이 답변하였다. "최 관장이 고민하는 모습이 좋아 보입니다. 조직 생활에 의사소통이 원활하지 않아 오해가 생기는 경우가 많습니다. 여기에는 여러 가지 원인이 있는데, 너무 어려운 용어를 사용하거나 명확한 정보전달이 안 되는 것 등이 의사소통에 문제를 일으킬 수 있는 원인이 됩니다."

최 관장은 선배 전 관장님의 말에 가슴이 뜨끔했다. 그래서 조직 내 의사소통에 대하여 다시 고민해 보았다. 그리고 직원들과 원활한 의사소통을 위해 무엇을 알아야 할지 생각하였다.

조직 내 의사소통은 몸에 피와 같은 역할이다. 조직 내 기능 간 역할들을 연결하여 시너지 효과를 창출하고, 조직의 목표달성을 위하여 조직 내 기능의 통합과 조정의 역할을 감당한다. 또한 조직관리자의 합리적인 의사결정과 효율적인 집행을 지원하고, 조직구성원의 사기 진작과 외부 환경에 적절하게 대응하도록 하는 등 조직관리에 필수적인 역할을 감당한다. 특히 사회복지조직은 무형의 서비스를 클라이언트에게 제공함에 따라, 조직구성원뿐만 아니라 서비스 이용자들과의 의사소통에 전략적으로 접근하는 것이 필요하다. 따라서 본 장에서는 조직 내 의사소통의 의미를 살펴보고, 의사소통 시 고려해야 할 사항, 의사소통의 효과적인 방법들에 대하여 자세히 다루기로 하겠다.

1. 의사소통의 개념과 기능

의사소통(communication)은 라틴어 communis(공유 또는 공통)에서 유래하였다. 조직 내에서 의사소통은 상대방과 대화를 나누거나 문서를 통해 의견을 교환할 때, 정확하게 의미를 전달할 수 있는 능력을 말한다. 또한 현대 사람들은 다양한 의사소통의 매체를 통하여 사회생활에 필요한 원만한 인간관계를 유지하고, 정보를 교환하고 있다.

의사소통(communication)이란 "두 사람 또는 그 이상의 사람들 사이에서 일어나는 사실, 생각, 느낌의 교환을 통해 공통적인 이해를 바탕으로 행위가 일어나게 하는 일련의 과정"이라고 할 수 있다. 조직 내 의사소통은 회사와 같은 조직상황에서 관리자, 부하, 동료, 고객 등과 상호작용이나 그들이 소속한 부서나 집단 간에 의견, 정보, 감정 등의 메시지를 주고받는 것을 말한다. 따라서 조직 내 의사소통은 조직의 생산성을 높이고, 구성원의 사기를 진작시키며, 정보를 전달하고, 설득하는 목적이 있다.

사회복지조직 내에서 조직의 장이나 구성원들은 보고서를 읽고, 전자메일을 주고받으며, 회의에 참석하고, 상사와 부하 그리고 동료들과 면담하며, 전화를 걸어 소통하고, 토론하며, 업무지시를 받고, 클라이언트와 후원자의 행동에 반응하는 등의 수많은 의사소통을 하고 있다. 조직은 이러한 의사소통의 활동을 통하여 다양한 정보를 공유하고, 조직 간의 활동을 조정하며, 합리적인 의사결정을 통하여 조직의 목표를 달성하려고 한다.

이러한 의사소통은 참여하는 주체들이 서로에게 영향을 미친다. 그리고 단 한 번에 이루어지기도 하지만 당사자 사이에 지속적인 것들이 쌓이면서 의사전달이 되는 경우도 많다. 또한 의사소통은 나의 감정, 내 생각을 그대로 상대방에게 전달함으로써 같은 생각과 감정을 공유하는 특성을 가진다.

이러한 의사소통은 다양한 기능이 있지만, 개인 및 조직 차원에서 몇 가지 중요한 기능은 다음과 같다(임창희 외, 2014).

① 개인 차원에서의 기능

첫째, 구성원 행동의 통제 기능을 가진다.

조직은 다양한 구성원들이 모여 있는 곳이다. 따라서 이들의 행동을 지시하고 통제하기 위해 적절한 의사소통이 필요하다. 조직은 이러한 의사소통을 위해 회사의 규정이나 지침을 만들어 지키도록 하고, 공문 등의 형태로 직접 명령을 전달하기도 한다.

둘째, 구성원의 동기부여 기능을 가진다.

의사소통은 조직 내 구성원들이 자신들의 욕구를 상급자에게 요구하는 수단이며, 상급자가 직원들을 동기부여하는 기능으로 사용된다. 조직은 의사소통을 통하여 조직구성원의 바람직한 행동을 유도하고, 높은 성과를 달성하는 방법, 개인 업적의 피드백 등의 정보를 제공함으로써 개인이 일에 보람을 느끼고, 성공의 보상을 받을 수 있도록 사기를 진작시킨다.

셋째, 구성원의 사회적 욕구를 충족시키는 기능을 가진다.

조직은 구성원들에게 사회적 상호작용의 원천이다. 사람들은 다른 사람과의 상호작용을 통하여 삶의 문제를 해결하고, 서로 감정을 전달하고 나누며, 타인에게 도움을 청하기도 한다. 이처럼 조직은 구성원에게 좌절과 만족감을 표현하는 근본적인 장소이다. 따라서 조직 내 의사소통은 구성원들이 사회적 요구를 충족하고 감정을 표현하는 수단으로 작용한다. 또한 감정의 교환을 통하여 사람과 사람을 이어주는 사회적 기능을 수행한다.

② 조직 차원에서의 기능

첫째, 의사결정을 촉진하는 기능을 가진다.

의사소통은 의사결정에 필요한 정보를 제공하기나 받기도 하는 수단으로 기능한다. 조직이 수행하는 과업이 다양해서 의사결정 사항이 많은 경우에 의사소통이 빈번하게 일어난다. 이러한 의사소통은 타 부서 직원들과의 수평적 의사소통이나 경험 많은 상사와의 수직적 의사소통의 형태를 통하여 정보를 교환하게 된다.

둘째, 생존과 환경적응의 기능을 가진다.

동물들은 저마다 자기 영역이 있다. 다른 동물이 침범하면 자신을 방어하는 소리나 신호를 통하여 영역을 지키려고 한다. 예를 들면, 꿀벌은 둥글게 춤을 추는 행위를 통하여 음식물이 있는 위치를 전달한다고 한다. 인간도 다양한 의사소통의 방식을 통하여 생존과 환경에 적응한다. 조직은 대외적인 의사소통을 통하여 자신의 브랜드 이미지를 제고하고, 좋은 사람을 선발하기 위해 노력한다. 그리고 다양한 조직의 과업환경과 상호작용을 통하여 생존 및 환경에 적응하는 전략을 수립한다.

셋째, 관계향상의 기능을 가진다.

의사소통은 조직 내 사람들 간의 관계를 향상한다. 효율적인 의사소통은 조직 내 신뢰를 높이고 긍정적인 대인관계를 향상한다. 일반적으로 조직에 의사소통의 효과성이 높으면 조직 내 신뢰 수준이 높아져 협력적인 관계가 형성된다. 또한 조직 내 갈등 관계나 경쟁 관계를 완화하는 기능을 통하여 구성원들이 협력적인 관계를 구축하여 조직의 목표를 달성하는 데 긍정적인 영향을 미친다.

2. 의사소통의 구성요소

의사소통(communication)은 조직과 팀의 효율성과 효과성을 성취할 목적으로 이루어지는 조직구성원 간의 정보와 지식을 전달하는 과정으로 조직 목표달성에 핵심적인 기능을 수행한다. 또한 자기 생각과 느낌을 상대방에게 전달하고 타인의 생각과 느낌을 이해하는 수단이 된다. 조직은 이러한 의사소통을 통하여 조직 활동을 효과적으로 수행할 수 있다.

조직에서 원활한 의사소통을 위해서는 두 사람 이상의 송신자와 수신자의 참여, 전달하려는 정보나 의사의 존재, 정보나 의사를 전달하고자 하는 시도, 전달된 의사나 정보의 의미가 공유되어야 하는 조건이 충족되어야 한다. 이와 더불어 소통 과정에서 전달하고자 하는 정보의 양과 질, 그리고 서로 간에 반응 등을 고려해야 한다. 따라서 효과적인 의사소통을 위해서는 누가(송신자), 무엇을(내용), 누구에게(수신자), 어떻게(경로나 수단), 왜(효과)의 구성요소가 필요하다. 의사소통의 일반적 과정을 도식화하면 |그림 12-1|과 같다(민 진, 2018).

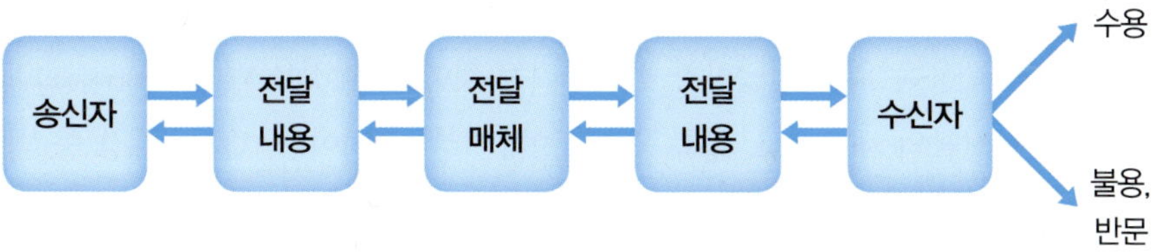

|그림 12-1| 의사소통의 구성요소

송신자와 수신자가 존재하는 경우, 송신자는 순방향(→)으로 수신자에게 사실, 감정 등을 언어, 그림, 행동으로 묘사하여 직접 대화, 서면, 대중매체, 온라인 매체, 컴퓨터 등 전달 매체를 통하여 기호화하여 수신자에게 전달하게 되고, 수신자는 이를 받아 나름대로 해석한 후 일정한 반응을 보이게 된다. 그러나 송신자의 기대에 미치지 못할 때 다시 내용을 전달하거나 확인하는 과정을 되풀이하게 된다. 수신자는 내용을 모르거나, 재확인 또는 거부 의사를 역방향(←)으로 전달할 수 있다.

① 의사 전달자

의사 전달자는 송신자와 수신자로 구분된다. 송신자와 수신자의 관계는 양자 간이거나 두 사람 이상일 수도 있다. 전달자와 피전달자의 관계에 따라, 의사소통의 형태 및 이해의 수준이 다를 수 있다. 또한 피전달자는 자신이 전달받은 메시지를 다른 사람에게 전달하는 기능을 수행하기도 한다. 그리고 피전달자가 불특정 다수일 때 누가 피전달자인지 정확하지 않은 경우도 존재한다.

조직에서는 대부분의 의사전달이 상사와 부하 간에 발생한다. Jablin(1979)은 관리자와 종업원의 의사전달에 관한 연구에서 좋은 관리자와 나쁜 관리자를 구분하는 네 가지 의사소통 기술을 제시하고 있다. 첫째, 좋은 관리자는 자기 생각, 아이디어, 느낌을 정확하게 표현하고 강조한다. 둘째, 좋은 관리자는 부하의 말에 경청한다. 셋째, 좋은 관리자는 지시적, 독재적이기보다 설득적이다. 넷째, 좋은 관리자는 부하들의 느낌, 자기 이미지, 심리적 방어에 민감하다.

② 의사전달의 내용

의사소통의 내용은 의사 전달자가 전달하려는 것이다. 이것을 메시지(message)라고 한다. 의사전달의 내용으로 설득, 동기부여, 거부, 감정이입, 감사, 존경 등 다양한 목적을 달성한다. 메시지는 문서나 구도로 전달될 수 있고, 서류, 컴퓨터, 전화, 대중매체, SNS 등을 통하여 전달된다. 이러한 메시지는 논리정연하고 정확해야 효율적인 의사전달이 된다. 조직 내에서 메시지는 조직 단위 간에 수평적으로 전달되기도 하며, 계층구조를 통하여 수직적으로 전달되기도 하고, 비공식적인 의사 전달체계를 통하여 전달되기도 한다.

이러한 전달내용은 수신자가 메시지를 접수하면서 이해하는 과정을 걸친다. 의사 전달자는 수신자의 반응이 있어야 비로소 의사전달이 이루어졌음을 확인할 수 있다. 여기에는 수신자가 부호화되어 전달된 메시지를 해석하는 과정이 포함된다. 이 과정에서 의사전달의 왜곡이 발생하지 않도록 주의해야 한다.

③ 의사전달의 매체

의사전달의 과정에서 메시지는 여러 가지 형태로 전환되어 전달된다. 의사전달의 매체는 구두, 문서, 비언어적인 것 등으로 구분된다. 의사전달자는 자기 생각이나 의도를 말이나 행동 등과 같은 구체적인 상징으로 변환시키는 부호화(encoding) 과정을 거친다. 부호화는 말이나 글과 같은 언어적 수단과 신호, 손짓, 표정 등과 같은 비언어적인 수단이 존재한다. 따라서 효과적인 의사소통을 위해 송신자는 자신의 메시지를 정확하게 부호화하는 것이 필요하다.

조직에서는 보통 구두나 문서에 의한 의사전달 매체를 주로 활용한다. 하지만 조직 내 수평적 의사소통이나 상호 관계를 위해서는 얼굴 표정, 신체적 움직임, 몸짓과 같은 비언어적인 의사전달을 이해하는 것도 매우 중요하다.

④ 의사전달의 효과

의사전달의 효과는 송신자로부터 전달된 메시지를 수신자가 정확하게 이해하고 수용하는 것이다. 때로는 수신자는 메시지를 거부하거나 메시지가 정확하게 전달되었는지 확인하는 환류의 과정을 거치게 된다. 이러한 과정을 통하여 송신자는 수신자가 정확하게 메시지를 해석하였는지를 확인하고, 수신자는 메시지가 정확하게 전달되지 않았을 때 다시 전달을 요청할 수 있다.

한편 조직의 관리자들은 효과적인 의사소통을 통하여 의도한 목적을 달성하기 위해서 의사전달의 모든 과정에서 잡음(noise)을 최소화하려는 노력이 중요하다(Shannon & Weaver, 1948). 이러한 잡음은 시끄러운 환경, 애매한 상징 부호, 전화접속 불량, 무관심, 부주의, 잘못된 해석 등이 있다. 따라서 효과적인 의사소통을 위해서는 이런 잡음을 사전에 정확히 파악하고 이를 제거한 후에 의사소통에 임하는 것이 필요하다.

Shannon과 Weaver(1948)가 제시한 의사소통의 수학적 이론(the mathematical theory of communication)은 의사소통의 기본 요소를 잘 보여준다. 의사소통의 기본 과정은 의사전달자(communicator)가 메시지를 부호화(encoding)하여 매체를 통해 메시지(message & medium)를 전달하게 되면, 전달자의 메시지를 해독(decoding)하는 과정을 걸쳐 의사 수신자(receiver)가 수신하게 된다. 이렇게 수신한 메시지는 전달자의 의도가 제대로 전달되었는지 질문이나 보충설명을 요하는 피드백의 과정을 통해 완성된다. 관리자는 의사소통의 과정에서 효과적인 의사소통을 위해서 불확실성을 증가시키는 잡음(noise)을 제거하는 것이 매우 중요하다.

3. 의사소통 유형

의사소통 유형은 대상에 따라 조직 내 의사소통과 조직 외부 의사소통으로 구분된다. 조직 내 의사소통은 상황에 따라, 공식적 의사소통과 비공식적 의사소통으로 구분되며, 정보의 흐름에 따라 수직적 의사소통과 수평적 의사소통으로 구분할 수 있다. 조직은 이러한 의사소통의 유형을 적절하게 사용하여 조직 내 정보의 흐름이 원활하고, 조직의 목적 달성을 위한 상호 협력적인 조직문화를 만들어야 한다.

1) 공식적 의사소통과 비공식적 의사소통

의사소통은 상황에 따라, 공식적 의사소통과 비공식적 의사소통으로 구분된다. 공식적 의사소통은 조직의 공식적인 권한 계층을 통하여 정보가 전달되는 제도화된 전달체계를 말한다. 대체로 조직의 규모가 크고, 지역적으로 널리 분포된 경우에 공식적 의사소통의 정도가 많아진다. 이는 전달자와 피전달자의 권한과 책임이 명확하여 의사전달이 확실히 이루어지는 장점이 있으나, 융통성이 부족하다는 단점이 있다.

비공식적 의사소통은 공식적인 전달체계가 아닌 친분, 상호, 신뢰 또는 인간관계 등을 통해 정보가 전달되는 것을 말한다. 이러한 유형으로 개인적인 지시, 소문, 풍문 등이 있다. 조직 내 비공식적 의사소통은 잘 관리되어야 한다. 한 조사에 따르면 정보의 약 80%가 이러한 포도넝쿨 모양의 비공식 채널을 통하여 이루어진다고 한다. 이러한 포도넝쿨 모양은 정보의 확산이 빠르게 일어나고, 왜곡될 가능성이 크며, 정보를 제거(가지치기)하기 어려운 특징을 가지고 있다. 따라서 부정적인 비공식 의사소통은 빠르게 차단하는 것이 중요하나, 공식적 의사소통이 전달하지 못하는 유익한 정보를 제공하고, 하급자들의 스트레스를 해결해 주는 장점이 있다.

2) 수직적 의사소통과 수평적 의사소통

의사소통은 정보의 흐름에 따라 수직적 의사소통과 수평적 의사소통으로 구분된다. 수직적 의사소통은 다시 하향식 의사소통과 상향식 의사소통으로 구분된다. 하향식 의사소통은 최고경영층의 의사결정이 업무를 수행할 구성원에 전달되는 것을 말한다. 이러한 하향식 정보에는 조직의 전략, 업무수행의 지시, 보고, 피드백 등이 있다. 지시 또는 명령과 같은 일방적 의사소통은 향후 결과를 보고받는 쌍방적 의사소통 과정이 이루어질 수 있다. 조직 내 하향식 정보 흐름은 조직구성원이 목적 달성을 위해 무엇을 해야 할 것인지를 명확하게 한다. 반면에 상향식 정보 흐름은 최고경영층의 의사결정을 위해 정보를 받는 형태이다. 조직 내에서 다양한 아이디어나 업무상 고충을 수렴하는 것으로 분석 보고서나 제안제도, 의견조사 등이 있다.

수평적 의사소통은 조직 내에 같은 계층 간에 횡적으로 이루어지는 정보의 전달을 의미한다. 조직에서는 청취, 토론, 자문, 자체 회의 등의 수평적 정보전달을 통하여 다양한 업무를 조정하고 문제를 해결하여 상호 협력적인 조직 분위기를 유지할 수 있다. 수평적인 관계에서는 일방적 소통보다는 협의 등과 같은 쌍방적 의사소통이 가능하다.

IBM사는 스피크 업(speak up) 제도를 통하여 종업원들이 코디네이터를 통해 회사정책, 근무환경 및 애로 사항을 서면으로 질문하고 불만을 토로하는 제도를 운용하고 있다. 회사 내 곳곳에 용지함을 설치하고 의견을 제시하면 10일 이내 회신하는 형태를 취하고 있다. 또한 오픈 도어(open door) 제도는 직원이 최고 경영자를 만나서 불만을 호소하는 제도로 공정한 심사관이 심사하고 비밀을 철저하게 보장한다. 이 밖에도 고급관리자 제도를 통한 면담제도와 정기적인 종업원 의견조사 등과 같은 의사소통을 위한 회사의 다양한 제도를 시행하고 있다(민 진, 2018).

또한 대각선적 의사소통은 여러 기능과 조직의 계층을 가로질러 이루어지는 방식을 말한다. 예를 들어, 기획팀장이 지역복지팀장에게 이용자의 반응이나 만족도를 묻는 상황에 해당한다. 이러한 대각선적 의사소통도 업무의 협조와 협의 등의 성격으로 쌍방적 의사소통이 주된 방식으로 사용된다.

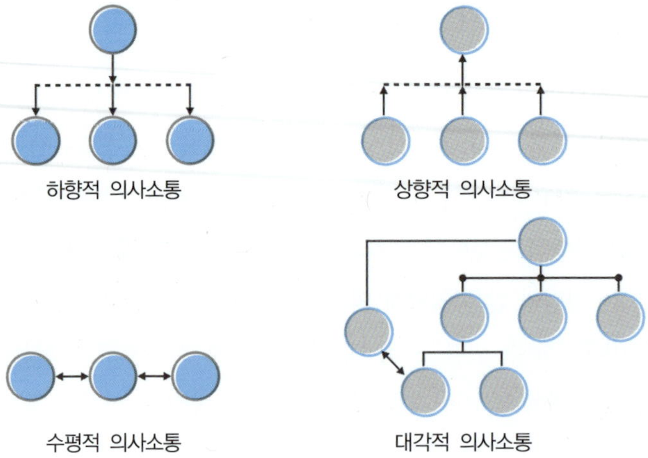

|그림 12-2| 공식적 의사소통의 방향

출처 : 양창삼(2007). 조직행동.

이 밖에도 의사소통은 조직 내 의사소통과 조직 외부와 의사소통으로 구분된다. 조직 외부와 의사소통은 조직의 마케팅과 관련된 사항으로 외부에 다양한 이해관계자들과 의사가 전달되는 것으로 사회복지조직의 마케팅을 통하여 자세히 다루었다.

4. 의사소통 매체

최근에 의사소통은 다양한 기기와 SNS 발달로 인하여 언어적 표현뿐만 아니라 다양한 비언어적 표현들을 통해 이전보다 메시지를 더욱 빠르고 효과적으로 많은 사람에게 전달할 수 있게 되었다. 의사소통은 언어적인 표현과 비언어적인 표현을 적절하게 함께 사용함으로써 효과적으로 메시지를 전달할 수 있다. 의사소통은 메시지를 전달하는 방법에 따라 언어적 의사소통과 비언어적 의사소통으로 구분된다.

1) 언어적 의사소통(Verbal Communication)

언어적 의사소통은 가장 기본적인 요소로 구두, 서신 등을 이용하여 메시지를 전달하는 것이다. 언어적 의사소통은 어떤 단어를 선택하느냐가 매우 중요하다. 메시지를 받는 수신자의 관점에서 이해하기 쉬운 단어를 선택하는 것이 필요하다(임창희, 2014).

인간이 사용하는 언어는 수만 년 전부터 문자와 숫자와 기호를 포함하여 인류가 발전하는 데 이바지한 가장 큰 도구 중의 하나이다. 이러한 언어는 일정한 특징을 가지고 있다. 첫째, 언어의 가변성이다. 인간의 언어는 수만 년간 전해져 오면서 시대적 상황이나 실상을 반영하여 변화하고 새로운 단어들이 만들어졌다. 예를 들어, 일몰의 다양한 현상은 낮과 밤이라는 단어로 표현하기 어려워서 황혼, 땅거미, 여명 등의 단어가 새롭게 등장하게 되었다. 둘째, 언어의 표현방법이다. 인간은 모든 현상을 말로 표현할 수 없다. 따라서 다양한 기호나 그림 등을 통하여 메시지를 전달하고 있다. 셋째, 언어의 추상 수준이다. 언어는 모양의 색깔, 질감과 같은 구체적인 속성을 표현하지만, 무게와 같은 것은 무시하는 경향이 있다. 예를 들어, 사과를 표현할 때 빨간 사과라고는 표현하나, 무거운 사과, 가벼운 사과라고 표현하지는 않는다. 따라서 언어는 표현하는 추상의 수준에 따라서 그 표현이 달라질 수 있다.

조직 내 구성원들은 메시지를 전달하는 경우에 글을 통하여 메시지를 전달하는 것보다 구두를 통한 의사소통을 선호하는 경향이 있다. 그리고 사람들은 메시지를 전달하는 것보다 수신하는 것에 많은 시간을 소비하고 있다. 따라서 경청하기와 읽기를 통한 메시지 전달 방법은 매우 중요하다. 사람은 10분 정도의 연설을 듣고 난 이후, 고작 50% 정도를 기억한다고 한다. 그리고 며칠이 지난 뒤에는 연설 내용의 75% 정도가 사라진다고 한다. 그리고 읽기는 문서로 구성된 언어적 의사소통을 이해하는 능력이다. 미국인의 20%가 문맹이라고 하니, 읽기 능력의 중요함을 알 수 있다. 따라서 경청하기와 읽기는 메시지를 받아서 핵심 정보를 해석하고 평가하는 데 매우 중요한 능력이다.

언어적 의사소통은 구두 의사소통과 문서 의사소통으로 구분된다. 구두 의사소통은 회의, 대화, 연설 등을 통하여 문서보다 직접적이며, 효율성, 즉시성의 특징을 가진다. 반면에 문서 의사소통은 보고서, 메모, 간행물 등의 형태로 기록을 통하여 오랫동안 보관할 수 있다.

(1) 구두 의사소통(oral communication)

구두 의사소통은 정보와 의사전달에 있어서 가장 기본이며, 흔히 사용되는 방법이다. 여기에는 직접 대면, 영상이나 전화에 의한 방법이 있다. 구두 의사소통은 수신인에게 감정을 표현하고, 수신인을 설득하기 위해 일대일 대면의 방법을 사용한다. 또한 일대일 대면에서는 발신자는 수신인으로부터 바로 피드백을 받고, 그에 따른 메시지를 조정할 수 있다. 다만, 전달내용이 중요하거나 기록으로 남겨 두어야 할 때는 문서 의사소통이 더욱 효과적이다.

구두 의사소통에서 말하기는 필수적인 의사소통의 수단이다. 말하기는 대화의 목적과 상대방의 상황에 맞춰 소기의 성과를 달성하기 위해 잘 활용되어야 한다. 말하기에는 몇 가지 주의할 점이 있다. 첫째, 말하는 사람의 정확한 발음, 속도, 강약을 지키는 것이 필요하다. 화자는 목소리가 활기차고 자신감이 있어야 한다. 둘째, 자세와 시선 처리도 중요하다. 앞을 응시하고 바른 자세가 필요하다. 화자가 주머니에 손을 넣고 있거나 한쪽으로 시선을 고정하는 것은 바람직하지 못하다. 셋째, 상대방이 경청하도록 유도해야 한다. 그러기 위해 말하기 중간마다 상대방이 이해하는지를 확인하는 것이 필요하다. 일반적으로 대화를 하는 과정은 경청을 통해 원하는 바를 파악하고, 상대의 처지를 이해하며, 내 생각과 요구를 알림으로써 서로의 주장과 욕구를 해결할 수 있는 해결책을 찾는 단계로 진행된다.

말하기에 좋은 표현을 사용하는 것이 필요하다. Eric Berne은 교류 분석(transactional analysis) 이론을 통하여 스트로크(stroke)에 대하여 강조하였다. 의사소통 시에 긍정적 스트로크는 칭찬, 격려, 관심, 동의, 맞장구 등을 말하고, 부정적 스트로크는 비난, 비판, 무시, 꾸지람 등을 말한다. 사람들은 의사소통 시 부정적 스트로크를 많이 사용한다. 그러나 "정말 잘했어", "당신이 최고야", "멋진 아이디어" 등과 같은 긍정적 스트로크를 사용하는 것이 효과적이라고 한다. 따라서 좋은 표현은 설명적, 문제 중심적, 자연스러운 표현, 감정이입적 표현, 잠정적 표현이 필요하다. 〈표 12-1〉은 좋은 표현법을 정리해 놓은 것이다(임창희 외, 2014).

〈표 12-1〉 좋은 표현법

나쁜 표현	좋은 표현
평가적 표현 (보고서 수준이 낮다)	설명적 표현 (예산과 인원이 잘못 배정되었다)
통제적 표현 (왜 내가 지시한 대로 보고서 작성 안 해)	문제중심적 표현 (서론 부분에 문제제기가 모호함)
전략적 표현 (모임에 늦은 것은 더 중요한 회의 때문)	자연스러운 표현 (너무 늦어서 미안해! 봐주라!)
중립적 표현 (내 알 바 아니야. 그건 네 문제지)	감정이입적 표현 (네가 힘든지 알아. 이렇게 해보자)
단정적 표현 (엉뚱한 소리 하는 사람들 때문에)	잠정적 표현 (누군지 모르니 일단 결정을 유보)

출처 : 임창희 · 홍용기(2014). 비즈니스 커뮤니케이션(제2판) 재구성.

의사소통 대부분은 경청이 차지한다. 경청(傾聽)은 의사소통의 출발점이다. 경청의 의미는 남의 말에 귀 기울여 주의 깊게 듣는 것을 말한다. 이는 상대방을 존중하고 관심을 두고 있다는 표시이다. 아마도 사람이 귀가 두 개인 이유는 많이 들으라는 이유인 듯하다.

사실 말을 잘하는 사람들의 공통점은 남의 말에 잘 경청한다는 것이다. Oprah Winfrey의 TV 쇼는 매우 유명한 방송이다. 그녀는 말을 잘하는 달변가이지만, 소설과 전기 등을 닥치는 대로 읽고 책을 통하여 다른 사람들이 어떻게 느끼고 생각하는지를 배웠다고 한다. 그녀가 TV 쇼에서 허리를 구부려 경청하는 모습은 매우 인상적이다. 이러한 자세가 그녀가 대중과 친밀한 관계를 맺는 데 성공한 원인이라고 한다. 그래서 의사소통에서 "경청은 귀를 이용하여 사람들의 마음과 소통하는 것이다"라고 한다(Maxwell, 1999).

Stephen R. Covey는 『성공하는 사람들의 7가지 습관』을 통하여 경청의 5단계를 제시하고 있다. 1단계는 무시(ignore)하는 것이다. 상대방이 하는 이야기를 무시하는 단계로 전달자의 이야기가 수신자에게 전달되는 내용이 없다. 2단계는 듣는 척(pretend)하는 단계이다. 상대방의 이야기를 외형적으로 듣는 척하는 태도를 보이고 자기 생각에 빠져 있어 상대 말의 약 10% 정도만 듣는 단계이다. 이러한 태도는 상대방이 금방 눈치챌 가능성이 매우 크다. 3단계는 선택적(selective)으로 듣는 것이다. 이 단계에서 수신자가 전달자의 메시지 전체에 집중하는 것이 아니라, 자신이 듣고 싶은 내용만을 선택적으로 듣는 것이다. 이런 경우에는 상대 말의 30% 정도만을 듣는다. 4단계는 집중적(attentive)으로 귀 기울여 듣는 단계이다. 수신자가 전달자의 이야기에 충분히 귀 기울여 말의 내용에 집중하는 것이다. 전달자는 수신자가 자신의 이야기를 듣고 있음을 느끼며, 서로가 이야기 내용을 잘 이해하는 것이다. 이런 경우에는 상대 말의 약 50~60%를 듣는다고 한다. 마지막 5단계는 공감적(empathic) 듣기이다. 이 단계에서는 상대방의 말을 90~100% 정도 듣는 것뿐만 아니라, 전달자가 어떤 느낌으로 이야기하는지, 왜 이런 이야기를 하는지 등의 느낌과 의도를 추측하고, 질문 등을 통해 확인하는 과정을 포함한다. 말하는 사람은 수신자가 이런 공감적 태도를 보이면 마음을 열고 의사소통에 적극적으로 참여하게 된다.

그러나 경청이 어려운 이유는 첫째, 상대보다 자기를 먼저 생각하기 때문이다. 의사소통의 상황에서 상대를 무시하거나 상대로부터 배울 것이 없다고 생각하는 사람은 경청하기 어렵다. 둘째, 심리적 또는 육체적으로 힘들기 때문이다. 따라서 공감적 경청을 위해서는 갈등, 분쟁, 압박과 같은 요인을 없애고, 걱정과 불안과 같은 것으로 에너지를 낭비해서는 안 된다. 셋째, 여유가 없기 때문이다. 자기 코가 석 자인 사람은 남의 사정에 귀를 기울이기 어렵다.

의사소통에서 경청은 말하는 것과 함께 매우 필수적인 요소이다. 의사소통에서 경청이 더욱 중요한 이유는 사람들은 경청을 통하여 무엇인가를 배울 수 있고, 누군가와 친해지는 계기가 되며, 경청을 통하여 상대방의 마음을 열게 하고, 상대로부터 호감을 살 수 있기 때문이다. 또한 경청을 통하여 상대방의 상황을 충분히 공감하고 이해함으로써 자신이 상대방에게 마음을 열고 더욱 효과적인 소통이 가능해진다.

[농협생명의 대나무 숲과 소통]

'임금님 귀는 당나귀 귀'라는 설화를 모르는 사람은 없을 것입니다. 큰 귀를 가진 신라 48대 왕인 경문왕의 말 못할 비밀을 알고 있던 복두장이(왕의 모자를 만들거나 고치는 자)가 끝까지 비밀을 지키지 못하고, 바람부는 날에 대나무 숲에서 "임금님 귀는 당나귀 귀"라고 외칩니다. 이런 내용의 설화는 우리나라만 있는 것이 아니라, 다른 나라의 경우에도 비슷한 설화가 전승되고 있다고 합니다. 이는 백성의 목소리를 잘 들으라는 것과 함께 소통의 중요성을 담고 있는 이야기입니다.

농협생명의 김용복 사장은 당시에 간담회 등을 통하여 직원들의 건의사항을 수렴하고 전체 직원이 공유할 수 있도록 하였습니다. 특히 신라 경문왕의 비밀을 들려준 '대나무 숲'이 각 층마다 설치되어 의견 수렴함으로 사용되었습니다. '대나무 숲'에 접수된 건의사항은 김용복 사장이 모두 확인하고, 그 결과에 대하여 해당 부서에서 조치하도록 하였다고 합니다. 이를 통하여 여직원들의 탈의실 개선, 구내식당 음식 품질 개선, 흡연 구역의 이동, 빌딩의 환기시스템 등을 개선하였습니다. 이것은 농협생명이 직원들과 소통하기 위한 참신한 아이디어였습니다. 조직의 상사가 좋은 이야기만 듣기를 원하면 부하직원들은 건설적인 아이디어와 비판을 하지 못한다고 합니다. 때로는 듣기 싫은 소리에도 귀를 기울이는 지혜가 필요합니다.

출처 : 대한금융신문(2015. 10. 25). 김용복 사장, 소통 위해 마련한 대나무 숲.

의사소통에서 경청의 중요성은 매우 크다. 따라서, 적극적이고 효과적인 청취를 위해서는 S. Robbins가 제시하는 여덟 가지를 주의 깊게 생각해 봐야 한다.

첫째, 눈을 마주친다. 의사소통 시에 상대방의 눈을 응시하지 않는다면 상대방은 내가 이야기에 무관심하거나 흥미를 느끼지 못한다고 생각할 수 있다. 상대방의 눈을 마주치는 것은 상대에 대한 존경이자 경청을 하고 있다는 신호이다. 2분 동안 눈을 마주치면 호감도가 올라갔다는 실험 결과가 있다. 결국 눈 맞춤은 경청만이 아니라 자신이 말을 할 때 상대방이 딴청을 하지 못하도록 하는 기법일 수도 있다. 대화는 신뢰를 기반으로 해야 한다. 내가 상대방의 눈을 보며 진정성 있는 의견을 말하면 상대방이 나의 마음을 읽을 수 있을 것이다.

둘째, 고개를 끄덕이며 긍정적인 표정을 보인다. 효과적인 청취자는 현재 진행되는 대화에 비언어적 신호를 통하여 관심을 표현한다. 긍정적으로 고개를 끄덕이거나 적절한 표정이 있으면 화자는 상대방이 경청하고 있다고 생각한다.

셋째, 주의를 산만하게 하는 행동을 피한다. 대화 중에 산만한 행동은 피해야 한다. 대화 중에 시계를 보거나, 종이를 만지거나, 연필을 가지고 장난을 하는 행동을 보이지 말아야 한다. 이러한 행동을 보면 화자는 상대방이 매우 권태롭거나 혹은 관심이 없다고 느끼게 된다. 그리고 상대방이 주의를 기울이지 않는다는 것을 보여주는 것이다.

넷째, 질문한다. 경청자는 자신이 들은 내용을 분석하고 질문을 한다. 이러한 행동은 이해를 분명하게 하고, 말하는 사람은 질문하는 사람이 경청하고 있다고 믿을 것이다. 의사소통의 경청자는 질문을 통하여 정보를 공유하고, 책임을 공유하는 것이다. 질문은 상대방에 대한 존중과 겸손의 표시이기도 하다. 이것은 내가 부족함을 인정하고 상대방으로부터 배울 수 있다는 겸손의 자세이다. 이러한 질문은 개방형(열린) 질문을 하는 것이 좋다. 이는 상대방의 마음을 열게 하고 긍정적인 답변을 끌어내는 데 효과적이다. 우리나라의 경우 질문에 익숙하지 않다. 이러한 이유는 질문을 통하여 자신의 무지함이 드러날 두려움과 상대방의 권위에 도전한다는 분위기, 질문을 할 수 없는 분위기 등이 있다. 그러나 질문은 상대방을 존경하는 표시이며, 효과적인 의사소통을 위해 필수적인 요소임은 분명하다.

다섯째, 바꿔 설명한다. 화자의 말을 다시 청취자의 표현으로 재진술하는 것이다. 적극적인 청취자는 "내가 들은 당신의 말은 ~~~" "당신의 이야기의 의미는 ~~~"과 같은 표현을 사용한다. 이러한 재진술의 행동은 스스로 이해한 내용의 정확성을 검증할 수 있다.

여섯째, 상대방이 말하는 중에 끼어들지 않는다. 발언자가 말하는 동안에 질문하지 않는다. 화자가 자신이 생각한 바를 끝까지 이야기한 이후에 반응하는 것이 필요하다. 그리고 절대로 화자의 생각을 지레짐작해서 미리 단정하지 말아야 한다.

일곱째, 너무 많은 말을 하지 않는다. 의사소통 시에 사람들은 경청하기보다 자신의 이야기를 내세우기 쉽다. 대화는 동시에 경청할 수 없다. 적극적인 청취자는 이러한 사실을 알고 있으므로 너무 많은 말을 하지 않는다. 실제 조직에서도 자신의 이야기만 하다가 시간만 낭비하는 일이 허다하다. 상대방의 말을 신중하게 들어보려고 하는 것이 문제해결의 시작이다.

여덟째, 화자나 청취자의 역할을 부드럽게 바꾼다. 대화는 흐름에 따라서 자연스럽게 경청자와 발언자의 입장을 전환해야 한다. 적극적인 청취자는 이러한 전환을 매우 부드럽게 시행한다. 청취자는 화자의 말에 경청하고, 이야기를 듣는 동안 무슨 말을 할 것인지를 생각하여 적절하게 반응하는 것이 좋다.

경청은 의사소통의 시작이다. 경청을 통하여 수신자의 관점에서 발신자는 자신의 말이나 글을 명료하게 표현하려고 해야 한다. 또한 수신자는 발신자의 메시지를 정확하게 이해하기 위해 적극적인 질문이나 피드백을 시행해야 한다. 이러한 상호 의사의 교환을 통하여 의사소통에 의한 메시지가 분명하게 전달된다.

(2) 문서적 의사소통(verbal communication)

문서적 의사소통은 서신, 이메일, 보고서, 안내서, 협조문, 공람, 회람 등이 포함된다. 이 방법은 영구적 기록이 가능하고, 정교한 메시지를 전달할 수 있으며, 상호 간에 일정을 고려할 필요가 없다. 그러나 공식적 기록으로 많은 준비가 필요하고, 글쓰기 능력이 요구되는 단점이 있다. 조직에서는 조직의 규모와 당시 존재하는 특별한 상황에 적합한 커뮤니케이션의 유형을 선택하는 것이 중요하다.

이순신 장군은 임진왜란 당시 1592년부터 7년간 『난중일기』를 썼고, 이는 현대에도 귀중한 자료로 사용되고 있다. 그는 전쟁 중에 뱃멀미와 병에 시달리면서도 꾸준하게 일기를 썼다고 한다. 이러한 투철한 기록 정신으로 오늘날에도 그 당시에 전투상황이나 정치, 경제, 사회의 여러 가지 상황을 생생하게 파악할 수 있다. 이렇게 문서는 기록에 의해 축적되고 널리 활용되게 된다.

좋은 메시지는 간결하게 표현되어야 한다. 그리고 요점을 정확하게 강조하는 것이 효과적이다. 또한 상대방이 이해할 수 있는 언어가 사용되어야 하며, 수집한 정보와 가공한 정보를 구분하여 논리정연하게 작성하는 것이 필요하다. 문서로 만들어진 좋은 메시지는 수신자가 메시지의 내용을 잘 이해하게 함으로써 메시지를 받아들이고 이해하는 시간을 최소화해 준다.

조직에서 중요한 내용은 근거를 마련하여 보관이 쉬운 기획서, 기안지 등의 문서적 의사소통을 많이 사용한다. 여기서 기획서와 기안지를 작성하는 방법에 대하여 간략하게 살펴본다.

① 기획서 작성하기

기획은 어떠한 문제나 과제를 해결하기 위해 현황을 분석하고 구체적인 해결방법을 세우는 과정이다. 조직 내에서 기획서는 새로운 제도나 업무 개선을 위한 제안, 서비스 개발 및 홍보를 위한 마케팅 계획, 인사나 총무의 개선책 등 다양한 사항에 대해 구체적인 계획을 수립하여 제출하는 문서이다.

기획서의 종류는 〈표 12-2〉와 같이 상황에 따라 여러 가지 이름으로 나타난다. 그 종류는 사업제안서, 프로젝트 제안서, 투자유치서, 상품소개서 등으로 구분된다.

〈표 12-2〉 기획서의 종류

기획서	용 도
사업제안서	정부 또는 관공서 등에서 입찰 공모를 하는 경우, 입찰에 참여하기 위해 사업제안서 및 사업요약서를 제출해야 함
프로젝트 제안서	프로젝트 추진을 위해 제안사에 시장 분석 및 제안 목적 등을 명시하여 제출함
투자유치서	기업을 소개하고 투자를 유치하기 위해 투자자들을 대상으로 사업 설명회를 통해 기업의 주요 정보와 향후 방향성을 제시하는 기획서임
상품소개서	기업의 이미지 및 상품을 효과적으로 홍보하기 위한 기획서로 보통 프레젠테이션을 위한 기획서로 작성됨

효과적인 기획서의 작성은 문장으로만 표현되지 않고, 차트, 수치, 이미지 등을 통한 시각적인 효과까지 포함하고 있다. 첫째, 문장은 기획서의 기본이다. 이는 간결한 문장으로 내용을 전달하나, 문자만 나열하면 영향력이 작아짐에 따라, 인과관계나 수치 데이터 등을 적절하게 혼용하여 사용하는 것이 필요하다. 둘째, 차트 표현은 논리적인 흐름을 도표를 활용하여 설명하는 것이다. 이는 복잡한 관계성을 쉽게 이해시킬 수 있으나, 표현에 제약이 있으며 감각적 정보전달에 그친다는 단점이 있다. 셋째, 수치표현은 표나 그래프 등에 의한 시각화를 통하여 상대방에게 소구(appeal)하는 것이다. 이는 시각적인 효과가 뛰어나지만, 의미파악이 모호하다는 단점이 있다. 넷째, 이미지 표현이다. 상품의 완성도, 전시회 부스의 데코레이션과 같이 말만으로 표현할 수 없는 미묘한 뉘앙스를 이미지를 통하여 현실감 있게 전달하는 것이다. 그러나 이미지는 내용이 객관적으로 전달되기 어렵고, 잘못 사용되면 기획 의도가 훼손될 위험이 존재한다.

기획서에는 설득력이 있도록 세심하게 작성되어야 한다. 기업뿐만 아니라 비영리조직에서도 프로그램 공모를 위해 기획서 작성은 매우 필요한 사항이다. 기획서는 정보를 전달하는 것으로 사무적이고 건조할 수 있다. 그러나 기획서에는 꼭 표현해야 하는 중요한 항목이 포함되도록 작성해야 한다. 기획서의 구성은 크게 네 가지로 이루어진다.

첫째, 표지부이다. 표지부에는 명칭, 입안자, 머리말, 목차 등의 내용을 포함한다. 표지부는 각 구성 요소별로 한 페이지에 작성하는 것이 좋다. 특히 목차는 일종의 인덱스 기능을 하고 있음에 따라, 안내역할을 하도록 구성되어야 한다.

둘째, 도입부이다. 기획서의 도입부는 기획의 목적(배경), 기대효과, 기획의 개요로 구성된다. 기획 목적은 기획서를 기술하는 이유를 제시하는 것으로 기획의 방향을 올바르게 설정하는 것이 매우 중요하다. 기획의 목적을 작성하기 위해서는 현상을 분석하고, 경영방침, 전략, 절차 등과 합치성을 언급하는 것이 중요하다. 다음으로 기대효과는 기획이 실행되었을 때 얻을 수 있는 효과로 내부와 외부에 미치는 영향을 기술하는 것이다. 기대효과는 가능한 경우에는 구체적인 정량적 표현을 사용하는 것이 필요하다. 마지막으로 기획의 개요로 전체적인 기획의 이미지를 표현하고 핵심적인 아이디어 등을 기술한다. 때로는 도해 등을 활용하여 강하고 극적인 표현으로 전체적인 기획에 대한 이해를 돕는 것이 필요하다.

셋째, 본론부이다. 본론부에는 기획내용, 실시계획, 예산 등으로 구성된다. 기획내용은 구체적인 기획의 문제에 대한 해결책을 제시해야 한다. 만약 복수의 해결책이 존재하는 경우 각각의 대안에 대한 장단점을 비교하여 제시하는 것이 좋다. 아울러 기획의 구체적인 실행전략과 방법론, 수단, 제약조건 등도 함께 제시해야 한다. 다음으로 실행을 위한 기획 일정표와 일정계획을 명시하고, 이를 실행하는 조직과 인원까지 명시하는 것이 좋다. 또한 기획을 실행하는 데 소요되는 예산과 이를 어떻게 충당할 것인지에 대한 방법도 함께 명시해야 한다.

넷째, 보조부이다. 기획서의 보조부에는 기획을 추진하는 경우에 예상되는 문제점과 대응책을 제시해야 한다. 아울러, 기획을 입안하기 위한 조사자료 및 통계자료, 참고문헌 등을 제시하는 것이 필요하다.

마지막으로 작성된 기획서는 전체적인 내용을 여러 번 검토하여 잘못 표현된 문장이나 계산의 오류가 없는지 등을 점검해야 한다. 그리고 기획서의 전체적인 흐름이 논리적으로 일관성 있게 작성되었는지 확인해야 한다. 또한 아무리 잘 만들어진 기획서라 하더라도 실행 가능성이 없으면 소용이 없다. 따라서 기획을 계획에 따라 실행하는 데 필요한 자원이나 역량 등을 사전에 점검하는 것이 필요하다.

② 기안지 작성하기

기안지(起案紙)는 진행하고자 하는 사항에 대한 설명을 통해 검토 후 허락을 구하는 서류이다. 예를 들어, 복지관 바자회를 실행하기 위해 목적, 진행방법, 필요인원, 예산, 기간 등을 포함하여 작성한다. 기안지는 조직마다 사용하는 일정한 양식이 있다. 지금은 전자문서를 통하여 기안이 진행됨에 따라, 글씨에 대한 부담감은 사라졌다. 다만, 기안을 작성할 때 고려해야 할 사항이 있다.

첫째, 기안은 정확성이 있어야 한다. 기획의 목적을 육하원칙에 의해 명확하게 표현해야 한다. 그리고 애매한 표현이나 과장된 표현을 사용하는 것을 피해야 한다. 예를 들어, "복지관 바자회에 직원 2명이 참석합니다"라는 표현은 성별 및 직급이 불분명하고, 어느 부서의 2명인지 알 수 없으며, 어떤 목적으로 참여하는지를 알 수 없다.

둘째, 기안은 용이성을 갖추어야 한다. 기안지는 읽는 사람이 쉽게 이해하도록 쉬운 말로 써야 한다. 어려운 한자나 전문용어의 사용을 되도록 피하고 꼭 필요한 경우에는 괄호 등을 사용하여 해설을 덧붙이는 것이 필요하다. 기안을 작성하는 사람으로서는 이해가 되는 내용이지만, 기안을 받는 사람의 관점에서 이해가 어려울 수 있으므로 기안을 작성할 때 이를 매우 주의해야 한다.

셋째, 기안은 신속성을 가져야 한다. 될 수 있으면 문장은 한 줄씩 짧게 구성하는 것이 좋다. 그리고 먼저 결론을 제시하고 그다음에 이유 또는 설명을 쓰는 방식의 기술이 필요하다.

마지막으로 경제성이 있어야 한다. 보통 반복적인 업무는 표준기안 양식을 통하여 손쉽게 활용하도록 하는 것이 필요하다. 그리고 조직 내에서 사용하는 용지의 규격을 표준화하고 문자를 부호화하여 활용하는 것이 좋다.

일반적으로 기안지와 품의서는 같은 목적으로 사용되는 것으로 인식하고 있다. 그러나 엄밀하게 구분하면 기안지는 새롭게 시작하는 사안에 관해서 설명하여 검토를 구하는 서류이나, 품의서는 허락을 받기 위한 서류로 구분할 수 있다. 이는 조직의 상황과 목적에 따라 다양하게 구분되고 있으나, 조직 활동에 목적에 맞도록 다양한 기안지 및 품의서의 형태를 개발하여 사용하도록 하는 것이 효과적이다.

기 안 서

<table>
<tr><td>분류기호
및
문서번호</td><td colspan="3"></td><td colspan="4">위임전결 규정에 의거
직책 : 성명 : 전결</td></tr>
<tr><td>기안부서</td><td>주임</td><td>대리</td><td>과장</td><td>차장</td><td>부장</td><td>이사</td><td>사장</td></tr>
<tr><td></td><td></td><td></td><td></td><td></td><td></td><td></td><td></td></tr>
<tr><td></td><td>/</td><td>/</td><td>/</td><td>/</td><td>/</td><td>/</td><td>/</td></tr>
</table>

<table>
<tr><td>기안자</td><td colspan="2"></td><td>협조부서</td><td>대리</td><td>과장</td><td>차장</td><td>부장</td><td rowspan="3">감사</td><td rowspan="2"></td></tr>
<tr><td>기안일자</td><td colspan="2">20 년 월 일</td><td></td><td></td><td></td><td></td><td></td></tr>
<tr><td>시행일자</td><td colspan="2">20 년 월 일</td><td></td><td>/</td><td>/</td><td>/</td><td>/</td><td>/</td></tr>
<tr><td rowspan="2">경 유
수 신
참 조</td><td colspan="3" rowspan="2"></td><td>발 신</td><td>통 계</td><td colspan="2">처리기간</td><td colspan="2">보존연한</td></tr>
<tr><td></td><td></td><td colspan="2"></td><td colspan="2"></td></tr>
</table>

2) 비언어적 의사소통

Albert Mehrabian이 1971년 출간한 저서 『Silent Messages』에 포함된 의사소통이론으로 한 사람이 상대방으로부터 받는 이미지는 시각(몸짓) 55%, 청각(음색, 목소리, 억양) 38%, 언어(내용) 7%라는 이론이다. 이것은 효과적인 의사소통에 있어 말투나 표정, 눈빛, 제스처와 같은 비언어적 요소가 차지하는 비율이 무려 93%의 높은 영향력을 가지고 있음을 강조한다. 또한 웃음 띤 얼굴은 그 사람의 첫 느낌을 전달하는 데 매우 중요한 요인이라고 말한다. 이것을 '메라비언의 법칙(The Law of Mehrabian)'으로 부르고 있다. 메라비언의 법칙은 현재 설득, 협상, 마케팅, 광고, 프레젠테이션, 사회심리, 인성교육 등의 분야에서 의사소통 방식을 설명하는 데 크게 이바지하고 있다(허은아, 2012).

사람들은 빌딩 토목공사 현장과 같이 시끄러운 소리로 언어적 의사소통이 불가능한 상황에서 지하에 구멍을 뚫고 울타리를 세우는 등의 일을 수행한다. 공사장의 중장비 기사들과 인부들은 수신호와 제스처만으로 서로가 의사소통을 진행한다. 이런 상황에서는 구두 의사소통보다 비언어적 의사소통이 더욱 효과적이다.

몸짓 언어를 가장 잘 구사한 정치인은 미국의 Ronald Reagan 대통령이다. 그를 뛰어난 정치가로 만든 인기 비결은 정치적 업적이 아니라 특유의 미소와 목소리라고 분석되고 있다. 즉, Reagan의 정책 실패나 무지 등 부정적 요소들이 그의 탁월한 몸짓 언어에 의해 가려졌다는 것이다. 이러한 비언어의 표현법은 선천적인 요인보다 오랜 훈련과 기억의 결과를 통하여 나타난다고 한다.

비언어적 의사소통(nonverbal communication)은 언어를 제외한 얼굴 표정, 옷과 장신구, 체격, 몸짓, 인사와 접촉, 신호등 색깔과 같은 비언어적 표현을 사용하여 의사를 전달하는 방식을 말한다. 비언어적 표현은 몸짓, 얼굴 표정 등으로 진실을 드러냄으로써 전달자와 수신자 모두에게 신뢰를 조성하고 메시지를 효과적으로 전달하는 기능을 수행한다.

사회복지조직에서 클라이언트와 상담 시에 상대방에 대한 비언어적 의사소통은 매우 중요하다. 상담자는 내담자의 비언어적 표현을 주의 깊게 관찰하고 그 의미를 해석해서 그에 맞는 상담을 끌어내야 한다. 또한 상담자가 따뜻하고 공감적인 비언어적 의사 표현을 할 때 내담자는 자신이 관심을 받고 있다고 생각하며 마음을 열고 소통할 수 있다. 또한 상담 도중에 시계를 본다든지 고개를 돌리는 행위는 현재의 상태의 지겨움을 표시하는 부정적 신호로 적절한 변화를 통해 주의를 집중시키는 것이 중요하다. 따라서 사회복지조직에서 클라이언트와 관계에서 비언어적 표현은 언어적 메시지를 반복, 보충, 강조하는 형태로 사용되어 언어적 메시지를 대신하거나 의사소통의 흐름을 원활하게 하는 기능으로 작용한다.

3) 의사소통의 방해요인 및 촉진요인

Shannon과 Weaver(1948)에 따르면, 의사소통의 기본과정은 의사전달자(communicator), 메시지 부호화(encoding), 매체를 통해 메시지(message & medium)를 전달, 피드백의 순으로 말한다. 그런데 이러한 모든 과정에서 주의해야 할 것은 잡음(noise)이다. 잡음(noise)은 모든 의사소통의 과정에 개입하여 메시지를 왜곡하는 역할을 한다. 이러한 의사소통을 방해하는 요인은 수없이 존재하지만 몇 가지 중요한 방해요인을 살펴보고자 한다(성영태, 2016).

(1) 언어 문제

전달자와 수신자 간에 사용하는 용어나 어휘에 해석에 차이가 있는 경우에 장애가 발생한다. 따라서 메시지는 수신자의 상태를 고려하여 공유할 수 있는 적절한 용어와 단어 선택, 어색한 문장 등을 최소화하는 것이 중요하다. 예를 들어, 의사들이 사용하는 언어는 변호사들이 사용하는 언어와 상당히 차이가 있다. 또한 문화적인 차이에 따른 의사소통의 경우에도 '멋', '눈치' 등은 영어나 독일어 등으로 정확하게 전달하기 어렵고, 우리나라의 '네네'(잘 듣고 있음)와 미국인의 'yes'(동의의 의미)는 같은 어휘라도 다른 의미로 사용된다.

(2) 전달자와 수신자의 지각 차이

우리가 지각하는 정보는 많은 정보, 빛, 소리, 냄새 등으로부터 영향을 받아 오감을 통하여 들어온다. 이는 한 개인이 가지고 있는 경험과 개인적 방식에 따라 다르게 지각한다는 것이다. 예를 들어, 여름철에 에어컨을 틀면 누구는 춥다고 느끼지만, 누구는 덥다고 느끼는 경우이다. 따라서 전달자가 메시지를 만든다면 수신자의 지각 차이를 고려하여, 반응을 상상해 보고 적절한 메시지를 만들려고 노력해야 한다.

(3) 피드백의 차단

의사소통에서 피드백은 메시지를 해독한 수신자가 메시지에 대한 추가적인 설명이나 의문이 있는 경우에 다시 확인하는 과정이다. 그런데 수신자가 재확인하거나 다른 의견을 전달할 통로가 차단된 경우에 전달자의 의도와 다르게 해석하여 의사소통에 방해가 발생한다.

(4) 정보 과부하

조직에서 너무 많은 정보는 수신자가 어떠한 정보를 선택할지에 대해 혼란을 일으키게 한다. 즉, 너무 많은 정보를 제공하면 어떤 정보가 중요한 정보인지를 파악하기 어렵다. 현대 사회가 정보의 홍수시대인 것과 유사하다. 조직의 경우 효율성과 능률성을 고려하여 한 번에 많은 정보를 전달하려고 하는 경향이 있다. 그러나 정보의 과부하를 막기 위해서는 적정한 정보만을 전달하여 의미를 제대로 파악하도록 하는 것이 더욱 효과적이다.

(5) 신분과 지위

조직에서 계층으로 인한 의사소통에 장애가 발생할 수도 있다. 낮은 지위의 사람은 상급자로부터 메시지를 받거나 상급자와 의사소통 시 매우 조심스러운 입장이다. 반대로 높은 사람은 조직 내에서 자신의 권위를 이용하여 메시지를 여과하여 받아들이려 한다. 이러한 신분과 지위의 장애는 상하 관계뿐만 아니라, 부서 간에도 다른 태도, 가치관, 기대가 다른 경우에 의사소통의 장애로 나타난다. 따라서 이러한 장애를 극복하기 위해서는 조직이 정보를 공유하는 문화를 가지는 것이 중요하다.

(6) 잘못된 매체의 선택

의사소통 시 메시지를 의도대로 전달하기 위해서는 매체의 선택이 중요하다. 매체의 선택에 따라, 정보전달의 정도가 달라진다. 이러한 매체는 시각적, 언어적, 단어적 단서보다 많은 단서를 제공할 수 있는지와 피드백을 주고받을 수 있는지, 직접 대면의 여부 등에 따라 달라진다. 정보전달의 정도는 대면접촉, 전화나 전자우편, 메모나 보고서, 표준화된 정보지 등으로 순으로 낮아진다. 따라서 정보전달이 빈약한 매체는 일반적이고 반복적인 단순한 메시지를 전달하기 위한 통계자료, 수치, 간단한 메모, 요약문 등에 사용하는 것이 효율적이다(민 진, 2018). 이 밖에도 의사소통을 방해하는 요인은 신뢰 부족, 지나친 공식적 채널의 대화, 폐쇄적 의사소통의 환경, 비윤리적 메시지 등이 있다.

효과적인 의사소통을 위해서는 이러한 잡음(noise)을 찾아서 제거하려는 노력이 필요하다. 의사소통을 촉진하려는 다양한 노력 중에 조직에 적용이 가능한 몇 가지를 제시하면 다음과 같다.

첫째, 전달자와 수신자의 신뢰 회복이다. 조직 내에서 상하 간에 수직적 의사소통과 수평적 의사소통이 자유롭게 일어나도록 통로를 개설하고 유연한 조직 분위기를 만드는 것이 필요하다.

둘째, 발신자는 다수의 수신자를 고려하여 언어적 또는 비언어적 정보를 적절하게 활용하여 조직 내에서 사용하는 공통의 상징체계(언어, 문자 등)로 변환하여 제공하려는 노력이 필요하다.

셋째, 의사소통의 목적과 상황, 주체 등에 따라 적절한 매체를 선택하는 것이 중요하다.

넷째, 전달자가 수신자에게 메시지를 전달하고 정확히 수신했는지를 확인할 수 있는 피드백 장치를 마련하는 것이 필요하다.

마지막으로 전달된 다양한 정보 중에서 우선순위를 체계적으로 분류, 관리하는 것도 필요하다.

5. 효과적인 의사소통

개인 간에 효과적인 의사소통을 위해서는 청취, 피드백, 상호신뢰, 감정이입, 반복 등의 다양한 요소가 고려되어야 한다. 이와 더불어 조직에서는 조직에 다양한 상황에 따라 의사소통의 질이 좌우됨에 따라서 다음과 같은 것에 유념해야 한다(임창희 외, 2014).

첫째, 조직에 지시, 명령, 전달방법을 개선해야 한다. 이를 위해 사내 온라인 소통망이나 제안제도 등 의사소통의 다양한 채널을 확보해야 한다. 그리고 담당자에게 그가 맡은 직무에 대해서 충분히 알고 시작하게 하며, 지시나 명령은 수시로 전달하며 복잡한 사안에 대해서는 반복적으로 확인하는 것이 좋다.

둘째, 조직에 보고, 제안, 설명 방법의 개선이 필요하다. 보고나 제안은 예외적이고 중요한 일을 우선하여 보고하도록 한다. 그리고 보고 시에는 우선순위를 정하고 정보의 핵심을 보고하는 것이 필요하다. 아울러 조직에 권위주의적인 분위기를 없애기 위해 노력하는 것도 필요하다.

셋째, 조직에 수평적 의사소통의 개선이 필요하다. 상급자와 조직구성원의 신뢰는 매우 중요하다. 이를 바탕으로 부서 간 형평성을 유지하고 평상시 조직 간에 자유로운 수평적 의사소통의 분위기가 필요하다. 조직의 기업문화에 따라 상향식 의사소통을 차단하기도 하고, 다른 기업은 상향식 의사소통을 이견 조율과 새로운 아이디어를 창출하는 것으로 활용하기도 한다. 공개적 의사소통의 문화는 기업의 하위 계층에 대한 다양한 의견을 수렴하고, 그들이 조직의 문제해결에 동참하게 한다. 아울러 조직 간에 수평적 의사소통은 정보의 확산을 통해 조직이 시장의 환경에 신속하게 대처하고, 생산성을 향상하는 데 매우 중요한 역할을 수행한다.

넷째, 조직에 의사소통 환경여건을 개선해야 한다. 조직구성원들이 사용하는 사무실이나 작업장의 배치에 신경 써야 한다. 너무 높은 칸막이 등을 없애고 서로가 개방적인 분위기를 형성하도록 해야 한다. 아울러 의사소통이 원활하도록 조직구조를 개선하는 것이 매우 중요하다.

조직 내에서 효과적인 의사소통을 위한 기법으로 종업원 의견조사, 제안제도, 기업 내 핫라인 개설, 비공식적 회의 등을 사용하고 있다. 종업원 의견조사는 조직구성원들의 태도와 의견을 설문지를 통해 조사하고 평가하는 것이다. 제안제도는 조직구성원이 아이디어를 제안하도록 하고, 우수한 제안은 보상하는 것이다. 이를 통하여 업무에 대한 혁신과 새로운 문제해결을 통해 새로운 가치를 창출한다. 제안제도를 시행할 때 조심해야 하는 것은 제안하는 사항을 자기의 일과 환경에 중점을 두도록 방향을 설정하는 것이다. 그렇지 않으면 자신의 직무와 환경개선보다는 다른 사람의 직무에 초점을 맞추어 비판하는 우려를 범할 수 있다. 그리고 기업 내 핫라인은 주요 문제에 대하여 직접 소통할 수 있는 것으로 인터넷 환경을 활용한 다양한 의사소통 도구(Slack, Microsoft Teams, Facebook workplace, flow 등)가 존재한다. 마지막으로 조찬이나 점심 등을 활용한 비공식적 모임은 상급자와 하급자의 수직적 의사소통을 원활하게 하는 제도이다. 또한 조직 내에 주니어 보드, 건의함 제도, Can-Meeting 등 다양한 소모임 활동을 지원하는 것이 조직에 건전한 의사소통의 분위기를 형성하는 데 매우 효과적이다.

Peter F. Drucker는 오늘날 의사소통에 대한 많은 주장이 제기되고 있지만, 조직에서 의사소통이 제대로 이루어지지 않음을 지적하며 조직 내 의사소통의 방법으로 다음과 같이 제시하고 있다.

① 의사소통은 지각(perception)이다.

의사소통하는 사람은 바로 그것을 받아들이는 사람이라는 것을 의미한다. Socrates는 사람은 다른 사람과 말을 할 때 듣는 사람의 경험에 맞추어 말해야만 한다고 하였다. 그리고 듣는 사람의 언어로, 그리고 그가 사용하는 용어로 말할 때 대화를 할 수 있다. 따라서 의사소통을 할 때는 그 말이 상대의 지각범위 안에 있는지를 판단해야 한다.

② 의사소통은 기대(expectation)이다.

우리는 지각하기를 기대하는 것만 지각한다. 사람은 자신이 접한 자극을 기대의 틀 안에 맞추려고 시도한다. 그리고 인식하기로 기대하지 않았던 것을 인식하는 것 또는 그 반대로 인식하기로 기대했던 것을 인식하지 않게 되는 것을 매우 꺼린다. 따라서 의사소통할 때는 수신자가 무엇을 기대하고 있는지를 알아야 한다. 그래야 의사소통을 통하여 기대하지 않은 일이 일어나고 있음을 각성시킬 수도 있다.

③ 의사소통은 달리 말하면, 언제나 무엇을 요구(demand)한다.

의사소통이 수신자의 야망, 가치관, 또는 그의 목적에 부합되면, 그것은 강력한 힘을 발휘한다. 전향을 노리는 커뮤니케이션은 굴복을 요구한다. 그러므로 의사소통의 전달내용이 수신자의 가치관과 부합되지 않으면 커뮤니케이션은 이루어질 수 없는 것이다.

④ 의사소통과 정보는 다른 것이며, 사실상 거의 대립 관계에 있다 - 그러나 한편으로는 상호의존적이다.

의사소통은 지각이지만, 정보는 논리이다. 그러므로 정보는 완전히 공식적이고 그 자체는 아무런 의미가 없다. 정보는 인간적인 속성, 즉 정서, 가치관, 기대, 그리고 지각과 같은 것으로부터 해방되면 될수록, 정보로서의 타당성과 신뢰성은 더욱 높아진다. 그러나 정보는 의사소통을 전제로 한다. 따라서 의사소통에 있어 가장 중요한 것은 정보가 아니라 지각이다. 그래서 가장 완벽한 의사소통은 정보의 교환이 아닌 경험의 공유일지도 모른다고 주장한다.

결과적으로 조직 내에서 효과적인 의사소통을 위해서는 조직의 보고, 지시, 정보전달의 경로를 점검하고, 조직에 다양한 비공식적인 소모임 활동 등을 지원하면서, 공개적 의사소통과 수평적 의사소통이 잘 이루어지도록 조직문화를 조성하는 것이 필요하다. 또한 의사소통에서 가장 중요한 것은 정보의 전달이 아닌 수신자의 지각, 기대, 요구가 기반해야 함을 알 수 있다.

한편 조직 내에서 경청과 목표관리는 효과적인 의사소통을 위한 전제조건이다. 경청을 통하여 조직에 상사가 부하직원에게 일방적으로 자기 생각을 전달하는 것을 방지할 수 있으며, 부하직원의 생각을 이해하고 복잡한 상황을 이해하게 할 수 있기 때문이다. 아울러 목표관리는 부하직원이 조직의 목표달성을 위해 자신이 무엇을 할 것인지를 스스로 생각하고 결정을 내리게 함으로써 상사의 기대와 일치시키는 과정을 통하여 효과적인 의사소통을 가능하게 한다.

6. 비영리조직의 효과적인 의사소통

Skidmore는 사회복지조직에서 의사소통이 중요한 이유를 세 가지로 설명하고 있다. 첫째, 효과성(effectiveness)이다. 사회복지기관에서 효과적인 서비스 전달을 위해서는 구성원들이 서로 간에 의사전달을 원활하게 할 수 있어야 한다. 조직에서 효과성은 구성원 상호 간에 수평적 또는 상위 계층과 하위 계층 간에 수직적으로 생각과 감정을 공유하는 데 달려있다. 둘째, 효율성(efficiency)이다. 효율성은 구성원들의 상호 간 공개적인 의사소통을 통해 높아지는데, 서비스 개선을 위해 효율적인 기법을 습득한 구성원이 그것을 다른 구성원과 함께 나눔으로써 조직의 효율성은 높아진다. 또한 어떤 절차가 부적절하고 비효과적이라는 것을 발견한 직원은 다른 직원들에게 그가 발견한 사실을 알게 함으로써 조직에 도움을 줄 수 있다. 셋째, 사기(morale)이다. 사기는 사회복지관 운영에 있어 특별히 중요하다. 조직의 사기는 지도자와 원활한 의사소통을 통해 서로의 이해가 있는 경우에 사기가 진작되며, 조직에서 일어나는 일을 공유함으로써 공동의 목표를 달성하기 위한 사기가 생겨난다. 또한 효과적인 서비스 전달도 행정가와 직원 간의 이해를 바탕으로 서로 간에 의사소통과 도움을 통해 이루어진다. 따라서 비영리조직의 행정가는 의사소통의 전략으로 짧은 시간의 회합, 편지나 노트, 비공식적인 회의, 게시판 활용, 건의함 사용 등의 다양한 의사소통의 채널을 확보해야 한다.

사회복지조직에서 직급 간, 부서 간, 외부 이해관계자 및 조직 내에 비공식적 의사소통 등 다양한 상황에서 의사소통이 발생한다. 따라서 사회복지조직에서 발생할 수 있는 다음과 같은 상황에서 효과적인 의사소통을 위해 몇 가지 유념해야 할 사항을 살펴본다.

첫째, 조직 내 부서 간 정보의 공유 및 의사소통의 채널이 필요하다. 사회복지조직은 부서의 구분을 서비스 성격에 따라서 구분하는 경우가 많다. 그런데 서비스 이용자들은 복잡한 욕구가 있어 이를 충족시키기 위해서는 여러 부서의 서비스가 함께 시행되어야 함에 따라서 부서 간의 갈등은 서비스 효율성을 저하한다. 따라서 협력적인 의사소통을 위해서는 공식적인 의사소통의 채널을 통해 부서 간 정보의 흐름을 원활하게 해야 한다. 아울러 새로운 프로그램이 시행될 때 관련된 다른 부서와 프레젠테이션 등을 통하여 사전에 업무를 공유하고, 역할을 명확히 하는 것이 필요하다.

둘째, 직급 간 원활한 의사소통을 위해서는 전달자와 수신자의 상황을 이해해야 한다. 조직에서 팀장이나 임원과 구성원 사이에 의사소통의 스타일로 인한 많은 문제가 발생한다. 만약에 구체적인 업무지시에 따라 업무를 수행해 온 구성원들은 직관적인 스타일의 상사를 만났을 때, 상사의 업무지시에 대한 명확한 이해가 불가능할 수 있다. 이런 경우에는 부하의 상황에 따라 상사가 의사소통의 방법을 달리하는 것이 필요하다. 반면에 자유스러운 분위기에서 자신의 계획에 따라 일을 해온 구성원들은 상사의 직관적이지 못한 결정에 어려움을 겪을 수 있다. 따라서 의사소통의 전달자와 수신자는 의사소통의 유형을 점검하고 조정하려는 노력이 필요하다.

셋째, 사회복지조직은 다양한 분야의 전문가들이 존재한다. 이런 전문가들과 의사소통에 어려움을 해결하기 위해서는 사례회의 등을 적극적으로 활용해야 한다. 사회복지서비스를 전달하기 위해서는 언어치료사, 심리치료사, 직업재활사 등 여러 분야의 전문가들과 일을 하게 된다. 분야가 다른 전문가들 사이에는 사용하는 전문용어의 차이, 전문지식의 차이, 가치관 차이 등으로 서비스 전달 시에 의견 차이가 발생할 수 있다. 사회복지서비스를 통해 이용자의 복잡한 욕구를 충족시키기 위해서는 전문가 간에 원활한 의사소통을 통한 협력은 필수적이다. 따라서 효과적인 의사소통을 위해 기존의 사례회의 등을 적극적으로 활용하여 서로에 대한 이해를 높이고, 다양한 방식으로 교류의 과정을 통한 정보공유가 필요하다.

넷째, 사회복지조직에 상사들의 업무지시가 상이함에 따른 의사소통에 문제가 있는 경우에는 업무지시의 순서, 다른 상사와의 업무지시 공유, 일의 시급성 등을 고려해야 한다. 예를 들어, 부장님의 업무지시가 먼저 있고 관장님의 업무지시가 나중에 있는 경우에는 관장님께 그 사항을 인지하게 하는 것이 중요하다. 그리고 관장님의 업무지시는 반드시 부장에게 공유해야 한다. 아울러 시급한 사안의 업무지시는 우선 처리하고 나중에 보고하는 것도 좋은 방법이다. 그러나 중요한 것은 이러한 문제에 대하여 관장과 부장이 인식해야 한다. 그리고 서로 다른 업무지시로 인한 조직의 갈등 상황을 관리자가 책임감을 느끼고 개선하려는 노력이 함께 병행되어야 한다.

다섯째, 조직 내에 비공식 의사소통 방식을 해결하기 위해서는 공식적인 의사소통 경로를 명확히 설정하고, 수평적인 의사소통의 분위기를 조성해야 한다. 조직의 인사이동과 같이 구성원과 밀접하게 연관된 사항은 비공식적 의사소통 채널을 통해 빠르게 조직에 확산하는 특징이 있다. 특히 부정적인 비공식 의사소통의 메시지는 조직문화와 성과에 부정적인 영향을 미친다. 따라서 조직 내 공식적인 의사소통의 경로를 명확히 하고, 조직구성원들의 자유로운 수평적 의사소통을 통하여 메시지의 왜곡이 발생하지 않도록 노력해야 한다. 예를 들어, 조직의 인사이동과 같은 소문이 있는 경우에 공식적인 채널을 통하여 문의할 수 있다면, 의사소통에 메시지의 왜곡을 사전에 차단할 수 있을 것이다.

결론적으로 사회복지조직에서 효과적인 의사소통을 위해서는 다양한 상황에서 예상되는 잡음(noise)을 해소하려는 노력이 필요하다. 이를 통하여 공식적인 의사소통의 채널을 확보하고, 메시지의 발신자와 수신자가 서로에 대한 상황을 이해하려는 노력이 요구된다. 아울러 조직 내에 수평적인 의사소통의 구조를 확립하여 구성원들의 자유스러운 의사 표현을 위한 조직문화를 조성해야 한다. 또한 다양한 전문가들과 정보공유 및 의견 교환을 위한 다양한 협의 과정을 마련하는 것이 필요하다. 그리고 조직 내에 비공식적인 메시지를 사전에 차단하여 메시지 왜곡이 발생하지 않도록 방지하려는 노력이 필요하다.

Chapter summary

사회복지조직은 조직 내 · 외부의 다양한 이해 당사자와 의사소통이 필요하다. 이러한 의사소통은 개인 및 조직 차원에서 중요한 기능을 갖는다. 먼저 개인 차원에서 구성원의 행동통제, 동기부여, 사회적 욕구 충족의 기능을 갖는다. 그리고 조직 차원에서 의사결정 촉진, 생존과 환경적응의 기능, 관계향상의 기능을 갖는다. 의사소통의 구성요소는 의사전달자, 의사전달의 내용, 의사전달의 매체, 의사전달의 효과로 구분된다. Shannon과 Weaver(1948)는 의사소통의 수학적 이론(the mathematical theory of communication)을 통하여 의사 전달자, 부호화, 메시지 전달, 해독, 수신자, 피드백의 과정에서 잡음(noise)을 최소화해야 함을 강조하였다.

의사소통은 공식적 의사소통과 비공식적 의사소통으로 구분된다. 그리고 정보 흐름에 따라 수직적 또는 수평적 의사소통, 대각선적 의사소통 등으로 구분된다. 의사소통을 위해서는 적정한 매체의 선택이 중요하다. 의사소통은 메시지를 전달하는 방법에 따라, 언어적 의사소통과 비언어적 의사소통으로 구분한다. 언어적 의사소통은 가장 기본적인 요소로 구두, 서신 등을 이용하여 메시지를 전달하는 것이다. 여기에 구두 의사소통은 정보와 의사전달에 있어서 가장 기본이 되며, 경청이 중요한 요소로 고려된다. S. Robbins는 경청에 대하여 여덟 가지를 제시하였다. 첫째, 눈을 마주친다. 둘째, 고개를 끄덕이며 긍정적인 표정을 보인다. 셋째, 주의를 산만하게 하는 행동을 피한다. 넷째, 질문한다. 다섯째, 바꿔 설명한다. 여섯째, 상대방이 말하는 중에 끼어들지 않는다. 일곱째, 너무 많은 말을 하지 않는다. 여덟째, 화자나 청취자의 역할을 부드럽게 바꾼다. 한편 문서적 의사소통은 기획서와 기안지 작성하기를 살펴보았다. 그리고 비언어적 의사소통은 몸짓, 얼굴 표정 등으로 진실을 드러냄으로써 전달자와 수신자 모두에게 신뢰를 조성하고 메시지를 효과적으로 전달하는 기능을 수행한다. 의사소통을 방해하는 요소로는 언어 문제, 전달자와 수신자의 시각 차이, 피드백 차단, 정보과부하, 신분과 지위, 잘못된 매체의 선택 등을 제시하였다.

사회복지조직에서 효과적인 의사소통을 통하여 효과성, 효율성, 사기를 높이기 위해서는 다양한 상황에서 예상되는 잡음(noise)을 해소하고, 공식적인 의사소통의 채널을 확보하며, 메시지의 발신자와 수신자가 서로에 대한 상황을 이해하려는 노력이 요구된다. 아울러 조직 내에 수평적인 의사소통의 구조를 확립하고 자유스러운 의사 표현을 위한 조직 분위기를 마련해야 한다. 또한 다양한 전문가들과 정보공유 및 의견 교환을 위한 다양한 협의 과정을 마련하는 것이 필요하다.

Case study

A. 의사소통 자기진단지

다음의 진단지는 의사소통 시 자신의 유형을 스스로 진단하기 위한 질문지입니다. 해당 A와 B에 각각 0~5점까지 점수를 부여하되, A와 B의 합계가 항상 5가 되도록 부여하시오.

1. 만일 내 동료나 부하가 일을 효과적으로 하기 위해서 같이 잘 지내야 할 다른 동료나 부하와 개인적인 문제로 인해 충돌을 일으키고 있다면, 나는 :

A. 그 사람에게 다른 사람과의 문제에 대해서 부분적으로 책임이 있다고 말하고, 그 문제로 다른 사람이 나쁜 상태에 처해있는 것을 알게 한다.

B. 이 문제를 언급하게 되면 추후에 두 사람과 잘 지내기가 어렵게 되기 때문에 관여하지 않는다.

2. 과거에 야단을 친 일로 해서 나와 편치 못한 관계에 있는 부하에 대해서, 나는 :

A. 불러서 그 행동을 이야기한다면 상황이 더 나빠질 것이므로 그냥 둔다.

B. 불러서 야단을 친 것이 나와의 관계에 영향을 미친 것이냐고 직접 물어본다.

3. 만일 내 동료나 부하가 나를 회피하는 이상한 행동을 보인다면, 나는 :

A. 그 사람에게 행동이 이상하다고 말하고 왜 그러는 것이냐고 물어본다.

B. 그냥 덮어두고 그 사람이 원하는 대로 하도록 둔다.

4. 만일 내가 생각하기에 자신의 능력으로 감당할 수 없는 직무를 내 부하가 맡기를 원하고 있고, 인사부서에서 그 부하를 그 자리에 잠정적으로 발령했다면, 나는 :

A. 생각을 인사부서나 그 부하에게 이야기하지 않고 자신들이 알아서 처리하도록 한다.

B. 일단 그 부하와 인사부서에 내 생각을 이야기하고, 최종결정은 서로 알아서 내리도록 한다.

5. 만일 내 동료가 나와 다른 사람들에게 부당하게 행동하고 있다고 생각하는 경우에, 나는 :

A. 다른 사람들에게 나처럼 그 동료의 행동이 부당하다고 느끼고 있는지 물어본다.

B. 내가 먼저 물어보지 않고, 다른 사람들이 그 이야기를 꺼낼 때까지 기다린다.

6. 다른 일로 기분이 상해 있을 때 부하나 동료가 내가 너무 화가 나 있어서 같이 있기가 불편하다고 이야기한다면, 나는 :
   A. 내가 지금 신경이 날카로우니 당분간 그냥 두라고 이야기한다.
   B. 잘 알겠다고 이야기하지만 내가 왜 화가 나 있는지에 대해서 굳이 설명하지 않는다.

7. 만일 두 사람에게 다 중요한 어떤 문제에 대한 여러 번의 충돌로 인하여 내 동료와 나의 관계가 나빠졌다면, 나는 :
   A. 그 동료와 이야기할 때 의견이 다른 문제를 언급하지 않도록 노력해서 관계가 더 악화되는 것을 피하겠다.
   B. 우리 관계를 해결하기 위하여 먼저 의견충돌이 일어난 문제를 해결하자고 이야기하겠다.

8. 동료와 그의 문제에 대해 의논을 하고 있을 때 갑자기 그 동료가 자기 문제뿐만이 아니라 내 문제도 같이 이야기하자고 제안한다면, 나는 :
   A. 내 문제는 다음에 이야기하고 그의 이야기를 중점적으로 살펴보자고 한다.
   B. 내 문제에 대한 동료의 의견을 들을 좋은 기회이므로 그렇게 하자고 적극적으로 동의하겠다.

9. 만일 한 동료가 다른 어떤 동료에 대하여 모든 사람에게 거만하게 행동한다고 부정적으로 이야기한다면(나도 전적으로 동의하는 경우), 나는 :
   A. 그 이야기를 들은 후 나도 똑같이 느끼고 있다고 확실하게 내 입장을 밝힌다.
   B. 이야기를 잘 듣겠지만 그 동료가 내 생각을 다른 사람에게 퍼뜨릴 위험이 있으므로 내 생각은 전혀 말하지 않는다.

10. 만일 조직 내에서 나에 대한 부정적인 소문이 돌고 있고 내 동료 중의 한 사람이 그 소문을 잘 알고 있다고 생각되면, 나는 그 동료에게 :
   A. 소문에 관한 이야기를 일부러 피하고 그 동료가 원한다면 나에게 먼저 이야기를 하도록 하겠다.
   B. 소문에 대해서 그 동료가 아는 것이 무엇이냐고 직접 물어보겠다.

11. 만일 내 동료가 다른 사람을 상대할 때 나쁜 인상을 줄 수 있는 행동을 하는 것을 보았다면, 나는 :
   A. 그가 내 생각을 받아들이지 않을 수 있겠지만, 내 생각을 그에게 이야기하고 고치는 것이 어떻겠냐고 제안한다.
   B. 주제넘게 남의 일에 참견하는 것으로 보일지도 모르니까 그냥 모른 척한다.

12. 친한 동료와 그의 대인관계에 대하여 이야기할 때, 나는 :
   A. 감정을 상하지 않게 하려고 그 동료의 인간관계상 단점이나 약점을 이야기하지 않도록 주의한다.
   B. 그의 대인관계가 향상되도록 도와주기 위해서 주로 그의 인간관계상의 단점이나 약점을 지적해 준다.

※ 다음의 각 문항 번호에 해당 항목에 점수를 기입하시고 합산하세요.

피드백 항목에 대한 반응		
항목번호		응답 결과
2	B	
3	A	
4	A	
5	B	
8	B	
10	B	
합 계		

자기 노출 항목에 대한 반응		
항목번호		응답 결과
1	A	
6	B	
7	B	
9	A	
11	A	
12	B	
합 계		

B. 조하리의 창(Johari's window)

※ 다음 그림에 자신의 점수 위치를 표시하고 그 영역을 검게 칠하십시오.

진정한 커뮤니케이션은 대화의 내용에 관해 나와 상대방이 모두 아는 영역에서 이루어질 수 있다. 조직에서 의사소통이 원활히 이루어지기 위해서 높은 개방성향이 필요하다.

자신과 타인을 이해하기 위해 많이 사용되는 대표적인 이론은 조하리의 창(Johari's window)이다. 이 이론은 심리학자 Luft와 Ingham(1955)에 의해 창시되어 의사소통에 대한 기본적인 이론으로 사용되고 있다. 이들은 사람의 인식 수준을 네 가지 영역으로 구분하여 각각의 창을 통해 공개영역, 맹인영역, 비밀영역, 미지영역으로 구분하였다. 공개영역은 본인도 알고 타인도 알고 있는 영역이고, 맹인영역은 본인은 모르지만, 타인에게 알려진 부분이고, 비밀영역은 본인은 알고 있지만, 타인에게 숨기거나 알려지지 않은 부분을 말하고, 미지영역은 자신과 타인 모두 알지 못하는 부분이다. 다음 그림은 조하리의 창(Johari's window)을 나타낸 것이다.

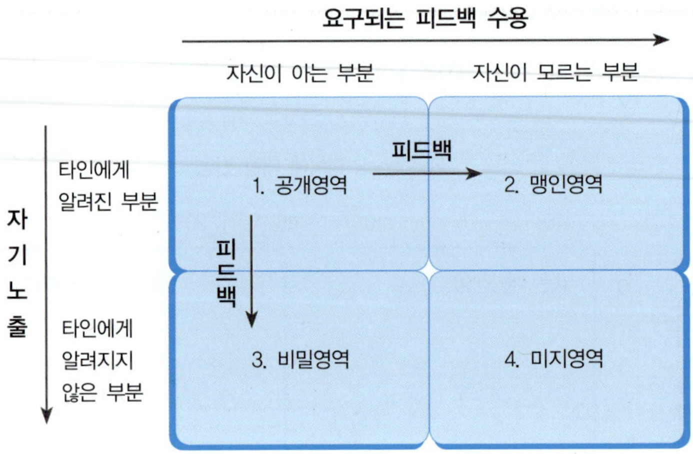

조하리의 창은 개인의 자기공개와 피드백의 정도에 따라 인간관계의 특성을 보여주는 것으로 네 가지 영역으로 구분하여 의사소통에 적용이 가능하다. 첫째, 공개영역이 넓은 사람은 개방형이다. 이들은 대체로 자기를 잘 표현하고 다른 사람 말도 잘 경청할 줄 아는 사람들로 상대방에게 호감을 준다. 다만, 공개영역이 지나치게 많은 경우에 경박한 사람으로 보일 수 있음에 주의해야 한다. 둘째, 맹인영역은 자기 주장형이다. 이들은 자기의 기분이나 의견을 잘 표현하지만, 다른 사람에게 무관심하거나 둔감하여 독단적으로 보일 수 있다. 따라서 의사소통 시 다른 사람의 말을 적극적으로 경청하는 노력이 필요하다. 셋째, 비밀영역은 신중형이다. 이들은 다른 사람에게 수용적이어서 다른 사람의 말을 잘 경청하지만, 자신의 이야기를 잘 하지 않는 유형이다. 현대인에게 흔히 나타나는 유형으로 자기 개방성을 높여 다른 사람과의 넓고 깊은 관계가 필요하다. 넷째, 미지영역은 고립형이다. 이들은 인간관계에 소극적이거나 관심이 없는 사람들이다. 다른 사람과의 접촉을 불편해하고 고립된 생활을 하는 경우가 많다. 고립형은 인간관계에 좀 더 적극적이고 긍정적인 태도를 보이려는 노력이 필요하다.

조직 내에서 공개영역과 같이 의사소통의 발신자와 수신자가 서로 잘 알고 있으면 좋은 의사소통이 가능하다. 따라서 맹인영역과 비밀영역을 줄이고 공개영역을 넓히도록 노력해야 한다. 이를 위해 상대방의 피드백이 매우 중요하다. 단, 피드백은 상대방의 인격을 존중하고, 충고가 아닌, 상대방을 위한 정보를 전달하도록 인식되는 것이 필요하다. 또한 피드백은 상대의 분위기와 장소 및 시간 등을 적절하게 고려하여 수행하는 것이 필요하다.

C. 경청에 대한 자가진단

경청은 의사소통의 가장 중요한 부분이며, 출발점이다. 그러나 의사소통 시 경청은 쉽지 않다. 사람들은 자신이 남의 말을 귀 기울여 듣는다고 생각하지만, 실제 행동은 그렇지 못한 경우가 많다. 다음의 진단지는 의사소통에서 나의 경청에 대한 정도를 측정하기 위한 것이다.

※ 경청 자기진단 체크리스트

나는 다른 사람과 대화를 할 때
☐ 상대방의 눈을 마주친다.
☐ 상대방의 말을 끝까지 듣는다.
☐ 상대방의 표정, 몸짓, 침묵 등 비언어적 단서에 주의를 기울인다.
☐ 필요하다면 메모를 한다.
☐ 충분한 정보를 얻기 위해 상대방에게 질문을 던진다.
☐ 상대방의 말을 정확하게 이해했는지 확인하기 위해 자신의 언어로 바꾸어 다시 말한다.
☐ 들리는 이야기의 이면, 상대방의 의도를 파악한다.

위에 체크 항목이 많을수록 경청을 잘하고 있다. 아래는 경청 기술이 필요한 경우를 진단하는 것이다.

☐ 어떻게 대응할 것인지 계획한다.
☐ 해야 할 일, 과거에 있었던 일 등 딴생각을 한다.
☐ 스마트폰을 보거나 물건을 정리하는 등 다른 일을 하면서 이야기를 듣는다.
☐ 자주 두리번거리거나 물건, 소리 등 외부 자극에 주의를 뺏긴다.
☐ 상대방의 문장을 내가 마무리한다.
☐ 상대방의 말을 끊고 결론 또는 요점이 무엇인지 물어본다.
☐ 인상을 쓰거나 한숨을 쉰다.

출처 : HR블레틴. https://hrbulletin.net.

토론주제

1. 의사소통에서 경청이 중요한 이유는 무엇일까?
2. 조직에서 의사소통은 왜 중요할까?
3. 조직에서 상사와 원활한 의사소통을 위한 방법은 무엇일까?
4. 조직에서 다양한 의사소통의 방식은 무엇이 있을까?

❙ 참고문헌 ❙

민 진(2018). 조직관리론(제6판). 서울 : 대형문화사.

박원우(2006). 팀웍의 개념 측정 및 증진방법. 서울 : 서울대학교출판부.

성영태(2016). 행정학 개론. 서울 : 박영사.

양창삼(2007). 조직행동. 경기 : 법문사.

임창희 · 홍용기(2014). 비즈니스 커뮤니케이션. 서울 : 비앤엠북스.

한국전기전자재료학회(2013). 에릭 번(Eric Berne) 교류분석이론. 성폭력 피해자의 자존감 회복에 관한 이론과 실제, 1(0), 233-247.

허은아(2012). 메라비언 법칙. 경기 : 위즈덤하우스.

Jablin, F. M.(1979). Superior-Subordinate Communication : The State of the Art. *Psychological Bulletin, 86*, 1201-1222.

Luft, J., & Ingham, H.(1955). The Johari window, a graphic model of interpersonal awareness. *Proceedings of the Western Training Laboratory in Group Development*. Los Angeles : University of California, Los Angeles.

Maxwell, John C.(1999). *The 21 Indispensable Qualities of a Leader : Becoming the Person Others Will Want to Follow*. 전형철 역(2012). 존 맥스웰 리더의 조건. 서울 : 비즈니스북스.

Peter F. Drucker(2000). *The Essential Drucker on Individuals*. 이재규 역(2012). 프로페셔널의 조건. 서울 : 청림출판.

Shannon, C. E., & Weaver, W.(1949). *The Mathematical Theory of Communication*. Urbana, IL : University of Illinois Press.

Skidmore, R. A.(1990). *Social Work Administration : Dynamic Management and Human Relationships*(2nd ed.), Englewood Cliffs, NJ : Prentice-Hall.

Stephen P. Robbins(2013). *The Truth About Managing People*(3rd ed.). 오인수 · 김성수 · 이종구 공역(2016). 사람과 경영. 서울 : 시네마북스.

Stephen R. Covey(2003). *The 7 Habits of Highly Effective People*. New York : Simon & Schuster. 김경섭 역(2003). 성공하는 사람들의 7가지 습관. 경기 : 김영사.

대한금융신문(2015. 10. 25). 김용복 사장, 소통 위해 마련한 대나무 숲. https://www.kbanker.co.kr/news/articleView.html?idxno=57371

HR블레틴(2018. 11). https://hrbulletin.net

CHAPTER 13

사회복지조직의 혁신

오늘날 한국의 사회복지조직은 정치, 경제, 법, 인구, 사회환경, 문화 등 다양한 영역에서 급격한 환경변화를 경험하고 있다. 대상별로는 초고령 노인, 북한 이탈 주민, 다문화 이주 근로자 등 복합적인 욕구를 가진 집단이 등장하고 있다. 클라이언트의 특성 역시 과거 일방적 '수혜자'에서 '이용자(고객)'로 이동했다면, 최근에는 '참여자' 또는 서비스를 직접 '생산하는 주체'로서의 가능성이 발견되고 있다. 이제 사회복지조직은 사회서비스 제공을 통한 사회적 가치실현과 동시에 자원 및 이용자 확보, 자원의 효율적 사용을 통해 자립해 나가야 하는 상황에서 내·외부적으로 혁신이라는 도전에 직면하고 있다. 그러나 아직 우리나라 민간 사회복지계, 특히 사회복지조직 및 학계에서는 혁신에 관한 관심이 부족한 상황이다.

이 장에서는 사회복지조직을 둘러싸고 있는 환경변화를 살펴보고 조직혁신의 필요성에 대해 진단해 보고자 한다. 그리고 혁신의 개념과 유형을 살펴봄으로써 사회복지조직의 적용 가능성을 타진해 보고자 한다. 이와 더불어 최근 사회적경제조직의 활성화와 더불어 사회혁신이 갖는 의미를 분석해 보고 사회복지조직이 혁신의 주체로서 사회적기업가 정신을 가져야 할 필요성에 대해 살펴보고자 한다.

1. 환경변화와 조직혁신

그동안 우리나라의 사회복지조직에서 조직혁신에 대한 인식은 부족했다. 그 이유로 첫째, 사회복지조직이 기본적으로 국고보조금에 의한 운영체계를 가지고 있어 별도의 자원확보 노력이 필요 없었다. 둘째, 사회복지대상자의 수요가 늘 공급을 초과하고 있는 구조여서 서비스 제공자는 이용자 확보를 위한 노력을 굳이 할 필요가 없었다. 셋째, 사회복지법인을 통한 위탁사업 체제 속에서 국가의 역할을 대신한다는 명분이 강해 조직 운영이나 보조금 사용에 대한 책임성과 투명성이 약한 것이 사실이었다. 이런 상황 속에서 사회복지조직은 주어진 보조금 재원 내에서 항상 초과하는 클라이언트를 대상으로 사업을 추진해 왔기에 특별히 변화나 혁신의 필요성은 느끼지 못한 것이 사실이다. 이런 사회복지조직의 특수성은 공공조직과 유사한 특성을 띠며 상대적으로 보수적, 폐쇄적으로 운영하게 된 하나의 원인이 되고 있다(최상미, 2014).

그러나 최근 사회복지조직을 둘러싼 사회환경의 변화는 더는 현실에 안주할 수 없다는 위기감과 더불어 먼저 변화의 필요성을 제기하는 상황에 이르렀다. 1998년 사회복지사업법 개정으로 사회복지시설평가제도가 도입되면서 시설의 개방성, 투명성이 강조되기 시작하였다. 정부 또한 사회복지시설의 보조금 의존율을 점차 축소하는 정책 기조로 전환함에 따라 사회복지조직도 재정안정을 위해 다양한 자원을 개발해야 하는 상황에 직면하게 되었다. 이런 환경적 변화와 더불어 사회복지조직 내에서도 클라이언트에 대한 서비스 질 개선과 자원 운용의 효율성 향상을 위한 혁신의 필요성이 점차 제기되고 있다. 사회복지조직의 수적인 팽창으로 지역 내에서 사회복지조직들이 서로 자원확보를 위해 경쟁하는 상황, 여러 가지 민영화 정책을 통해 사회복지 영역으로 상당 부분 침투해 온 영리기업과의 경쟁의 필연성, 경영 합리화와 책임성 입증을 위해 지속해서 요구되는 평가의 압력 등이 사회복지조직의 환경을 더욱 복잡다단하게 만들고 있는 것이다(정은하, 2010).

이러한 상황에서 사회복지조직의 혁신은 변화를 유도하는 환경적 압력에 대한 대응책이자, 서비스 효과 및 효율성을 높이는 도구가 될 수 있다. 한편으로는 이러한 대응책과 도구의 활용을 통해서 사회로부터 일정한 소임을 위임받은 조직을 발전시키고 지속시켜 나갈 힘을 얻기도 한다. 그러므로 사회복지조직의 혁신은 Drucker(1990)의 주장처럼 영리를 목적으로 하는 기업 못지않게 중요하고 필요한 것이다. 그리고 사회복지조직에서의 혁신에 관한 관심이 더욱 활발해져야만 하는 이유를 바로 이러한 데에서 찾을 수 있다(정은하, 2010).

본질적으로 외부 환경에 의존적인 사회복지조직의 특성상 사회복지조직은 생존을 위해 외부 환경에 적응해야 하며 외부 환경에 탄력적으로 적응하기 위해서는 부단한 혁신 노력이 요구된다(Hurley & Hult, 1998). Kanter와 Summers(1987)는 사회복지조직에서 혁신은 자원 부족의 상황에서 서비스의 질을 향상시킬 수 있는 유일한 수단이라고 주장하였다. Young과 Harris(2000)는 외부 환경의 변화는 사회복지조직의 존재 이유를 재고하게 하는데, 이럴 때 가장 요구되는 것이 조직혁신이라고 하였다.

Allison와 Kaye(2001)가 규정한 비영리 사회복지서비스 조직의 특성에서도 혁신 활동의 중요성은 잘 드러난다. 이들이 지적한 '부족의 환경(atmosphere of scarcity)'은 사회복지조직의 만성적 재원 부족의 문제를 의미한다. 이를 해결하기 위해서는 조직혁신은 선택이 아닌 필수적 활동이 되어야 할 필요가 있다. 즉, 사회복지조직 관리의 궁극적 목표인 최소의 자원으로 최대의 효과 창출(doing more with less)을 위해서는 조직의 혁신적 변화가 그만큼 절실하다고 볼 수 있다(신준섭, 2012).

조직혁신이 조직 활동에 미치는 긍정적 효과를 Damanpour 등(2009)은 다음의 두 가지 논리로 설명한다(신준섭, 2012). 먼저 조직혁신은 혁신을 수행하는 해당 조직에 선도자 이익(early-mover advantage)을 제공한다는 것이다. 이는 기업과 같은 영리조직에 주로 적용되는데, 조직의 혁신적 변화는 새로운 기술, 지식, 관리 기법 등을 다른 조직에 비해 상대적으로 먼저 도입하는 장점을 제공하며 이는 궁극적으로는 조직 활동의 성과를 높이는 요인이 된다는 논리이다. 두 번째, 조직혁신은 조직의 현재와 미래 목표의 사이에서 있을 수 있는 성과의 차이(performance gap)에 대한 조직 차원의 인식 수준을 높이는 요인으로 작용한다는 주장이다. 조직의 혁신적 활동은 이같이 인지된 현재-미래의 성과 차이를 줄이는 전략으로 활용되는데 이 전략이 곧 조직성과가 높아지는 요인으로 작용한다는 논리이다. 이 논리는 기업조직뿐만 아니라 공공조직, 서비스 조직 등 모든 조직에 적용이 가능한 점에서 첫 번째 논리와 차이를 보인다(신준섭, 2012).

2. 사회복지조직의 혁신유형

1) 혁신의 개념

혁신(革新, innovation)의 사전적 의미는 '묵은 것을 완전히 바꾸어서 새롭게 하는 것'인데, 이와 자주 혼용되는 용어로는 변화와 개혁이 있다. 우선, 변화(變化, change)는 '사물의 성질, 모양, 상태가 바뀌어 달라진다'는 뜻으로 의도한 것과 의도하지 않은 것을 모두 포함하고 있음에서 의도하고 계획하여 실행하는 의미가 강한 혁신의 개념과 구분되며, 혁신은 변화에 속하지만 모든 변화가 다 혁신으로 분류되지는 않는다는 점에도 주의해야 한다(정은하, 2010).

어원으로 놓고 보면 혁신(innovation)은 '안에서 밖으로'를 의미하는 in과 새로움의 뜻인 nova가 결합한 것으로 안에서부터 시작해서 새롭다는 것을 의미한다. 즉, 새롭다는 것을 바깥으로 드러난 현상으로만 보는 것이 아니라 보이지 않는 속에서부터 시작해서 보이는 겉까지 모두 달라지는 것으로 보고 있다. 그래서 혁신은 고쳐서 착해진다는 의미가 있는 개선과는 완전히 다르다. 둘 다 변화를 수반하는데 개선은 고친다고 해도 여전히 고치기 전과 차이가 있는 것으로 인식되지 않지만, 혁신은 완전히 다른 차원의 것으로 인식되기 때문이다. 이러한 차이를 통해 보면, 혁신의 개념은 새롭지만 의도된 것이며 과정적임을 이해할 수 있다. 본래 혁신이라는 단어는 Schumpeter가 1912년 『경제발전론』에서 경제가 기술 발달에 얼마나 잘 적응해 나가는지를 설명하는 데에 '창조적 파괴(creative destruction)'의 개념을 함께 사용한 것에서 유래한다. 따라서 그가 주창한 혁신은 영리기업의 '기술혁신'에 초점이 맞춰진 것이다(정은하, 2016).

조직혁신은 계획적 변화를 통해 조직을 어떠한 상태에서 더욱 나은 바람직한 상태로 전환하는 것을 말한다. 조직은 환경과 지속해서 상호작용하는 개방체제이기에 환경변화에 적응하기 위해 조직혁신이 불가피한 측면이 있다. 조직혁신은 일정한 가치 기준의 인도를 받는 계획적인 변화이며, 동태적인 특성을 보이는 변화이다. 조직혁신의 개념에 있어서 어떤 이들은 아이디어의 창출 및 실천을 강조하고 있고, 또 어떤 이들은 아이디어의 최초 적용을 강조하거나, 새로운 목적이나 수단의 성공적 도입을 강조하고 있는 부류도 존재한다. 이런 견해들을 종합해 보자면, 조직혁신이란 조직에 있어서 새로운 아이디어나 목적 및 수단의 창출·도입 및 적용을 통해 조직의 의도적이고 계획적인 변화를 도모하는 과정으로 개념화할 수 있다.

조직혁신과 비슷한 개념으로 조직개혁(organizational reform)이 있다. 조직혁신과 조직개혁은 양쪽 모두 조직변화의 바람직한 방향을 설정하고, 계획적이고 인식적인 노력을 의미한다는 점에서는 동일하다. 그러나 조직혁신은 주로 행태과학이 학문의 주류로 형성된 이후에 이 계통에서 사용하고 있는 용어로 행태의 변화를 주 대상으로 하고 있는 반면, 조직개혁은 고전적 이론계통의 사람들이 주로 사용하던 용어로서 일반적으로 제도의 변화를 대상으로 할 때 많이 사용되었다. 조직혁신은 관념적으로 구분되는 일련의 단계들을 포함하는 순환적 과정을 통해 이루어진다. 조직혁신의 과정은 혁신이 이루어지는 상황이나 접근방법에 따라 그 과정이 내포된 구체적인 단계와 행동수단이 달라질 수 있다. 보통 조직혁신의 기본 단계는 인지단계, 입안단계, 시행단계, 평가단계로 구분할 수 있다. 인지단계는 현실 수준이 기대수준에 미달해 차질을 발견하고 혁신의 필요성을 확인하며 그에 관한 합의를 형성하는 단계이다. 입안단계는 기준과 실적 간의 차이를 해결할 수 있는 대안탐색을 통해 채택하는 단계이다. 시행단계는 입안된 혁신사업을 실천에 옮겨 혁신을 정착시키는 단계이다. 마지막으로 평가단계는 조직혁신의 성과를 분석 및 평가하여 결과를 환류시키고 새로운 혁신을 촉발하는 정보를 제공하는 단계이다.

2) 혁신의 유형

혁신을 이해하기 위해서 혁신에 대한 유형화를 살펴볼 필요가 있는데, 대표적인 혁신 유형화는 산물혁신과 과정혁신, 기술혁신과 행정혁신, 점진적 혁신과 급진적 혁신으로 구분할 수 있다(Damanpour et al., 1984).

먼저 과정(process), 산물(product) 혁신은 사업개발의 단계에 따른 구분으로, 산물 혁신은 시장 욕구 충족을 위한 새로운 산물이나 서비스인 반면, 과정 혁신은 조직의 산물이나 서비스 운영을 위해 새롭게 도입된 요소를 의미한다.

기술(technical) 혁신과 행정(administrative) 혁신으로의 구분은 의사결정 과정에 근거한다. 행정혁신은 조직구조와 행정절차와 관련되는 반면, 기술혁신은 산물, 서비스, 생산공정기술상의 혁신과 관련된다(Damanpour et al., 1984).

점진적(incremental) · 급진적(radical) 혁신은 변화 정도에 따른 구분이다. 급진적 혁신은 기존의 것을 근본적으로 바꾸는 변화로 산업 혹은 조직이 완전히 바뀌는 큰 변화를, 점진적 혁신은 기존의 것을 조금 변화함으로써 조직역량을 강화하는 것을 의미한다(Dewar et al., 1986).

사회복지조직의 혁신유형을 분류한 학자는 Perri 6가 대표적인데, 그는 조직혁신유형을 산물혁신, 과정혁신, 행정혁신으로 구분하고 있다. Perri 6의 유형분류 모형이 제품 · 산물혁신의 개념을 서비스를 중심으로 하여 자세하게 분류한 것, 행정 · 관리혁신에 내부혁신은 물론 타 기관들과의 협력 관계와 관련된 외부혁신까지 포함되는 것으로 설명한 것 등은 사회복지조직에 매우 유용한 측면이라고 할 수 있다(정은하, 2011).

〈표 13-1〉 Perri 6의 사회복지조직의 혁신유형 분류

조직혁신유형	하부혁신유형
제품 · 산물혁신 (서비스/ 프로그램내용 혁신)	• 급진적 산물혁신 : 기존에 없던 새로운 서비스나 프로그램 개발 • 산물차별화 혁신 : 기존에 제공되었던 서비스나 프로그램의 다양화 • 수요차별화 혁신 : 기존 서비스나 산물을 새로운 클라이언트집단에 확장
공정 · 과정혁신 (서비스 생산과정 혁신)	• 실행혁신 : 기존의 기술을 유지하면서 새로운 생산방법 도입 • 기술혁신 : 새로운 기술을 도입
행정 · 관리혁신 (조직의 내외변화유도 혁신)	• 내부혁신 : 기관 내부구조의 새로운 변화를 위한 활동 • 외부혁신 : 타 기관들과의 새로운 협력관계를 구축하는 활동

3. 사회혁신과 사회적기업가 정신

1) 사회혁신

사회혁신이라는 용어가 실천현장이나 학계에서 본격적으로 논의되기 시작한 것은 1960년대 이후부터라고 할 수 있다(Moulaert et al., 2010). 특히 1970년대 두 차례의 석유파동에 따른 경제적 위기는 다양한 사회구성원들의 권리와 기회를 박탈하는 사회적 배제를 심화시켰다. 이때의 사회혁신은 사회적 배제 문제해결의 관점에서 문제를 어떻게 정의하고 연구할 것인가에 초점을 두어 진행되었다. 1980년대 이후 사회혁신은 사회적기업, 기업의 사회 공헌 또는 사회 책임 등의 비즈니스 영역에서 빠르게 확산하기 시작하였다(이상우, 2018). 기존의 혁신 개념이 경제 영역을 중심으로 사용되었다면, 이제는 점차 사회 전반의 문제들을 포함하는 것으로 확산해야 할 필요성을 인식하기 시작한 것으로 볼 수 있다(정미나, 2016).

사회혁신에 관한 관심은 전 세계적으로 정책 입안자, 연구자와 연구기관 등을 중심으로 증가하고 있지만, 사회혁신에 대한 일반화되거나 합의된 정의는 찾아보기 어렵다(Caulier-Grice et al., 2012). 다만, 사회혁신은 매우 광범위한 활동들을 설명하기 위해 사용되었다. 여기에는 새로운 생산품 · 서비스 · 프로그램의 개발, 사회적기업가 정신과 사회적기업의 활동, 사회적 관계와 권력 구조의 개편, 직장 내 혁신, 지역경제 개발을 위한 새로운 모델, 사회 변혁과 체계의 변화, 비영리 관리, 지속 가능한 개발 등이 포함된다. 이 중 어느 한 가지가 사회혁신의 합의된 정의라고 할 수는 없을 것이다(이상우, 2018).

사회혁신의 핵심 구성요소는 사회적 욕구 충족(meets a social need), 새로움(novelty), 아이디어의 실행(from ideas to implementation), 효과성(effectiveness), 사회의 행동능력 강화(enhance society's capacity to act)의 다섯 가지로 정리할 수 있다(Caulier-Grice et al., 2012). 먼저 사회혁신은 사회적 욕구를 충족시킬 수 있는 문제와 관련되어야 한다. 이는 기존의 전통 방식과는 구별되는 새로운 아이디어를 통해 이루어지며, 구체적인 실행단계까지 진행되어야 한다. 또한 기존의 문제해결방법보다 더욱 효과적인 성과를 가져올 수 있어야 한다. 마지막으로 사회구성원 간의 새로운 역할과 관계가 창조됨으로써 궁극적으로 사회구성원 전반의 행동능력을 강화하는 것을 의미한다(이상우, 2018).

다음으로 사회혁신에서 공통으로 발견되는 특성들은 다음과 같이 정리할 수 있다(이상우, 2018).

첫째, 영역 간 교차성(cross-sectoral)을 가진다. 사회혁신은 정부, 시민, 가족, 민간비영리단체 등 다양한 주체들 사이의 접점에서 발생한다.

둘째, 새로운 사회적 관계와 역량을 만들어 낸다. 기존에 일방적으로 재화나 서비스를 받는 이용자(수혜자)가 오히려 서비스를 개발하고 전달함으로써 새로운 사회관계가 창조된다.

셋째, 개방, 협력, 실험의 특성이 발견된다. 사회혁신은 전통적인 시장구조나 메커니즘이 아닌 공동의 프로젝트에서 각기 독립적으로 활동하는 다수의 대중에 의해 상품과 서비스가 생산된다.

넷째, 생산자와 소비자 사이의 경계가 모호해지는 공동생산(co-production), 프로섬션(prosumption)의 특성을 가진다.

다섯째, 혁신과 새로운 시도가 주변으로 분산되고 네트워크에 따라 연결되는 '풀뿌리 · 상향식' 특성이 있다.

여섯째 개인과 집단의 복지가 사람 간의 상호의존에 따라 획득하는 '상호부조(mutualism)'의 특성을 가진다.

일곱째, 잠재된 사회 자산 및 자원을 개발하고 조정함으로써 '더욱 효과적'으로 사용한다. 마지막 특성은 장기적 관점에서 서비스 이용자들이 자신들의 욕구를 충족시킬 수 있는 역량과 자원을 개발할 수 있도록 '참여적 접근'을 시도한다는 점이다.

2) 사회적기업가 정신

Trelstad(2008)는 학자들마다 다양한 관점으로 인해 사회적기업가 정신의 정의가 다양하게 존재하지만 공통으로 강조되고 있는 핵심 특성 또한 발견된다(이세정, 2016). 이를 정리해서 세 가지로 요약할 수 있다.

첫째, 사회적기업가 정신은 공통으로 사회적 가치 추구를 중요시한다. 사회적 가치 추구는 사회적기업가 정신에 있어서 가장 핵심적인 개념으로서 전통적인 상업적 기업가 정신과 구별되는 가장 큰 특징이라 할 수 있다. 그러나 사회적기업가 정신이 만들어 내는 사회적 가치는 명확한 측정이 어려우며, 상대적이고, 그 영향을 비교하거나 평가하는 데 어렵다는 특성을 가진다고 하였다(강수영, 2013).

둘째, 사회적 영향을 가져오는 혁신을 강조한다. 혁신은 전통적인 상업적 기업가 정신에서도 핵심적인 개념이다. 기업가 정신 연구 분야에서 학문적인 시조로 존경받는 Schumpeter(1939)는 기업가를 기회를 추구하며 자원을 새롭게 결합하는 창조적 파괴(creative destruction)를 통해 경제 발전을 주도하는 혁신자로 정의하며 기업가 정신에 있어서 혁신의 중요성을 강조하였다(이세정, 2016).

그러나 Praszkier과 Nowak(2012)는 상업적 기업가 정신에서 혁신이 기업 성장과 전략적 위치를 강화하기 위한 새로운 기술과 아이디어를 창출하는 노력을 의미한다면, 사회적기업가 정신에서의 혁신은 사회문제 해결과 사회적 영향력을 강화하기 위한 새로운 기회를 모색하는 노력으로 이해될 수 있다고 하였다(강수영, 2013). Nicholls와 Cho(2008)는 시장의 실패를 해결하고 사회적 영향력과 변화를 추구하기 위해 새로운 기회를 만들어 내는 혁신적인 활동을 사회적기업가 정신이라고 보는 것이라고 하였다(이세정, 2016). 또한 Tracey와 Phillips(2007)는 사회적기업가 정신에서 혁신이 중요시되는 이유는 사회적기업가 정신이 사회적 문제의 해결을 위해 지속 가능한 대안을 찾는 과정이기 때문이라고 하였다(강수영, 2013).

마지막으로, 사회적기업가 정신은 변화를 강조한다. 사회적기업가 정신은 사회적 문제를 완화시키고, 사회적 변화를 촉진시키는 것으로 정의되고 있으며, Roberts과 Woods(2005)는 사회변화를 위한 혁신과 기회를 추구하는 것으로 정의하였다(이세정, 2016). Praszkier와 Nowak(2012)는 혁신과 변화는 유사한 개념이기는 하지만 혁신은 더욱 즉각적(spark)인 행위이고, 변화는 좀 더 장기적(long-term) 과정이라는 측면에서 둘은 구분될 수 있으며, 사회적기업가 정신은 혁신을 통해 변화를 지향하는 것으로 볼 수 있다고 하였다(강수영, 2013).

사회적기업가 정신의 특성은 비영리부문 조직들의 목적, 즉 사회적 목적을 달성하기 위해 사회적기업가 정신(social entrepreneurship)은 전통적인 기업가 정신의 특성들을 활용한다는 것이다(Pestoff, 1998). 이러한 맥락에서 사회적기업가 정신을 이해하는 데 있어서 핵심은 기업가 정신일 것이다(Young, 2001). 그렇다면 기업가 정신과 사회적기업가 정신은 어떻게 이해해야 하고 둘 사이의 관계는 무엇일까? 사회적기업가 정신은 기업가 정신을 사회적 영역으로 확대한 것으로 이해할 수 있다(Peredo & McLean, 2006). 이러한 관점에서 Peredo와 McLean(2006)은 다양한 이해당사자들의 이해를 고려하면서 자신의 사회적인 목적 달성이라는 비전에 대한 균형감각의 중요성을 강조하고 있다. 즉, 사회적 목적달성은 사회적기업가들에게 배타적이고 중요한 가치이다.

사회적기업가 정신과 비즈니스 기업가 정신의 차이는 다음의 세 가지로 요약할 수 있다. 첫째, 비즈니스 기업과 사회적기업과의 차이는 전반적인 미션에서 발견된다(이용탁, 2009). 비즈니스 기업의 궁극적 목적은 이익 극대화이고 사회적기업가의 경우는 사회적 목적 달성 혹은 사회적 가치 창출에 있다. 둘째, 비즈니스 기업가 정신의 성과는 재무제표를 통해 측정 및 확인할 수 있지만, 사회적기업가 정신의 성과측정은 사회적 가치 혹은 목적 달성을 측정해야 하기에 쉽지 않다. 셋째, 비즈니스 기업가 정신과 사회적기업가 정신의 차이는 자원동원력에 있다. 사회적기업들은 자본동원 및 인적자원을 확보하는 차원에서 비즈니스 기업보다는 어려운 것이 사실이다. 특히 사회적기업들은 충분한 보수를 주고 원하는 인력을 구하기가 어려워 자원봉사자나 사회적 목적 구현에 관심을 가진 자들을 동원할 수밖에 없다. 이러한 차이 중에서 가장 중요한 것은 아마도 사회적기업가 정신은 사회적 목적을 강조한다는 것이다(Alter, 2004).

흥미로운 것은 사회적기업원칙의 원리를 제시한 Defourny(2001)는 사회적기업 혹은 사회적기업가 정신을 이해할 때 기업가 정신을 상대적으로 덜 강조하고 있다는 것이다. 그러나 사회적기업가 정신은 기업가 정신을 통해 사회적 목적을 달성하는 것이라는 사실을 기억할 필요가 있다. Massarsky와 Beinhacker(2002)는 사회적기업가 정신을 논의하면서 사회적기업의 특성을 사회적 목적이라는 미션을 달성하기 위해 이익을 창출하는 것이라고 보고 있다. 또한 Mair와 Marti(2006)는 사회적기업가 정신은 경제적 가치보다는 사회적 가치를 더욱 강조하기에 기업가 정신보다 높은 차원의 형태로 이해할 수 있다고 강조하고 있다. 사회적기업가 정신의 특징은 사회변화를 위한 혁신적 아이디어와 그것을 실현하기 위한 위험을 감수하는 과감한 행동에 있다(Ashoka, 2001).

3) 사회복지조직에서의 사회혁신과 사회적기업가 정신

모든 조직은 조직생존과 경쟁력을 유지하기 위해 끊임없이 조직변화를 추구해야 한다. Peter Drucker는 "사기업이든, 공공서비스 기관이든, 단독으로 가정집 부엌에서 막 시작된 벤처기업이든 혁신은 기업가 정신을 구체적으로 실현하는 것이다. 기업가에게 새롭게 부를 생산하는 자원을 창출하도록 하거나 기존의 자원에 부를 창출하기 위한 잠재력을 강화하는 수단이다"라고 강조하면서 비영리 민간조직도 기업조직만큼이나 혁신이 요구된다고 지적하였다. 이처럼 사회복지조직은 휴먼서비스를 지향하는 조직으로서 물리적 시설, 자금, 전문가의 역량과 기술 등이 결합하는 복합적인 과정을 통하여 목표를 달성하고 성과를 창출한다. 또한 대부분의 조직이 정부와 위탁 관계를 통해서 운영되기 때문에 공공의 성격이 강하며 사회적 책임성이 강조된다.

사회복지조직에서 사회혁신을 이루기 위해서는 다음과 같은 사항을 고려해야 한다.

첫째, 현재 조직의 현황 및 실태에 대한 점검이 필요하다. 특히 환경변화에 따라 클라이언트의 복합적이고 다양한 욕구를 적절히 충족시킬 수 있는 개입방식들을 활용하고 있는지 객관적으로 평가해 볼 필요가 있다.

둘째, 사회혁신을 위해서는 조직의 인적·물적자원을 외부의 이해관계자들에게 개방하고 함께 공유하는 노력이 전제되어야 한다. 이는 자기조직 이외의 다양한 외부 참여 주체들을 동등한 파트너로 인정하고 함께 협력 관계를 구축하는 것을 의미한다. 이 과정에서 특히 지역 '주민'의 역할변화에 주목해야 하며 주민(시민)을 새로운 잠재자원으로 활용해야 한다.

셋째, 주민 외에도 공공과 민간 영역의 다양한 시설단체 등과의 협력을 강화할 필요가 있다. 최근 중앙정부 및 지방자치단체 역시 공공혁신의 기치 아래 민간부문과의 연계·협력을 위해 열린 태도로 접근하는 것이 발견된다. 이제 과거 관 주도의 수직적·일방적 관계는 지양되고 있다. 민간 사회복지조직은 이러한 시대 흐름을 기회로 활용하여 공공의 행정력을 자원으로 확보할 필요가 있다. 민관협력뿐만 아니라 민민협력 또한 활성화되어야 한다.

넷째, 사회복지조직의 사회혁신에 적합한 최고관리자의 리더십과 조직문화가 요구된다. 사회혁신 플랫폼으로서 사회복지조직은 새로운 도전과 변화에 익숙해야 한다. 조직 내부의 구성원들은 기본적으로 변화에 대한 두려움, 책임 회피의 성향을 갖고 있다. 따라서 사회혁신을 지향하는 최고관리자는 직원에게 자율 권한을 위임하고 실패를 수용하고 이해하는 멘토이자 동시에 조직 내 구성원과 외부의 이해관계자들과 공동의 비전과 미션을 제시함으로써 '우리'라는 공동체 의식의 영감을 제공할 수 있는 변혁적 리더 또는 혁신자로서의 리더십을 가져야 한다(Bass, 1990).

최근 급속한 환경변화로 인해 새로운 기회가 창출되고 있고, 지속가능한 경영을 위한 사회적기업가 정신이 강조되고 있는데 사회복지조직 또한 예외가 아니다. 사회복지조직이 사회적기업가 정신을 구현하기 위해서는 다음과 같은 점들을 고려해야 한다(김태현, 2014).

첫째, 사회복지조직의 구성원의 사회적기업가 정신이 매우 중요하다. 사회복지서비스의 양적 팽창과 대상자의 수요가 늘어나면서 사회복지서비스를 제공하는 사회복지조직들 간의 경쟁이 심화되고 있는 상황에서 경쟁우위를 확보하고 조직의 목표를 달성하기 위한 새로운 기회를 창출하는 데 사회적기업가 정신의 중요성이 강조되고 있다(김태현, 2014). 이러한 상황을 고려하여 사회복지조직 내에서 사회적기업가 정신을 고취하기 위한 교육 및 지원 프로그램이 요구된다.

둘째, 사회복지조직에서 협조적 행동을 이끄는 데 사회적기업가 정신과 연계될 때 높은 수준의 성과를 이끌어 낼 수 있다. 사회복지조직은 사회적 목적 실현이라는 사회적 가치를 지향하는 조직이기 때문에 개인의 가치와 조직의 가치를 일치되게 하는 노력이 매우 중요하다. 그래서 구성원의 개인적 관점의 긍정 심리자본보다 조직과 개인의 가치일치를 강화하기 위한 조직의 정책적 지원 노력이 필요하므로 신규 직원을 고용하거나 기존 직원 교육훈련 과정에서 조직이 지향하는 가치와 개인의 가치가 일치될 수 있도록 다양한 차원의 지원 프로그램을 강화하는 노력이 필요하다. 조직의 이러한 노력을 통하여 구성원의 협조적 행동을 이끌어 성과향상에 기여하게 된다.

셋째, 사회복지조직은 명문화된 사명을 수립하고 공유하는 활동을 통해서 조직 구성원들이 일관된 목표와 방향을 가지고 실천현장에서 클라이언트와 만날 수 있도록 해야 할 것이다.

Chapter summary

우리나라의 사회복지조직은 안정적인 국가 및 지방자치단체의 보조금으로 운영되면서 준공무원 조직으로 운영되어 온 것이 사실이다. 그러나 최근 정부의 보조금 비율의 축소 및 영리조직 등 다양한 섹터의 사회복지 사업의 참여가 두드러지면서 사실상 무한경쟁의 시대에 접어들었다. 이에 따라 사회복지조직은 클라이언트에게 선택을 받아야 운영이 가능한 시대로 접어들면서 시설의 투명성과 서비스의 질 개선이라는 화두를 조직혁신을 통해 이루어 내려는 노력이 나타나기 시작했다.

혁신은 안에서부터 시작해서 새롭게 한다는 의미로 의도된 것이며 과정적이다. 조직혁신은 계획적 변화를 통하여 조직을 어떤 상태에서 더욱 나은 바람직한 상태로 전환하는 것을 의미한다. 조직혁신의 기본 단계는 인지단계, 입안단계, 시행단계, 평가단계로 구분해 볼 수 있다. 또한 혁신을 이해하기 위해서 혁신에 대한 유형화를 살펴볼 필요가 있는데, 대표적인 혁신 유형화는 산물혁신과 과정혁신, 기술혁신과 행정혁신, 점진적 혁신과 급진적 혁신으로 구분할 수 있다.

사회혁신은 사회적 욕구를 충족시키고자 하는 목표에 의해 운영되는 조직, 그리고 사회적 목적을 우선하여 추구하는 조직을 통해 개발되고 확산하는 혁신적 활동 및 서비스로 정의될 수 있다. 또한 Schumpeter는 기업가를 '기회를 추구하며 자원을 새롭게 결합하는 창조적 파괴(creative destruction)를 통해 경제 발전을 주도하는 혁신자'로 정의하며 기업가 정신에 있어서 혁신의 중요성을 강조하였다.

사회복지조직에서 사회혁신을 이루기 위해서는 사회적기업가 정신이 중요한데 조직구성원의 가치와 조직의 가치를 일치시키는 것이 필요하다. 또한 명문화된 사명을 수립하고 공유하는 활동을 통해서 조직구성원들이 일관된 목표와 방향을 가지는 것이 중요하다.

Case study

'그라민은행' 설립자, 사회혁신가 '무함마드 유누스'

무함마드 유누스는 영국 식민지 시절인 1940년 6월 28일 당시 영국령 인도 벵갈 지방(현재는 방글라데시)의 치타공의 유복한 무슬림 집안에서 아홉 남매 중 셋째로 태어났다. 다카

대학교에서 경제학을 전공한 후 풀브라이트 장학금을 받아 미국 밴더빌트 대학교에서 박사 학위를 받았다. 방글라데시로 돌아간 후 치타공 대학교에서 경제학을 강의하며 국민 대부분이 빈곤에 시달리는 현실을 개탄하며 이에 대한 연구를 하였다.

방글라데시의 시민들은 하루 종일 일해서 번 돈의 대부분을 고리대금업자에게 빌린 돈의 이자로 갚아야 했다. 그 때문에 대부분의 시민은 빈곤에서 벗어나지 못하였다. 이를 지켜본 무함마드 유누스는 방글라데시의 은행에 찾아가 "왜 가난한 사람들에게 돈을 빌려주지 않는가?"라고 묻자 은행 관계자는 담보가 없기 때문에 빌려줄 수 없다고 답하였다. 이를 들은 유누스는 1976년 직접 은행을 설립한다. 150달러 미만의 돈을 담보와 신원보증 없이, 하위 25%의 사람에게만 대출할 수 있도록 조건을 걸었다. 낮은 이자로 돈을 빌려준 뒤 조금씩 오랜 기간에 걸쳐 갚아나가도록 하는 소액 장기처리 신용대출 은행이었다.

이 은행은 방글라데시 전국에 1,175개의 지점을 두고 1,600억 다카(약 3조 3,600억 원)를 대출하는 대형은행이 됐다. 미국 · 영국 등 여러 선진국에서도 이 은행의 성공 사례가 빈곤 퇴치의 대안으로 주목받고 있다. 그라민 은행은 돈을 갚지 않는다고 법적 책임을 묻지 않는다. 하지만 놀랍게도 상환율은 설립 이후 연평균 90% 이상이다. 한 지점 안에서 한 사람이라도 신용이 나쁘면 다른 대출자 역시 대출 한도 등에서 불이익을 받는 시스템으로 서로가 서로의 신용을 담보해야 하기 때문이다.

그라민은행의 한국 지부로 "신나는 조합"(www.joyfulunion.or.kr)이 있다. 대출과 운영 방식은 방글라데시 본부와 같은데, 보증인이나 담보물도 필요 없으며, 다만 가난한 사람으로 확인되면 그만이다. 그라민 은행에 의한 무담보 소액대출은 세계 여러 나라로 확산되어 빈곤 퇴치에 이바지했으며 그 공로를 인정받아 2006년 그라민은행과 공동으로 노벨 평화상을 수상하였다. 그 외에도 막사이사이상, 세계식량상, 서울평화상 등 여러 상을 받았다.

출처 : 위키백과.

토론주제

1. 사회복지조직을 둘러싼 대 · 내외 환경변화와 그 대응책에 대해 논의해 보자.
2. 사회복지조직이 사회혁신조직으로 변화해야 할 필요성과 사회적기업가 정신에 대해 토론해 보자.

▎참고문헌▎

강수영(2013). 사회적기업가 정신의 특성 및 실천 과정에 관한 연구. 중앙대학교 대학원 박사학위논문.

김태현(2014). 사회적기업가 정신이 사회복지조직 내의 협조적 행동과 성과에 미치는 영향. 숭실대학교 대학원 박사학위논문.

신준섭(2012). 사회복지조직 혁신성 척도 개발 연구 : 사회복지관과 아동복지시설을 중심으로. **한국사회복지학, 64**(1), 177-197.

이상우(2018). 사회혁신 주체로서 사회복지조직의 가능성 모색. **한국사회복지행정학, 20**(4), 57-86.

이세정(2016). 지속가능성을 위한 사회적기업가 정신에 관한 이론적 고찰. 목포대학교 대학원 석사학위논문.

이용탁(2009). 사회적기업가 정신에 관한 이론적 고찰. 사회적기업연구원. **사회적기업연구, 2**(2), 5-28.

정미나(2016). 사회혁신이란 무엇인가 : 사회혁신의 특성과 사회변화. 월간 사회혁신의 시선, 2016년 10월호.

정은하(2010). 사회복지조직 혁신의 영향요인과 도입이유의 조절효과에 관한 연구. 가톨릭대학교 대학원 박사학위논문.

______(2016). 사회복지조직의 혁신활동평가방안. 한국사회복지행정학회 학술대회 자료집, 261-295.

최상미(2014). 사회복지조직의 혁신 수행실태와 혁신 영향요인에 대한 탐색적 연구. **서울도시연구, 15**(4), 99-122.

Allison, M., & Kaye, J.(2001). Eight characteristics of nonprofit organizations. http://compasspoit.org/index.html.

Alter, S. K.(2004). Social Enterprise Typology. Retrieved from http://www.virtueventures.com/setypology.

Ashoka(2001). www.ashoka.org/fellows/social

Bass, B. M.(1990). From transactional to transformational leadership : Learning to share the Vision. *Organizational Dynamics, 18*(3), 19-31.

Caulier-Grice, J., Davies, A., Patrick, R., & Norman, W.(2012). Defining social innovation. A deliverable of the project : The theoretical, empirical and policy foundations for building social innovation in Europe(TEPSIE).

Damanpour, F., & Evan, W. M.(1984). Organizational innovation and performance : the problem of organizational lag. *Administrative Science Quarterly, 29*, 392-409.

Damanpour, F., Walker, R. M., & Avellaneda, C. N.(2009). Combinative effects of innovation types and organizational performance : A longitudinal study of service organizations. *Journal of Management Studies, 46*(4), 650-675.

Defourny, J.(2001). Introduction : From Third Sector to Social Enterprise. In Borzaga, C., Defourny, J.(Eds.), *The Emergence of Social Enterprise*. London : Routledge.

Dewar, R. D., & J. E. Dutton(1986). The adoption of fadical and incremental innovations : An emprical analysis. *Management Science. 32*(11), 1422-1434.

Fiedler, F. E.(1967). *A Theory of Leadership Effectiveness*. New York : McGraw-Hill.

Hurley, R. F., & Hult, G. T. M.(1998). Innovation, market orientation, and organizational learning : An integration and empirical examination. *Journal of Marketing, 62*(3), 42-54.

Kanter, R. M.(1988). When a thousand flowers bloom : Structural, collective, and social conditions for innovation in organization. *Research in Organizational Behavior, 10*, 169-211.

Massarsky, C. W., & Beinhacker, S. L.(2002). Enterprising nonprofits : Revenue generation in the nonprofit sector. Retrieved November 21, 2002, from http://www.pewtrusts.com/pubs/index.

Moulaert, F., MacCallum, D., & Hillier, J.(2010). The role of theory in social innovation analysis : history and challenges. In Moulaert, F. et al.(Eds.), *Social Innovation : Collective action, social learning and transdisciplinary research*, 13-22.

Nicholls, A., & Cho, A. H(2008). Social entrepreneurship : The structuration of a field. In Nicholls, A.(Ed.), *Social Entrepreneurship : New models of sustainable change*(pp. 99-118). Oxford : Oxford University Press.

Peredo, A. M. & McLean, M.(2006). Social Entrepreneurship : A Critical Review of the Concept. *Journal of World Business. 41*, 56-65.

Pestoff, V.(1998). *Beyond the Market and State : Social Enterprise and Civil Democracy in a Welfare State*. Brookfield : Ashgate.

Roberts, D., & Woods, C.(2005). Changing the world on a shoestring : The concept of social entrepreneurship. *University of Auckland Business Review*, Autumn, 45-51.

Schumpeter, J. A.(1939) *Business Cycles : A Theoretical, Historical, and Statistical Analysis of the Capitalist Process*. New York : McGraw-Hill Book Company Inc.

Tracey, P., & Phillips, N.(2007). The distinctive challenge of educating social entrepreneurs :

A postscript and rejoinder to the special issue on entrepreneurship education. *Academy of Management Learning and Education, 6*, 264-271.

Trelstad, Brian(2008). Innovations Technology Governance. *Globalization, 3*(3), 105-118.

W. Bennis(1989). *On Becoming a Leader : Reading*(p. 45). Mass : Addison-Wesley.

Young, D.(2001). Nonprofit entrepreneurship. In J. S. Ott(Ed.), *Understanding Nonprofit Organizations*. Boulder : Westview Press.

Young, D. R., Harris, M.(2000). Alternative models of government-nonprofit sector relations : Theoretical and international perspectives. *Nonprofit and Voluntary Sector Quarterly, 29*(1), 149-172.

CHAPTER 14

사회복지행정의 협력거버넌스

광의의 사회복지행정[1] 정의로 본다면 대한민국이 건국된 후 한국 사회복지행정의 변화를 불러온 대표적인 사건은 1997년 경제위기, 소위 IMF 경제위기와 2014년 있었던 송파 세 모녀 사건이다.

한국의 사회복지역사는 1950년 6·25 동란 이후 전쟁고아와 미망인을 대상으로 하는 민간복지가 주를 이루었다면, 1997년 경제위기 이후 국가의 사회안전망 강화를 통한 국가복지의 확대, 그리고 복지국가로 발전해 나가는 과정에서 공동체를 통한 복지사회 구현으로 패러다임의 전환이 이루어졌다. 그럼 앞으로 한국 사회복지행정의 패러다임 변화의 주요 키워드는 무엇일까? 아마 4차 산업혁명이 될 것이고 4차 산업혁명 시대는 공유와 거버넌스의 사회로 이동되므로 사회복지행정에 있어서도 공유와 거버넌스가 주요 키워드로 자리할 것을 예측할 수 있다.

그럼 거버넌스 측면에서 사회복지행정에 있어 논의되는 지점은 사회복지전달체계이다. 전달체계가 효과적으로 작용하기 위해서는 중앙정부, 지방자치단체 그리고 공공기관의 역할과 민간 사회복지조직의 역할 분담이 필요하다. 사회복지전달체계에 있어 정부의 역할은 각종 법과 조례와 같은 법령으로 명확하나 공공과 민간의 역할분담에 관해서는 논의와 주장이 다양하다(황성철 외, 2020).

한편 삶의 질과 관련지어 국민의 복지향상과 인구 고령화로 인한 복지서비스의 수요 확대가 점차 요구되고 있어 사회복지전달체계와 역할에 대한 기대가 증가하였다. 그동안 한국 사회에서 사회(복지)서비스는 대부분 사회복지법인을 통해 수행되었으나 최근 사회서비스원이라는 공공법인이 설립되면서 기존 사회복지법인에

1 정책을 사회(복지)서비스로 전환시킨다는 관점

대한 책임과 의무만 주어지고 공공성이나 자율성은 인정받지 못해 시설의 이념이나 가치를 부정당하는 등 사회복지에 대한 정체성이 흔들리고 있다는 우려의 목소리가 나오고 있다. 사회서비스원의 시범사업 운영과정에서 민간 서비스 제공기관과의 형평성 문제 등이 제기되고 있다. 이에 본 장에서는 거버넌스 관점에서 사회복지행정에 대해 살펴보자.

1. 거버넌스의 개념

거버넌스(governance)의 어원은 그리스어로 조종을 의미하는 Kubeman에서 유례되었다. 이후 조종이라는 의미의 라틴어 Gubemare에서 영어 Governance로 변천하였다. 옥스퍼드 영어사전에서는 거버넌스를 정부라고 하는 거버먼트(government)와 동일하게 암시하고 있다. 따라서 거버넌스는 통치하는 행동이나 방법, 즉 통치제도(구조, 조직)의 통치과정(통치기능)으로 권위를 가지고 지배하거나 통제하는 것을 의미한다(배봉준 외, 2019; Kjer, 2004).

하지만 거버넌스는 정부와 동의어로 사용되기보다는 정부보다 넓은 의미로 인식되고 있다. 거버먼트가 통치, 통치양식 그리고 통치방법이라면 거버넌스는 행정학에서 협치(協治), 공치(共治), 네트워크관리, 국정운영, 국정관리로 번역해 사용되고 있다(정용택, 2011). 그러나 거버넌스를 협치와 동의어로 보는 것이 적절하지 않다는 의견도 존재한다. 거버넌스의 이론 유형에 따라 거버넌스 의미는 달라지기 때문이다.

현실에서 논의되는 협치는 다름 아닌 협력거버넌스를 의미한다고 볼 수 있다. 그러나 협력거버넌스도 코포라티즘, 정책네트워크, 민관파트너십, 참여거버넌스, 상호작용적 정책결정, 협력적 공공관리, 그리고 협력적 정책결정 등의 유사 용어와 혼용되어 사용(배봉준 외, 2019; Ansel & Cash, 2007)하므로 이해하기 어렵다.

거버넌스는 1980년대부터 대두된 통치시스템으로, 아직 거버넌스에 대한 정의는 학문적 합의가 이루어지지 않았다. 따라서 다양한 학자들에 의해 정의되었는데, Rhodes(1997)는 거버넌스를 최소국가, 기업 거버넌스, 신공공관리, 좋은 거버넌스, 사회-인공 시스템, 자기조직화 네트워크 등의 의미로 보았으며, Pierre와 Peters(2000)는 거버넌스를 다양한 이해당사자가 주체적인 행위자로 협의와 합의 과정을 통하여 정책을 결정하고 집행해 나가는 사회적 통치시스템이라고 정의하여 정책 네트워크, 공공관리, 경제 섹터 내의 조정, 민관파트너십 등으로 보았다. 이들은 신공공관리와 유사한 개념으로 보거나 규범적 의미(좋은 거버넌스)로 사용하는 경향이 강하였다면, 오늘날 우리가 말하는 민관협력을 의미하는 거버넌스는 Stoker(1998)의 개념 정의와 유사하다.

Stoker(1998)는 거버넌스가 정부를 초월하는 기구와 행위자 조직, 경계와 책임의 모호함, 상호관계적 권력 의존, 자율적 자기 통치 네트워크, 명령과 권위를 넘어서는 새로운 통치 도구 등과 같은 명제를 내포하고 있다고 보았다(이형용 · 박상필, 2021).

한편 희망제작소(2016)는 우리 사회의 문제를 해결하면서 지속 가능한 사회를 만들고 공공성을 실현하는 것으로 정의하여 정부와 시민사회가 협력하여 사회문제를 해결하는 과정으로 보고 있다. 이는 거버넌스가 기존 정부 중심의 통치양식에서 벗어나 각종 사회문제를 해결하기 위한 새로운 통치양식 혹은 권력 관계로 보고 공통의 사회문제를 해결하기 위해 참여한 행위자 간의 권한배분, 상호조정, 상호협력 등과 같은 가치를 내포하고 있다.

한편 최근 민관협력 혹은 민관거버넌스는 사회복지 영역에서 흔히 쓰는 용어로 그만큼 사회복지 영역에서도 거버넌스가 중요해지고 있다는 증거이다.

2. 협력과 네트워크

민관거버넌스에서는 협력과 네트워크가 중요하므로 협력과 네트워크 중심으로 논의해 보자. 사회복지행정에서 협력은 조직 간의 자율성을 유지하면서 공유된 자원을 가지고 어떤 서비스나 프로그램을 제공하기 위해서 함께 결합하는 것을 뜻한다. 협력의 종류는 네트워크, 컨소시엄 등이 있다.

네트워크(network)는 사전적 의미로 그물 모양으로 다수의 사람이나 조직이 서로 그물처럼 얽혀있는 모습을 지칭한다. 사회복지사전에서는 네트워크를 자원, 기술, 교류, 그리고 지식을 상호공유하는 사람이나 조직의 공식적 혹은 비공식적 연계라고 정의한다(Barker, 1995). 따라서 네트워크는 사회복지사가 클라이언트 문제를 해결하기 위해서 공식적 또는 비공식적 원조관계망을 형성하는 노력에도 적용되나 사회복지행정에서는 사회복지사의 원조관계망 형성보다는 조직 간의 연계망에 초점을 둔다. 이에 사회복지행정에서 네트워크는 사회복지조직을 중심으로 조직 간 협력이나 연계망을 갖는 것으로 볼 수 있다. 조직 간 협력관계를 표현하는 용어로는 파트너십, 전략적 제휴, 컨소시엄 등이 있고 참여조직의 수, 관계 형성의 목적, 결합의 구조에 따라 다른 의미로 이해된다. 네트워크와 가장 유사한 파트너십(partnership)은 두 조직 간의 관계를 표현하는 데 반해 네트워크는 둘 이상 다수의 조직 간 교류와 협력적 관계를 의미한다(Alter, 2000).

사회복지조직은 외부 환경에 민감하고 필요한 자원을 외부 환경에서 조달하는 구조에서 다양한 조직들과 네트워크 체계는 중요하다. Alter(2000)는 조직이 네트워킹하는 이유를 자원에 대한 필요성, 조직 영역의 확장 필요성, 경쟁력 강화를 위한 필요성, 변화에 적응하기 위한 필요성, 규모의 경제와 비용 절감을 위한 필요성으로 설명한다.

첫째, 자원에 대한 필요성은 사회복지조직이 다른 조직과 협력 또는 네트워크 구축을 하는 가장 큰 이유가 된다. 개별 조직이 단독으로 얻기 어려운 자원이나 정치적 과정을 통해서 얻을 수밖에 없는 정부의 특별 보조금과 같은 자원을 얻기 위해 유사한 사업을 하는 다수의 조직이 네트워크를 구성하는 사례로 이해할 수 있다. 둘째, 조직 영역의 확장 필요성은 어떤 조직이 새로운 사업을 통해 시장을 확대하고자 할 때 개별 조직의 위험을 감소시키면서 새로운 시장에 진입하기 위해 조직 간 협력과 네트워크를 한다. 예컨대, 장기요양보험이 시작될 무렵 요양서비스 제공기관이 인근 노인복지관과 연계 혹은 네트워크 체계를 구축하여 노인을 확보하는 전략을 들 수 있다. 셋째, 경쟁력 강화를 위한 필요성은 조직 간 협력을 통해 경쟁력을 높일 수 있어 네트워크를 구축하는 사례로 작은 조직들이 서로 협력하여 경쟁력을 높일 수 있다. 넷째, 변화에 적응하기 위한 필요성은 급변하는 환경에 적응할 수 있는 능력을 갖추기 위한 네트워크이다. 마지막으로 규모의 경제의 비용 절감을 위한 필요성은 지역사회에서 유사한 서비스 대상에게 각기 다른 서비스를 제공하는 조직들이 접수나 진단, 평가 등의 업무수행을 공유하여 서비스 제공비용을 절감하는 사례이다(황성철 외, 2020).

3. 전달체계에서 공공과 민간의 역할분담 그리고 협력거버넌스

논란의 여지가 있지만, 공적 영역에서 직접 다루어야 할 서비스는 시장에 의해서 적절한 공급이 어렵거나 민간이 제공하기 어려운 서비스를 제공하는 것이 원칙이다. 민간 영역에서는 정부의 자격 기준이 엄격해서 욕구는 있지만, 서비스를 받지 못하는 이들을 대상으로 유연하게 제공하거나 정부가 제공하기 어려운 서비스를 제공할 수 있다. 그러나 최근 서비스 전달을 두고 공적 영역과 민간 영역이 협력관계를 유지하는 양상을 보이는데 이에 대한 네 가지 협력모델에 대해 알아보자(이인재 · 변재관, 2010).

첫째, 병행보완모델은 행정과 민간이 제각기 독자적인 재원을 조달하고 서비스의 대상이 다른 경우를 말한다. 이때 행정과 민간 사회복지조직은 급여대상자를 누구로 할 것인지에 대해 협력이 이루어진다. 예컨대, 민간 사회복지조직은 공적 급여의 사각지대에 놓인 서비스 대상자에게 서비스를 제공하는 역할을 수행한다. 병행보완모델은 행정과 마찬가지로 동일한 수준의 급여나 서비스를 민간 사회복지조직이 독자적으로 재원을 마련해야 하므로 사실상 한국에서는 기업재단 혹은 종교재단을 제외한 사회복지법인 산하 조직에서는 많지 않다.

둘째, 병행보충모델은 행정과 민간이 각자 재원을 조달하고 급여와 서비스 대상자는 동일하나, 급여나 서비스의 내용이 다르다. 동일한 대상자에게 행정은 현금급여를 민간 사회복지조직은 복지서비스를 제공하는 경우이다. 행정과 민간의 협력은 급여나 서비스의 내용을 결정하는 과정에서 이루어진다.

셋째, 협동대리모델은 행정이 재원을 조달하고 민간은 급여나 서비스를 전달한다. 이 모델은 한국에서 지방자치단체와 민간 사회복지조직 간의 위수탁관계로 볼 수 있다. 즉, 민간은 정부의 대리인으로 가능하며, 정부는 민간의 역할을 세세하게 규정하고 평가 및 감독을 시행한다. 따라서 행정과 민간의 관계가 일방적이라는 특성을 가지며, 정부와 민간의 협력은 재원을 배분하는 과정에서 이루어진다.

마지막으로 협동동반모델은 행정이 재원을 책임지고 민간이 급여나 서비스를 제공한다는 점에서 협동대리모델과 같으나 행정과 민간 관계가 일방적이지 않고 쌍방적이라는 차원에서 구별된다. 협동동반모델에서 민간은 프로그램 관리나 정책개발에 있어 상당한 재량권을 가지며 행정의 정책결정 과정에서도 영향을 미친다.

한국의 사회복지 전달체계는 구조 기능적인 측면에서는 병행보충모델에 가깝지만 재원조달 측면에서는 협동대리모델에 속한다. 즉, 정부는 공공부조와 사회보험의 경우, 주로 공공기관을 통해 급여나 서비스를 제공하고 민간 사회복지조직은 주로 사회(복지)서비스를 제공하기 때문에 병행보충모델에 가깝다. 그러나 사회(복지)서비스만을 한정 짓는다면 대다수 민간 사회복지조직은 정부재원에 의존하므로 협동대리모델로 규정지을 수 있다.

공공과 민간의 역할분담의 이론적 모델 네 가지의 공통적인 요소는 협업이다. 사회복지 전달체계에 있어 공공과 민간의 협업 그리고 민간기관 간의 네트워크 체계는 중요하다. 협업(collaboration)은 만병통치약이 아니지만, 위계식 해법(hierachy fix)과 시장식 해법(market fix)의 대안으로 구체적인 적용이나 일반적인 정신에서 여러 가지 이유로 좋게 할 수 있다(Mintzberg et al., 1996). 협업은 공식화의 정도에 따라 협력(corporation), 조정, 협업(공조)으로 구분할 수도 있고 유동성의 측면에서 네트워크, 계약, 파트너십 등으로 구분할 수 있다. 하지만 사회복지 전달체계에 있어 협력거버넌스는 민관 파트너십에 초점을 둔다.

한편 박종철(2021)은 최근 한국 사회의 국가복지가 확장되는 속에서 중앙집권적 획일성과 관 주도 행정의 한계를 지적하면서 인력 및 재정의 한계와 제도적 사회보장급여의 법적, 행정적 규제를 초래해 사회복지현장에서 국민의 욕구 대응을 신속하게 하기 어렵고 사각지대를 만들기 때문에 다원적 사회구조의 변화에 대응하기 위해서는 사회복지에 있어 민관협력거버넌스가 필요하다고 주장한다.

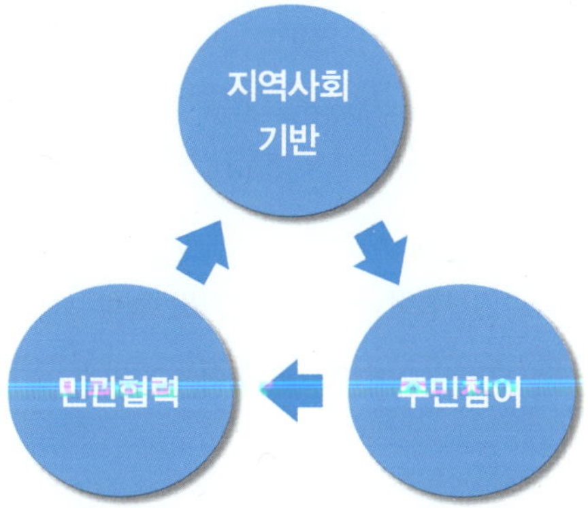

|그림 14-1| 읍면동 지역사회보장협의체 운영원리

지역사회보장협의체는 민관협력의 대표적인 사례이다. 지역사회보장협의체는 지역복지 발전을 이루기 위해서 지역사회 내에서 주민의 욕구를 정확히 파악하고 그에 맞는 지역사회보장계획을 수립하는 것을 목적으로 하고 있다. 오늘날 한국 사회는 다양해지고 복잡해지는 사회서비스 욕구에 대하여 적절히 대응하기 위하여 민관협력을 통한 지역자원의 연계 필요성이 강조되고 있다. 공공이나 민간 사회복지 전달체계의 물적 · 인적자원의 한계 때문에 공공과 민간의 공식 사회복지자원 연계, 공공과 민간의 비공식 사회복지자원 연계가 요구되고 있어 중앙정부는 지역사회보장협의체를 시군구 단위의 대표적인 민관협력체로 보고 있다(최상미 · 김아래미, 2020).

김종건(2017)은 읍면동 지역사회보장협의체의 운영원리가 지역사회 기반, 주민참여, 민관협력이고 한국 사회복지 영역에서 민관협력의 발달과정을 다음과 같이 설명하였다. 1단계가 권위적인 관이 주체이고 민은 동원대상으로 성과는 관(행정)의 실적으로 보는 호출식 민관협력단계이다. 2단계에서 관은 권위적이지만 합리적 목표를 제시하고 목표는 변화되었으나 활동방식은 유지되는 형식적 민관협력단계로 보았다. 3단계는 활동방식 등 변화의 필요성을 상호 인식한 시기로 형식적 절차적 소통과 합의 기반 형성 소통적 민관협력단계이다. 4단계는 계획수립, 추진, 평가, 공유 전 과정에서 주체 간 신뢰를 유지하는 단계로 문제해결역량이 향상되는 실질적 민관협력단계로 설명한다.

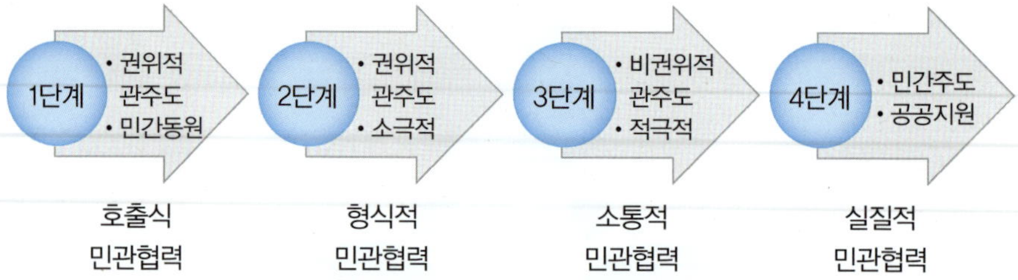

|그림 14-2| 민 · 관 협력 발달과정

4. 서울시 복지거버넌스와 마을복지계획 사례

사회복지와 관련된 정책적 거버넌스는 지방자치단체에서 서울시가 처음으로 서울복지거버넌스를 구축하였다. 서울복지거버넌스는 2013년 봄부터 '복지거버넌스 구축을 위한 열린회의'를 시작으로 '시장과 함께하는 정책 워크숍' 그리고 8월부터 복지거버넌스 준비단 등을 단계적으로 준비하여 민관이 협력하여 상시 현안을 논의하는 거버넌스 체계를 구축함으로써 현장에 기반한 복지정책을 수립하고 실천하여 서울시민 모두가 체감할 수 있는 보편적 복지실현과 증진을 위해 2014년 1월 16일 공식적으로 출범하였다.

서울복지거버넌스는 서울시 복지의 주체인 시설운영자(법인), 현장실무자, 행정공무원이 참여하는 구조로 지역사회, 노인, 장애인, 자활, 여성복지, 아동, 외국인주민, 가족, 보육, 정신보건 10개 분과위원회와 기획조정위원회가 있다. 기획조정위원회에서는 운영을 총괄하고 분과 간 조정을 담당한다. 분과위원회는 분과별 정기회의를 열어 복지현안과 분과별 주요 의제를 논의하고 분과사업을 추진한다.

서울시 복지거버넌스는 2013~2014년 태동기를 거쳐 2014~2015년 이륙기, 2015~2016년 모색기, 2016~2017년 전환기로 구분할 수 있다. 태동기는 사회복지영역에서 민 · 관 협력을 경험하였지만 민 · 관 협력에 대한 경험 부족으로 상시협력체계 구축이 필요한 시기였으며, 이륙기는 복지거버넌스가 구축되어 활동을 비로소 시작하여 시스템 구축과 다양한 의제가 논의되었다. 하지만 복지와 관련된 이해관계가 복잡하고 정책과 경험이 부족해 의제 수용도가 저조했다. 모색기는 기존 의제 수용도가 저조해 민간의 참여 의지도 저해되었던 시기이지만 하반기에 서울시가 협치지원관을 투입해 재정지원을 하면서 확장된 역할을 모색한 시기이다. 이어 현재 서울복지거버넌스는 민·관의 실질적 협력, 즉 협치가 작동하여 이행을 위한 전환기를 맞이하였다고 볼 수 있다(김승연, 2017).

	태동기 (2013~2014년 1월)	이륙기 (2014~2015년)	모색기 (2015~2016년)	전환기 (2016~2017년)
주요 활동	• 정책 토론회 • 서울 복지거버넌스 준비단 결성 • 서울 복지거버넌스 선언	• 서울 복지거버넌스 구성 및 운영계획 수립 • 다양한 현장의 이슈 제기	• 분과별 의제 개발 • 민간 내 상호 이해를 위한 활동 • 협치지원관 및 재정 지원	• 분과별 확장된 의제 개발 • 분과별 사업 기획 및 실행
특징	• 5대 핵심과제 선정 • 현장 내 다양한 입장 수렴 • 민간 주도적	• 사회복지 분야 민·관 협력 시스템 구축 • 사회복지 현장 중심의 의제 제안 • 정책화보다 민원성 문제해결	• 현장중심 의제의 한계 인식 • 의제범위 확대 모색(시민복지 문제해결) • 민–민 간 소통 및 이해 향상	• 분과별 의제 및 역할
발전 요인	• 명확한 현안과제 존재 • 민·관 협력에 대한 기대감	• 민간의 적극적 참여 • 현장 내 관심 및 소통	• 서울시 시정원리로 협치 강조 • 민–민 간 소통 및 이해 향상 • 행·재정적 지원	• 실행위원회를 통한 운영효율성 향상 • 분과별 사업비 지원에 따른 사업 운영
저해 요인	• 체계적인 협력체계 부재 • 민·관 협력 경험 부족	• 분야별, 분야 내 이해관계 복잡 • 정책화 경험 부족 • 의제 수용도 저조 • 행·재정적 지원 미흡	• 위원회 권한 및 역할 범위 모호 • 현장 중심의 의제 고갈 • 행정의 무관심과 민간의 시간 부족	• 위원회 권한 및 역할 범위 모호 • 사회복지 현장의 관심 저조 • 위원과 현장과의 피드백 결여
서울시 협치 발전단계	협의 및 개입 단계 →	협업단계 →		협업단계/부분적 권한부여 단계
	◈ 공청회, 설문조사 등 적극적 의견 수렴 ◈ 정책, 현장시장실, 원탁회의 등 시민 직접 개입 강화 및 촉진	◈ 민·관 협업 시스템 구축		◈ 민·관 협업 시스템 구축 ◈ 민간 주도의 정책사업 실행
	협치 서울 1.0		협치 서울 2.0	

|그림 14-3| 서울복지거버넌스 발전단계

출처 : 김승연(2017).

5. 집합적 영향(Collective Impact)

1) 개념 및 특징

협력에 대한 새로운 대안으로 콜렉티브 임팩트(collective impact)에 관한 관심이 높다. Collective impact는 2011년 미국의 John Kania와 Mark Kramer가 유명 사회혁신 매체인 SSIR(Stanford Social Innovation Review)에 기고한 글에서 처음으로 등장한 개념이다. 이들은 사회문제 해결방식으로 단독적 개입, 협력, 콜렉티브 임팩트의 세 가지 단계를 제시하고 있다. 단독적 개입은 특정 사회문제 해결을 위해 기관이 단독적으로 개입하여 해결하는 방식을 말한다. 또한 단독적 개입으로 해결이 어려운 사회문제에 대하여 다른 조직들과 일정한 협력관계를 통하여 사회문제의 해결을 시도한다. 그러나 복합적인 사회문제는 단독적인 개입으로 해결이 어려우며, 여러 기관의 협력도 예산을 가진 기관의 일방적인 사업 진행으로 지속적으로 사회문제를 해결하기 어렵다. 이를 해결하고자 하는 것이 collective impact의 개념이다.

Collective impact는 다양한 주체들이 특정 사회문제를 해결하기 위해 공동의 어젠다를 설정하고, 구조화된 협력의 체계를 구축하여 헌신적으로 함께 노력하는 것으로 정의된다. Kania와 Kramer(2011)는 isolated impact와 collective impact를 구분하고 있다.

〈표 14-1〉 Isolated Impact와 Collective Impact의 개념 차이

Isolated Impact	Collective Impact
• 자금제공자는 개별적인 수혜자를 선택 • 비영리조직은 개별적이고 경쟁적으로 일함 • 평가는 하나의 특별한 조직의 영향에 고립되어 시도됨 • 대규모 변화는 조직의 규모에 달려있다고 가정함 • 기업과 정부 영역은 종종 재단과 비영리조직과 연결되지 않음	• 모든 참여자들이 같은 목표를 향하여 일하고 같은 것을 측정함 • 정부와 기업이 필수적인 파트너로 참여함 • 조직들은 그들의 행동을 적극적으로 조율하며, 학습한 내용을 공유함

Isolated impact는 사회문제 해결에 가장 좋은 방법을 제출하는 기관을 선정하고, 비영리기관들이 독립적으로 가장 큰 영향(impact)을 나타내기 위해 경쟁을 한다. 그리고 독립적인 비영리기관들은 이러한 영향(impact)으로 평가되고 기업이나 정부와 별개로 운영되는 특징을 가지고 있다. 그러나 collective impact는 사회문제와 해결책이 다양한 조직 간 상호작용을 통해 해결된다는 개념을 바탕으로 동일한 목적과 측정 기준을 통해 협업하면서 영향(impact)을 극대화하는 것을 말한다. 그리고 collective impact를 실현하기 위해 정부와 기업이 필수적으로 참여해야 하며, 중추조직은 전체 활동내용을 조율하며, 학습한 내용들을 서로 공유하는 것이 필요하다.

다만, 모든 사회문제에 collective impact를 적용할 필요는 없다. 어떤 사회문제가 잘 정의되고, 해결점이 이미 도출되어 있다면 독립적인 비영리기관의 개입으로 해결하는 것이 효과적이다. 그러나 적응 문제와 같은 복잡한 사회문제에 대해서는 다양한 기관의 자원과 권한이 필요함에 따라, 해당 문제에 이해관계자들이 협력하여 해결방법을 찾아 스스로 행동이 변화되도록 노력해야 한다.

2) 성공적인 Collective Impact의 조건

Kania와 Kramer(2011)는 성공적인 collective impact의 다섯 가지 조건을 다음과 같이 제시하고 있다. 구체적으로 공동의 어젠다(common agenda), 성과 측정 시스템의 공유(shared measurement system), 서로의 활동을 강화(mutually reinforcing activities), 지속적인 의사소통(continuous communication), 중추 지원 조직(backbone support organizations)과 같은 다섯 가지 조건을 제시하였다.

(1) 공동의 어젠다(common agenda)

Collective impact는 모든 참가자가 사회문제와 해결책을 공통으로 이해하고, 문제 해결을 향해 공동의 변화에 함께하기 위한 공유된 비전이 필요하다. 기금 제공자와 비영리조직이 동일한 사회문제에 대하여 일하고 있다고 믿으나, 실제는 조직마다 문제와 궁극적인 목표에 대한 정의가 차이가 있는 경우가 있다. 그러나 isolated impact는 각 조직이 독립적으로 노력을 하므로 노력을 분산시키고 전체 분야에 영향력을 약화한다. 따라서 collective impact는 모든 참여자의 이러한 차이점들을 논의하고, 공동의 어젠다를 찾아서 주요 목표에 동의하는 것이 매우 중요하다.

(2) 성과 측정 시스템의 공유(shared measurement system)

성과 측정 시스템의 공유는 collective impact에 필수적인 요소이다. 공동의 어젠다에 대하여 결과를 측정하고 보고하는 방법에 대한 합의가 필요하다. 이는 모든 참여자에게 일관된 노력을 유지하게 하고, 참가자가 서로 책임을 지고 일을 수행하게 한다. 최근 웹 기반 기술의 발전으로 수백 개의 다른 조직을 동일한 특정 단위로 평가하는 것이 가능해지고 있다. 또한 수집된 데이터의 품질과 신뢰성을 개선하고, 조직들이 서로 성과에서 배울 수 있도록 효율성을 높일 수 있다. 예를 들어, 미국의 비영리조직인 Strive는 학생들의 학업 성취를 증진하고 교육을 개선하기 위해 collective impact를 실천하고 있다. 이를 위해 모든 유치원 프로그램을 동일한 기준으로 결과를 측정하고 모든 조직은 동일한 측정에 대해 보고를 하도록 하고 있다.

(3) 서로의 활동을 강화(mutually reinforcing activities)

Collective impact의 모든 참가자가 동일한 작업을 수행하도록 요구하는 것이 아닌, 다양한 이해관계자들이 특정 활동을 수행하도록 권장함으로써 협력하고 있다. 사회문제가 여러 원인과 그 해결의 구성 요소가 상호의존적인 것을 고려하여 상호 차별화된 활동을 계획에 맞도록 시행해야 한다. 예를 들어, 한국가스공사 온누리 사업의 collective impact 사례에서는 사회공헌정보센터가 중추지원기관이 되고, 한국가스공사는 자금제공자가 되며, 사업의 시공과 사후 평가 부문에 숭실대학교 미래기술연구소 및 한미글로벌 등이 참여하였다. 그리고 SBS는 생방송투데이의 프로그램을 통해 캠페인을 진행하였다.

(4) 지속적인 소통(continuous communication)

Collective impact에 참여하는 비영리단체, 정부, 기업 등 간에 신뢰를 구축하는 것은 매우 어려운 일이다. 이를 위해서는 서로의 공통된 동기를 인식하고 충분한 경험을 나누기 위해 정기적인 회의가 필요하다. 참여자들은 이러한 정기적인 회의를 통하여 그들 각자의 이해관계가 공평하게 다루어지고 의사결정이 목표에 대한 최선의 해결책을 고려하는지를 확인하게 된다. 또한 공통된 언어를 사용하도록 촉진하게 된다. 예를 들어, 격주 간격으로 반드시 CEO가 참석하고, 외부 진행자가 잘 짜여진 일정에 따라 회의를 장기적으로 개최하는 것을 말한다.

|그림 14-4| Collective Impact의 다섯 가지 성공조건

출처 : United Way. http://unitedway.com.au/collective-impact-3

(5) 지원 조직(backbone support organizations)

Collective impact를 성공하기 위해서는 중추적인 역할을 수행할 조직이 필요하다. 중추조직은 협력을 위한 인프라를 지원하고, 지속적인 기술적인 지원과 소통, 데이터 수집과 보고, 그 외 collective impact의 실행을 위한 관리를 지원해야 한다. 또한 중추 지원 조직은 전체의 collective impact 과정을 이끌고, 중추적인 기능을 수행할 수 있는 조직의 적응형 리더십을 필요로 한다. 이를 통하여 사람들의 주의를 집중시키고, 긴박감을 조성하며, 이해관계자를 압도하지 않으면서 압력을 가하는 기술, 이해관계자들 간에 갈등을 중재하는 능력, 기회와 어려움을 동시에 제시하는 능력을 발휘해야 한다.

전문가들은 collective impact를 성공하기 위한 필수적인 다섯 가지 조건과 함께 서로 다른 영역의 참여 조직들 간에 수평적인 신뢰가 중요함을 강조하고 있다. 우리나라에서 collective impact를 구현하기 어려운 이유는 기업이 NPO와 공동으로 수행하는 사업에는 기업의 비용을 들여 기획하는 것이 아니라, NPO의 자부담으로 기획하게 하거나, 책정하는 인건비의 수준도 최소의 비용을 요구하는 '갑을관계'가 존재하기 때문이다. 따라서 collective impact의 실현은 각 참여자들이 공동의 목표를 향하여 수평적인 신뢰의 관계 속에서 각자의 역할에 충실하고, 서로가 결과물을 상호 학습하여 사회적 가치를 창출하려는 노력이 필요하다고 말할 수 있다.

Chapter summary

최근 민관협력 혹은 민관거버넌스는 사회복지 영역에서 흔히 쓰는 용어로 그만큼 사회복지 영역에서도 거버넌스가 중요해지고 있다. 민관거버넌스에서는 협력과 네트워크가 중요한데 사회복지행정에서 협력은 조직 간의 자율성을 유지하면서 공유된 자원을 가지고 어떤 서비스나 프로그램을 제공하기 위해서 함께 결합하는 것을 뜻하고 협력의 종류는 네트워크, 컨소시엄 등이 있다.

조직이 네트워킹하는 이유는 자원에 대한 필요, 조직 영역의 확장 필요, 경쟁력 강화를 위한 필요, 변화에 적응하기 위한 필요, 규모의 경제와 비용절감을 위한 필요에 의해서이다.

사회복지서비스 전달체계에서 공적 영역과 민간 영역이 협력관계를 유지하는 네 가지 협력모델은 병행보완모델, 병행보충모델, 협동대리모델, 협동동반모델이 있다. 한국의 사회복지 전달체계는 구조기능적인 측면에서는 공공부조와 사회보험의 경우, 주로 공공기관을 통해 급여나 서비스를 제공하고 민간 사회복지조직이 주로 사회(복지)서비스를 제공하기 때문에 병행보충모델에 가깝지만 재원조달 측면에서는 사회(복지)서비스만을 한정 짓는다면 대다수 민간 사회복지조직은 정부재원에 의존하므로 협동대리모델에 속한다.

지역사회보장협의체는 민관협력의 대표적인 사례로 읍면동 지역사회보장협의체의 운영원리에 있어서도 민관협력이 중요하다.

아울러 협력적 노력의 새로운 경향인 collective impact에 대한 개념과 성공을 위한 다섯 가지 조건에 대하여 살펴보았다. 이를 위해서는 중추조직을 중심으로 참여자들이 공동의 어젠다, 동일한 측정시스템, 상호 역량강화 활동, 지속적인 의사소통이 필요하다. 특히 우리나라에서 참여 조직 간에 수평적 신뢰관계가 형성되도록 노력하는 것이 중요할 것이다.

Case study

대덕구 민관거버넌스

대덕구는 대전광역시의 자치구 중 하나이다. 인구 17만여 명의 작은 기초자치단체가 생존하기 위해서는 민관거버넌스가 중요하다고 판단한 자치단체장(구청장)은 다양한 사업을 민관거버넌스 형태로 진행하고 있다. 대표적인 사업이 지역사회 통합돌봄, 도시재생, 문화관광 그리고 주민자치회 등이다.

이 중에 '2018년도 도시재생 뉴딜사업'은 도시재생 사업으로 262억 원 사업비를 투자하여 대덕구와 한남대가 민관거버넌스의 형태로 사업을 진행하였다. 이 사업을 통해 호남선 철도고가 하부공간에 문화 거점 공간과 야간 경관을 조성하고, 골목상권 활성화와 거주환경 개선 사업 등을 함께 추진하였다.

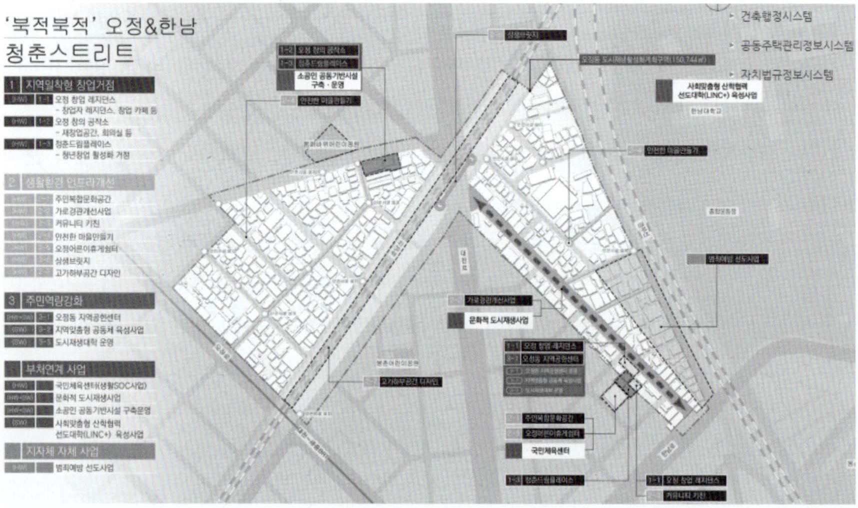

출처 : 대전광역시 대덕구. https://www.daedeok.go.kr

최근 대덕구는 민관협력 사업에 대한 성과를 내기 위한 민관 TF팀을 구성하고 다양한 사업에 대한 민관협력을 시도하고 있다. 이 팀에서는 행정의 성과체계 개편, 자원 동원 등 다양한 분야를 논의할 것이다.

한국가스공사 Collective Impact 사례

사회공헌센터는 2010년부터 한국가스공사와 함께 '온(溫)누리열효율개선사업'을 추진하고 있다. 온누리사업은 저소득가구 및 취약사회복지시설의 에너지 및 난방 효율을 개선해 주는 사업이다. 이를 위하여 최초 사업부터 Collective Impact 모형을 시도하였다. 한국가스공사는 연간 20억 원의 예산을 책정하고, 사회공헌정보센터가 중추지원기관의 역할로 온누리사업의 기획, 관리, 행정 지원의 역할을 담당하였다. 그리고 전국 13개 시도 지역을 기반으로 활동하는 자활공동체를 시공업체로 선정하였다. 또한 고용노동부와 지방자치단체는 자활공동체의 법인화를 지원하였으며, 사업의 시공과 사후 평가를 위해 숭실대학교 미래기술연구소와 한미글로벌이 참여하였다. 이 외에도 SBS는 생방송투데이 프로그램을 통하여 방송 캠페인을 진행하였다.

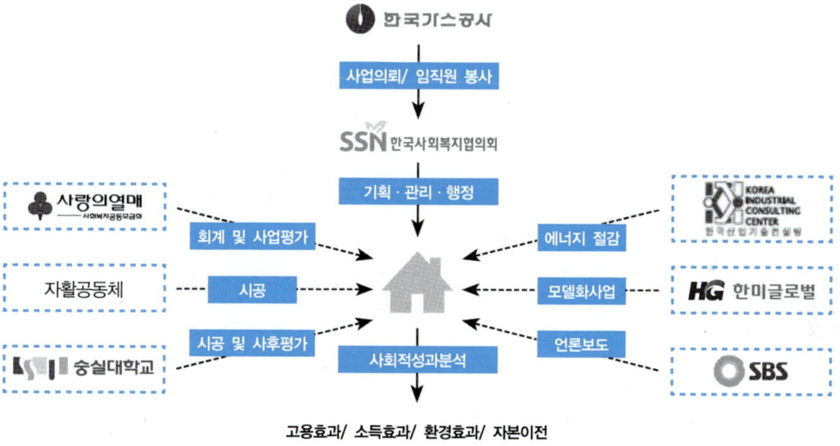

출처 : Impact Business Review. 한국가스공사 온누리열효율개선사업. http://ibr.kr/203

아울러 공통의 성과 측정 및 평가 지표 마련을 위해 지속적인 커뮤니케이션을 통하여 사회적 임팩트 측정 및 보고의 글로벌 기준인 IRIS(Impact Reporting and Investment Standards)와 SROI(Social Return on Investment)를 활용하여 자본이전, 고용, 소득, 그리고 환경 부문에서 창출하는 임팩트의 정성/ 정량적 분석을 진행하였다. 이러한 성과를 바탕으로 대통령상을 수상하고 지속적으로 사업을 추진하고 있다.

토론주제

1. 거버넌스와 협력거버넌스의 차이에 대해 토론하시오.
2. 사회복지행정에서 민관 거버넌스가 필요한 이유에 대해 논하시오.
3. 우리나라의 환경에서 collective impact가 성공하기 위해 무엇이 필요하지 논하시오.

❙ 참고문헌 ❙

김승연(2017). 기능정립・역할배분・운영체계 개편으로 서울 복지거버넌스의 실효성 강화 필요. 서울연구원.

김종건(2017). 지역사회복지학회 학술대회.

박종철(2021). 지방자치단체와 복지거버넌스 : 민관협치의 관점에서. 한국복지경영학회 하계 학술대회 발표

배봉준・윤영체・한치흠(2019). **협력거버넌스 : 이론과 실제**. 경기 : 대영문화사.

정용택(2011). **현대국가의 행정학**. 서울 : 법문사.

최상미・김아래미(2020). **사회복지행정론**. 서울 : 학지사.

황성철・정무성・강철희・최재성(2020). **사회복지행정론**. 경기 : 정민사.

Ansel, C., & Cash, A.(2007). *Organizations Working Together*. Newbury Park. CA : Sage.

Barker, R. L.(1995). *The Social Work Dictionary*(3rd ed.). Washington DC : NASW Press.

Kania, J., & Kramer, M.(2011). *Collective Impact*. FSG.

Kjer, A. M.(2004). *Governance*. Cambridge : Polity Press.

Mintzberg, H., Deborah D., Jan, J., & Westley, F.(1996). Some Surprising Things About Collaboration : Knowing How People Conned Makes It Work Better. *Organizational Dynamics, 24*(4), 60-71.

Pierre, J., & Peters, B. G.(2000). *Governance, Politics and The State*. London : Macmillan Education.

Rhodes, R. A. W.(1997). *Understanding Governance Policy Networks : Governance Reflectivity and Accountability*. Buckingham : Open University Press.

Stoker, G.(1998). Governance as Theory : Five Propositions. *International Social Science Journal, 50*(155), 17-28.

찾아보기

인 명

내 용

ㅎ

C

E

M

P

S

T

W

X

Y

Z

3

4

저/자/약/력

■ **최칠성**

숭실대학교 Ph.D. (사회복지학)
현 컬처팜씨앗 사회적협동조합 이사
에쓰오일(주) 총무팀(CSR 파트) 근무
SW복지재단 감사
양천구 발달장애인평생교육센터 운영위원회 위원장
전 숭실대학교 사회복지학과 겸임교수
〈저서〉 사회적경제를 위한 마케팅 실무(공저)

■ **전재현**

숭실대학교 Ph.D. (사회복지학)
현 숭실대학교 사회복지학과 겸임교수
컬처팜씨앗 사회적협동조합 이사
사단법인 해피인 이사
태화복지재단 목동하늘샘 시설장
한국정신재활시설협회 정책위원장
한국정신건강사회복지사협회 교육위원
〈저서〉 정신건강증진 개념 · 증거 · 실천(공저)

■ **오단이**

성균관대학교 Ph.D. (사회복지학)
현 강남대학교 조교수
SW복지재단 이사장
중앙사회서비스원 자문위원
사회적기업학회 편집위원장
전 한국사회복지학회 홍보출판위원장
〈저서〉 뉴패러다임의 시대 자원봉사론(공저)
사회적경제를 위한 마케팅 실무(공저)

■ **전우일**

숭실대학교 Ph.D. (사회복지학)
현 숭실대학교 사회복지학과 겸임교수
한국사회복지협의회 복지사업 본부장
복지저널 / 복지타임즈 편집장

사회복지행정론

|공저자| 최칠성 · 전재현 · 오단이 · 전우일

|1판 1쇄| 발행 2024년 2월 20일
|1판 2쇄| 발행 2025년 7월 30일

|발행인| 김 동 훈
|발행처| **공 동 체**

|주소| 경기도 고양시 일산동구 호수로 358-39, 동문타워 I 905호(백석동)
|전화| 031) 814-3000(대표)
|팩스| 031) 814-3100
|홈페이지| http://www.compub.co.kr
|전자우편| compub@naver.com
|출판등록| 2005년 10월 6일
|등록번호| 제396-2005-36호

|ISBN| 979-11-6725-527-3
정가 25,000원